Radhe Shyam

Leben aus dem Sein

Ein Buch über Babaji

Aus dem Amerikanischen übersetzt von Sabine Bartoldiezj,
Roswitha Bronkars, Gudula und Helmtrud Gergen,
Volker Gnatzy, Erika Weller, Karin Kraus,
Gertraud Reichel und Ursula Schulze-Röbbecke.

Titel der Orginalausgabe:
"I am Harmony"
Erschienen bei Spanish Creek Press
P.O.Box 9
Crestone, Colorado 81131 USA, 1990

Deutsche Ausgabe
© Copyright 1990, 1995, 2000, 2011 Reichel Verlag
1. Auflage 1990
2. Auflage 1995
3. Auflage 2000
4. Auflage 2011

Reichel Verlag
Reifenberg 85, D 91365 Weilersbach
Tel. 09194-8900,   Fax 09194-4262
e-mail: info@reichel-verlag.de   Internet: www.reichel-verlag.de

ISBN 978-3-926388-17-9

Inhaltsverzeichnis

Über den Autor

Radhe Shyam wurde 1928 in Sioux City, Iowa, USA geboren und Charles Swan getauft. Sein Vater war Minister in der presbyterianischen Kirche. Charles ging in vier verschiedenen Städten in Iowa zur Schule, in denen sein Vater als Pastor arbeitete. Von der Universität in Nebraska erhielt er seinen B.A. Abschluss in Geschichte und seinen Mastertitel in Politwissenschaften. Von 1950 bis 1953 lehrte er an einer presbyterianischen Schule in Teheran, Iran, Geschichte und Englisch. Nach seinem Universitätsabschluss an dem Michigan Institut für Rechtswissenschaften im Jahre 1957 begann Charles Swan in Washington, D.C. seine Karriere im Außenministerium.

Nach 22jähriger Tätigkeit auf den verschiedensten Gebieten im Außenministerium wurde Charles Swan am 1. Dezember 1979 pensioniert.

Auf einer Reise, um Geschäftsverbindungen zu knüpfen, lernte er Anfang 1980 Babaji in Vrindaban, Indien, kennen. Kurz darauf gab er seine Tätigkeit als Geschäftsberater auf, verließ sein Zuhause in Washington D.C., um fünf Jahre in Babajis Ashram zu Füßen des Himalajas im nordwestlichen Indien zu leben. Babaji gab Charles den Namen Radhe Shyam, einer der Namen für Krishna.

Radhe Shyam lebt nun mit anderen im Haidakhandi Universal Ashram in Crestone, Colorado, zu Füßen des Crestone Peak Gipfels in den Bergen von Sangre de Christo. Der Ashram und der Tempel der göttlichen Mutter versuchen, Babajis Lehren zu verwirklichen, die auf Respekt vor allem Geschaffenen beruhen, so wie Babaji sie im Haidakhan Ashram lehrte.

Danksagung

Ich möchte allen danken, die mir bei der Veröffentlichung dieses Buches geholfen haben. Am meisten danke ich Shri Shri Haidakhanwale Baba, Mahavatar Babaji, der mich 1981 beauftragte, dieses Buch zu schreiben, und der, davon bin ich überzeugt, einige dieser Seiten selber verfasst hat. Ferner danke ich Om Shanti Devi, und Sheila Devi Singh für die vielen Übersetzungen von Hindi in Englisch, ohne die ich vieles von jener kaleidoskopähnlichen Aktivität verpasst hätte, die sich um Babaji herum abspielte. Ich danke auch jenen, die ihre persönlichen Erfahrungen mit mir teilten, um Babajis Lehren und seine Lehrmethoden zu illustrieren. Diese Erfahrungen, die niedergeschriebenen Berichte der Schüler des "Alten Haidakhan Babas" und meine eigenen Erlebnisse mit Babaji bilden den größten Teil dieses Buches.

Ich danke auch den großzügigen Gastgebern, die Reisen für Babaji und seine Begleiter in viele indische Städte organisierten, unterbrachten, verpflegten und deren Feierlichkeiten Gelegenheit gab, Erfahrungen über Babaji auszutauschen sowie zu neuen, entscheidenden Erkenntnissen zu kommen.

Ich danke den vielen Menschen, die in Haidakhan lebten und ihre Rollen im irdischen Spiel Babajis übernahmen sowie auch denen, die dort auch jetzt das Andenken an seine Präsenz lebendig halten.

Ich danke Swami Fakiranand für die Unterstützung beim Gebrauch seiner umfangreichen Aufzeichnungen und Geschichten über Haidakhan Baba. Mein Dank gilt ebenfalls Vishnu Datt Shastriji für seine umfassenden Kenntnisse der Veden und der Lehre und Botschaft Shri Babajis sowie für die Schönheit und Klarheit seiner Erklärungen und Ermahnungen, und ich bin ihm für das großzügige Mitteilen seines Wissens und seiner Weisheit tiefen Dank schuldig. Ich danke auch Shri Trilok Singh - den Babaji "Muniraji", König der Weisen, nannte - für sein stetes aufmunterndes Beispiel und für seine Beharrlichkeit im Dienst am Göttlichen.

In den Vereinigten Staaten, wo dieses Buch veröffentlicht wurde, geht mein Dank an Brad Brunnin dafür, dass er sein umfangreiches Wissen über Herausgeberrechte mit mir teilte, an Bill Bowman für seinen ausgezeichneten Rat betreffend Veröffentlichung und Vertrieb des Buches. Ich danke auch Elizabeth Weisiger dafür, dass sie die Ringier Amerika Druckerei fand, für das Vermitteln und Abschließen des Druckvertrages und Virginia Masi, dass sie J. D. Marstans Entwurf für das Umschlagsbild anfertigte.

Ich bin allen Freunden tief verpflichtet, die Photos zur Verfügung gestellt haben, welche die einzelnen Kapitel illustrieren: Ich danke Robert Linn für die Zeichnung Babajis auf der amerikanischen Titelseite, Anton Waelti, Ram

Singh Samal, Arun Vora, Roland und Gertraud Reichel, Lisetta Carmi, Rajendra Kumar Sharma, Balbir Singh Sethi für die im Buch befindlichen Photos und Dank auch den unbekannten Fotographen.

Mein besonderer Dank an Jackie dafür, das Buch gekauft zu haben, das uns eine erste Kenntnis von Babaji gab. Ich danke meinem Bruder Arthur Swan für die mehrmalige Lektüre des Manuskriptes sowie für seine fundierte und hilfreiche Kritik des Entwurfes.

Ich danke auch Ram Dass (J.D.Marston) und Ram Loti (Deborah Wood) für die Erfahrung, durch die wir in den letzten zwei Jahren beim Aufbau eines Ashrams in den Vereinigten Staaten gegangen sind.

Und schließlich danke ich all denen, durch deren großzügige Unterstützung die "Spanish Creek Press" auf die Beine gestellt wurde, die so die Veröffentlichung dieses Buches ermöglichte.

In Deutschland danke ich allen, die an der Fertigstellung der deutschen Ausgabe mitwirkten, den Übersetzern, anderweitig namentlich erwähnt, für ihr Karma Yoga, Dr. Maria G. Wosien, Hans Gebhardt und Sofie Purucker für das mehrmalige Durchlesen des Manuskriptes.

Vorwort

Paramahansa Yogananda nannte Mahavatar Babaji den "Yogi-Christus des modernen Indien". Der Text des in Haidakhan zelebrierten Gottesdienstes beschreibt Babaji als "Erhabenen Meister, Herrn des Mitgefühls" und "Herrn des Universums".

Dieses Buch handelt von Babaji[1], einer Manifestation des Göttlichen. Durch den Lauf der Menschheitsgeschichte erscheint diese Manifestation aus Fleisch und Blut immer wieder, um der Menschheit zu helfen, ihre Verbindung zum Göttlichen zu verstehen, zu erfahren und zu vollenden. Es ist Tradition, dass diese Verkörperungen sich an abgeschiedenen Plätzen und in unregelmäßigen Zeitabständen ereignen - speziell dann, wenn die Menschheit durch große Veränderungen und Herausforderungen geht, die in sich das Potential der Reinigung und der Erhebung der ganzen menschlichen Rasse bergen. Durch sein Beispiel und seine Lehre hilft Babaji, einige Menschen zu transformieren und zu inspirieren, damit diese die Lehren verinnerlichen und der übrigen Menschheit auf dem Weg zur bewussten Vereinigung mit dem göttlichen Ursprung der ganzen Schöpfung weiterhelfen.

Seine Lehre ist nicht sektiererisch, sondern unterstützt alle Glaubensrichtungen, welche die Menschen zu einem Leben in Harmonie mit dem Göttlichen führen. Heute kann jeder, der einer der Weltreligionen verbunden ist, in Babajis Lehren Inspiration und Unterstützung finden, denn sie fußt auf den uralten, ewigen Wahrheiten, ist aber auch auf die Bewältigung heutiger Probleme ausgerichtet.

Heutzutage scheint die Erfahrung des Göttlichen selten zu sein. Viele Menschen glauben, dass eine Beziehung oder Kommunikation mit einem bewussten Schöpfer unmöglich ist. Doch wenn wir die Erfahrungen von Tausenden heiligen Männern und Frauen aller Religionen nicht einfach als nichtig abtun wollen, müssen wir anerkennen, dass einige Menschen das Göttliche gesehen, gehört oder auf eine andere Art irgendwie erfahren haben müssen.

In der Himalaja-Region existiert ein Mythos über Babaji, der bis zu den Anfängen menschlicher Zivilisation zurückreicht. Paramahansa Yoganandas "Autobiographie eines Yogi"[2] erschien ca. 1946, machte die westliche Welt mit Mahavatar Babaji bekannt und berichtet über Geschichten und Erfahrungen, die Menschen zwischen 1861 und 1920 in Indien mit ihm hatten. Andere Werke beschreiben eine Manifestation Babajis als Haidakhan Baba in der Zeit von 1890 bis 1922. Und jetzt gibt es Bücher über die Verkörperung Babajis, die viele Tausend Menschen zwischen Juni 1970 und Februar 1984 erlebt haben. Dieses Buch erzählt einige Begebenheiten aus früheren Zeiten, konzentriert sich dann aber auf die Erfahrungen von Menschen mit dieser letzten Manifestation. Auch jetzt begegnen viele Menschen überall auf der Welt Babaji auf verschiedenste Art und Weise, und diese Erlebnisse beschränken sich keinesfalls auf Indien oder auf die physische Erscheinung, die 1984 in Haidakhan "gestorben" ist.

Babaji ist ein geistiges Wesen, das ständig als Bindeglied zwischen dem formlosen Göttlichen und der materiellen Schöpfung, zwischen Gott und der Menschheit vermittelt. Er selbst bezeichnet sich als Manifestation des Gottes Shiva, einer Form des Göttlichen, die als Asket, Helfer und größter aller Lehrer bekannt ist.

Eine Anzahl Geschichten (einige hier in diesem Buch) zeigen klar auf, dass er fähig ist, Gestalten nach seinem Willen hervorzubringen - astrale wie auch menschliche aus Fleisch und Blut. Einmal erzählte er einem Schüler, - der wusste, dass Babaji in drei verschiedenen, weit auseinanderliegenden Städten Indiens am gleichen Tag gesehen worden war, - dass er gleichzeitig in acht verschiedenen Erscheinungsformen gesehen werden könnte. Einige Menschen, die Babaji in mehr als einer Gestalt erlebt haben, sind überzeugt, dass es fünf verschiedene Formen von Babaji gibt, die sich zu gegebenen Zeiten mit der Erde beschäftigen. Eine dieser Formen tritt gewöhnlich in Nepal in "alter" und "junger" Gestalt auf, eine ist oft als Haidakhan Baba gegenwärtig, wieder eine andere mag irgendwo in Indien anwesend sein und eine fünfte im Geistkörper oder in einer astralen Form. Alle diese Erscheinungen kommen und gehen, wie sie wollen. So lautet die Erfahrung und der Glaube der Menschen im Kumaon-Gebirge.

Jede dieser Gestalten zeichnet sich durch göttliche Eigenschaften aus, egal ob man ihnen in Fleisch und Blut, durch Visionen oder im Traum begegnet. Babaji erteilt immer seinen Segen oder eine Unterweisung. Viele Erfahrungen zeigen, dass Babaji das besitzt, was wir Wunderkräfte nennen. Sogar wenn man die Existenz dieser Kräfte ablehnt oder bezweifelt, bleibt er ein ungewöhnliches und äußerst kraftvolles Wesen, das die Vorhersagen erfüllt und das Wissen bestätigt. Seine Göttlichkeit ist kein Thema für ihn. Er hilft dem, der seine Göttlichkeit anerkennt, bei der Übermittlung seiner Lehren, aber er akzeptiert auch jeden ehrlichen Wahrheitssucher, der offen ist, zu lernen und spirituell zu wachsen.

Die Menschen haben ihn in vielen Rollen gesehen - als Shiva, als erhabenen Meister, Läuterer, Freund, göttliches Kind, göttliche Mutter, göttlichen Vater, erhabenen Yogi, Heiler, als Unsterblichen. Er ist alles in Allem, und wir finden in ihm das, wonach wir suchen. Wir sahen uns auch selber in ihm, denn er spiegelte jeden, so dass wir unseren Weg erkannten und wo wir an uns arbeiten mussten. Er ist ein großer Lehrer und Führer, der mit jedem, der bereit ist, ganz individuell arbeitet, und es gleichzeitig schafft, für alle, die zu ihm kommen, ein zusammenhängendes Lehrprogramm zu erstellen.

Sein Hauptanliegen ist die Läuterung des menschlichen Geistes oder der Seele, also das im Menschen, was den Gottesfunken trägt. Von seinem Standpunkt aus sieht er den Schöpfer und die Schöpfung als Einheit. Er betrachtet die ganze Schöpfung als Manifestation des Göttlichen. Götter, Dämonen, Menschen, Tiere, Pflanzen und Steine - alle sind mit den Bausteinen der göttlichen, schöpferischen Energie geschaffen. Das Göttliche im Ruhezustand ist formlos, ungestaltete Energie; wird es dazu veranlasst, Formen zu erschaffen, so bewegt sich die bewusste Energie in Übereinstimmung mit dem göttlichen Gesetz, um sub-atomare Partikel zu formen, die sich untereinander wieder und wieder verbinden und über Äonen diese Universen kreieren, die wir Menschen nur teilweise wahrnehmen können. So sind alle Formen der Schöpfung Aspekte des Göttlichen, das sich durch den Lauf der Schöpfung hindurch in seiner ganzen Vielfalt manifestiert.

Babaji lehrt, dass diese Myriaden von Formen, die zusammengenommen die Schöpfung ausmachen, dann am Besten funktionieren, wenn sie in Harmonie mit dem Göttlichen und in Einklang miteinander stehen. Weil die Zeit es verlangt und weil der Weg zu diesem Wissen jetzt bereitet ist, hat Babaji die Botschaft Jesu Christi: "Liebe deinen Nächsten" zur Botschaft der Sorge für die Harmonie zwischen allen geschaffenen Formen ausgeweitet. Alle Erscheinungsformen - menschliche oder andere - sind so eng miteinander verwoben, dass wir nicht eine Form missbrauchen können, ohne dadurch den Rest in Disharmonie zu bringen. Diese Interaktion ist so subtil, dass die guten Taten eines jeden Geschöpfes durch die ganze Schöpfung hindurch ein gutes Resultat zeitigen. Schon die Schwingungen unserer Emotionen oder unseres Wesens wirken sich in der ganzen Schöpfung aus.[3]

In Babajis Gegenwart konnte man Verständnis für dieses Prinzip entwickeln. Seine Präsenz erhöhte und wandelte die Schwingung jedes Raumes oder jeder Gegend, die er betrat; in seiner Gegenwart fühlte jeder die Belebung des inneren Gottesfunken, empfand ein Gefühl der Harmonie mit den Mitmenschen und dem Leben rundum. Das Bewusstsein für Einheit und für die Notwendigkeit von Harmonie in der Schöpfung birgt tiefe Verantwortung für die Erde, die wir bevölkern, und für das gesamte Universum in sich.

Babaji versuchte, der Menschheit das Bewusstsein ihrer Einheit mit Gott und allen geschaffenen Erscheinungsformen zurückzubringen. Seine Worte wie auch seine Taten zielten immer auf eine harmonische Beziehung zu allen Teilen der Schöpfung ab. Er machte auf den Missbrauch der Schöpfung aufmerksam und warnte vor kommenden Katastrophen in der Natur, die aber durch gezieltes, bewusstes und diszipliniertes menschliches Verhalten in Übereinstimmung mit dem göttlichen Gesetz gemildert werden können.

Babaji erscheint nicht, um für einen speziellen Glauben einzutreten, - er sagt, dass jeder Glauben zu Gott führt, - sondern um eine bestimmte Lebensweise aufzuzeigen und zu lehren. Er nannte sie Sanatana Dharma - den Ewigen Weg, oder das Ewige Gesetz. Babaji sagt, dass die Schöpfung sich durch das Sanatana Dharma manifestiert hat, ausbreitet und erhalten wird, dass das Abfallen der Menschheit von diesem Lebensgesetz Ungleichgewicht und Zerfall im harmonischen Gefüge des Universums schafft, er stellt dar, dass er immer erscheint, um bei der Wiederaufrichtung des Gleichgewichts und des Sanatana Dharmas zu helfen. Er lehrt die Menschen - und zeigt durch sein Beispiel -, dass ein Leben, welches auf Wahrheit, Einfachheit und Liebe basiert, den Individuen, der Gesellschaft und der ganzen Welt den inneren Frieden und das Gleichgewicht zurückgeben kann, auf dem allein der Weltfrieden und die soziale Gerechtigkeit errichtet werden können. Durch die verschiedenen Etappen der Menschheitsgeschichte hindurch haben die großen spirituellen Meister immer wieder den Völkern zu verschiedenen Zeiten den ihnen angemessenen geistigen Weg aufgezeigt, der sie die Vereinigung mit dem Göttlichen lehrte. Jeder Weg wurde erprobt und hat den Menschen zur Gottesverwirklichung geführt und auch große Heilige hervorgebracht. Das Wichtigste ist, sich auf den einen Weg zu konzentrieren, der einem zusagt und einen inspiriert. Zielloses Umherschweifen und hier und da die Rosinen dieser Philosophie oder jenes Rituals herauszupicken, führt nur im Kreis herum und nicht zu einem klaren Ziel. Disziplinierung des Körpers sowie des Geistes ist ein wichtiges Element in Babajis Lehre; ohne sie und ohne harte Arbeit wird nichts von dauerndem Wert erreicht.

Den Weg der Disziplin zu gehen ist heutzutage für einen Menschen, der dauernd vom Glanz und der Versuchung vieler materieller Freuden abgelenkt wird, nicht leicht. Die Bhagavad Gita, eine Heilige Schrift Indiens, beschreibt den menschlichen Geist als Gespann von zwölf starken Pferden, die vor einen Wagen gespannt sind. Wenn nun der Wagenlenker, die Seele, dieses Gespann nicht bezähmen und leiten kann, dann wird er einen wilden Ritt durchs Leben erleben, gelingt es ihm jedoch, die Kontrolle über das Gespann zu haben, verfügt er über große Kraft und Schnelligkeit bei all seinen Taten. Jemandes Religion oder Philosophie ist entscheidend für die Art seines Lebens, werden sie aber nicht praktisch umgesetzt, sind sie völlig nutzlos. Babaji achtete nicht nur auf die innere Einstellung eines Menschen, sondern auf die Resultate, die Früchte im Leben der Menschen. Er suchte nach den Taten, die in Harmonie mit dem göttlichen Willen und dem Ganzen der Schöpfung ausgeführt werden.

Wir Menschen tendieren dazu, unseren Vorbildern nachzueifern. Wir werden das, worauf wir uns konzentrieren, oder wir werden wie die Menschen, mit denen wir zusammen sind. Babaji, wie die meisten Lehrer, drängte jeden "zu den Weisen zu gehen und von ihnen zu lernen."

Die Katha Upanishad erklärt die Definition "der Weisen", nach denen wir suchen sollen, folgendermaßen:

"Das Gute ist eine Seite, das Angenehme die andere.

Diese zwei, unterschiedlich in ihren Zielen, regen an zur Tat. Gesegnet sind die, die das Gute wählen, fehlgeleitet jedoch jene, die das Angenehme vorziehen.

Beides, das Gute wie das Angenehme, ist dem Menschen bereitet. Der Weise umwandelt beide und scheidet sie. Das Gute zieht der Weise vor, das Angenehme der Tor, getrieben von fleischlichen Gelüsten."[4]

Babaji lehrte durch sein eigenes Beispiel und durch Erfahrungen, die die Menschen für ihr Wachstum brauchten. Er zeigte ihnen, wie man in Harmonie mit dem Göttlichen und der Schöpfung lebt. Er stellte die Menschen in Situationen, in denen sie, wenn auch nur kurz, das Göttliche erfahren konnten. Er verlangte handfeste Resultate von seinen Schülern - auch als sie sich durch innere Reinigung um Erleuchtung bemühten. Babaji mahnte: "Ihr Affen! es genügt nicht, mit dem Schwanz zu wedeln! Ihr müsst etwas Praktisches, etwas Nützliches leisten. Babaji sagt, ihr müsst hart arbeiten und die Lehren in die Praxis umsetzten - erst seid selbst bemüht, dann inspiriert die anderen mit dieser Botschaft des Karma (Arbeit)!"[5] Er drängte seine Anhänger dazu, einige Zeit in seinen Ashrams mit ihrem klösterlichen Tagesablauf und Stil zu verbringen, um ein reines, zentriertes Leben in Harmonie mit dem Göttlichen und der Natur erfahren und üben zu können. Anschließend sollte man in der Welt dienen, als Glied einer Familie oder um Ashrams als "Inseln im Ozean des Materialismus" zu errichten, oder um die Funktion in unseren Ländern auszuführen, die benötigt wird.

Babaji war gegen das westliche "Man-lebt-nur-einmal-Bewusstsein" eingestellt. Er vertrat die Lehre, dass die Seele, ebenso wie ihr Ursprung und ihr Ziel, ewig ist und dass die Essenz und die Erfahrungen der Seele (von Millionen von Leben in verschiedenen Formen) kontinuierlich von Leben zu Leben weitergeführt werden. Jedes Leben in einem menschlichen Körper ist eine Gelegenheit, einer Herausforderung zu begegnen, auf die Verwirklichung der Seele hinzuarbeiten, die wieder und wieder zurückkehrt, bis sie Vollkommenheit erreicht hat. Das Ziel der Seele ist es, wieder mit der göttlichen Vollkommenheit zu verschmelzen, aus der sie hervorgegangen ist und von der sie sich während des Prozesses der Selbsterfahrung verirrt hat. Der Genuss materieller Freuden und das Selbstverständnis als individueller Körper lassen sie ihren Ursprung als Manifestation der göttlichen All-Seele vergessen. Nun kann jedes Leben eine Seele und den jeweiligen physischen Körper näher zum Ziel der Wiedervereinigung mit dem göttlichen Ursprung bringen, doch besteht auch die Gefahr, diese Gelegenheit, die sich durch die

Inkarnation bietet, durch Unachtsamkeit, Unwissenheit oder Eigensinn zu verspielen.

Babaji benutzte während seines Wirkens Wunderkräfte, doch er sagte - wie auch andere Meister -, dass sie jeder erreichen kann, der Disziplin übt und seinen Geist zentriert, um auf dem Weg zur göttlichen Einheit voranzukommen. Diese Kräfte entstehen durch Arbeiten, Denken und Leben in Harmonie mit der schöpferischen Energie des Universums. Babaji wusste zum Beispiel, bevor jemand in den Ashram kam oder er mit ihm sprach, ob er auch bereit war, Erfahrungen in Haidakhan anzunehmen, ob er bleiben oder gehen sollte. Er las die Gedanken der Menschen, heilte ihre Schmerzen und führte sie in Erfahrungen hinein, die sie brauchten. Und viele Menschen haben erfahren, dass Babaji im Ablauf der menschlichen Geschichte nach seinem Willen kommt und wieder geht.

Seine Botschaft ist an alle Menschen gerichtet, gleich welcher Religion oder philosophischen Ausrichtung sie angehören. Hindus, Moslems, Christen, Juden, Sikhs, Parsen, Agnostiker, Vertreter von Naturreligionen, Atheisten und andere kamen, um in seiner Gegenwart zu leben und zu lernen. Seine Lehren und Handlungen bringen das Beste aller Religionen zum Ausdruck und können das spirituelle Wissen, die Weisheit und Erfahrung im Rahmen einer jeden Religion herausfordern und bereichern. Krishna, Moses, Jesus, Mohammed sagten aus, dass ihre besten und edelsten Jünger an ihrem Leben erkannt werden können, wie sie den Glauben in die Tat umsetzen. Jesus antwortete, als er gefragt wurde: "Welches ist das erste Gebot?" mit den Worten: "Du sollst Gott über alles lieben, mit dem Herzen, der Seele und dem Geist. Mit all deiner Stärke. Das ist das erste Gebot." Und das zweite lautet: "Du sollst deinen Nachbarn lieben wie dich selbst." Die Lehren Babajis sind auf ein Leben in Harmonie mit dem Göttlichen ausgerichtet und auf das Gebot: Liebe die Schöpfung wie dich selbst, mehr als die Anbetung Gottes durch Ausübung eines bestimmten Rituals oder Glaubens. Er würde sicherlich mit dem Satz übereinstimmen, der seinem alten Freund Neem Karoli Baba zugeschrieben wird: "Es ist besser, Gott in allem zu sehen, anstatt zu versuchen, ihn zu enträtseln."

Als er seine Botschaft durch sein Beispiel und seine Lehre übermittelt hatte, verließ Babaji seinen Körper, damit die Menschen, die zu ihm gekommen waren, die Möglichkeit hatten, seine Lehren zu befolgen und zu lernen, in Wahrheit, Einfachheit und Liebe zu leben, anstatt sich blind seiner faszinierenden Gegenwart hinzugeben und sich wie eine Schafherde führen zu lassen.

Dieses Buch ist eine Sammlung von Erfahrungen, die verschiedenste Menschen mit Babaji hatten. Es ähnelt einer Biographie, die sich auf die Berichte von Menschen stützt, von deren Wahrhaftigkeit ich überzeugt bin.

Kein Mensch und keine Worte können das Wesen Babajis erfassen. Das manifestierte Göttliche übersteigt das menschliche Begriffsvermögen. Dennoch ermutige ich alle, dieses Buch über Babaji, wie ich und andere ihn erlebten, zu lesen. Babaji verkörpert sich nicht, um eine neue Religion zu schaffen, oder um einen "neuen Gott" zu verkünden, er erscheint, um die Menschen aufzuwecken und sie eine harmonische Lebensweise zu lehren. Sein Leben und seine Botschaft, die in Wahrheit identisch sind, haben in diesem Zeitalter des Umbruchs und des potentiellen Wachstums viel zu bieten, gleich ob man Babaji als göttliches oder als menschliches Wesen von besonderer Ausstrahlung empfindet.

Anmerkungen

1 Babaji ist auch als Bhole Baba, der einfache Vater, als Haidakhanwale Baba, der Baba von Haidakhan, und durch hunderte anderer Namen bekannt. "Baba" ist ein Hindi-Wort und bedeutet Vater (im Allgemeinen wird es für Priester benutzt) und die Endung "ji" ist eine Silbe, die Verehrung ausdrückt. Babaji kann also mit "verehrter Vater" übersetzt werden.

2 Autobiographie eines Yogi, Paramahansa Yogananda, O. W. Barth Verlag. Die Self-Realization Followship, die Gesellschaft, die von P. Yogananda gegründet wurde, bestreitet, dass der Mahavatar Babaji, den Yogananda in seiner Autobiographie beschrieb, und andere Inkarnationen wie Haidakhan Baba identisch sind. Die Leser dieses Buches sind eingeladen, die Darstellung in diesem Buch abzuwägen und ihre eigenen Schlüsse zu ziehen.

3 Raum und Zeit sind dynamische Eigenschaften: wenn sich ein Körper bewegt oder eine Kraft wirkt, beeinflusst das die Zeit-Raum-Krümmung - und umgekehrt beeinflusst die Raum-Zeit-Struktur die Weise, in der Körper sich bewegen und Kräfte wirken. Raum und Zeit beeinflussen also nicht nur alles, sondern sie werden auch von allem, was im Universum geschieht, beeinflusst. Stephen B. Hawking, "A brief History of time from the Big Bang to Black Holes", Bantam Books, 1988, Seite 34. Das Buch von Itzhak Bentov, "Stalking the Wild Pendulum, On the Mechanics of Consciousness", (Destiny Books, 1988, 1st Copyright and published by Bentov in 1977) verschafft einen rationalen, gut durchdachten Einblick in die wissenschaftliche Hypothese der Schöpfung und der Entwicklung der Universen, die in Verbindung zu dem steht, was Shri Babaji und andere Meister gelehrt haben.

4 "The Upanishads, Breath from the Eternal" ausgewählt und übersetzt von Swami Prabhavananda und F. Manchester, A mentor Book, New American Library, 1948 (Copyright renewed 1975 by Swami Prabhavananda) Seite 16.

5 Fast alle Äußerungen Babajis in diesem Buch (außer jenen, die anderen Quellen entnommen sind) entstammen dem Buch "Babaji spricht: Prophezeiungen und Lehren". Siehe Bibliographie.

Babaji

"Der alte Lakota war weise. Er wußte, daß sich das Herz, fernab von der Natur, verhärtet, er wußte, daß Respektlosigkeit vor wachsendem Leben auch bald zum Verlust von Ehrfurcht vor den Menschen führen würde."

Luther Standing Bear, ein Lakota (Sioux) Indianer
zitiert aus "In the Spirit of Crazy Horse" v. P. Matthiessen

"Wenn wir absolut wüßten, daß unsere kleinste Handlung, unser kleinster Gedanke weitreichende Auswirkungen haben würde und Kräfte in Bewegung setzen, die bis hinaus in die Galaxien reichten, wie sorgfältig würden wir handeln, sprechen und denken. Wie würde Leben als integriertes Ganzes kostbar sein.

Es ist herrlich und zum Fürchten. Die Verantwortung ist erschreckend und faszinierend in ihrer Tiefe und Vollkommenheit, denn sie enthält die überraschende Unsicherheit der Einmaligkeit und den tiefen Trost, ein Teil des ewigen ungeteilten Ganzen zu sein. Wir alle haben ein Anrecht auf die Verwirklichung dieses wundervollen Sinns des Lebens und können es erreichen, denn alles ist ein Teil des Ganzen, eine einzige Version der Einheit."

"The Chasm of Fire", Irina Tweedy

Kapitel 1

Aufbruch ins Unbekannte

"Der Botschafter der Revolution ist gekommen!" Und die Revolution, für die er eintrat, schafft Freude, bringt höchste Erfüllung im Leben, Ausgeglichenheit und Frieden für die, die daran teilhaben. Für die Menschheit bedeutet diese Botschaft eine Wandlung, einen Schritt zu einer höheren Entwicklung, - nicht nur für den einzelnen, sondern für alle Gesellschaftsstrukturen, - und für unsere Erde einen Aufbruch nach Eden, in der alle Teile der Schöpfung sich gegenseitig unterhalten und nähren.

Babaji kam, um die Menschen zu lehren, wie man in einer problematischen Zeit, die großen Veränderungen und potentiellem Wachstum unterworfen ist, leben kann. Es ist unnötig, seine Prophezeiungen und Warnungen zu lesen und sie als göttliche Drohungen und Vergeltungsmaßnahmen für das Böse in einer sündigen Welt zu verstehen, es genügt, in die Zeitungen und Zeitschriften hineinzuschauen. Wissenschaftler, politische Beobachter, Philosophen und Arbeitnehmer warnen, dass unsere Gesellschaft und die Aufrechterhaltung aller Arten von Leben auf dieser Erde von irreparablem Schaden, der das ganze Leben zerstören kann, bedroht sind.

In weniger als einem Jahrhundert haben die Menschen das Weltökosystem, das sich über Milliarden Jahre und Tausenden von Jahren menschlicher Zivilisation entwickelt hat, aufs Spiel gesetzt. Wir haben Waffen mit schrecklichen Folgen geschaffen und suchen nun verzweifelt nach Möglichkeiten, sie zu kontrollieren und zu verbieten. Wir haben Produktions- und Absatzmethoden von Nahrungsmitteln, Fertigartikeln und Lebensstile zu unserem fragwürdigen Nutzen ins Leben gerufen, welche die Erde verwüsten, die Atemluft verpesten, unser Trinkwasser und die Erde, von der wir leben, verseuchen.

Unsere gegenwärtige Lebensweise führt zum Selbstmord der Menschheit und erstickt alle anderen Lebensformen dieser Erde. Sollte es uns nicht gelingen, eine bewusste und drastische Umkehr unserer Lebensweise herbeizuführen, wird der Missbrauch der Natur und des menschlichen Lebens Veränderungen bringen, die dem Menschengeschlecht auf diesem Planeten ein Ende setzen.

Shri Babaji lehrte, dass göttliches Bewusstsein und seine Schöpfung eins sind. Die Schöpfung ist die große Manifestation des Göttlichen. Es ist ihre Bestimmung, zu wachsen und sich harmonisch und einheitlich in Übereinstimmung mit der göttlichen Vorausschau, dem göttlich Plan, zu entwickeln. Nach den Traditionen des Sanatana Dharma besteht dieser Plan darin, dem göttlichen Bewusstsein die Möglichkeit zu geben, sich in einer unendlichen Vielfalt durch nahezu unendliche Möglichkeiten auszudrücken.

Die Menschen besitzen manuelle Fertigkeiten und einen höheren Intelligenzgrad als andere geschaffene Wesen und haben, durch ihren freien Willen, die Fähigkeit und die Kraft, in Harmonie mit den göttlichen Gesetzmäßigkeiten und der göttlichen Absicht zu arbeiten oder sich ihnen, entweder bewusst oder durch Unwissenheit, entgegenzustellen. Babaji lehrte, dass, wenn Harmonie und Ausgewogenheit des geschaffenen Universum missachtet werden, wir Chaos und Auflösung in unser Leben und unsere Gesellschaften bringen und dass unsere zerspaltenden Kräfte auf der ganzen Welt und im Universum - jenseits der Erdatmosphäre - Auswirkungen zeigen. Schauen wir uns um, so können wir die Folgen auf allen Lebensstufen beobachten.

Die Menschen sind klüger als die Dinosaurier es waren, das hindert sie jedoch nicht, sich durch ihre eigene Dummheit und Unzulänglichkeit und durch das Unterlassen bestimmter Handlungen auszulöschen. In seinem Leben und seinen Lehren zeigte Babaji, dass selbstdisziplinierte, reine, wissende, bewusste und fleißige Menschen den Kräften der Spaltung und der Selbstzerstörung entgegenwirken können und darüber hinaus die menschliche Gesellschaft zu einem edleren Zeitalter der Wahrheit in Harmonie und Einheit mit Gott und dem göttlichen Schöpfungsplan führen können.

Babaji erinnerte ständig daran, "aufmerksam und achtsam" zu sein. Er zerbrach die eingefleischten Gewohnheiten der Menschen, ihre Ansichten über sich selbst und über die Welt. Die Erfahrungen, die man in einem Ashram sammelt, sind grundsätzlich anders als die im normalen Leben. Der tägliche Lebensstil und die Routine sind so gestaltet, dass sie den Einzelnen teilweise aus seinen althergebrachten Mustern herausholen und ihn zeitweise neu formen, so dass er mit anderen Augen sein altes Leben und die Welt, zu der er in Wechselbeziehung steht, betrachten kann.

Schaut euch um und seht, was wir mit unserer Erde tun. Vor einhundertdreißig Jahren zwang die Regierung von Amerika den Häuptling Seathl (Seattle) und sein Volk dazu, ihre Puget Sound traditionellen Jagdgründe und ihren Lebensraum - zwei Millionen Morgen Land und die Lebensweise des Volkes - an die Vereinigten Staaten für 150.000 US Dollar zu verkaufen. Teil des Vorschlages war, dass die US Regierung ein "Reservat" für das Volk gründen und es auf diesem Land unterstützen würde. Der Häuptling Seattle hielt als Antwort eine Rede, die beißend scharf die weiße städtische Gesellschaft um 1850 charakterisierte und die ein noch erschreckenderes Bild auf den Zustand dieses Landes im Jahre 1980 warf. Seine

Antwort enthält eines der mächtigsten Plädoyers für unsere Umwelt, die jemals gemacht worden sind[1].

"Der Große Häuptling läßt uns wissen, dass er unser Land kaufen möchte. Der Große Häuptling versichert uns seine Freundschaft und seinen guten Willen. Das ist sehr freundlich von ihm, denn wir wissen, dass er wenig Nutzen von unserer Freundschaft hat. Aber wir wollen Ihr Angebot in Betracht ziehen, denn wir wissen, dass, wenn wir nicht verkaufen, der weiße Mann mit Gewehren kommen wird, um uns unser Land wegzunehmen.[2]

Wie können Sie den Himmel und die Wärme des Landes kaufen? Diese Idee ist uns fremd. Wir nennen die Frische der Luft und den Glanz des Wassers nicht unser eigen, wie können Sie dies kaufen? Die Toten des weißen Mannes vergessen ihr Geburtsland, sobald sie zwischen den Sternen wandern. Unsere Toten vergessen niemals diese wunderbare Erde, denn sie ist die Mutter des roten Mannes. Wir sind ein Teil dieser Erde und sie ist ein Teil von uns. Die duftenden Blumen sind unsere Schwestern, der Hirsch, das Pferd, der große Adler - dieses sind unsere Brüder. Die felsigen Berggipfel, die saftigen Wiesen, die Körperwärme des Ponies und der Mensch - alle gehören sie der gleichen Familie an.

Folglich, wenn der Große Häuptling uns wissen läßt, dass er unser Land kaufen will, erwartet er zu viel von uns. Der Große Häuptling will uns einen Platz reservieren, auf dem wir unter unseres Gleichen komfortabel leben können. Er wird unser Vater sein und wir seine Kinder. So werden wir also Ihr Angebot in Betracht ziehen. Aber es wird nicht leicht sein, denn dieses Land ist uns heilig. Ich stelle hier und jetzt die erste Bedingung: dass uns nicht das Vorrecht verwehrt wird - ohne Belästigung -, die Gräber unserer Vorfahren, Freunde und Kinder zu besuchen.

Das glitzernde Wasser, das in den Strömen und Flüssen fließt, ist das Blut unserer Ahnen. Verkaufen wir Euch Land, dann müsst Ihr wissen, dass dieses Land heilig ist; dies müsst Ihr Eure Kinder lehren und auch, dass jeder schattige Reflex in dem klaren Wasser der Seen die Geschehnisse und Erinnerungen an das Leben meines Volkes erzählt. Das Murmeln des Wassers ist die Stimme der Väter meines Vaters.

Die Flüsse sind unsere Brüder, sie stillen unseren Durst. Die Flüsse tragen unsere Kanus und füttern unsere Kinder. Wenn wir unser Land verkaufen, dann müsst Ihr Euch daran erinnern, Eure Kinder zu lehren, dass die Flüsse unsere Brüder sind - und die Eurigen, fortan müsst Ihr den Flüssen die gleiche Freundlichkeit wie jedem Bruder zukommen lassen.

Der rote Mann hat sich der Annäherung des weißen Mannes entzogen, genauso wie der Tau der glühenden Sonne flieht. Aber die Asche unserer

Väter ist uns heilig. Die Gräber sind geweihter Boden, ebenso die Hügel, diese Bäume, dieser Teil der Erde ist uns heilig.

Wir wissen, dass der weiße Mann unsere Lebensweise nicht versteht. Der eine oder der andere Teil des Landes ist ihm gleich; er ist ein Fremder, der in der Nacht erscheint und dem Lande das nimmt, was er braucht. Die Erde ist nicht sein Bruder, sondern sein Feind, und wenn er sie erobert hat, zieht er weiter.

Er läßt die Gräber seiner Väter zurück, er kümmert sich nicht um sie. Er entführt die Erde ihren Kindern, es macht ihm nichts aus. Der Väter Gräber und das Geburtsrecht seiner Kinder sind vergessen. Er behandelt seine Mutter, die Erde, und seinen Bruder, den Himmel, als seien sie ausgeplünderte Kaufobjekte und verkauft sie wie Schafe oder glänzende Perlen. Sein unersättlicher Appetit verschlingt die Erde und hinterläßt eine Wüste. Ich verstehe es nicht. Unsere Lebensart unterscheidet sich von Ihrer. Der Anblick Eurer Städte schmerzt die Augen des roten Mannes. Aber vielleicht liegt es daran, dass der rote Mann ein Wilder ist und nicht versteht.

Es gibt keinen ruhigen Ort in den Städten der Weißen, keinen Platz, um den im Frühling sich entfaltenden Blättern zuzuhören, oder dem Flügelrauschen der Insekten. Vielleicht liegt es daran, dass ich ein Wilder bin und deshalb nichts verstehe.

Der Lärm scheint meine Ohren zu beleidigen. Und was soll das Leben, wenn ein Mann nicht den einsamen Ruf des Ziegenmelkervogels oder das Gequake der Frösche um einen Tümpel hören kann? Ich bin ein roter Mann und verstehe es nicht.

Der Indianer liebt den sanften Ton des Windes, der über die Oberfläche eines Teiches streicht, den Geruch des Windes, gereinigt durch einen am Mittag gefallenen Regen oder gewürzt durch die federförmige Kiefer.

Die Luft ist dem roten Manne kostbar, denn alle Dinge teilen den gleichen Atem, das Tier, der Baum, der Mensch - alle teilen den gleichen Atem. Der weiße Mann scheint der Luft, die er atmet, keine Bedeutung zuzumessen. Wie ein für mehrere Tage mit dem Tode Ringender ist er abgestumpft gegen den Gestank.

Verkaufen wir Ihnen das Land, so müsst Ihr Euch daran erinnern, dass die Luft uns kostbar ist, dass die Luft ihren Geist mit jeglichem Leben, das sie erhält, teilt. Der Wind, der unserem Großvater den ersten Atemzug gab, gibt ihm ebenfalls seinen letzten Seufzer.

Und wenn wir Ihnen unser Land verkaufen, müsst Ihr es separat und heilig halten, wo sogar der weiße Mann den mit Wiesenblumen gewürzten Wind kosten kann.

Wir werden also Ihr Angebot, unser Land zu kaufen, in Erwägung ziehen. Nehmen wir es an, so stellen wir eine weitere Bedingung. Der weiße Mann soll die wilden Tiere dieses Landes wie seine Brüder behandeln. Ich bin ein Wilder und weiß es nicht besser. Ich habe Tausende von verrottenden Büffeln auf der Prärie liegen sehen, die aus dem fahrenden Zug von den Weißen erschossen wurden. Ich bin nur ein Wilder und verstehe nicht, wie ein rauchendes eisernes Pferd wichtiger sein kann als der Büffel, den wir nur töten, um am Leben zu bleiben.

Was ist der Mensch ohne wilde Tiere? Sind alle wilden Tiere verschwunden, wird der Mensch aus großer Vereinsamung im Geiste sterben. Was immer den Wildtieren geschieht, wird dem Menschen geschehen. Alle Dinge sind miteinander verbunden.

Sie müssen Ihre Kinder lehren, dass der Boden unter ihren Füßen die Asche ihrer Ahnen ist. Auf diese Weise werden sie das Land ehren. Sagt Ihren Kindern, dass die Erde angereichert ist mit den Leben der Anverwandten. Lehrt sie, was wir unseren Kindern gelehrt haben, dass die Erde unsere Mutter ist. Was immer der Erde anheimfällt, befällt die Kinder der Erde. Wenn die Menschen auf den Boden spucken, so bespucken sie sich selbst.

Das eine wissen wir: die Erde gehört nicht dem Menschen, der Mensch gehört der Erde. Das wissen wir.

Alle Dinge sind miteinander verwoben, wie das Blut, das eine Familie vereint. Alle Dinge sind miteinander verbunden. Was immer die Erde befällt, befällt die Söhne der Erde. Nicht der Mensch hat das Netz des Lebens gewoben, er ist nur ein Fädchen darin. Was er dem Netz antut, dass tut er sich selber an.

Aber wir werden Ihr Angebot, in das Reservat zu ziehen, das Sie für mein Volk bereit halten, in Betracht ziehen. Wir werden abseits leben und in Frieden. Es spielt kaum eine Rolle, wo wir uns während der verbleibenden Tage aufhalten, es sind nicht viele. Unsere Kinder haben ihre Väter in Niederlagen gedemütigt gesehen. Unsere Krieger haben Scham gefühlt und sind nach ihrer Niederlage in Müßiggang und Trunksucht verfallen. Ein paar mehr Stunden, ein paar Winter mehr, und keines der Kinder des großen Volkes, das einst auf diesem weiten Lande lebte - und die nun in kleinen Banden durch die Wälder ziehen - wird übrigbleiben, um über den Gräbern eines Volkes zu trauern, das einstmals so mächtig und hoffnungsfroh war wie Ihres.

Aber weshalb sollte ich trauern bei dem Dahinschwinden meines Volkes? Die Stämme bestehen aus Individuen, und diese sind nicht besser als sie. Die Menschen kommen und gehen wie die Wellen der See. Es ist ein Gesetz der Natur. Sogar der weiße Mann, dessen Gott unter ihm ging und mit ihm sprach von Freund zu Freund, kann nicht seiner Vorausbestimmung entgehen. Wir werden in diesem wohl Brüder sein. Die Zukunft wird es zeigen.

Eines wissen wir, der weiße Mann wird es eines Tages vielleicht erfahren - unser und Ihr Gott ist der gleiche. Sie mögen denken, dass Sie ihn besitzen, aber das können Sie nicht. Er ist der Gott aller Menschen und sein Mitgefühl gilt allen, den Roten und den Weißen. Diese Erde ist ihm kostbar, und die Erde zu verletzen bedeutet, den Schöpfer mit Verachtung zu strafen.

Die Weißen ebenfalls werden vergehen, und sie werden hell leuchten, wenn die Kraft des Gottes, der sie herführte, auf sie niederkommt, eines Gottes, der aus einem besonderen Grunde ihnen die Macht gab, über dieses Land und den roten Mann zu herrschen. Die Zukunft ist uns ein Rätsel, wir verstehen sie nicht - wenn all die Büffel geschlachtet, die wilden Pferde gezähmt, die geheimen Dickichte des Waldes schwer von dem Duft vieler Männer sind und die Aussicht von fruchtbaren Hügeln versperrt ist durch Telegraphenmasten.

Wo ist das Gebüsch? Es gibt keines mehr.

Wo ist der Adler? Es gibt keinen mehr.

Wir werden also in Betracht ziehen, Ihnen unser Land zu verkaufen. Wenn wir zustimmen, so wird uns das versprochene Reservat zugesichert. Dort mögen wir vielleicht unsere kurzen Tage verbringen, so wie wir es möchten. Wenn der letzte rote Mann von der Erdoberfläche verschwunden sein wird und seine Erinnerung unter den Weißen ein Mythos geworden ist, werden diese Gestade mit den unsichtbaren Geistern unserer Stammesangehörigen wimmeln. Sie lieben diese Erde wie das Neugeborene seiner Mutter Herzschlag.

Der Weiße wird niemals allein sein. Lass ihn gerecht sein und mein Volk freundlich behandeln, denn die Toten sind nicht machtlos.

Tote sagte ich? Es gibt keinen Tod. Nur die Welten verändern sich.

Deshalb, wenn wir unser Land verkaufen, liebt es, wie wir es geliebt haben. Sorgt Euch um es, wie wir es taten. Behaltet das Land so in Erinnerung, wie es ist, wenn ihr es nehmt.

Und mit all Euren Kräften, mit all Eurem Geist, mit all Eurem Herz, erhaltet es für Eure Kinder und liebt es - so wie Gott uns liebt. Eines wissen wir: unser und Eurer Gott ist der gleiche. Diese Erde ist ihm kostbar."

In einhundertfünfzig Jahren hat es unsere "zivilisierte" Welt nicht geschafft, aus der Erfahrung der Eingeborenen zu lernen und unsere Erde zu respektieren. Auf allen Kontinenten zerstören wir jetzt dieses Volk und ihre Kultur. In unserer unersättlichen, verrückten Gier nach mehr und besseren

Dingen in unserem Leben beuten unsere westlichen Kulturen die natürlichen Ressourcen aus und hinterlassen stinkenden Unrat und nuklearen Abfall so geschwind, dass wir ihrer nicht Herr werden können. Diese Abfälle können uns das Grausen lehren - und uns buchstäblich vergiften. Wir zetteln Handelskriege an über das Recht, diese "Dinge" an Länder zu verkaufen, die sie nicht einmal wollen oder brauchen. Ich habe Grund zur Annahme, dass die zwei größten Ausgaben des Haushaltsetats der Vereinigten Staaten auf zwei Kategorien entfallen: Verteidigung dieses Lebensstiles durch hohe Militärausgaben und Heilung der geistigen und physischen Leiden, die durch unsere Übersättigung und Unterernährung und durch ausschweifende Genüsse wie Rauchen, Trinken, Missbrauch von Sex und Drogen und den Spannungen, die aus diesem Lebensstil entstehen, hervorgerufen werden. Ist es nicht ironisch mitanzusehen, wie der Rest der Welt verzweifelt versucht, ihre Ressourcen auszubeuten und ihre Kulturen zu zerstören, um gerade diesen Lebensstil nachzuahmen! Wir sind wie Lemminge, die zu ihrer eigenen Vernichtung über die Felsen stürzen.

Babaji zeigte uns einen einfachen Lebensstil, der in mehr Harmonie zu dem Rest der Schöpfung steht, der alle Lebensformen respektiert einschließlich jener, die wir selten als lebend ansehen, wie Felsen, Pflanzen und Wasser. Er zeigte uns, dass wir unsere persönlichen Bedürfnisse einfach und so gering wie möglich halten sollten. Wir sollen nur das nehmen - ohne das ökologische System zu zerstören -, was wir wirklich benötigen, und nichts verschwenden.

Die Menschen brachten oder schickten Babaji viele Gaben, und es fiel eine Menge Verpackungsmaterial an. Babaji knotete behutsam und geduldig jedes Bändchen auf, packte mit Sorgfalt das Päckchen aus, um das Papier aufzuheben. Dann gab er es und die Bänder an Raghuvir, an Kharku oder an andere weiter, die gerade den Ashram-Laden führten. Jeder nur mögliche Artikel, der Babaji überreicht wurde, wurde immer wieder verwendet, im Recycling-Verfahren.

Als Shiva, der Inkarnation des Gottes der Veränderung, zögerte Babaji nicht, die Landschaft neu zu gestalten und den Komfort im Haidakhan Ashram zum Nutzen aller zu verbessern. Der liebliche kleine Ashramtempel wurde im 19. Jahrhundert erbaut und Babaji fügte ihm 1970 und 1980 einige Gebäude hinzu. Als er den Company Bagh (Garten) und das Mosksha Dham Dhuni im Sommer 1983 einweihte, gratulierte Babaji allen, die im Garten arbeiteten. "Ihr habt die Natur besiegt und diesen wunderschönen Garten geschaffen." Er lehrte durch sein Beispiel die Ressourcen der Erde zum Erhalt des Lebens und einfacher Annehmlichkeiten zu nutzen, sie mit Bedacht zu nutzen, aber ohne die Erde auszubeuten oder sie gar verwüstet und leblos hinter sich zu lassen.

Westliche Gesellschaften - und vor allem die Vereinigten Staaten von Amerika - sind ausgesprochen verschwenderisch. Wir vergeuden Elektrizität und andere Kraftstoffe, wir verschwenden Wasser. Wir haben eine ganze Industrie für Wegwerfprodukte entwickelt. Wir vergeuden die schwindenden Ressourcen des Petroleums und verbrauchen große Energiemengen, um Plastikartikel für den Einmalgebrauch herzustellen, die aber länger als die ganze Zeit der geschriebenen Menschheitsgeschichte bedürfen, um zu verrotten. Wir häufen Berge von Abfall an wie Papier, Metall, Glas und gar menschliche Ausscheidungen - die alle unter kostengünstigeren und energiesparenderen Maßnahmen wiederverwertet werden könnten als die Neubeschaffung von Rohmaterialien.

Das Rocky Mountain Institute von Snowmass, Colorado, eine Organisation, die für die Konservierung von Energie, Wasser und anderen Ressourcen arbeitet, hat veranschlagt, dass die riesige Verschuldung Amerikas in zehn oder zwölf Jahren durch potentielle Einsparungen von Energieausgaben abgezahlt werden könnte, wenn der Einzelne oder ganze Organisationen Glühlampen verwenden würden, die anstatt der normalen Glühbirnen nur ein Drittel bis zur Hälfte der Elektrizität verbrauchen. Beheizung durch Sonnenenergie und andere Mittel zur Energieeinsparung würden den Bau von kostspieligen Nuklear- und anderen Kraftwerken unnötig machen. Eine gedrosselte Nachfrage nach schwindenden Rohstoffen würde die internationalen Spannungen ebenfalls verringern. Auf vielen Gebieten sind jetzt die technischen Mittel für eine sorgfältige und leistungsfähige Nutzung unserer beschränkten Ressourcen vorhanden, aber wir sind so in unseren althergebrachten Mustern verhaftet, dass wir uns nicht einmal der Mühe unterziehen, unsere natürlichen, lebenserhaltenden Systeme zu schützen! Versäumen wir die vielen vorhandenen Möglichkeiten des Recyclings und der Erhaltung Zuhause und an Arbeitsplätzen zu nutzen, werden wir bald, wie Häuptling Seattle sagte: "an unserem eigenen Abfall ersticken!" Oder, wir werden uns ohne Vieles wiederfinden, was wir heute als selbstverständlich erachten.

Babaji lehrte, alles Geschaffene als Träger der göttlichen Energie zu betrachten, es mit Respekt zu verwenden und in Einklang mit der Natur zu leben. Leben wir in diesem Sinne, dann zerstören und verschmutzen wir die Erde in einem geringeren Maße und vermindern gleichzeitig den Stressfaktor für Menschen und andere fühlende Wesen.

Babaji wies auf die Notwendigkeit hin, den Respekt der Menschen füreinander und für die sie erhaltende Gesellschaft wieder herzustellen. Die Menschen sind die Geschöpfe, die dem Göttlichen am nächsten stehen, und es ist offensichtlich, dass die Seele nur über die menschliche Gestalt die Vereinigung mit Gott erreichen kann. Obgleich ein Reinigungsprozess und spirituelles Wachstum auf einer individuellen Basis erreicht werden - sie variieren aufgrund verschiedener persönlicher Erfahrungen und Wachstumsgrade -

haben die Gesellschaften, die wir schaffen und unterhalten, einen großen Einfluss auf die Erziehung, das Wachstum und Wohl derjenigen, die in sie hineingeboren werden.

Heute leben noch immer in den meisten Ländern der Welt drei und gar vier Familiengenerationen zusammen. Dies war auch im Westen bis vor fünfzig Jahren üblich. Jetzt,- im Namen des Fortschritts - haben wir mit dieser Familienstruktur gebrochen; die gesetzliche Sozialversicherung, der ausgedehnte Straßenbau, der die Mobilität fördert, das Mietsystem und billige Wohnmöglichkeiten erleichtern diesen Vorgang. Eine solche Politik ermöglicht die Beweglichkeit der Bevölkerung zugunsten der Arbeitsplätze im ganzen Lande und in der Welt. Diese Mobilität hat gewisse Vorteile, hat aber zu unserer Entwurzelung beigetragen.

Teilweise bedingt durch die Schwächung der Familienstruktur, haben die 1960er und 1970er Jahre den Zusammenbruch des einstmals akzeptierten sozialen Standards herbeigeführt. Ausschlaggebend waren darüber hinaus auch der Gebrauch von "gesellschaftsfähigen" Drogen und der beiläufige und kommerzielle Sex. Wir finden uns jetzt ohne die traditionellen Moral- und Rollenvorstellungen wieder, die unsere weit mehr erfahrenen Vorfahren verwirklichten, wir haben der Jugend gehuldigt und die Weisheit und die Erfahrung des Alters verunglimpft. Wir haben den Weg für individuelle und soziale Zügellosigkeit geöffnet, die die Grenzen der Freiheit überschreiten oder den normalen Verstand, und wir ernten eine Saat von Krankheit, Spannung und Anspannung, Missbrauch von Drogen, und Aids (als ob Gonorrhoe und Syphilis nicht Grund genug zur Vorsicht böten), die Vermarktung von Sex und Straßenkriege zwischen Verbrecherorganisationen, die die Mafia als zivilisiert erscheinen lassen. Wir dulden Grausamkeit und Ungerechtigkeit gegen unsere Mitmenschen und Nationen, die uns früher Anlass gaben, zu den Waffen zu greifen. Und obgleich wir selbst all dies in den letzten fünfzig Jahren geschaffen haben, sind wir beunruhigt und werden traurig, wenn unsere Kinder unsere kleinen geheimen Fehler nachahmen und unsere eingefleischten Gewohnheiten, die das Leben auf dieser Erde bedrohen.

Babaji erinnerte an den Rat, der in den alten Schriften gegeben wurde: "Das Gute ist eine Seite, das Angenehme die andere... Die Weisen bevorzugen das Gute, die Toren, angetrieben von der Fleischeslust, ziehen das Angenehme dem Guten vor."

In diesem Alter, in dem wir dem "Vergnügen" nachjagen und darüber den uns, der Gesellschaft und der Welt zugefügten Schaden vergessen, müssen wir uns an das Wohl und die weniger aufregenden Freuden des "Guten" erinnern. Innere Ausgeglichenheit und Selbst-Diziplin, entstanden durch Bewusstheit und Besinnung auf unsere Lebenserfahrungen, sind die Basis für eine vernünftige Wahl oder für entstehende Herausforderungen zwischen

"Gutem" oder "Angenehmen". Jeder, der von Drogen oder Alkohol benebelt ist oder hypnotisiert von flüchtigen Vergnügen, ist außerstande, ausgewogene und bewusste Entscheidungen zu treffen, Fortschritte im Leben zu machen, die Fülle des Lebens zu genießen und sich zum vollsten Umfang zu entwickeln.

Babaji riet allen, zu den "Weisen zu gehen und zu lernen". Obgleich nicht jeder im Laufe der Zeit Weisheit erlangt, sind Großeltern bessere Ratgeber, was Herausforderungen und Möglichkeiten des Lebens angeht als junge beliebte Sänger, Schauspieler oder Athleten. Es gibt einen Unterschied zwischen Berühmtheit und Weisheit. Wir sollten imstande sein, beide zu genießen und zu respektieren - und zwischen ihnen zu unterscheiden, genau so wie wir zwischen "dem Guten" und dem "Angenehmen" unterscheiden müssen. Unsere Vorbilder müssen mit mehr Sorgfalt ausgewählt werden. Unsere Modelle für die Gesellschaft, die wir zu entwickeln suchen, in der wir leben oder unseren Kindern übergeben möchten, bedürfen ebenfalls sorgfältiger Auswahl. Wenn wir nicht anfangen, die Welt um uns herum mit bedachter Sorgfalt zu behandeln, werden wir nicht viel für unsere Kinder und Kindeskinder übriglassen. Wie der Häuptling Seattle beobachtete: "Er entführt die Erde ihren Kindern, und es kümmert ihn nicht."

Wir sprechen von unserer heutigen Zeit als der "modernen" Zeit. Sicherlich haben die Griechen zu Alexanders Zeiten, die Römer unter Cäsar, die Normannenkönige und Peter der Große und gewiss auch die englischen Viktorianer ihre Epoche als "modern" bezeichnet. Babaji nennt unsere Ära das "dunkle Zeitalter", das Kali Yuga. Nach seiner Sicht befindet sich die Welt in einer Zeitepoche, in der die Menschheit materiellen Dingen und flüchtigen körperlichen Vergnügungen nachjagt und darüber ihren göttlichen Ursprung, ihren Sinn für die menschliche Rasse und für ihre irdene Umgebung verliert, in der die Dunkelheit der Unwissenheit vorherrscht. Alles hängt von dem Blickwinkel ab, von dem man sein Leben betrachtet.

In einer Zeit, in der die Menschen nach "mehr" streben, größere Vergnügungen, Aufregung und Erregung suchen, übervölkern wir unseren Planeten. Wenn mehr Menschen mehr Dinge wollen, so führt das zu einem ökologischen Zusammenbruch. Wir verbrennen oder holzen jede Woche Tausende von Morgen Wald ab, pflügen Grenzland für Äcker um, betonieren Land zu, bewohnen unfruchtbares Land, verschmutzen die einst glitzernden Ströme und Flüsse und pusten Rauch und krebserregende Substanzen in die Luft. Während wir dem "besseren Leben" nachjagen, zerstören wir die Dinge, die dies ermöglichen. Die reinigenden Filter der Natur, die Erde, Luft und Wasser sind so mit Abfall und dem Gift unserer modernen Gesellschaft verstopft, dass sie ihrer nicht Herr werden. Überall erbricht die Natur unseren menschlichen Abfall.

Dieser Zustand erzeugt Spannung in uns und unserer Gesellschaft. Unsere Ökonomie wird durch eine riesige Anzahl von Manufakturwaren gespeist, von denen eine Vielzahl nur durch aufwendige Werbung und Überredungskunst an den Mann gebracht werden können. Kaufen und verbrauchen (oder wegwerfen) wir sie in großen Mengen und unterstützen wir somit den Hersteller bei seiner Produktion, werden wir gerügt, dass wir nicht genug Geld sparen, um neue Industrien für mehr Artikel aufzubauen. Verkaufen wir weniger Artikel auf unseren Heimatmärkten, geraten wir in Streit mit anderen Ländern, weil wir nicht genügend einkaufen, um unsere Ökonomie auf Hochtouren laufen zu lassen.

Während dieses Prozesses werden viele Menschen überrannt und beiseite geschoben, - jenseits des Trampelpfades der durchgehenden Herde. Hunderte von Millionen Menschen auf dieser Erde sind arbeitslos und ohne Verdienstmöglichkeiten für ein menschenwürdiges Leben. Jene, die den "schnellen und leichten Weg" gehen, fürchten und sorgen sich und halten immer - zumindest im Unterbewusstsein - nach Schwierigkeiten oder nach Attacken von außen Ausschau. Wie Häuptling Seattle es darstellte, die Menschen sehen die Erde als ihren Feind an. Viele Menschen betrachten andere Menschen grundsätzlich als Konkurrenten und sie finden das Leben "schwer".

Nicht alle Menschen tragen diese Lebensansichten mit sich herum. Für viele ist die Erde ein wundervoller Ort, um darin zu leben, zu arbeiten, zu experimentieren und zu wachsen. Es liegt an der Sichtweise eines jeden. Unser Verstand, unsere Gedanken besitzen eine große Kraft, sie formen unsere Lebenseinstellung, unseren Erfolg im Leben und unsere Beziehung zu anderen.

Könnten wir den Gedanken annehmen oder ihn als Hypothese nicht ablehnen, dass die Schöpfung eine Einheit ist, dass alles Geschaffene miteinander verbunden ist und alles einen gemeinsamen Ursprung und eine Zukunft hat, dann kann man lernen, in Harmonie mit dem Göttlichen zu leben und zu arbeiten und nach dem göttlichen Plan stark und weise werden. Wenn wir allem Geschaffenen Ehrerbietung erweisen und die Mitmenschen und alles Leben mit Liebe und Respekt behandeln und uns ihrer Fähigkeit, - uns entweder zu verletzen oder uns zu unterstützen, - bewusst sind, besteht keine Notwendigkeit mehr, in Angst oder Spannung zu leben. Wir können der Welt ohne Drogen oder Gewalt ins Auge sehen, und unseren Mitmenschen ohne Feindschaft oder offene Verteidigungspraktiken entgegentreten. Wenn, wie Babaji empfiehlt, wir mehr Interesse daran entwickeln, anderen zu dienen anstatt uns zu bereichern, können wir eine Losgelöstheit erreichen, die unser Leid und unseren Kummer im Leben auflösen. Erkennen wir, dass wir nicht ein Herrenhaus oder drei Autos in der Garage benötigen, werden wir von dem Zwang, diese Ziele zu erreichen, und von der auf uns gerichteten Eifersucht befreit, die uns entgegengebracht wird. Wir würden einen inneren

Frieden, eine ständige Freude erfahren und auch eine Befreiung unserer versteckten kreativen Fähigkeiten.

Wie leben wir denn? Wir essen "Schund", von dem wir wissen, dass er uns nicht bekommt. Wir kaufen unbrauchbare, unnötige Dinge, lagern sie unbenutzt für Monate und Jahre in unseren Häusern und machen aus ihnen und unserer Mutter Erde Abfall. Keiner ist davon ausgenommen. Indem wir achtsamer sind und sorgfältiger handeln, können wir unserer Mutter Erde ein wenig die schwere Last erleichtern, Geld sparen, einfacher und leichter leben und die Erde von Milliarden Tonnen von unverwertbarem Müll befreien.

Einfach und bedacht zu leben heißt nicht, stumpf oder verarmt zu sein. Im Gegenteil, in einem einfachen Leben hat man mehr Zeit für Vergnügungen und individuelle Kreativität. Es gab eine Zeit, in der die Stadtbewohner große Verehrung hegten für die Bauern, die unsere Nahrung herstellten und naturnah lebten, und in der sie Ehrfurcht vor der Natur hatten. Nun haben wir die Bauern gelehrt, ja sogar gezwungen, die größten Verbraucher von Chemikalien und Verschmutzer von Land und Wasser zu werden und unsere Erde als ein Objekt zu betrachten, das man nach seinem Willen ausbeuten und unterwerfen kann. Das einfache Leben in Harmonie und Einheit mit dem Göttlichen und seiner gesamten Schöpfung beinhaltet eine Ausgewogenheit und einen Sinn, die in unserer modernen täglichen Jagd nach Vergnügen und Bereicherung fehlen. Niemals hat es Menschen davon abgehalten, ein bequemes Leben zu führen oder gar Reichtümer und Macht zu erwerben. Ein Leben in Harmonie und Einheit mit dem Göttlichen geführt, bringt alles mit sich, was nötig ist, um die gesteckten Ziele im Leben zu erreichen.

Obgleich Babaji in einem sogenannten "Hindu" Ashram und Hindu Umfeld lebte, bestand er auf keinem bestimmten Glauben oder Religiosität. Er war überkonfessionell und riet allen, "der Religion ihres Herzens" zu folgen. Jede Religion ist gleich gut und führt zum selben göttlichen Ziel. Wieder und wieder sagte er, dass "Menschlichkeit" die einzige Religion sei. Er machte keinen Versuch, die Religion Indiens in den Rest der Welt zu exportieren, sondern er trat für eine Lebensart ein, die die menschlichen Lebensgewohnheiten und -bedingungen verbessert und erhöht und es der ganzen Schöpfung erlaubt, in beständiger Harmonie und Einheit mit dem Göttlichen zu leben, aus dem alle Lebensformen, alle Energie entspringen.

Im Haidakhan Ashram zeigte Babaji, wie dieses Leben aussehen kann. Er sagte: "Die neue Welt beginnt hier!" und hier liegt meines Erachtens die Hauptbedeutung von Haidakhan. Er ließ alle, die ihn aufsuchten, wissen: "Lerne die Regeln und folge der Disziplin, während du hier weilst. Dann, wenn du heimgehst, lehre die anderen in der gleichen Disziplin zu leben." Disziplin bedeutete, zu lernen, in Harmonie mit anderen Wesen und der ganzen Natur zu leben, wachsam und aufmerksam diese Lehren,- die Herausforderungen und Möglichkeiten des täglichen Lebens,- zu verwirklichen und anderen zu dienen als Ausdruck der Hingabe und Verehrung des Göttlichen - als höchstem Gottesdienst. Als wir in seiner Gegenwart lernten, ihn immer mehr und tiefer zu lieben, führte uns Babaji zu dem Wissen, dass, wenn man Gott zugetan ist, man alles Geschaffene liebt. Aus diesem Gefühl heraus behandelt man alle Menschen, die Erde, die wilden Tiere, die Vögel, die Blumen, das Wasser - alles - mit der gleichen Liebe und Ehrerbietung wie das Göttliche.

Diese Einstellung zu erlangen ist ein vernünftiges Ziel, das innerlich und äußerlich Glück bringt. Dieses Ziel, diese Lebensart kann im Weltlichen erreicht werden, aber es ist eine große Hilfe, an das Göttliche zu glauben. Es ist schwer diesen Lebensstil in der profanen Welt, die gewinnorientiert ist und nach neuen Vergnügungen und Spannungen strebt, auszuüben. Hilfreich sind Besuche in Ashrams, Klöstern und ähnlichen Einrichtungen, um sich "zurückzuziehen". Dort kann eine andere Lebenseinstellung gewonnen, können Erfahrungen gesammelt werden, die auf neuen Erkenntnissen und Mustern beruhen und sich im wachsenden Maße vom hektischen Leben und seinen Versuchungen befreien. Mann kann eine beträchtliche Verringerung von Furcht und Misstrauen erringen und sogar Eifer nach Lernerfahrungen und erweiterten Gelegenheiten im Leben entwickeln. Einher mit diesem gehen eine wachsende Ausgeglichenheit und Stabilität, die einem aufrecht und stark alle Stürme des Lebens ertragen lassen. Diese Lebensart beseitigt alle Abhängigkeit im Streben nach Glück oder Erfolg und erlaubt Liebesbeweise ohne Bindung oder Fesseln.

In der alten Kultur Indiens unterteilte und unterteilt man weise das Leben eines Menschen in verschiedene Lebensabschnitte. Die ersten zwanzig oder fünfundzwanzig Jahre wurden im Zölibat verbracht (Brahmachari) hier wuchs man auf und erlernte die Handfertigkeiten für den späteren Lebensunterhalt innerhalb der Familie und der Kultur der Kommune. In uralter Zeit wurden die Kinder oft zu gelehrten Meistern und Weisen geschickt, mit denen sie viele Jahre lebten und lernten. Sie wurden von ihnen auf allen Gebieten der Erziehung innerhalb eines spirituellen und religiösen Familienverbandes - in Ashrams - unterrichtet.

Das nächste Stadium im Leben war das Verheiratetsein - oder das des Kriegers, Herrschenden oder Priesters. Dies war die Zeit für Heirat, das Aufziehen von Nachkommen, der Vergnügungen, der Eifer für das Entdecken und die Freude an Fähigkeiten, Künsten und anderen in der Jugend erlernten grundsätzlichen Prinzipien. Durch den Kontakt zu anderen Menschen und Kulturen, durch eifrige Tätigkeit und durch das Lehren ihrer Kinder durch Wort und Tat vertieften die verheirateten Menschen ihr Lebensexperiment und das des Göttlichen.

Wenn dann die Kinder vermählt wurden und ihr eigenes Geschäft eröffneten oder ihren Beruf ergriffen, waren die Eltern bereit, in den dritten Lebensabschnitt hineinzuwachsen, in dem sie ihre ganze Aufmerksamkeit auf das Göttliche richteten und sich von ihren Familien, dem Geschäft, Reichtum oder Ruhm lösten. Oft bedeutete dies ein Leben in einem Ashram oder einer anderen spirituellen Gemeinschaft, wo sie sich auf geistige Dinge und Dienst am Nächsten konzentrieren konnten.

Es gab einen vierten Lebensabschnitt für diejenigen, die den geistigen Mut, Kraft und Einsicht dafür aufbrachten. Diese Menschen gaben sogar die Bindung und den Unterhalt der Gemeinschaft auf, in die sie sich zurückgezogen hatten. Sie gingen als Wanderer hinaus in die Welt, um mit anderen das Wissen und die Erfahrung, die sie in ihrem Leben erlangt hatten, zu teilen, und lebten von der Barmherzigkeit derer, mit denen sie ihr Wissen, ihre Arbeit und Liebe teilten.

Es gibt Anzeichen, dass sogar die westlichen Gesellschaften sich von den Auswüchsen der letzten dreißig oder vierzig Jahre abkehren. Die Jagd nach Reichtum hat kein Glück, keinen Frieden oder Sicherheit gebracht, weder dem Einzelnen noch der Gesellschaft. Die sexuelle Revolution hat sicherlich das Viktorianische Schweigen, Zurückhaltung und doppelte Moral gebrochen, den Sex aus den Schlafzimmern hinausgebracht auf den Bildschirm und in Kinos. Dabei ist er verherrlicht, vermarktet und entmenschlicht worden. Dieses verführte Frauen dazu, Milliarden von Dollar für Kosmetik, kosmetische Operationen und Kleidung, die mehr enthüllen als bedecken, auszugeben, und sie wundern sich darüber, warum die Männer sie - noch nach zwanzig und mehr Jahren Kampf um ihre Rechte - als Sexobjekte behandeln. Weit praktizierte sexuelle Erfahrungen und Gebrauch von Drogen haben die einstmals fast ausgerottete Gonorrhoe und Syphilis auf einen epidemieartigen Stand gebracht, und Aids droht im 21. Jahrhundert die "schwarze Pest" zu werden. Durch die individuelle Jagd nach Vergnügen und Lebenslust haben wir den Sinn für ein Ziel in unserem Leben und in der Gesellschaft verloren. Unsere Kinder, die das Abgleiten der Älteren sehen, suchen weitaus größere Sensationen in ihrem Leben, um der Langeweile und Leere zu entrinnen. Die Menschen versuchen heute wieder bewusst, das Fernsehen und die Bücherläden von Schmutz und Gewalt zu befreien und kämpfen für die Wiederherstellung einer drogenfreien Gesellschaft.

Das individuelle und öffentliche Anliegen beschäftigt sich in erhöhtem Maße mit Ethik, Moral, sozialem Bewusstsein und bedachter Freundlichkeit und Hilfsbereitschaft gegenüber anderen. Wir haben angefangen, von unseren politischen Führern moralische und ethische Grundsätze zu verlangen, die mehr im Einklang mit unseren höchsten Idealen stehen als die der korrupten Geschäftspolitik der Kauf-und-Verkaufsgesellschaft. Wir sollten darauf bestehen, dass das "Big Business" mehr auf einem erhöhten Bewusstsein beruht, dass dem Bedürfnis nach Wahrheit und Harmonie in der Arbeitnehmerbeziehung, den Verbrauchern und der Erde, die sie unterstützen, Rechnung getragen wird. Viele kleine Firmen vergrößern sich bereits auf der Grundlage von Wahrheit, Ehrlichkeit und echtem Kundendienst, und es gibt bereits eine Vereinigung von Investoren, sogenannte "soziale Investment Firmen", die ihr Stammkapital dazu benutzen möchten, auf öffentliche Körperschaften - tätig in Umwelt und Ökonomie - Druck auszuüben. Der Umweltschutzverein Greenpeace und ähnliche Organisationen sind weltweit tätig und werden von Menschen auf der ganzen Welt unterstützt.

Bedachte, sorgende und vertrauende Eltern können zum Beispiel ihre Kinder ermutigen, offen für neue Erfahrungen zu sein, sie bewusst zu betrachten und aus ihnen und nicht nur aus ihren Schulbüchern zu lernen, und Sorgfalt und Teilnahme für andere Wesen um sie herum zu entwickeln. Wenn ein Individuum lernt, seine Familie als Teil oder Erweiterung seiner selbst anzusehen, seine Nachbarn, seine Mitmenschen, andere fühlende Wesen mit der gleichen Liebe, Sorgfalt und Ehrfurcht zu behandeln wie es selbst wünscht, behandelt zu werden, wird das Ego uns weniger beherrschen und weniger Forderungen stellen. Dann sind wir fähig, anderen, die der Hilfe bedürfen, mit echter Freude zu dienen. Hilfsbereitschaft bringt länger anhaltende Freude und innere Zufriedenheit als der Triumph persönlicher Siege und Erfolge in egoistisch orientierten Projekten.

Bill Moyers und Michael Josephson, die die amerikanische Moral und das ethisches Verhalten in Bill Moyers öffentlicher Sendung "The World of Ideas" diskutieren, unterstreichen, dass die Essenz der Ethik das Eintreten für andere ist. Michael Josephson, der als Jurist Rechtsanwälten, Journalisten, Geschäftsleuten und Politikern Ethik lehrt, bemerkt: "Ich fühle mich einfach besser, wenn ich das Richtige tue. Meine Höhepunkte sind nicht, wenn ich sehr viel Geld verdiene oder einen wichtigen Fall gewonnen habe. Es sind vielmehr die Augenblicke der Zufriedenheit, nachdem ich etwas Zweckvolles erreicht und für andere Menschen etwas Nützliches getan habe." [3]

Ringen um Selbstverwirklichung und persönliches Wachstum müssen ebenfalls erfahren werden. Und das ist der Inhalt der Verheirateten der mittleren Lebensperiode. Wir wenden die Fähigkeiten an, die Ethik und die Moral, die wir als Jugendliche erfuhren. Arbeiten wir mit Bewusstheit, erringen wir Weisheit in unserem Streben und in den Prüfungen, die uns die "richtige Welt" auferlegt. Unsere Kinder lernen mehr aus unseren Handlungen und unserem Vorbild als von dem, was wir ihnen vom Leben erzählen. Trotz des großen Einflusses, den die Unterhalter, Athleten und andere ausüben, sind die Familien und die Nachbarn die ersten Vorbilder eines Kindes, und sie haben einen großen Einfluss auf die Rolle, die im Teenageralter und späteren Alter ausgeübt wird. Wir Erwachsene sind verantwortlich für die Welt, die wir geschaffen haben, und für das, was kommen wird. Erkennen und akzeptieren wir die Verantwortung, dann ist es nicht zu spät, das Gegenwärtige und die Zukunft abzuändern.

Als ich aufwuchs, hieß eines der Bücher auf der Bestsellerliste "Das Leben beginnt mit Vierzig". In den letzten Jahrzehnten haben westliche Gesellschaften die Jugend in einem solchen Maße verehrt, daß das schönste Leben mit dreißig Jahren vorbei zu sein scheint. Dann, als wir die Dreißig erreichten, versuchten wir das jugendliche Aussehen und die Energie von Dreißig für ein oder zwei weitere Jahrzehnte auszudehnen. Diese Anstrengung hat in den letzten Jahrzehnten -zig Milliarden Dollar in den Kassen des Westens klingeln lassen. Wenige Menschen erinnern sich an ein bekanntes Gedicht von Robert Browning. Es heißt: "Rabbi Ben Ezra" und enthält folgende Worte: "Alt werden möchte ich mit Dir. Das Beste ist doch das Letzte im Leben. Denn dafür ward alles gemacht. "

Sicherlich hoffen die Menschen unserer Epoche darauf, daß das Beste noch kommt. Unsere Welt ist durch einige schlimme und furchterregende Zeiten gegangen und sieht noch immer schwierigen Entscheidungen und Veränderungen entgegen. Obgleich langjährig bestehende soziale Rivalitäten und Feindschaften in vielen Gebieten abflauen, gibt es noch Länder auf der Welt, in denen Kriege und Hass so stark sind, dass sie die ganze Erde in Flammen stürzen könnten. Obgleich wir erkennen, dass es nötig ist, die Erde, das Wasser und den Himmel - sogar den Weltenraum mit dem uns umkreisenden Weltraummüll - zu reinigen und zu schützen, haben wir uns noch immer nicht zu weitreichenden uns zur Verfügung stehenden Schutzmaßnahmen durchringen können, die das Leben auf dieser Erde sichern. Obgleich wir uns in immer größerem Ausmaß bewusst werden, dass unsere Weltökonomie und unsere Gesellschaften unentwirrbar miteinander verflochten sind, erlauben wir nationalen Grenzen und Denken, unsere Politik und unser Maß an persönlichem Interesse in und für andere zu beeinflussen. Obgleich unsere Gesellschaften und Regierungen wachsenden Anteil für das menschliche Wohlergehen zeigen und eine wachsende Anzahl von Menschen auf allen Sozialbereichen beschäftigt ist, sind wir lange davon entfernt, die Weltbevölkerung auch nur ausreichend zu ernähren, ihr Wohnraum zu schaffen oder gar einer großen Anzahl von Menschen die Möglichkeiten für ein ehrliches und befriedigendes Leben zu geben.

Wir Menschen werden im Alter klüger, oder zumindest haben wir die Fähigkeit dazu. Die Erwachsenen lächeln, wenn sie zuschauen, wie Kinder lernen und ihre Fähigkeiten immer und immer wieder erproben, um die Lebensgrundlagen zu meistern - das Essen, Sprechen, Gehen, Anziehen, die motorischen Fähigkeiten. Wir helfen unseren Kindern in der Schule, wir geben ihnen die Möglichkeiten, ihr Wissen und ihre Fähigkeiten zu erweitern. Viele Menschen meinen, dass die Erziehung mit der Oberschule oder mit einem Diplom endet, aber, wenn wir bewusst das wahrnehmen, was um uns herum vorgeht, merken wir, dass das ganze Leben ein Lernprozess ist und dass "das Beste noch zu erwarten ist", denn wir bauen und wachsen auf dem Vorhergegangenen.

Die Jahre des Ruhestandes - etwas, was dem dritten Lebensstadium des indischen Lebens entspricht - können wahrlich die "goldenen Jahre" genannt werden, über die die Menschen reden. Bis zu diesem Zeitpunkt hatten wir die Möglichkeit, das Leben zu erfahren und viel zu lernen. Die Feinfühligkeit und der innere Aufruhr während des Wachstums, das Lernen, alle Arten von Beziehungen zum meistern, der Versuchs- und Fehlerprozess, unsere Fähigkeiten - von denen wir leben -, zu entwickeln und einzusetzen, der Kummer und die Freude, starke, verantwortungsbewusste Kinder aufzuziehen und ihnen bei ihrem Erwachsenwerden zuzuschauen - alle diese Dinge haben wir zurückgelassen, wenn wir das dritte Lebensstadium erreichen.

Viele von uns haben heute in diesem Lebensalter die Möglichkeit, ohne den Zwang, den Lebensunterhalt verdienen zu müssen, unsere Talente, unser Wissen und unsere Weisheit im Dienste anderer einzusetzen. In diesem Lebensabschnitt haben wir einerseits die Möglichkeit bzw. die Wahl, im Vergangenen hängenzubleiben, indem wir durch unsere - meist vergeblichen - Anstrengungen versuchen, die Fehler zu korrigieren, die wir an unseren Kindern sehen, welche mittlerweile nun selbst Entscheidungen treffen, die Kontrolle über das zu behalten, was wir aufbauten oder mit dem wir aufwuchsen; wir können auch unsere Hände in den Schoß legen und versuchen, nur in unserem persönlichen Kreis Vorkommnisse zu kontrollieren. Andererseits aber können wir uns sanft von den Belangen des Egos lösen und unsere Aufmerksamkeit edlen Werten und umfassenderen Aufgaben zuwenden, die uns näher und näher an die göttliche Harmonie und ihre Schöpfung bringen. Dies ist, so wird gesagt, der Sinn des menschlichen Lebens, dies ist der Zweck, für den wir vorbereitet wurden, und dies ist die Zeit, sich auf spirituelles Wachstum zu konzentrieren.

Edmond Bordeaux Szekely schrieb in dem kleinen, wunderschönen Büchlein "Creative Work, Karma Yoga" folgendes: "Anstatt uns nach einer Zukunft ohne Arbeit zu sehnen, sollten wir im eifrigen Vorgenuss auf eine Zeit blicken, die für uns einen größeren Umfang an Arbeit bereithält, in der sich unsere Kräfte zu einem größeren Maß entwikkeln, sich unser Verstehen geweitet und unsere Sichtweise hinsichtlich der Erhabenheit schöpferischer Arbeit verschärft hat. Mit anderen Worten, Arbeit ist vom Leben untrennbar, und nur, wenn wir das Leben mit der Freude kreativer Arbeit teilen, leben wir wirklich. Dem Ruhestand entgegenzublicken ist wie dem Tod entgegenzusehen. Statt dessen sollte sich unsere Zukunft mehr für den Ausblick auf Abenteuer und Gelegenheiten öffnen, da Erfahrung tiefere Freude und Erfüllung mit sich bringt."[4]

Wenn Michael Josephson recht hat - was wohl so ist - bestehen die Höhepunkte in unserem Leben aus guten Taten für unsere Mitmenschen. Im Ruhestand können wir viele Stunden am Tag anderen Gutes tun. Da hat man Zeit - oder sollte sie haben -, für einen Kranken in der Nachbarschaft ein Mittagessen zu kochen, das Zuhause eines Versehrten zu putzen, Nachbarskindern bei ihren Schulaufgaben zu helfen oder unsere Erfahrungen einzusetzen, damit sie die Wichtigkeit in dem erkennen, was sie in der Schule lernen. Wir können einen Park oder eine Straße "adoptieren" und sie zur Freude anderer sauber und ordentlich halten.

Einige erfolgreiche Geschäftsleute geben wöchentlich zu bestimmten Zeiten denen Ratschläge, die mit einem neuen Geschäftsanfang oder mit der Aufrechterhaltung ihres Geschäftes kämpfen. Jimmy Carter hat sich an mehreren Wohnprojekten für notleidende Menschen beteiligt. Es ist eine erfüllende Arbeit, die Nachbarschaft zu erneuern, Familien, die in Schwierigkeiten sind, praktische Hilfe zu geben und dadurch selbst zu einem wertvollen Höhepunkterlebnis zu kommen. Es gibt Dutzende oder Hunderte von entwickelten Fähigkeiten, die wir während unseres Ruhestandes anwenden können, um unseren Mitmenschen eine wahre Hilfe zu sein. Wir brauchen uns nur ein wenig umzuschauen, um jemanden zu finden, der gerade unsere Fähigkeiten benötigt. Welche Höhepunkte können jeden Tag auf diese Art und Weise erfahren werden!

Babaji riet allen, anderen Menschen beizustehen, unsere Menschlichkeit durch selbstlose Dienstleistungen zu entwickeln und zu üben. "Zu arbeiten, gut zu denken und euer Leben der Menschlichkeit zu weihen, ist der höchste Weg." Dies ist Karma Yoga. Durch selbstlosen Dienst, während wir die Freuden und Höhepunkte des Helfens genießen, helfen wir uns selbst am meisten - spirituell und praktisch. Karma Yoga ist der wirkungsvollste Weg zur Erleuchtung und Einheit mit dem Göttlichen in diesem Zeitalter.

Babaji wies oft darauf hin, dass die Stärke in der Einheit liegt. Keiner von uns, wie reich oder talentiert er auch sein mag, ist fähig, mit all den Problemen unserer Nachbarschaft oder in der Welt fertig zu werden. Es gibt viele Gruppen - in den Ortschaften, Städten, auf nationaler und internationaler Ebene -, die wirkungsvoll andere Menschen auf praktischem Gebiet unterstützen. Diese Organisationen sind überwältigt von den Auswirkungen, die Armut, Drogen, Kriegsverwüstungen, Dürre oder Orkane haben. Sie benötigen Helfer und Geld. Es gibt viele Menschen aller Altersstufen, die den öffentlichen Gruppen behilflich sind, Drogen, Armut und Unwissenheit zu bekämpfen. Menschen im Ruhestand besitzen viele der dazu benötigten Mittel wie Weisheit, Geduld und Zeit, um denen zu helfen, die es schwer haben.

Hilft man anderen, hilft man sich selbst. Babaji wies darauf hin, dass jemand, der selbstlose Arbeit - Karma Yoga - ausführt, gut isst, gut verdaut und gut schläft; mit anderen Worten, wir fühlen uns voller Energie, nützlich und glücklich. Diese Auswirkungen tragen alle zu einem gesunden Leben bei, einem aufnahmebereiten Gedächtnis und Interesse am Leben. Und hat jemand durch Lebenserfahrungen und bewusste Anstrengung eine gewisse Ebene der Losgelöstheit erreicht, kann er Karma Yoga beständig, mit Hingabe, ohne Stress, ohne Zorn und ohne Magengeschwüre ausführen.

Die Arbeit ist da, um getan zu werden. Und es wird immer mehr Arbeit geben, als ein einzelner oder eine Gruppe bewältigen kann. Verrichte sie so liebevoll, gewissenhaft und wirkungsvoll wie du kannst! Setze ein Beispiel! Andere werden kommen, um mitzuhelfen, und eines Tages werden die, denen geholfen wurde, selbst zu Helfenden....Selbst die, die versehrt oder krank sind, können an ihrer Heilung und an der Welt arbeiten. Viele spirituelle Lehrer und sogar Wissenschaftler sagen uns, dass unsere Gedanken wie auch unsere Handlungen weitreichende Auswirkungen haben, die über unsere kleine persönliche Lebenssphäre hinausgehen. Der tibetisch-buddhistische Heilige Milarepa meditierte, betete und lebte für "alle fühlenden Wesen". Er und viele andere Heilige und Lehrer haben ganze Landstriche um sich herum durch die Kraft ihrer spirituellen Vibrationen verändert und durch das Beispiel eines geheiligten Lebens. 1977 schrieb und dokumentierte Itzhak Bentov einiges über die Kraft der Gruppenmeditation in seinem wunderbaren Buch "Stalking the Wild Pendulum". Maharishi Mahesh Yogi, der Lehrer der Transzendentalen Meditation, und Swami Rama des Himalaja Instituts haben mit Meditationsgruppen gearbeitet und die Kraft des positiven Denkens untersucht, wenn nur ein Prozent der Bevölkerung zum Gemeinwohl meditiert. Die, welche nicht die physische Kraft haben, anderen praktisch zu helfen, können sich zusammentun (oder getrennt, aber in Verbindung miteinander sitzen), um zu meditieren, beten oder nur, um Gutes zu denken, zu heilen oder harmonische Gedanken in das ganze Universum auszustrahlen. Menschen, jung und alt, gewillt zu helfen und zu arbeiten, können Nachbarschaftshilfe-Gruppen organisieren, sich treffen und Schwingungen der Heilung durch das ganze Universum schicken und die Arbeit in der Nachbarschaft für einen Tag oder die Woche organisieren.

Es gibt viele Wege der Heilung in dieser wirren, herausgeforderten und durcheinander gebrachten Welt. Nichts hingegen wird erreicht durch endlose Diskussionen, durch Vernachlässigung oder durch das Zurückziehen vor dem Unerfreulichen. Babajis Anweisung war: "Sprich weniger, arbeite mehr." Nur sorgende Tätigkeiten, Dienst am anderen, kann die Welt reinigen und verbessern. Erfahren wir die Einheit des geschaffenen Universums, dann werden die Probleme unserer Schwester, unseres Bruders, unseres Nachbarn oder die der Menschen auf der anderen Seite der Erde zu unseren eigenen, die mit unserer Hilfe beseitigt werden müssen. Dann können wir zusammen mit Babaji sagen: "Bist du in Frieden, bin ich in Frieden. Bist du in Sorge, sorge ich mich. Hast du Probleme, so habe ich Probleme."

Das Ziel, in Harmonie und Einheit mit dem Göttlichen und der ganzen Schöpfung zu leben, wird nicht über Nacht erreicht. Es braucht Jahre neuer Erfahrungen und frischer, verbesserter Reaktionen, die alten Muster zu durchbrechen und neue Lebenswege zu finden. Man mag

das Ziel nicht ganz in diesem Leben erreichen. Aber eine bloße Zielsetzung und ein ernsthafter Versuch es zu erreichen, werden Veränderungen in den eigenen Wertvorstellungen, politischen Anschauungen, der Wunscherfüllung hervorrufen, ebenso wie ein Umdenken auf dem Gebiet der Nahrungsaufnahme, des Gedanken- und Energieeinsatzes. Wenn mehr und mehr Menschen die Wahl haben und Entscheidungen und Handlungen auf dieser Basis treffen, werden unsere Städte, unsere Länder, unsere Welt - die ganze Schöpfung - von diesen Veränderungen beeinflusst werden.

Es ist spät, aber nicht zu spät, um tatkräftige Veränderungen an der Basis unseres individuellen und sozialen Verhaltens und in den Beziehungen mit anderen, mit unserer Erde und dem Göttlichen herbeizuführen. Babaji lehrte vernünftige, menschliche Werte und Ziele, die auf das Göttliche gerichtet sind, aber nicht in religiöse Streitigkeiten oder "Religiosität" ausarten, welche die Krankheiten und Kümmernisse unserer Zeit heilen und die Menschheit zu einer höheren Ebene führen können.

Wir alle haben physisches und seelisches Leid, Kümmernisse oder Krankheiten erfahren. Der menschliche Körper funktioniert, obwohl einige Körperteile in Unordnung sind oder gar fehlen. Wir wissen, dass der ganze Körper sich schlecht fühlen kann, weil ein bestimmter Teil schmerzt, sei es durch einen Schnitt, eine Quetschung, eine Verletzung, eine Völlerei, Überanstrengung, eine diagnostizierte Krankheit. Der Körper kann sogar durch die Unterfunktionen eines Körperteiles sterben. Ein menschlicher Körper kann keine Spitzenleistungen erbringen, wenn ein oder mehrere seiner Teile nicht in perfekter Harmonie mit dem Rest des Körpers arbeiten.

Das gleiche gilt für die Schöpfung, für das ganze geschaffene Universum. Als Einheit ist die Schöpfung so riesig, dass sie eine ganze Menge Schmerz und Disharmonie verkraften kann. Aber so lange ein Element des Ganzen nicht - oder es ihm nicht erlaubt wird - in Harmonie mit seinem Zweck und dem Rest der Schöpfung zu arbeiten, besitzt die Ganzheit der Schöpfung eine geringere Vollkommenheit als die, aus der sie hervorging und wie sie sein könnte.

Die Menschen, als schwingende, schöpferische, intelligente Elemente der Schöpfung, als bewusste Erweiterung der Schöpfung - haben sehr viel zu tun mit dem Gleichgewicht, dem Frieden, der Freude, der Harmonie und Einheit der Schöpfung. Jeder unserer Gedanken und jede Handlung schickt ihre Impulse durch das Universum und trägt zum Geschehen darin bei. Wenn wir unser Umfeld verändern, verbessern und vervollkommnen wollen, so müssen wir uns selbst heilen und perfektionieren, gute Gedanken und gute Arbeit in die uns umgebende Welt hinausschicken. Wie Babaji sagte: "Ihr alle müsst fleißig eure Arbeit (Dharma) tun und indem ihr sie tut, tragt ihr zu der universellen Arbeit bei. Ihr müsst alle bereit sein, zum Allgemeinwohl beizutragen."

In den nächsten Jahrzehnten muss die Heilung unserer geschundenen Erde und ihrer aus den Fugen geratenen Gesellschaft an erster Stelle stehen. Versäumen wir, positive, gedankenvolle, korrektive Maßnahmen zu ergreifen, werden wir unsere Kinder auf einer höllischen Erde zurücklassen, in der zehn Milliarden Menschen um den Sinn und für einen angemessenen Lebensstandard auf einer verkarsteten und vergifteten Erde kämpfen. Sehen wir diese Anforderung unserer Zeit aus einer ausgewogenen, friedvollen, besorgten und liebevollen Sicht, so kann das Leben in diesem Zeitalter ein großes Abenteuer sein, in dem die Menschen als Mitgestalter mit dem Göttlichen unsere Zukunft formen und verbessern.

Babaji kehrte 1970 in seinen kleinen Ashram in Haidakhan, zu Füßen des indischen Himalaja gelegen, zurück, um die Menschheit zu lehren und zu zeigen, wie sie in Harmonie miteinander, mit dem Rest der Schöpfung und mit dem Schöpfer leben kann. Er transformierte das winzige Dorf Haidakhan in ein Eden, von dem aus die Neue Welt, in einem Zeitalter der Wahrheit, das Licht erblickte und Gestalt annehmen konnte.

Anmerkungen

1 Etwa vor zwei Jahren übergab mir jemand ein vervielfältigtes Blatt mit der Ansprache des Häuptlings Seattle. Ich hatte vor Jahren Teile und Stücke daraus gesehen. Im Februar 1989 fand ich die Geschichte der Ansprache in Eva Greenslit Anderson's Buch "Chief Seattle" mit den angeführten Zeilen. Im März 1989 ging ich in die Bancroft Bücherei der Stanford Universität, um nach einer akkuraten, authentischen Version der Ansprache zu suchen. Ich fand vier verschiedene Versionen, eine aus dem 19. Jahrhundert, die Jahre nach dem Ereignis von Dr. Henry A. Smith veröffentlicht worden war. Er hatte diese Rede ins Englische übersetzt, so wie Häuptling Seattle sie gehalten hatte. Alle vier Versionen enthalten viele identische Sätze, aber keine zwei sind gleich. Verwirrt und unsicher, welche Version ich benutzen sollte - denn einige Aussagen in den Versionen stehen im Gegensatz zu den Hauptthemen dieser Rede -, war ich dankbar, als ich in Dr. Smiths veröffentlichter Version diese Schlussworte fand:

"Das obige ist nur ein Fragment aus Häuptling Seattles Rede und vermisst den Charme, der durch die Grazie und Ernsthaftigkeit des düsteren, alten Redners und der Begebenheit entstand."

So ist die Version der Ansprache von Häuptling Seattle, die ich anführte, meine eigene Zusammenstellung, für die ich das benutzte, das am anschaulichsten die Punkte illustriert und unterstützt, die Babaji lehrte.

2 Die Regierung hatte bereits etwas Land aus Häuptlings Seattles Gebiet weißen Siedlern zugewiesen

3 New Age Journal, Juli/August 1989, Seite 45

4 Creative Work, Karma Yoga" Edmond Bordeau Szekely, Seite 19, International Biogenic Society, 1973, Cartago, Costa Rica.

Kapitel 2

Unsere Begegnung mit Baba Haidakhan

Am 21. Februar 1980 traf mich Margaret in New Delhi, und sie bestand darauf, gleich am nächsten Morgen zu Shri Babaji zu fahren, obgleich ich um ein - bis zu diesem Zeitpunkt unbestätigtes - Geschäftsgespräch mit dem indischen Außenministerium nachgesucht hatte. Wir besorgten uns einen Wagen mit Fahrer und reisten zweieinhalb Stunden südwärts nach Vrindaban, wo Babaji einen Ashram unterhält.

Wir fuhren durch die weiten Ebenen Zentralindiens und teilten die Schnellstraße mit Transportmitteln, die Tausende von Jahren menschlicher Geschichte reflektierten - Autos, rußspeiende Lastwagen, überfüllte Busse, zweirädrige Pferdekarren, vierrädrige, gummibereifte Ochsenkarren, einige Kamele, beladene Elefanten, Hunderten von Menschen, die die Straße entlanggingen, und Kinder mit Feuerholzbündel und auch Wasserkrügen. Es war trotz der langsamen Fahrt eine wundersame Szene, die mich an ähnliche Erfahrungen in Drittweltländern während meiner Karriere beim amerikanischen Außenministerium in Washington, D.C. erinnerte. Dieser Dienst war nun beendet.

Mehr noch als die lebhaften Straßenszenen erstaunte mich die friedvolle Ruhe, mit der Margret, bekleidet mit einem Sari, neben mir im Auto auf der Fahrt zu Shri Babaji saß. In den Staaten war sie als Rechtsanwältin und Dozentin für Recht ein Energiebündel, immer darauf ausgerichtet, die Probleme anderer zu lösen, die in ihre Reichweite kamen. Die längste Zeit der Fahrt saß sie still da, wiederholte ein Mantra1 und ließ die Perlen ihrer Mala, einer Art Rosenkranz, durch die Finger gleiten. Ab und zu wies sie mich auf die besonders zeitlosen Schönheiten der indischen Landschaft hin. Es war offensichtlich, dass die sieben Wochen, die sie in Shri Babajis Gegenwart in Indien verbracht hatte, in ihr eine tiefe Veränderung ausgelöst hatten.

Als wir Vrindaban, den Heimatort von Krishna in seiner Kindheit, erreichten, tastete sich unser Fahrer langsam und vorsichtig durch die übervölkerten, engen Gassen der uralten Stadt. Der Strom der Menschen, Rikschas, Handwagen, Ochsenkarren, Kühe, Schweine und Autos teilte sich sachte, um uns in den engen, gewinkelten Gassen vorankommen zu lassen. Hier in einem dieser kleinen Gässchen lag Shri Babajis Ashram. Unser Fahrer parkte auf einem freien Platz, und Margaret führte mich zur Pforte des

Ashrams. Wir ließen unsere Schuhe draußen in der Vorhalle, wo schon Hunderte von Paaren Sandalen und Schuhe standen, und gingen in den Ashram hinein. Der Tempel, der zwei Drittel der Ashramfläche einnimmt, war vollgestopft mit etwa vierhundert Menschen, die, mit überkreuzten Beinen rhythmisch singend, am Boden saßen. Harmonium, Trommeln und Zimbeln begleiteten die Gesänge. Margaret und ich reihten uns in die Schlange der Leute ein, die vorgehen wollten zum Sitz von Shri Babaji, der in Yogi-Art auf einem Podest saß, die Menschen segnete und ihre Gaben entgegennahm: Blumengirlanden, Bonbons, Nüsse und Früchte. Auch er teilte Geschenke aus.

Margaret und ich hatten beide ein Geschenk für Shri Babaji mitgebracht - sie ein finnländisches Mobile aus Herzen und ich ein herzförmiges Gold-Medaillon, das ich in Paris für dreihundert Dollar erworben hatte und für das ich in Bombay nochmals 100 Dollar Zoll gezahlt hatte. Ich brauchte etwa fünfzehn Minuten, um Babaji zu erreichen, und so hatte ich genügend Muße zu beobachten, wie die Menschen vor ihm niederknieten, seine Füße berührten, ihm eine Gabe überreichten und sich wieder aufrichteten, um seinen Segen zu empfangen. Dann war ich an der Reihe, niederzuknien und mit der Stirn den Boden vor ihm zu berühren. Ich fühlte mich gar nicht wohl dabei, tat es aber dennoch und schaute dann zu ihm empor. Babaji sah älter aus - ungefähr Anfang Dreißig - und rundlicher als auf den Photos, die ich gesehen hatte. Aufmerksam schaute er mir in die Augen, als ich ihm die kleine Schmuckschachtel mit dem Medaillon und der Kette übergab. Babaji nahm das Schächtelchen in seine Hand, warf einen verwunderten Blick darauf und gab es mir zum Öffnen zurück. Ich entfernte den Deckel und überreichte das Schächtelchen Shri Babaji erneut, der einen beiläufigen Blick darauf warf - offensichtlich weit weniger davon beeindruckt als ich - und es dem links von ihm stehenden Inder zum Aufbewahren gab, der auch andere Gaben, die von Shri Babaji nicht sofort verteilt wurden, entgegennahm.

Ich stand auf, um zu gehen, aber Shri Babaji bedeutete mir, mich rechts vor ihm hinzusetzen. Ich nahm im Schneidersitz auf dem Boden Platz und beobachtete Shri Babaji fünf oder zehn Minuten. Er saß aufrecht da und hob die Hand zum Segnen einiger seiner Schüler. Andere empfing er mit einem Lächeln oder Lachen und einer segnenden Berührung und tauschte mit ihnen ein paar Worte in Hindi aus. Ab und zu warf er mit einem koboldartigen Lächeln Äpfel, Orangen und Bonbons in den Schoß der Frauen und Kinder, die ihm direkt gegenübersaßen. Es war ein ständiges Gedränge, ein Lärm und eine schwirrende Aktivität um Babaji herum, doch auch eine Atmosphäre von Heiterkeit und Frieden. Während ich so dasaß, erinnerte ich mich an die vielen "kleinen Wunder", die sich auf meiner Reise von Europa nach Indien ereignet hatten. Ich lächelte in mich hinein und fragte: "Ist das Gott auf Erden?"

Wenige Minuten später kam der schnauzbärtige Inder, der links von Babaji gestanden hatte, und sagte, Babaji hätte ihn angewiesen, mich zu "Swamiji" zu bringen, der meine Frage auf Englisch beantworten könne. Ich wunderte mich, ob Babaji meinen Gedanken gelesen hatte, denn schließlich behaupteten die Leute, dass er das tue. Wir bahnten uns einen Weg durch den überfüllten Tempel zur entferntesten Ecke, wo Swami Fakiranand2, ein siebzigjähriger Schüler, saß, der Shri Babajis Ashram in Haidakhan verwaltete und hier Literatur über Babaji verkaufte. Wir sprachen ein paar Minuten über Babaji als Verkörperung Shivas, wie in den heiligen indischen Schriften dargestellt. Dann wurde Swamiji zu einer Zusammenkunft gerufen. Ich stand da, in dieser von Shri Babaji entferntesten Ecke, und betrachtete die Szene, die mir trotz meiner Außendienst-Erfahrung im Außenministerium fremder als alles bisher Dagewesene zu sein schien.

Plötzlich rief Babaji jemanden zu sich. Der Mann neben mir meinte, ich solle zu Babaji gebracht werden, und so bahnte ich mir meinen Weg durch die Menge und spürte, wie vierhundert Augenpaare auf mir ruhten. Kaum war ich bei ihm, als er auch schon eine Pappschachtel öffnete, zwei große runde Stücke von einer Süßigkeit aus Milch und Zucker herausnahm und sie mir in die Hand legte. Ich setzte mich zu seinen Füßen nieder und betrachtete sein Antlitz, während ich die Süßigkeiten aß. Es war voller Liebe und Güte, in einem Maß, das alles übertraf, was ich jemals in irgendeines Menschen Gesicht und Ausdruck gesehen hatte. Er schien diese Liebe wie eine messbare physikalische Energie auszustrahlen. Nach einer Weile machte Shri Babaji Anstalten, aufzustehen. Er beugte sich vor, stützte sich mit beiden Händen auf meinen Rücken und erhob sich. Dann eilte er durch die Menschenmenge und zum Tempelgelände hinaus. Es war Zeit fürs Mittagessen.

Margaret und ihre amerikanischen und europäischen Freunde kamen herbei und erzählten mir, dass Babaji mich mit seinem Empfang hoch geehrt hätte und dass ich wirklich gesegnet worden wäre. Ich wusste nicht, wie Shri Babaji Neuankömmlinge begrüßte, aber mein Körper und meine Seele spürten lange Zeit, dass sein Segen mich "aufgeladen" hatte. Trotz der Verwirrung, die die Berührung mit einer mir fremden Kultur ausgelöst hatte, fühlte ich, dass Shri Babajis Willen mich zu der für mich günstigsten Zeit zu ihm gezogen hatte.

Um das Mittagessen einzunehmen, saßen wir gemeinsam mit jeweils einhundert Personen in typischer Ashram-Art mit überkreuzten Beinen am Boden des Tempels. Teller aus großen zusammengesteckten Blättern wurden vor jeden gelegt, die von Schülern aus dampfenden Schüsseln mit Reis, Linsen, Gemüse, gebackenen Fladenbrot (Chapatis) und einer Süßspeise gefüllt wurden. Dazu gab es Tee, der in Edelstahlbechern serviert wurde. Die Nahrung, die wir aßen, war zuerst Shri Babaji angeboten und durch ihn gesegnet worden. Solche gesegnete Speise wird Prasad genannt, und so verfuhr man mit allen Mahlzeiten, gleich wo Babaji hinging. Wir aßen immer mit der rechten Hand. Während ich noch die Mahlzeit zu mir nahm, ging Babaji in den Tempel zurück, kam auf mich zu und fragte nach meinem Namen.

Nach dem Essen gab es eine Mittagspause, in der man ruhen oder einige Besorgungen machen konnte. Am späten Nachmittag fand dann Darshan statt - es ist die Zeit, in der ein Heiliger mit seinen Schülern zusammensitzt und durch seine Anwesenheit seine Ausstrahlung und erhebende Energie auf sie einströmen lässt. Anschließend folgte ein Abend-Arti, ein gesungener Gottesdienst. In der Ruhepause hielten Margaret und ich im Gästehaus einen kurzen Mittagsschlaf und nahmen noch vor der Rückkehr in den Ashram ein Bad.

Vrindaban ist die Stadt, in der Krishna - er verkörperte das Göttliche als Vishnu und ist die Hauptfigur des indischen Epos "Mahabharatha" - als Kind in einem Hirtenstamm aufwuchs. Schriftliche Überlieferungen datieren die Zeitepoche, in der Krishna gelebt hat, auf ungefähr 6700 Jahre zurück, doch vermuten viele Historiker, dass sie näher an Christi Geburt liegt. Kürzliche archäologische Funde bestätigen das ältere Datum. Vrindaban als alte Stadt mit seinen engen, verwinkelten Gassen und übervölkerten Straßen gibt den vielen suchenden Pilgern und Touristen einen geeigneteren Rahmen als die aufdringlichen, geschäftigen indischen Handelsstädte. Noch heute ist Vrindaban berühmt für seine Milch und Milchprodukte. An den Straßen stehen viele Stände und Buden, in denen herrliche heiße Milch oder Milch-tees, Chai genannt, feilgeboten werden. Dort kauften wir auch Süßigkeiten aus Milch und Zucker für Babaji. Um die vielen Tempel herum boten Straßenhändler Blumengirlanden für etwa eine Rupie das Stück an; diese werden dann den Gottheiten während der Abendandacht dargebracht. Auf den Straßen herrschte rege Geschäftigkeit - Käufer, Verkäufer, Bummler, Rikschas, Fahrräder, Pferdewagen, Ochsenkarren, einige Autos, unzählige Kühe, Schweine und Ferkel - alles war einträchtig in den Gassen zu finden. Als der Nachmittag zuende ging, hörten wir die Glocken aus Vrindabans tausend Tempeln ertönen, es wurden Gongs geschlagen und der süße Duft von Räucherwerk zu Ehren Gottes stieg in den Himmel.

Auch Babajis Ashram füllte sich, und wieder warteten lange Men-schenschlangen, um seine Füße in Ehrfurcht zu berühren und ihm während des melodischen Om-namah-Shivay3 Gesanges ihre Gaben und sich selbst darzubringen. Als ich an diesem Abend eine Blumengirlande auf Babajis Knie legte und vor ihm niederkniete, nahm er sie und legte sie mir um den Hals. Auf dem Weg zu meinem Platz zurück hielt ich kurz in einer dämmrigen Ecke an, um mit einem Inder zu sprechen. Zufällig drehte ich mich im Gespräch zu Babaji hin und bemerkte, dass er mich genau in diesem

Augenblick über die linke Schulter hinweg ansah, und noch bevor ich ihm zulächeln konnte, flog eine Orange an einer Säule vorbei, über die ausgestreckten Hände von drei oder vier Menschen hinweg - es war ein linkshändig, seitwärts ausgeführter Wurf - und prallte mitten auf meine Brust, wie um zu sagen: "Wer außer Gott kann so zielen?" Babaji lachte dabei und wandte sich schließlich seinen Schülern zu.

Zwei Tage lang waren Margaret und ich von der Freude und Aufregung getragen, mit Babaji zusammen zu sein. Wir standen um halb vier morgens auf, badeten und waren, noch bevor die ersten Tagesaktivitäten begannen, vor 5 Uhr auf dem Wege zum Tempel. Wir verbrachten singend im Tempel die Stunden, badeten in den Wellen der Liebe, des Friedens und der Freude, die von Babaji und den Anwesenden ausgingen. Wir unterhielten uns mit Schülern aus allen Teilen Indiens, Europas und Nordamerikas und lauschten ihren Erzählungen über Shri Babaji.

Nach zwei Tagen kehrten Margaret und ich nach Delhi zurück, um uns um meine Geschäftsangelegenheit beim Außenministerium zu kümmern. Sobald alles geregelt war, fuhren wir nach Vrindaban zurück. Erst spät am Abend erreichten wir den Ashram, der Gottesdienst war beendet, der Tempel fast menschenleer und nur noch spärlich erleuchtet. Hatten wir Shri Babaji verfehlt? Wir wussten, dass er nach Bombay aufbrechen wollte. Doch dann erblickten wir ihn, als er aus der Dunkelheit des Tempel hervortrat. Shri Babaji wies Margaret und mich durch einen Dolmetscher an, noch am selben Abend zusammen mit Swamiji und einer Gruppe meist westlicher Schüler zum Haidakhan Ashram zu reisen.

Mit der Schmalspurbahn ging es durch die Nacht bis Haldwani, zum Rande der Ebene, wo sie sich in das Himalajagebirge auftürmt. Paarweise trugen uns Fahrradrikschas mit dem hinten aufgeladenen Gepäck durch die geschäftigen Einkaufsstraßen zu dem bescheidenen Laden von Trilok Singh, einem Getreide- und Gemüsehändler und einem großen Schüler von Babaji. Von hier aus starteten die meisten Besucher ihre letzte Reiseetappe nach Haidakhan. Bei unserer Ankunft stand ein Jeep bereit, um Swamiji und andere aus der Gruppe das Tal hoch bis zum Ende der Straße zu fahren, zu einem Ort, der als "Dam site" bekannt ist.

Der Jeep fuhr langsam an den Hügelketten des Flusses entlang, und ich war wie bezaubert von der Schönheit dieser Gegend. Die meisten Berge waren mit Pinien bewachsen, und hier und da hatten Familien über Jahre hinweg Hügelterrassen angelegt, die zu dieser Jahreszeit dunkelgrün vom Getreide oder Gemüse leuchteten. Am Rande der Felder standen Steinhäuser mit roten Blechdächern und Schuppen, vor denen Ochsen und Büffel herumlagen. Über unsere Köpfe flogen Adler hinweg, eine Affenfamilie floh durch die Bäume, als der Jeep sich näherte. Unten, im breiten steinigen Tal, floß ein zahmer Fluss träge in einem oder zeitweise sich verzweigenden Armen in einem fast ausgetrockneten Flussbett talwärts dahin. Von Juli bis September jedoch verwandelt sich der Strom nach dem Monsun in einen rasenden Dämon, dann ist auch der Zugang zum Tal von Haidakhan versperrt.

In den Siebziger Jahren beschloss die indische Regierung, einen Damm am Taleingang zu "Babajis" Gautama Ganga, dem Fluss, der durch den Ashram fliesst, zu erbauen, um die Wasserversorgung der Städte und Dörfer in der Ebene zu gewährleisten. Damals wurde eine Straße zum "Dam Site" gebaut, die den Bauern des Tales sehr zugute kam. Aber trotz der alljährlich anrückenden Arbeitstruppe an der "Site" und einer Einweihungsrede der Premierministerin Indira Gandhi wurde der Bau nie in Angriff genommen. Es scheint auch, als würde nichts weiter geschehen, seitdem Ingenieure die Bröckeligkeit des Felsgesteins bemerkten. Es würde abrutschen und einen Damm nicht tragen können. Außerdem würde die monsunbedingte Erosion das Wasserreservoir binnen zehn oder fünfzehn Jahren mit Schlamm füllen. Doch das Projekt brachte dringend benötigte Arbeitsplätze und Buslinien ins Tal und es entstanden kleine Teebuden, wo Reisende von und nach Haldwani und nach anderen Städten sitzen können, während sie auf die wenigen Busse warten.

Unser Jeep hielt am "Dam site", und wir legten die fehlenden drei oder vier Meilen nach Haidakhan zu Fuß zurück. Leute aus den Dörfern trugen unser Gepäck für zehn Rupies, etwa 3 DM, - ein Preis, der damals von Shri Babaji festgesetzt wurde und auf dem er bestand, um den Dorfleuten ein angemessenes Einkommen zu verschaffen und sie davon abzuhalten, an naive Reisende, die jeden Preis gezahlt hätten, überhöhte Forderungen zu stellen. Auf unserer Wanderung durch das Flusstal zählte ich einundzwanzig Flussüberquerungen, manche knöchel- andere knietief. Während unseres Marsches trafen wir Talbewohner auf dem Weg zur Busstation, Hunde bellten uns an, und sobald wir uns den Häusern näherten, kamen Kinder herausgelaufen und riefen uns "Bhole Baba ki Jai!" zu, "Heil dem einfachen Vater!". Das Gefühl, nach Hause zu kommen, war stark, trotz der Fremdheit der ganzen Szenerie und Kultur.

In Sichtweite des Ashrams, ungefähr eine Viertelmeile flussabwärts, befindet sich eine Insel im Flussbett, auf der ein Baum wächst. Die Legende erzählt, dass Gott Shiva seine Gefährtin Sati zu dem Berg brachte, der hinter der Insel ansteigt und der in der Umgebung als Berg Kailash bekannt ist. Sati pflegte sich bei dieser Insel zu baden. Der Gipfel des Kailash und die Höhle an seinem Fuß werden mit Shivas tausendjähriger Buße (Meditation und andere spirituelle Praktiken) zugunsten der Menschheit in Verbindung gebracht. Jetzt steht dort auf der Insel ein organgefarbener Hanuman - ein

Gott4 in Affenform, der zur Erde kam, um Rama und seiner Gefährtin zu dienen - der Pilger und Reisende segnet und willkommen heißt.

Ich war verwirrt von der Anzahl der indischen Götter und Heiligen, mit der mich die hinduistische Kultur bekannt gemacht hatte, und fragte mich, was ich mit Hanuman anfangen sollte. Ich erfuhr dann, und später immer wieder, dass trotz Hunderten von identifizierbaren, geschichtlichen Göttern, Göttinnen und Dämonen in der indischen Kultur und Religion die Heiligen Schriften und die gelehrten Hindus fest behaupten, dass "Gott eins ist, Nichts kommt ihm gleich."5 Die Vielfältigkeit der Göttinnen und Götter hat ihren Grund in der Bemühung, die vielen Aspekte des einen formlosen Gottes aufzuzeigen und ihnen eine Gestalt zu geben sowie die Gesetze, denen das Universum unterliegt, wie Schöpfung, Erhaltung und Zerstörung (Reinigung) zu illustrieren und zu personalisieren. Wenn man den Aussagen der Vergangenheit und Gegenwart glauben schenkt, dann erscheint das Göttliche aufrichtigen Gläubigen in der Gestalt, die sie verehren und erwarten. Hanuman, bekannt für seine Stärke, aufrichtige Verehrung und seinen Dienst an Gott (als Rama) ist in ganz Indien sehr beliebt, auch bei Shri Babaji und seinen Schülern.

Unsere Reise durch das Tal endete mit dem Erklimmen der sogenannten "108 Stufen" des Ashrams. In Wirklichkeit sind es vom Flussbett aus gerechnet bis zum Tempelgarten einige mehr, aber 108 hat eine spirituelle Bedeutung. In der Nähe der Stufen stand ein einstöckiges Gebäude, in dem zur Treppe hin ein Büro und ein kleines Schlafzimmer für Swami Fakiranand untergebracht waren. An seiner Rückseite befand sich ein kleiner Raum, in dem Shri Babaji schlief und Besucher empfing. Vor Shri Babajis Zimmer lag eine Terrasse aus Zement, auf der ein alter Pipal-Baum wuchs und sich eine Feuergrube befand, an der Babaji - wenn er in Haidakhan war - jeden Tag im Morgengrauen eine Feuerzeremonie abhielt. Die Terrasse, von dem großen Baum beschattet, bot Aussicht über das Tal und das kleine Dorf Haidakhan.

Margaret und ich verbrachten zehn Tage im Haidakhan Ashram. Wir lebten ganz einfach und befolgten den Tagesablauf, den Shri Babaji bestimmt hatte. Wir standen um vier Uhr in der Früh auf, gingen im Fluss baden bei Temperaturen, die sich um 5 Grad Celsius bewegten. Es folgte eine gute Stunde Meditation mit anschließendem heißen Tee vor dem einstündigen Arti zum Sonnenaufgang. Der Ashram bot kein Frühstück an. Eine Mittagsmahlzeit wurde für einen einfachen Lebensstil als ausreichend angesehen, doch Shri Babaji versorgte uns auch am Abend mit einem Abendessen und verteilte häufig Früchte, Nüsse und Süßigkeiten, oder er veranstaltete Tee-Parties, so dass niemand hungrig war. Die an das Frühstück gewöhnten westlichen Schüler fanden sich in den Tee-shops des Dorfes zu Getreideflocken, Büffelmilch oder Käse mit Keksen ein. Dann gingen wir an die Arbeit.

Shri Babaji lehrte, dass Arbeit, ohne selbstsüchtiges und persönliches Motiv dem Göttlichen gewidmet und in Harmonie mit der ganzen Schöpfung ausgeführt, die höchste Form des Gottesdienstes ist. Sie ist ebenfalls ein Mittel der Reinigung, transformiert innere Negativität und Feindseligkeit und öffnet den Menschen für spirituelles Wachstum. Diese Einstellung zur Arbeit wird Karma Yoga genannt, und in diesem Sinne wurde morgens und nachmittags gearbeitet. Zu jener Zeit bestand unsere Arbeit darin, die Terrasse am rechten Ufer des Gautama Ganga zu erweitern. Dort waren schon vier kleine Tempel errichtet worden und zwei weitere im Aufbau. Männer und Frauen nahmen mit Pickeln und Schaufeln den Abhang gemeinsam in Angriff und trugen das Erdreich in geflochtenen Körben oder in den metallenen Schüsseln ab, die indische Arbeiter gewöhnlich auf dem Kopf tragen. "Den Berg zu versetzen" schien mit diesen einfachen Geräten unmöglich zu sein, aber der Ergebnis war von Woche zu Woche, ja sogar von Tag zu Tag deutlich sichtbar. Geduld war eine der Tugenden, die Shri Babaji durch Erfahrung lehrte.

In der Mittagszeit beendeten wir die Arbeit, wuschen uns im Fluss und setzten uns anschließend in die warme Sonne auf der betonierten Terrasse vor der Ashramküche zum Essen nieder. Eine halbe Stunde blieb zum Ausruhen übrig, dann ging es bis kurz vor Sonnenuntergang an die Arbeit zurück. Danach wuschen oder badeten wir uns wieder, bis es Zeit wurde, am Abend-Arti teilzunehmen. Nach dem Gottesdienst servierte die Küchenmannschaft das Abendessen, normalerweise Reste vom Mittagsmahl, aber gelegentlich auch etwas frisch Gekochtes. Abends um zehn Uhr sollten nach den Ashramregeln die Lichter gelöscht werden, aber nach dem Abendessen gab es immer so viel zu bereden, dass die Unterhaltungen nur durch die Müdigkeit beendet wurden.

Kurz nach dem plötzlichen Tod meiner Frau Jackie Ende Oktober 1978, sie war unerwartet an einem Bienenstich gestorben, war Margaret in Washington in mein Haus gekommen. Margaret unterrichtete damals transzendentale Meditation und suchte einen Job und eine Unterkunft. Ich war zu dieser Zeit in einem Team des Außenministeriums, das den Vertrag für den Bau einer neuen amerikanischen Botschaft in Moskau aushandelte, und ich brauchte einen Haus- und Katzenbetreuer, da ich um Weihnachten 1978 ständig hin- und herreiste. Als meine Reisen beendet waren, bemerkte ich immer mehr, wie bezaubernd und hilfreich Margaret war und so fragte ich sie eines Tages, ob sie mich heiraten wolle. Sie sagte nicht ja, blieb aber bei mir wohnen. Margaret hatte wie Jackie und ich die "Autobiographie eines Yogi" von Paramahansa Yogananda gelesen und war ebenfalls fasziniert von den Berichten über Mahavatar Babaji. Als Margaret im Sommer 1979 von Babajis Dasein in Haidakhan erfuhr, entschloss sie sich, im Januar 1980 zusammen mit Leonard Orr und einer Gruppe von Rebirthern nach

Haidakhan zu fahren. Ich hatte ihr bei den Reisevorbereitungen geholfen und Margaret sollte mich anschließend, wenn meine Pensionierung erfolgt war, auf einer Geschäftsreise durch Europa und Israel begleiten, bei der es um die mögliche Gründung einer internationalen Beratungsfirma ging. Doch als ich in London eintraf, fand ich zwei Briefe von ihr vor, in denen sie mir schrieb, dass sie wünschte, den Rest ihres Lebens in Babajis Gegenwart zu verbringen. Mehr wolle sie nicht und sie danke mir für alles. Nachdem ich eine Nacht überlegt hatte, was ich tun sollte, verlängerte ich mein Flugbillet über Tel Aviv nach Neu Delhi und telegraphierte an das indische Außenministerium wegen eines Gesprächstermins. Auf diese Weise bin ich früher zu Shri Babaji gelangt, als mein Steinbockgemüt es mir zugestanden hätte.

In Neu Delhi, in Vrindaban und während der zehn Tage in Haidakhan versuchte ich Margaret zur Rückkehr in die Vereinigten Staaten und zur Heirat zu bewegen, aber sie ließ von ihrem Wunsch, bei Babaji zu bleiben, nicht ab. Ich aber wurde immer unruhiger bei dem Gedanken an meine Geschäftsangelegenheiten und flog schließlich in die USA zurück. Margaret begleitete mich nach Neu Delhi, um mich dort zu verabschieden, blieb aber in Indien.

In Washington D.C. saß ich dann an meinem Schreibtisch, um einen Bericht an zukünftige Kunden über die gewonnenen Erkenntnisse meiner Geschäftsreise zusammenzufassen, aber er glückte mir nicht. Tag für Tag saß ich da, schweifte ab, war konfus und durcheinander. Jeden Morgen und jeden Abend las ich das Haidakhan Arti durch, und es endete fast immer unter Tränen und in Verwirrung. Ich konnte nicht verstehen, was mit mir los war. Nach ungefähr zehn Tagen kam der Durchbruch. Die Worte flossen mir nur so aus der Feder, und nochmals zehn Tage später verfügte ich über einen guten Bericht, den ich meinen zukünftigen Kunden zusenden konnte. Außerdem war ich noch meinem früheren Arbeitgeber vertraglich verpflichtet und wollte das Projekt abschließen. Dabei ging ich noch einmal durch den Prozess des "Nichtkönnens", gefolgt von einem erfolgreichen Arbeitsanfall.

Margaret rief mich aus Indien an, um mir mitzuteilen, dass Shri Babaji sie nach seiner Ankunft in Haidakhan als erstes fragte: "Warum ist dein Freund ohne meine Erlaubnis abgereist?" Wenige Tage später schickte er Margaret aus dem Ashram fort (das dritte Mal während ihres dreimonatigen Aufenthaltes dort) mit der Bemerkung, sie solle "nach Hause gehen". Da für sie ihr Zuhause bei Babaji war, ging sie einfach in einen anderen seiner Ashrams.

Ich war so durcheinander und so unzufrieden mit meinem Verhältnis zu Margaret und zu Shri Babaji, dass ich sechs Wochen nach meiner Rückkehr aus Indien wieder im Flugzeug auf der Reise nach Neu Delhi und Haidakhan saß.

Als ich oben an den "108 Stufen" des Haidakhan Ashrams angekommen war, traf ich Margaret, die vor Swami Fakiranands Büro einen kleinen Teppich ausschüttelte. Ich hatte Washington so überstürzt verlassen, dass ich keine Zeit gefunden hatte, ein Telegramm zu schicken. Als Margaret mich sah, fiel sie fast in Ohnmacht vor Überraschung, doch sie erholte sich schnell und sagte, Shri Babaji würde im Tempel Darshan abhalten und ich solle mich schnell waschen, bevor ich zu ihm ginge.

Babaji saß auf seinem Sitz in der Kirtanhalle, einem Raum mit nur drei Wänden, dessen offene Seite zum Tempel hin lag, in dem die Statue des "Alten Haidakhan Baba" stand. Babaji sprach gerade mit einem Inder, und so kniete ich mich hin, berührte seine Füße und setzte mich. Als Babaji seine Unterhaltung beendet hatte, wandte er sich mir zu und fragte: "Warum bist du ohne meine Erlaubnis fortgegangen?" (Später erfuhr ich, dass das Ashram Protokoll Shri Babajis Einverständnis verlangte, wenn man kommen oder gehen wollte). Ich erklärte ihm, dass ich an meinem Geschäftsvorhaben hätte weiterarbeiten müssen, wie es um die Arbeit stand und weshalb ich zurückgekehrt sei. Nach einigen Minuten beendete Shri Babaji seinen Darshan, verließ seinen Sitz und nahm mich bis zum Fuß der Treppe mit, von wo aus man zu den Gästezimmern im geräumigsten Ashramgebäude geht. Er wies einen Schüler an, mir einen der Räume zu geben, und wir trugen dann später unser Gepäck hinauf.

Als ich zurückkam, saßen die Leute bereits beim Mittagessen. Margaret setzte sich von mir fort, doch nicht lange, denn, als Shri Babaji kam, bat er die Person, die zwischen uns war, sich an einen anderen Platz zu setzen. Er setzte uns also mit Nachdruck zueinander und fügte noch hinzu: "Du darfst sie in dein Zimmer nehmen, wenn du möchtest!" Dann entfernte er sich. Margaret war über diese Worte entsetzt und sehr ärgerlich, denn nach den Ashramregeln hatten Männer und Frauen getrennte Unterkünfte. Noch bevor Margaret damit fertig war, mir zu sagen, ich solle nicht von ihr verlangen, in meinen Raum zu ziehen, kam Shri Babaji zu uns zurück und sagte: "Du kannst sie heiraten, wenn du willst!" Nach diesen Worten ging er in das Zimmer, in dem er einige Bissen von dem ihm angebotenen Essen nahm. Margaret wusste aber auch, dass sie Shri Babaji vollends ihren Willen übergeben hatte und ihm aus diesem Grunde nichts abschlagen könne. Aber als Rechtsanwältin bemerkte sie natürlich, dass Shri Babaji bei beiden Bemerkungen mir die Wahl überlassen hatte, folglich begann sie mit Nachdruck an mir zu arbeiten, dass ich ja nicht von meinem "Vorrecht" Gebrauch mache.

Eine Woche lang spielte Shri Babaji mit uns. Wir teilten das Zimmer, arbeiteten gemeinsam, aßen zusammen und sprachen gemeinsam mit Babaji. Einmal, bei den Tempeln nahe des Abhanges, als wir uns vor ihm hinknieten, nahm er unsere rechten Hände in die seine, drückte sie und sagte lachend auf Englisch: "Ihr seid verheiratet! Ihr seid verheiratet!" Dann ging er schnell fort und ließ uns verwundert zurück. Natürlich fragten wir uns, ob das jetzt Ernst gewesen war. Wir kannten zwar seine Art, Menschen plötzlich in unerwartete Situationen hineinzuwerfen, um sie zu prüfen und um ihnen über ihre Probleme und Gelüste hinwegzuhelfen, aber es bestand immerhin die Möglichkeit, dass er unsere Heirat wünschte. So fingen wir an, Babaji zu fragen: "Ist diese Heirat dein Wille?" oder war es mein Wunsch, den Shri Babaji erfüllte? Als Margaret ihm eines Tages diese Frage stellte, antwortete er, er würde meinen Wunsch unterstützen. Ein andermal gab er mir auf diese Frage eine unverbindliche Antwort.

Nach einigen Tagen des Hin und Her kam ich zu der Einsicht, dass ich nicht wirklich mit einer Frau verheiratet sein wollte, die absolut dagegen war. Mit diesem Entschluss ging ich zu Babaji, um ihn das mitzuteilen. Ich kniete vor ihm nieder, berührte seine Füße und richtete mich auf, um zu sprechen, aber er stand auf und lief davon. Eine Weile sprach er nicht mehr über Heirat, und weil es um dieses Thema still wurde, folgerten wir, dass er dieses Spiel aufgegeben habe. Sollte er nochmals diese Frage an uns richten, so beschlossen wir, würde ich antworten, dass es keine Heirat gäbe.

Bald zu Anfang dieses Besuches in Haidakhan bekam ich Durchfall, und Shri Babaji wies mich an, zu ruhen und mit Vorsicht zu essen. Eines Morgens spät, etwa eine Woche nach meiner Ankunft, ich hatte gerade geruht, war ich durch das Läuten der Tempelglocken erwacht. Das Geläute kündigte Babajis Rückkehr von den Arbeitsstätten auf der anderen Flussseite an. Ich hörte Babaji lachen und fühlte mich von ihm angezogen. Als ich zu ihm kam, saß er auf der Mauer vor seinem Zimmer und etwa zwanzig Schüler, Margaret eingeschlossen, standen und saßen um ihn herum. Ich verneigte mich vor ihm, und als ich mich erhob, fragte er: "Was wolltest du sagen?" Mein Geist war noch vom Schlaf benebelt und ich hörte mich spontan sagen: "Babaji, wir möchten einfach nur deinen Willen tun." "Es ist mein Wille, dass ihr heiratet!" antwortete er, und er verheiratete uns auf der Stelle. Er band unsere Hände zusammen, schickte uns zum Tempel, um uns dort zu verneigen, organisierte Ringe, die wir tauschen konnten und wies uns an, für den nächsten Tag ein Hochzeitsmahl zu arrangieren.

Am nächsten Tag machte ich Mundan, eine vollständige Haar- und Bartrasur. Shri Babaji empfahl manchmal Mundan zur Heilung oder um einer Person über eine spirituelle Blockade hinwegzuhelfen, (wie dem Hängen an seinem Aussehen oder seiner Identifizierung damit) oder ganz einfach als

Symbol der Hingabe an seinen oder ihren Meister. Ich glaube, es war der letzte Gedanke, der mich zu Moti Bhagwan, dem Ashram-Friseur, führte.

Am späten Nachmittag gingen Margaret und ich zum Garten, wo Babaji die nachmittägliche Arbeit überwachte. Er führte uns ganz lieb zu einem Steinblock und bedeutete uns, darauf Platz zu nehmen, so dass wir in das wunderschöne Tal hinuntersehen konnten. Wenige Tage zuvor hatte Shri Babaji Margaret den Namen Sita Rami gegeben. Rama war die erste große "menschliche" Manifestation des Göttlichen in der Hindu-Tradition und Sita war seine Frau, die so vollkommen und Rama so ergeben war, dass sie noch heute den indischen Frauen und Mädchen als Ideal der Weiblichkeit vorgehalten wird. Der Name Sita Rami verbindet den männlichen und den weiblichen Aspekt Gottes. Shri Babaji fragte dann, ob ich noch einen Wunsch hätte. Ich lachte und meinte, jetzt, wo ich eine neue Frau und Mundan hätte, fehlte mir zu meinem Glück nur noch ein neuer Name. "Dein Name ist Radhe Shyam!" (oder Radheshyam) antwortete er. Ein Schüler erklärte mir die Bedeutung. Shyam sei einer der vielen Namen von Krishna und Radhe wäre seine ihm am meisten ergebene Schülerin. In vielen Geschichten und Bildern sind Radha und Krishna vereint. So gab Babaji uns gehaltvolle Namen, die die männliche und weibliche Energie des Schöpfers vereinen.

Wir verbrachten noch etwa eine Woche nach unserer Heirat in Haidakhan. Shri Babaji segnete uns in dieser Zeit auf so vielfältige Weise, dass uns davon ganz schwindelig wurde. Wir waren im Himmel. Und dort waren wir schon füreinander bestimmt worden. Die Götter blickten wohlwollend auf unsere Verbindung, sogar die Vögel im Tal jubilierten. Nie gab es ein perfekteres Paar. Und langsam begannen wir zu ahnen, dass es Babaji wirklich ernst mit dieser Heirat gemeint hatte. Anfang Mai schickte uns Shri Babaji in die Staaten zurück. Wir fragten ihn vor unserer Abreise, wann wir nach Haidakhan zurückkehren dürften. Er beauftragte uns, Geld für die restlichen drei Tempel zu schicken, die auf der rechten Flussseite gebaut werden sollten, was ungefähr drei bis vier Lakhs, etwa Hunderttausend Rupies kosten würde, damals etwa 50.000 Dollar. Sobald das Geld überwiesen wäre, könnten wir zurückkehren, aber nur, wenn "Ihr es wünscht!"

Beim Verlassen des Ashrams erwähnte Babaji noch, dass unsere Namen, zusammen gesprochen, also Sita Ram, Radhe Shyam, ein Mantra bildeten. Und seine letzten Worte, bevor wir die 108 Stufen hinuntergingen, waren. "Seid glücklich, Kinder!"

Durch Zufall, oder ist es keiner, verlief alles, was wir in den Staaten anpackten, bestens. Wir verkauften unser Haus gut trotz einer schlechten Marktlage. Die Hypothekenzinsen fielen im Mai von 18/19 Prozent bis auf

11 Prozent im Juli, und nachdem der Vertrag am vierten Juli unterzeichnet worden war, stiegen sie wieder auf 18 Prozent bis zum Jahresende. So konnten wir die 50.000 Dollar für die drei neuen Tempel in weniger als vier Monaten nach unserer Rückkehr überweisen. Ferner gelang es uns in den weiteren vier Wochen, alle Verpflichtungen zu lösen und offiziell meine abgeflauten Bemühungen, ein Beratungsunternehmen zu gründen, zu beenden. Ende August beantragten wir unsere Visa für die Einreise nach Indien. Unser Leben wurde vollständig durch die Begegnung mit Babaji verändert. Unsere Gedanken konzentrierten sich immer mehr auf das Göttliche und den Dienst an der Schöpfung. Fortan hatte Spiritualität oder Religion einen sofortigen, praktischen neuen Einfluss auf unser Leben. Wir fühlten die Anziehung von Shri Babajis Liebe, seine Weisheit und Freude, und wollten diese Erfahrung in seiner Gegenwart und durch seine Lehre vertiefen. Wir hatten viel zu lernen und wollten ihn als unseren Lehrmeister annehmen und wünschten, dass er uns als seine Schüler annähme. Im Dezember 1980, als unsere Visa kamen, flogen wir nach Indien zurück, um wieder zu Füßen unseres Meisters zu sitzen.

Anmerkungen

1. Ein Mantra ist eine Wort- oder Lautfolge in Sanskrit, welche durch ständige Wiederholung den Geist des Schülers auf einen Aspekt Gottes konzentriert.

2. Früher bekannt unter dem Namen Chandra Singh Rana, aus Dhanyan, Distrikt Almora, Uttar Pradesh. Swamiji ist ein ehemaliger Verwaltungsbeamter.

3. Das Mantra Om namah Shivay, das Shri Babaji allen empfiehlt, bedeutet: Herr, Dein Wille geschehe. Shiva ist einer der Namen Gottes. Man sagt, dass "Om" der Ton ist, den das noch formlose Göttliche zu Beginn jeder Schöpfung aussendet, um den Schöpfungsprozess in Gang zu setzen. Om namah Shivay ist die erste Tonfolge, die ausgesprochen wurde.

4. Im Shiva Purana steht, dass Hanuman eine Manifestation des Gottes Shiva ist.

5. Svatasvatara Upanishad, aus "The Upanishad, Breath of the Eternal", Übersetzung v. Sw. Prabhavananda u. Frederick Manchester, ein Mentor Buch, New York, und Scarborough, Ontario, Canada, 1948, S. 121.

"Alter Haidakhan Baba"

"Es gibt einen großen Heiligen, der Ozean aller Eigenschaften. Niemand weiß seinen Anfang noch sein Ende.

"Haidakhan Aarati"

"Am Anfang war das Wort, und das Wort war bei Gott, und Gott war das Wort. Dasselbe war im Anfang bei Gott. Alle Dinge kamen durch Ihn ins Dasein, und ohne Ihn kam auch nicht ein Ding ins Dasein.

Johannes Evangelium, 1-1,3

Indem Er alles schuf, verströmte Er sich in alles Geschaffene. Schöpfend wurde Er zur Form und auch zum Formlosen; Er wurde zum Bewussten und zum Unbewussten; Er wurde zum Grobstofflichen und zum Feinstofflichen. Er wurde zu allem, was existiert; deshalb nennen Ihn die Weisen Wirklichkeit.

Taittiriya Upanishade

Kapitel 3

Frühere Manifestationen von Shri Babaji

Einige Erfahrungen aus der Yogananda-Linie

Es gibt innerhalb gewisser Traditionen einen Glauben an frühere Manifestationen Babajis, über die Berichte veröffentlicht worden sind. Die Überlieferungen weisen bis in vorgeschichtliche Zeiten zurück; die ersten niedergeschriebenen Zeugnisse erscheinen in der zweiten Hälfte des 19. Jahrhunderts oder gehen zurück in die ersten Jahrhunderte nach Christus, je nachdem, wie man die Prophezeiung in den Schriften deutet.

Überall auf der Welt haben Millionen von Menschen in Paramahansa Yoganandas Buch "*Autobiographie eines Yogi*"[1], das zuerst 1946 in den Vereinigten Staaten erschien, von Babaji gelesen. Der Meister des Meisters von Yogananda, Lahiri Mahasaya, begann in den sechziger Jahren des vergangenen Jahrhunderts über Babaji zu sprechen und zu lehren, und sein Schüler, Shri Yukteswar, der Yoganandas Guru war, schrieb 1894 nach Anweisungen Babajis ein Buch, welches einige Informationen über Babaji enthielt.

Yogananda gab das Wissen weiter, das er von Lahiri Mahasaya und von Shri Yukteswar erhalten hatte, und er selbst stellte nach Unterredungen mit Babaji fest, dass dieser Shri Shankara (788-830 n. Chr.) eine Yoga-Initiation gegeben hatte, ebenso wie dem Dichter-Heiligen Kabir (1440 - 1518 n. Chr.) und auch Lahiri Mahasaya[2]. Bei keiner seiner Manifestationen deutet irgend etwas auf eine Geburt oder das Vorhandensein einer Familie hin[3].

Die Erfahrungen der spirituellen Linie Yoganandas mit Babaji begannen im Jahr 1861, als Shyam Charan Lahiri 33 Jahre alt war[4]. Damals war dieser Buchhalter in der Abteilung für militärischen Maschinenbau der britischen Regierung in Indien, verheiratet, und hatte vier Kinder. Per Telegramm wurde er vom Hauptquartier von seiner damaligen Stelle in Danapur, einer Stadt in der Nähe von Benares, nach Ranikhet versetzt, ein Ort im Almora-Gebiet des heutigen Bundestaates Uttar Pradesh. Nach einer dreißigtägigen Reise zu Pferd und per Kutsche erreichte Lahiri seinen neuen Arbeitsplatz. Er war durch seine Pflichten nicht völlig ausgelastet, und so blieben ihm viele Stunden, die er auf Wanderungen in den umliegenden Bergen verbrachte. Diese Gegend war schon seit jeher dafür bekannt gewesen, dass sich Heilige dort aufhielten, und Lahiri fühlte den starken Wunsch in sich, ihnen zu begegnen.

Eines Nachmittags auf dem Berg Dronagiri hörte er, wie eine Stimme, die weit entfernt schien, seinen Namen rief. Er folgte dieser Stimme und fand einen lächelnden jungen Mann, der ihn willkommen hieß und ihn zu einer Höhle führte, in der einige Wolldecken und Wasserkrüge lagen. Der junge Mann fragte Lahiri, ob er sich an diese Gegenstände erinnern könnte. Dann sagte er, dass das Telegramm ganz offensichtlich Wirkung gezeitigt hätte. Als der verblüffte Lahiri fragte, was er denn meine, antwortete der junge Mann, er spräche von dem Telegramm, das Lahiri angewiesen hätte, sich nach Ranikhet zu begeben. Er selber hätte diese Idee Lahiris Vorgesetztem eingegeben. Dann sagte der junge Mann, dass jeder, der sich eins fühlt mit der ganzen Menschheit, durch die Gedanken jedes Menschen hindurch wirken kann.

Da Lahiri von alledem sehr verblüfft war, gab ihm der junge Mann einen leichten Schlag auf die Stirn, und plötzlich erinnerte sich Lahiri an sein vorausgegangenes Leben. Er erkannte Babaji wieder, die Höhle, die Decken und die Wasserkrüge und er erinnerte sich an all die Jahre, die er während seiner letzten Inkarnation in dieser Höhle verbracht hatte.

In dieser Nacht weihte Shri Babaji Lahiri Mahasaya in Kriya Yoga ein, und zwar in einem wundervollen Palast, den Babaji erstehen ließ, um einen Wunsch von Lahiri zu erfüllen, denn alle Wünsche müssen erfüllt sein, bevor jemand sich anschickt, diese letzte Ebene der spirituellen Entwicklung zu verwirklichen. Als die Einweihungsriten beendet waren, verschwand der Palast, aber Babaji und die Schüler, die ihn begleiteten, blieben mit Lahiri auf dem Berg Dronagiri. In den folgenden Tagen erreichte Lahiri in einem fortdauernden Zustand der Seligkeit das absolute Bewusstsein, die Kenntnis seines Selbst.

Am achten Tag warf sich Lahiri zu Babajis Füßen nieder und bat ihn flehentlich, er möge ihn für immer in dieser Wildnis lassen. Doch Babaji antwortete ihm, dass es seine Pflicht sei, in der Stadt als Vorbild des idealen Yogi-Familienvorstandes zu dienen, so dass die Menschen, die an Arbeit und Familie gebunden sind, von ihm inspiriert würden. Babaji sagte, dass auch der Familienvater nicht von der Erlangung höchster spiritueller Reife ausgeschlossen wäre, dass jeder, der vertrauensvoll einen spirituellen Weg gehe, die Erleuchtung erlangen könne.

Am nächsten Morgen, als Lahiri vor Babaji niederkniete, um seinen Segen zu erhalten, sagte Babaji, dass es zwischen ihnen keine Trennung geben würde. Wann immer Lahiri ihn riefe, egal wo er sich befände, würde er, Babaji, zu ihm kommen.

Kurz nachdem Lahiri in sein Büro nach Ranikhet zurückgekehrt war, kam ein Brief seines Vorgesetzten, der ihm mitteilte, dass seine Versetzung nach Ranikhet irrtümlicherweise erfolgt wäre und dass er nach Danapur zurückkehren sollte. Auf dem Rückweg unterbrach Lahiri die Reise in Moradabad, um Freunde zu besuchen. Seine gehobene Stimmung trieb ihn dazu, den Freunden seine wunderbaren Erfahrungen mitzuteilen, doch sie waren ungläubig. In seiner Begeisterung erzählte Lahiri ihnen, dass er nur zu rufen brauche, und sein Meister würde erscheinen. Sofort wurde er auf die Probe gestellt. Lahiri begab sich in einen ruhigen, fensterlosen Raum und wies seine Freunde an, draußen zu warten, bis er sie rufen würde. Lahiri versank in Meditation und bat Babaji, er möge erscheinen. Im Raum breitete sich ein Licht aus, aus dem heraus die Lichtgestalt Babajis trat.

Babaji schalt Lahiri im strengen Ton aus, weil er ihn wegen einer Lappalie gerufen hatte. Die Wahrheit, so sagte er, ist nicht für die Neugierigen da. Die spirituellen Wahrheiten werden von denjenigen entdeckt, die ihre Skepsis überwinden. Babaji erklärte sich einverstanden, dazubleiben, doch er teilte Lahiri mit, dass er von jetzt an nur noch erscheinen würde, wenn Lahiri ihn wirklich bräuchte.

Die Türe wurde geöffnet, und die Freunde starrten ungläubig auf Babaji. Einer lachte und sagte, das müsse ein Fall von Massenhypnose sein, da ja ganz offensichtlich niemand in den Raum hätte gelangen können, ohne dass er von ihnen bemerkt worden wäre. Babaji lächelte und ließ sich von jedem seinen warmen und festen Körper berühren, und alle verbeugten sich vor ihm. Dann verlangte er, dass eine einfache Süßspeise - Halva - zubereitet würde, und unterhielt sich fröhlich mit den Anwesenden, bis sie fertig war. Nachdem sie gegessen hatten, segnete Babaji jeden einzelnen und verschwand dann plötzlich in einem Lichtblitz.

Lahiri Mahasaya wurde nach seiner Initiation durch Babaji zu einem großen Heiligen. Es gibt Aufzeichnungen über wunderbare Heilungen, die ihm zugeschrieben werden; ebenso wie die Auferstehung eines Toten am Tag nach dessen Tod; die Heilung eines Blinden; die Fähigkeit, vor den Augen anderer Menschen plötzlich zu verschwinden; das gleichzeitige Erscheinen an verschiedenen Orten, so die Erscheinung vor drei seiner Schüler an drei verschiedenen Orten zur selben Zeit am Tag nach seinem Tod.

Nach seiner Initiation begegnete Lahiri Mahasaya Babaji verschiedene Male unter unvorhergesehenen Umständen. Eine dieser Begebenheiten illustriert etwas, was bei allen seinen Erscheinungen zu geschehen scheint: Während eines Kumbha Mela[5] in Allahabad fand ein erstaunter Lahiri Babaji vor einem Asketen mit verfilzten Haaren knien. Lahiri fragte Babaji, was er da tue, und Babaji antwortete, dass er die Füße des Asketen wasche und gleich anschließend dessen Essgeschirr putzen würde; er fügte noch hinzu, dass er die Tugend der Demut übe.

Shri Yukteswar, der Meister von Yogananda, war wahrscheinlich der Wichtigste von Lahiri Mahasayas Schülern. Auch er vollbrachte Wunder. Er traf Babaji dreimal in seinem Leben.

Beim ersten Mal lenkte Babaji die Aufmerksamkeit von Shri Yukteswar auf eines der Themen, die ihm in neuerer Zeit sehr wichtig geworden waren. Babaji sagte, dass der Osten und der Westen gemeinsam einen Mittelweg zwischen Spiritualität und Aktivität finden sollten. Indien sollte von der materiellen Entwicklung des Westens lernen, und der Westen die Methoden, durch die dieser seine religiösen Glaubenswahrheiten auf das Fundament der Wissenschaft des Yoga stellen könnte. Weiter meinte Babaji, dass in Europa und Amerika potentielle Heilige darauf warten würden, erweckt zu werden[6].

Bei einer späteren Gelegenheit wies Babaji Shri Yukteswar an, ein Buch zu schreiben, das die tieferliegende Einheit zwischen den christlichen und den hinduistischen religiösen Schriften aufzeigen würde. So entstand Yukteswars Werk "Die heilige Wissenschaft"[7].

Shri Yukteswars herausragender und von ihm am meisten geliebter Schüler war Paramahansa Yogananda. Als Yogananda noch ein Wickelkind war, informierte Babaji Shri Yukteswar, dass er ihm einen Schüler schicken würde, um das Wissen des Yoga im Westen zu verbreiten. Als sich Yogananda 1920 dazu verpflichtet hatte, in die Vereinigten Staaten zu gehen, aber darüber besorgt war, sein Heimatland für den materialistischen Westen zu verlassen, klopfte Shri Babaji an seine Tür als Antwort auf die stundenlangen Gebete Yoganandas, und bestätigte ihm, dass er der Schüler wäre, den er für diese Aufgabe zu Shri Yukteswar geschickt hätte, und gab ihm seinen Segen für diese Aufgabe.

Zeugnisse aus heiligen Büchern

Es gibt Anzeichen für Manifestationen von Shri Babaji, die lange vor der oben beschriebenen erfolgten. Es existieren zwei Bücher mit religiösen Prophezeiungen -, ein uraltes und ein moderneres - welche die Erscheinung Shivas in einer "menschlichen" Form zur Zeit der Inkarnation Krishnas voraussagen, am Ende des Dvapara Yuga und zum Beginn des Kali Yuga, mit der Implikation, dass diese Erscheinungsform der Menschheit während des Kali Yuga (dem dunklen oder eisernen Zeitalter, auch übersetzt als Zeitalter des Streites, der Konflikte oder der Dunkelheit) beistehen würde.

Das ältere dieser beiden Bücher ist die "Shiva Purana", die ungefähr im vierten oder fünften Jahrhundert nach Christus in ihre jetzige Form gebracht wurde, und die die schriftlichen Zeugnisse einer viel weiter zurückliegenden Zeit darstellt. Darin steht die folgende Erklärung über die vielen

Inkarnationen Shivas, die dazu dienen, sich weltlicher Angelegenheiten anzunehmen.

"Im achtundzwanzigsten Äon des Dvapara, wird...Krishna...geboren werden, als der erste Sohn Vasudevas. Dann werde auch ich [Shiva] im Körper eines Brahmachari und mit der Seele eines Yogi mittels yogischer Kraft geboren werden... Ich werde dann in die heilige göttliche Höhle zusammen mit dir [Brahma] und Vishnu hineingehen. Oh Brahma, dann werde ich als Lakulin bekannt sein. Diese physische Inkarnation und das heilige Siddha-Zentrum werden weitum bekannt sein, solange die Erde besteht."8

Es ist eine historisch erwiesene Tatsache, dass es in Indien eine große religiöse Gestalt namens Lakulish gab (eine Form des Namens Lakulin, was "derjenige, der einen Stock trägt" bedeutet).

Die Überlieferung sagt, dass er zur Zeit Krishnas lebte.9 Lakulish lebte in einer Stadt namens Kayavarohan, im heutigen Bundesstaat Gujarat, und man sagt, dass sie von Maharshi Vishwamitra zur Zeit Ramas errichtet wurde, um als Stätte religiöser Unterweisung zu dienen. Es wird Lakulish zugeschrieben, die Pashupatmat Form des Shivaismus formuliert und verbreitet zu haben, sowie auch die zwölf Jyotirlingams (spezielle phallische Symbole Shivas) überall in Indien aufgestellt zu haben. Die Pflege der Jyotirlingams und der Schulen, die dazugehörten, sind über ungefähr tausend Jahre hinweg erhalten geblieben. Die Lingams und ihre Tempel existieren heute noch. Haidakhan Baba lief oft mit einem schweren Stab herum, und der Berg Meru ist ein anderer Name für den Berg Kailash, auf dem Shiva während tausender Jahre Tapas ausgeführt hat. Als Babaji 1980 Kayavarohan besuchte, wurde er als Lakulish und Shiva begrüßt und verehrt.

Der vorliegende Text aus dem Shiva Purana stammt aus einer Zeit nach Lakulishs Ära, und es ist jetzt unmöglich, festzustellen, ob diese Prophezeiung schon in früheren Schriften vorhanden war, oder ob sie später geschrieben wurde, um Lakulishs Pashupatmat-Sekte zu etablieren. Ob Lakulish jetzt die erste Erscheinung Babajis in menschlicher Form war oder nicht, die Überlieferung unter Babajis Schülern besagt, dass er sich um weltliche Dinge mindestens seit dem Zeitalter des Gottes Krishna am Ende des Dvapara Yuga gekümmert hat, in und auch außerhalb einer menschlichen Form.

Das modernere Buch, auf das wir Bezug nehmen können, ist das "Shrisadashiv Charitamrit"10, ein vom Göttlichen inspiriertes Werk, geschrieben von Shri Vishnu Datt Shastri, das 1959 zum ersten Mal veröffentlicht wurde. Das erste Kapitel des Buches erzählt die Visionen von Shri Vishnu Datt von dem Gespäch des alten, sagenumwobenen Weisen Narada und den Göttern über die Notwendigkeit, jemanden zur Erde zu schicken, um der Menschheit zu helfen und sie zu führen. Alle Versammelten waren sich darüber einig, dass nur der Gott Samba Sadashiv (eine Form des Göttlichen, von der gesagt wird, dass sie seit Anbeginn der Zeit immer mit der ganzen Schöpfung in Verbindung stand) die nötigen Eigenschaften für diese Aufgabe besäße. Also gingen sie zu ihm und baten ihn, auf die Erde zu gehen, um ihr in ihrem Elend zu helfen. Der Gott antwortete folgendes:

"Bald schon werde ich in die Welt gehen. Im Treta Yuga werde ich mit Rama als Brahmachari kommen und die Welt von der Unwissenheit reinigen. Im Dvapara Yuga werde ich kommen und all denen Wissen geben, die mir ihre Herzen öffnen. Vishnu wird dann als Schwan in mich eingehen und die Leute im Kumaon werden beginnen, mich Paramahansa [den erhabenen Schwan, der Schwan ist ein Symbol für Wissen] und Brahmachari (ein Brahmachari ist ein ergebener, unverheirateter Schüler, einer der Wissen erlangen will) zu nennen."11

Vishnu Datt Shastri verstand das in seiner Vision Gesehene als auf Babaji bezogen. Viele glauben, dass Babaji eine der ersten Erscheinungsformen des gestaltlosen Göttlichen ist (ähnlich "dem Wort" im Johannes-Evangelium) und eng verbunden ist mit der Kumaon-Bergregion in Uttar Pradesh, wo einer seiner vielen Namen Brahmachari Baba ist. "Shrisadashiv Charitamrit" enthält auch Kapitel, die über andere Inkarnationen Shri Babajis Auskunft geben, so die Kapitel V und VI, die sich auf die Epoche Ramas beziehen. In einem späteren Kapitel verherrlicht Shiva Rama vor Vishnu und endet mit der Feststellung: "Mein Herz ist immer erfüllt von Ramas Ruhm. Als Inkarnation der Hingabe ist Rama alles."

Ein anderes Kapitel handelt von Shivas Erscheinen in Vrindaban zur Zeit Vishnus. Es beschreibt, wie Shiva Darshan von Krishna als Baby hat und wie Krishna später Shiva verehrt.

In seiner letzten Inkarnation erwähnte Shri Babaji bei einigen Gelegenheiten, dass er einer von Jesu Christi Lehrern gewesen sei, als dieser im Alter zwischen zwölf und dreißig gewesen sei, in der Zeit also, über die das Neue Testament sich ausschweigt. Und, wie schon weiter vorne erwähnt, sagte Babaji auch, dass er einige Jahrhunderte später Shri Shankara und dem großen Dichter-Heiligen Kabir Initiationen in yogische Praktiken gegeben habe. Anderen erzählte er, dass er im 11. und 12. Jahrhundert als der große buddhistische Heilige Milarepa gelebt habe.

Ein Traum wird bestätigt

Zwei oder drei Quellen zufolge können wir als wahrscheinlich annehmen, dass es vor ungefähr fünfhundert Jahren eine Inkarnation Babajis im Tibet gegeben hat. Swami Fakiranand, der Schüler, der Babajis Ashram verwaltete, schrieb Anfang der siebziger Jahre folgende Erfahrungen nieder:

"1972 gab mir Babaji die Zeichnung einer Inkarnation von ihm, die lange Zeit zurücklag. Diese Zeichnung zeigte ihn mit vier Armen... einem typischen Merkmal seiner Göttlichkeit. In einer Hand hielt er eine Conch-Muschel, in der zweiten einen Trishul (Dreizack), in der dritten einen Kamandalu (Wasserkrug) und in der vierten ein Chakrenrad (Symbol für ein spirituelles Energiezentrum im Körper). [Alle diese Symbole sind traditionellerweise dem Gott Shiva zugeordnet.] Irgendwie vergaß ich immer, Babaji danach zu fragen, wann und wo diese Zeichnung gemacht worden war.

Im Oktober 1972, während des Navratis, wurde die Shri Jagadamba Yagna Zeremonie in meinem Heimatdorf Dhanyan, District Almora, U.P., durchgeführt. Die Zeremonie wurde in Gegenwart von Babaji abgehalten.

Am vierten Tag des Navratis, ungefähr um drei Uhr früh, träumte ich, dass ich mit einer Gruppe von Lamas im Tibet sei. Ich hatte das Bild von dem vierarmigen Babaji mit mir, und im Traum zeigte ich es jedem Anwesenden mit der Frage, ob sie wüßten, wann es entstanden war und woher es kam.

Dann traf ich... einen Lama, namens Jankshu Lama und dieser erzählte mir, er selbst hätte dieses Bild vor ungefähr sechshundert Jahren gemalt und es käme ursprünglich aus Tibet. Zu jener Zeit hatte Babaji den göttlichen Körper eines Lama angenommen und war bekannt als Lama Baba, und Jankshu Lama war einer seiner ergebensten Schüler. Und Jankshu Baba fuhr mit seiner Erzählung fort:

" Ich war ein sehr ergebener Verehrer von Shiva, und es war die größte Sehnsucht meines Lebens, mit dem Darshan meiner verehrten Gottheit gesegnet zu werden. Das war meine ständige Bitte an meinen Meister. Dass mein Meister selber Shiva war, wusste ich damals nicht.

Es war mitten in einem strengen Winter, und ich belästigte meinen Meister dauernd mit der Bitte, er möge ein Chola (ein langes, von Sadhus getragenes Tuch) tragen, da es so bitter kalt war; denn mein Meister trug niemals etwas außer ein um den Körper geschlungenes Tuch. Eines Tages jedoch gab er mir die Erlaubnis, für ihn eine Chola zu nähen. Ich war sehr erfreut und kaufte sofort ein Stück Stoff, doch wie ich mit der Arbeit anfangen wollte, merkte ich plötzlich, dass ich vergessen hatte, seine Maße zu nehmen. So ging ich geradewegs zu seiner Hütte.

Der Eingang war mit einer Strohmatte verdeckt, und so lugte ich durch die Ritzen. Was ich erblickte, ließ mich vor Verwunderung völlig fassungslos werden. Dort saß in tiefer Meditation versunken Shiva...; in einer Hand hielt er eine Coudi-Muschel, in der zweiten einen Trishul, in der dritten ein Kamandalu und in der vierten ein Chakra.... Ich kniff mich, um festzustellen, ob ich wach war oder träumte, denn ich konnte nicht erfassen, ob das, was ich sah, Wirklichkeit war, oder ob es nur meiner Einbildung entsprang. Dann kam mir in den Sinn, dass mein Meister denken könnte, ich würde ihm nachspionieren, und so lief ich in meinen Raum zurück. Jetzt war ich gewiss, dass mein Meister [Babaji] Shiva selbst war.

Du kannst dir vorstellen, welche Freude ich über die Erfüllung dieses lebenslänglich gehegten Wunsches empfand. Tatsächlich hatte ich all die Jahre mit Shiva verbracht, ohne dies zu bemerken.

Am nächsten Tag brachte ich die Chola, die ich mit vier Armen versehen hatte, zu meinem Meister. Als er das sah, wurde er ärgerlich und sagte: "Was ist das? Hältst du mich für einen Gaukler? Oder spielst du mit mir herum?" Ich erzählte ihm, was ich in der vergangenen Nacht gesehen hatte, obwohl er das selber sehr genau wusste; das war eben sein Lila (das Spiel Gottes), und er fuhr dann fort, diesmal mit sanfter Stimme: "Da es dein lebenslänglicher Wunsch war, musste ich ihn erfüllen, und so zeigte ich dir, was du letzte Nacht gesehen hast". Jankshu Lama beendete seine Erzählung mit den Worten: "Damals machte ich eine Zeichnung von dem, was ich in der Nacht gesehen hatte."

Im selben Jahr (1972)..., als Babaji in Haidakhan war, kamen fünf oder sechs Lamas, um den Darshan von "Prabhu", dem Herrn, zu haben. Babaji unterhielt sich mit ihnen in ihrer Sprache und erzählte ihnen, dass auch er ein Lama in Tibet gewesen wäre. Das war das erste Mal, dass er das vor jemandem erwähnte. Die Lamas antworteten darauf mit der Begrüßung "Lama Baba ki jai!" (Heil dem Lama Baba.)

Diese Begebenheit wurde auch von Gangotri Baba, der auch unter dem Namen Swami Akhananda bekannt ist, bestätigt. Er lebte auf Anweisung von Bhagwan Haidakhan während der letzten fünfzig Jahre... im Himalaja. Das deckt die Zeitspanne von Baba Haidakhans Verschwinden nach 1922 zeitlich ab.

Als Gangotri Baba im Februar 1973 nach Haidakhan kam, hielt ich Satsang (religiöse Unterhaltung) mit ihm ab. Und während unserer Unterhaltung erzählte er mir, dass Jankshu Lama, er selber und ich allesamt in der Zeit des Erscheinens von Lama Baba in Tibet dessen Schüler gewesen sind und dass wir alle schon seit vielen Leben seine Schüler sind."12

Geschichten über den "alten Haidakhan Baba"

Die Manifestation zu Ende des 19. Jahrhunderts bis ins Zwanzigste hinein ist gut dokumentiert und kann von vielen noch lebenden Personen bezeugt werden. Es existieren einige Bücher (vor allem auf Hindi), die die Erfahrungen der Menschen mit dieser Inkarnation erzählen, welche, um das leichter auseinanderzuhalten, von den jetzigen Babaji-Schülern der "Alte Haidakhan Baba" genannt wird.

Mahendra Baba und Hari Dass Baba schrieben, dass diese Inkarnation Babajis in der Kumaon-Gebirgsgegend um 1890[13] herum ihren Anfang nahm, in einem unbekannten Dorf in den Bergen östlich von Nainital. Die Einwohner dieses Dorfes sahen an mehreren aufeinanderfolgenden Tagen ein helles Licht (Jyoti), das auf einem nahegelegenen Berg aufflammte, für einige Zeit blieb und schließlich verschwand. Die Dorfbewohner meinten, dass dies ein göttliches Zeichen sei, versammelten sich eines Tages, kurz bevor das Licht normalerweise erschien, und begannen Bhajans - devotionale Lieder - zu singen. Und wie dieses Mal das Licht erschien, stieg ein göttlicher Jüngling daraus hervor. Die Leute baten ihn, mit ihnen ins Dorf zu kommen. Er blieb im Hause des Waldhüters, Shri Dhan Singh. Dhan Singh, der fürchtete, dass der göttliche Jüngling weggehen könnte, schloss ihn jeden Tag in seinem Zimmer ein, bevor er zur Arbeit ging. Eines Tages, in Dhan Singhs Abwesenheit, brachen die neugierigen Dorfleute das Schloss auf und entdeckten, dass Babaji verschwunden war.

Einige Zeit später erschien Babaji im Dorf Haidakhan, das näher bei Nainital liegt, am Ufer des Gautama Ganga. In den unteren Abschnitten, von Haldwani an, ist dieser Fluss als Gola-Fluss bekannt. Er blieb für einige Zeit in Haidakhan und kehrte oftmals dorthin zurück, wenn er durch Nordindien und die Himalajas reiste. Dies gab ihm - neben vielen anderen - den Namen Haidakhan Baba. Er errichtete einen kleinen Ashram in Haidakhan, und in der Mitte der neunziger Jahre plante er den Bau eines einzigartigen achteckigen Tempels im Ashram und half bei dessen Errichtung selber mit[14]. Ein interessantes Merkmal dieses Tempels sind die Steinplatten, die zum Bau verwendet wurden, da sie nirgends in der Umgebung des Ashrams zu finden sind. Alte Menschen in Haidakhan erinnern sich an die Erzählungen ihrer Eltern, wonach Babaji die Arbeiter zu einem Berg hinführte und, nachdem er die Steinblöcke markiert hatte, sie anwies, die Platten herauszuheben. Daraufhin verwandelten sich diese Felsplatten in ein völlig anderes Gestein[15].

Babaji war in der ganzen Kumaon und Himalaja Region wohlbekannt, da er sie oft zu Fuß durchstreifte, begleitet von einer kleinen Gruppe Schüler. Seine Wundertaten und sein "Alltagsleben" waren sogar in dieser Gegend, wo wundertätige Heilige häufig anzutreffen sind, sehr außergewöhnlich. Ebenfalls ungewöhnlich waren seine Essgewohnheiten. Man sagt, dass er niemals Getreidespeisen zu sich genommen habe. Gelegentlich, wenn ein Schüler darauf bestand, aß er Früchte oder trank Milch. Herr Shiromani Pathak, aus Sheetlaket in Almora, wo Babajis Siddhashram steht, war sechs Monate mit Babaji zusammen und berichtet, dass er in der ganzen Zeit niemals Wasser oder Nahrung zu sich nahm. Auch traf er Babaji niemals schlafend an[16].

"Eines Tages im Februar trafen einige Heilige ein, die von Shri Munindra Baba (einer von Haidakhan Babas Namen) gehört hatten, um ihn zu sehen. Während ihrer Unterhaltung kamen sie auf die Kaphal-Frucht zu sprechen. Einige der dort in der Gegend ansässigen Leute bemerkten, dass diese Frucht nur im Mai oder Juni erhältlich sei, aber niemals im Winter. Der Wunsch, dass Babaji ihnen Kaphal als Prasad geben sollte, stieg in allen auf. Als Antwort auf ihre Gedanken ging Babaji etwas abseits und brachte - wer weiß woher - einige reife Kaphal-Früchte, die noch immer am Ast hingen und verteilte sie als Prasad."[17]

Babaji führte täglich Yagya oder Havan aus, eine religiöse Feuerzeremonie, bei der dem Feuer Opfergaben der Erde dargebracht werden. Feuer gilt als Symbol für den Mund des Göttlichen. Wenn Ghee (geklärte Butter), das wie Öl benutzt wird, nicht verfügbar war, benutzte Babaji Wasser. Einmal, in Ranikhet, berichtete der Sohn von Herrn Ram Datt seinem christlichen Schulvorsteher über diese Praxis von Babaji. Der Vorsteher war neugierig und ging Babaji besuchen, der auf dem Flachdach eines Hauses, das einem Schüler gehörte, ein Yagya ausführte. Immer wenn Babaji Wasser in die Feuergrube goss, schossen die Flammen bis zu einer Höhe von 8 bis 10 Metern hoch. Der Schulvorsteher wurde ein begeisterter Schüler von Shri Babaji[18].

Ein anderes vielbeachtetes Wunder von Babaji war es, in der Mitte von vier bis fünf Feuern zu sitzen, manchmal über Stunden hinweg. Alte Leute erzählen noch heute ihren Enkeln, wie sie damals Babaji inmitten des Feuers haben sitzen sehen - oder wie sie damals das Holz für die Feuer gesammelt haben. Giridhari Lal Misra schreibt über diese spirituelle Praxis[19]:

"Niemand hat je einen Avatar gesehen, der einen so klaren und vollständigen Sieg über die fünf Elemente errungen hat wie Munindra Bhagwan. Seine Tapasaya mit den fünf Feuern war wunderbar und offenbarte seine Erscheinungsform als Gott Sadashiv.

Shri Moti Singh, der jetzt ungefähr hundert Jahre alt ist und in der Nähe des Devguru lebt, beschrieb in bewegenden Worten die Tapasaya von Prabhu (der Herr) in seinem Bergdialekt. Als Kind begleitete Moti Singh seine Mutter, um bei dieser Feuertapasya zuzuschauen.

Im Sommer hat Babaji Haufen von Holz und Kuhmist aufgeschichtet, einen Haufen jeweils dicht neben dem anderen. Er setzte sich in die Mitte dieses Holzhaufens, und das Feuer entzündete sich durch die Kraft seines Yoga von selbst. Damals trug Babaji gewöhnlich nur ein leichtes Stück Tuch. Überall um ihn herum loderte das starke Feuer. Er sagoss für viele Tage in der Mitte des Feuers. Wenn es herunterbrannte, wurde neues Holz nachgelegt.

Die Leute, die zusahen, fürchteten, sein Körper werde zu Asche verbrennen. Damals sagte Moti Singh unter Tränen zu seiner Mutter: "Mama, schau! Der Yogi muss jetzt verbrannt sein."

Als die Intensität des Feuers nachließ, da strahlte der Körper des Yogis wie die aufgehende Sonne; es war unmöglich, ihn direkt anzusehen. Als er aufstand und sich aus dem Tuch herauswickelte, tropfte Wasser aus dem Stoff heraus. Einmal saß er 45 Tagen ununterbrochen zwischen den Feuern. Er kam nur wegen der inständigen Gebete seiner Schüler wieder heraus. Wunderbar ist der Herr und seine Yogi-Kraft."[20]

✳✳✳

Shri Jwaladatt Joshi, ein großer Verehrer von Babaji, war ein hochrangiger Offizier im Dienst des Raja (Fürsten) von Gwalior. Der Raja von Gwalior war ein sehr gottesfürchtiger Mann und diente den Heiligen.

Einmal beschrieb Shri Jwaladatt die göttlichen Lilas von Babaji bei Hof, und von diesem Tag an hatte der Raja ein großes Verlangen danach, Babajis Darshan zu erhalten. Da Shri Bhagwan jedoch keinen bestimmten Aufenthaltsort hatte, war Jwaladattji nicht in der Lage, dem König zur Begegnung mit Babaji zu verhelfen.

Nach einiger Zeit kam Shri Babaji unerwarteterweise in Jwaladattjis Haus, und dieser schickte dem Raja unverzüglich eine Nachricht. Der Fürst eilte sofort herbei und bat Babaji, in den Palast zu kommen, um dort Darshan zu geben. Gerührt von den Gefühlen des Fürsten erklärte sich Babaji einverstanden und ging abends zum Palast. Dort erwartete ihn die Gemahlin des Fürsten und der Rest des Gefolges, um ihre Leben durch diesen Darshan von Shri Babaji gesegnet zu haben.

Nachdem Babaji den Palast verlassen hatte, fragte der Fürst seine Gemahlin: "Was glaubst du, wie alt Shri Munindra Maharaji ist?" Die Fürstin antwortete: "Er ist sicher mindestens achtzig Jahre alt". Der König war erstaunt über diese Antwort, denn er hatte Babaji als elfjährigen Jungen gesehen.[21]

***

"Eines Sommers war Shri Munindra Bhagwan (Babaji) im Khurpatal Ashram in Nainital. Dort erfuhr ein gebildeter junger Mann von Leuten, die Babaji gesehen hatten, von seinen Lilas. Er wusste auch, dass Babaji eine Kappe trug, die seine Ohren bedeckte. Deshalb vermutete der junge Mann, dass Babaji möglicherweise Ashvatthama sein könnte (einer der unsterblichen Krieger, die in der Schlacht von Kurukshetra kämpften, von der das Mahabharata-Epos berichtet), denn die Leute erzählten, dass Babaji einige Wunden hätte, die noch vom Mahabharata-Krieg her stammten. Er glaubte, dass Babaji durch die Kappe die Kopfwunde verberge, die sich Ashvatthama nach der Schlacht von Kurukshetra zugezogen hatte. Der junge Mann suchte den Khurpatal-Ashram auf, um etwas darüber in Erfahrung zu bringen. Wie er den Ashram betrat, sagte ihm Babaji gleich, er wolle ein Bad nehmen, da es so heiß sei. Als der junge Mann das hörte, versuchte er, die Erlaubnis zu erhalten, Wasser vom See für Babajis Bad zu holen. Vielleicht würde Babaji seine Kappe abnehmen, was ihm dann Gelegenheit gäbe, die Wunde zu sehen. Babaji bat den jungen Mann, sein Langoti und sein Badetuch hinunter zum Bad im See zu tragen. Der junge Mann war überglücklich und meinte, am See genügend Zeit zu haben, die Wunde zu betrachten.

Als sie den See erreichten, wies Babaji seinen Begleiter an, ihm Kurta und Kappe auszuziehen und ihn zu baden. Seltsamerweise vergaß der junge Mann aber völlig seinen Wunsch, sich die Wunde anzusehen. *Nachdem er Babajis Hemd und Kappe ausgezogen hatte, badete er ihn mit viel Hingabe und trocknete ihn dann ab.* Er bekleidete ihn wieder mit Langoti, Kurta und Mütze. *Der ganze Vorgang dauerte etwa eine halbe Stunde, doch Babajis Wunde war vergessen, bis er wieder vollständig angezogen dastand.* Erst dann erinnerte sich der junge Mann daran und bedauerte nicht, danach geschaut zu haben.

Da sprach Babaji liebevoll: "Geht jemand zu einer großen Seele, dann sollte er Glauben, Mitgefühl und Liebe mitbringen; und wenn einer Zweifel hat, so sollte er Gott bitten, sie ihm zu nehmen. Nur durch Gottes Gnade kann ein großer Heiliger erkannt werden. Nur ein Heiliger kann einen Heiligen prüfen, oder einer, auf den die Gnade des Heiligen gefallen und dessen Herz einfach und ohne Ego ist. Wenn ein Mensch nicht einmal sich selber erkennt, wie kann er da einen großen Heiligen prüfen? Ein Heiliger ist eine Erscheinungsform Gottes, und einen Heiligen zu beurteilen ist so schwierig, wie Gott "persönlich" zu beurteilen[22]."

***

Yogi Jalendar Nath, ein Babaji-Schüler der dritten Generation, erzählt folgende Erfahrungen, die sein Großvater, Birshan Singh Gosain, mit Shri Babaji gemacht hat. Yogiji hörte diese Geschichten als Kind von seiner Großmutter und von seinem damals neunzigjährigen Onkel, der, als diese Begebenheiten sich zutrugen, noch ein Kind war. Die meisten dieser Ereignisse sind in der Gegend, in der Birshan Singh lebte, wohlbekannt.

In der Nähe des Dorfes Barrechina im District Almora des Bundesstaates Uttar Pradesh, gibt es einen in der Umgebung allgemein bekannten Tempel, der Shakteswar Mahadev-Tempel genannt wird. Es wird vermutet, dass dieser Tempel und seine "Vorgänger" schon über dreitausend Jahre lang und mehr an diesem Ort stehen. Shri Babaji besuchte diesen uralten Ashram des öfteren und benutzte dort ein sehr altes Dhuni (heilige Feuerstätte). Er hielt sich in einer Hütte auf, die an einer Seite offen war, und von der aus er zu den zu ihm gekommenen Menschen sprechen konnte.

Birshan Singh Gosain traf Babaji in den neunziger Jahren des vergangenen Jahrhunderts. Damals war Birshan Singh ein

Mittsechziger, Witwer mit zum größten Teil erwachsenen Kindern. Babaji meinte, dass er sich nochmals verehelichen sollte, und so wurde er mit einer dreißigjährigen Frau verheiratet. Nach der Heirat erklärte die Frau, dass sie mit einem so alten Manne nichts zu tun haben wollte, und weigerte sich, das Haus ihres Vaters zu verlassen. Mehrere Male ging Birshan Singh zum Haus seines Schwiegervaters, um sie zu bitten, mit ihm nach Hause zu kommen, aber jedesmal wurde er rüde zurückgewiesen.

Der alte Mann war ein großer Schüler von Babaji, und so entschloss er sich, bei Babaji zu leben, mit ihm zu reisen und ihm auf jede nur erdenkliche Art zu dienen. Er legte die Familienangelegenheiten in die Hände seines ältesten Sohnes, lebte sieben Jahre mit Babaji und durchstreifte den Himalaja mit ihm, Nepal, Tibet und China sowie ganz Nordindien.

Nach diesen sieben Jahren, als Birshan etwa vierundsiebzig Jahre alt war, kamen er und Babaji nach Haldwani. Babaji sagte zu Birshan, es sei an der Zeit, wieder ein Heim zu gründen und noch mehr Kinder aufzuzuziehen. Der alte Mann wandte ein, dass er verschiedene Male versucht hätte, ein Eheleben einzurichten, dass er aber immer behindert und abgelehnt worden sei. Babaji meinte, er solle es noch einmal versuchen. Daraufhin wanderte Birshan fünf Tage lang zu seinem Dorf Chani bei Almora. Als er im Ort ankam, begrüßten ihn seine Freunde mit der Nachricht, dass seine Frau ihre Habseligkeiten während der letzten drei Tage gewaschen und geputzt hätte, um sich auf den Umzug in sein Haus vorzubereiten. Birshan wurde von seiner Frau und deren Familie warm empfangen und er nahm sie mit zu sich. Als Birshan fünfundsiebzig Jahre alt wurde, kam eine Tochter zur Welt. Im folgenden Jahr wurde Yogijis Vater geboren, und darauf folgte nochmals ein Sohn. Birshans Frau, die selbst eine ergebene Schülerin von Babaji wurde, betrachtete diese Kinder immer als Geschenke Gottes.

Auch jetzt, mit seiner neuen und jungen Familie, verbrachte der alte Birshan Singh einen Großteil seiner Zeit bei Babaji und diente ihm, wenn er im Shakteswar Mahadev-Tempel weilte. Gelegentlich reisten sie auch zusammen umher. Eines Sommers war Birshan gerade lange genug zu Hause geblieben, um die Felder zu pflügen und den Reis zu pflanzen, aber er war nicht daheim gewesen, als die Gebirgsbäche auf die Felder geleitet wurden, um die jungen Pflanzen zu wässern. Die Felder der Nachbarn waren bewässert worden, aber seine nicht, und durch die Trockenheit war seine Reisernte bedroht. Die kritischen Nachbarn raunten sich schon zu: "Mal sehen, was Birshans Kinder diesen Winter essen werden." Kurz darauf kam Babaji zu Besuch in den Shakteswar Mahadev-Tempel. Er fragte Birshan, was seine Nachbarn denn so redeten, und Birshan versuchte, davon abzulenken, indem er sagte: "Nichts Wichtiges". Doch Babaji drängte ihn, bis er zugab, dass seine Nachbarn sagten, seine Kinder würden im Winter nichts zu essen haben. Babaji sagte ihm daraufhin, er solle sich darüber keine Sorgen machen.

Wie sie dasaßen und sich unterhielten, bedeckte sich der Himmel, und kurz darauf begann es überall um sie herum heftig zu regnen. Babaji meinte dazu, es wäre "ein ganz schöner Regen". Nach ungefähr dreißig Minuten, als der Regen aufhörte, schickte Babaji Birshan zu den Feldern, um nachzusehen, wieviel Regen gefallen sei. Und wie Birshan über die Felder seiner Nachbarn ging, staunte er, denn dort schien überhaupt kein Regen gefallen zu sein. Als er aber zu seinen eigenen Feldern gelangte, stand er knietief im Wasser.

In diesem Jahr war der Reisertrag von Birshans Feldern um einiges höher als in den anderen Jahren. Die Familie hatte für über zwei Jahre Reis, und Birshan brauchte auch im zweiten Jahr keinen Reis anzupflanzen.

Einmal erlitt Birshan einen Sturz aus großer Höhe. Der Fall brach ihm das Rückgrat, und er blieb bewusstlos und aus vielen Wunden blutend am Boden liegen. Die Dorfbewohner trugen seinen bewusstlosen Körper nach Hause. Jedermann dachte, er wäre schon tot oder aber er liege im Sterben. Seine Frau begann zu trauern und zu weinen.

Die ganze Nacht über lag Birshan bewusstlos und unbeweglich da. Am nächsten Morgen stand seine Frau um drei Uhr früh rastlos und beunruhigt auf und öffnete die große zweiflügelige Haupttür des Hauses. Draußen stand Babaji. Birshans Frau brach in Tränen aus und machte Pranam vor ihm. Babaji fragte, weshalb sie weine, und sie antwortete, dass Birshan dem Tode nahe sei. Dann führte sie Babaji zu Birshan.

Babaji beruhigte sie, sie solle sich keine Sorgen machen. Er schickte sie auf die Felder, um eine bestimmte Pflanze zu suchen. Als sie damit zurückkehrte, machte Babaji eine Paste daraus und wies Birshans Frau an, damit die Stelle einzureiben, an der Birshans Rückgrat gebrochen war. Einige Zeit danach legte

Babaji seine Hand unter Birshans Rücken und hob den bewusstlosen Körper in eine sitzende Stellung.

Wie er aufgerichtet wurde, erlangte Birshan sein Bewusstsein wieder. Er war entzückt, seinen Guru und Gott zu sehen, und er stand auf, um sich vor Babaji zu verbeugen, ohne ein Anzeichen oder einen Ausdruck von Schmerz auf seinem Gesicht: er war vollständig geheilt. Er fragte, was geschehen sei, und schickte dann seine Frau zum Stall, um Kuhmilch für Babaji zu holen.

Babaji sagte, er wolle nichts zu sich nehmen; er wäre eben von Jagannath hergekommen, wo er gerade ein Yagna abgehalten hätte, und er müsste schnell zu den dort wartenden Leuten zurück. (Es gibt einen Jagannath-Tempel, der ungefähr achtzehn Kilometer vom Shaktewar Mahadev-Tempel entfernt liegt, also nicht gerade nahe genug, um kurz einmal für eine morgendliche Zeremonie hinüberzugeben.) Birshans Frau kam aus der Küche mit einem Teller voller Mehl, Reis, Zucker und anderen Dingen, die traditionellerweise den Heiligen im Kumaon-Gebirge angeboten werden, doch Babaji nahm nur eine Fingerspitze von jedem und legte alles in seine Schultertasche. Dann eilte die Frau zum Stall, um Milch für Babaji zu holen. Babaji sagte zu Birshan, dass er es wirklich eilig hätte, aber dass er beim Tempel anhalten würde, um dort ein Morgenopfer darzubringen. Birshan verbeugte sich, und Babaji ging hinaus. Birshans Frau lief vom Schuppen mit einem Behälter voller Milch für Babaji herbei. Aber er war ihr schon achtzig Meter voraus und überquerte die Felder in Richtung Tempel. Sie verlor ihn aus den Augen, hörte aber, wie die Muschel geblasen und die Tempelglocken geläutet wurden. Als sie zum Tempel lief und nachsah, war der Lingam (Symbol des Gottes Shiva) mit Wasser benetzt, aber weder im Tempel noch in der Umgebung war eine Spur von Babaji zu entdecken.

****

Doktor Hem Chand Joshi, ein wohlbekannter Sprachwissenschaftler, der nachweislich zweiundfünfzig Sprachen in Wort und Schrift beherrschte, war auch ein großer Schüler von Shri Babaji. Sein Leben lang sammelte er Geschichten über Haidakhan Baba und verfasste ein Manuskript, das ein Buch über ihn werden sollte. Das Buch wurde nicht mehr zu seinen Lebzeiten herausgebracht, sondern zurückgelegt, um erst bei Babajis Wiederkehr veröffentlicht zu werden. Das Manuskript wurde von Doktor

Joshis Witwe gefunden und veröffentlicht, gemäß Shri Haidakhan Babas Anweisungen, nach seiner Rückkehr im Jahre 1970. Die folgende Geschichte beschreibt eine Begebenheit, die 1910 oder 1911 geschah.

"Doktor Joshi's Schwiegervater, Shri G.N. Joshi, litt seit drei oder vier Jahren an Tuberkulose, und er war an diesem Tag an dieser schrecklichen Krankheit gestorben. Ein Schleier von Trauer senkte sich über die Familie und herzerweichendes Schluchzen stieg zum Himmel empor. Die Leiche wurde außer Haus gebracht und unter einem Limonenbaum aufgebahrt.

Die Leute aus dem Dorf kamen herbei, um gemeinsam mit der Familie den Verlust zu beweinen, und es wurden für den Leichenzug, der den Toten zu den Verbrennungstätten begleiten sollte, erste Vorbereitungen getroffen. Wie der Körper das letzte Mal einer heiligen Waschung unterzogen wurde, erschien plötzlich Babaji auf der Szene.

Die Mutter von G.N. Joshi fiel Babaji zu Füßen und betete zu ihm: "Mein Herr, jetzt, wo du in der Stunde der Not zu mir gekommen bist, gewähre mir deine Gnade und gib meinem toten Sohn nochmals eine Spanne Leben. Ich bin schrecklich beunruhigt über meine junge Schwiegertochter (der Frau von G.N.Joshi). Wie soll sie diesen schrecklichen Verlust ertragen und ihren Lebensweg ganz alleine gehen? Ich habe noch drei Söhne, aber mein Herz weint für dieses junge vierundzwanzigjährige Mädchen. Bitte, Herr, bitte......" Der Herr lächelte und sagte: "Mach Dir keine Sorgen, dein Sohn wird gesund werden."

Jeder der Anwesenden schaute ihn etwas scheu von der Seite her an, dann brach ein Murmeln aus und alle fragten sich, was man mit jemandem machen könnte, der schon tot wäre und der ganz offensichtlich schon hinübergegangen sei? Doch Babaji hatte anscheinend eine andere Auffassung.

Plötzlich wurde Babaji sehr ernst, brach einen Zweig von jenem Baum, unter dem der Tote lag, und begann ihn mit dem Zweig zu berühren (Jhara)[23]. Kaum eine Minute war vergangen, als er die klagende Mutter beschwichtigte: "Sorge Dich nicht, es scheint, als ob die Wärme in seinen Körper zurückkehrt." Noch eine Minute später sagte er: "Ich fühle sogar, dass sein Puls zurückkehrt."

Die Leute standen verblüfft herum: Was tat dieser Bhagwan Haidakhandi da? G. N. Joshi war tot, und von wo ruft er ihn zurück? Es schien, als ob jeder, der Babajis Ankündigungen gehört hatte, sämtliche Fähigkeiten, etwas zu verstehen, eingebüßt hatte. Doch das würde wohl jedem passieren, der ein solches Ereignis miterlebt.

Etwas später fragte Babaji nach etwas Muttermilch. Es wurde ihm etwa ein Becher voll gebracht und Schluck für Schluck flößte er diese Milch G. N. Joshi ein. Dann öffnete er ihm eigenhändig die Augen.

Jedermann sah, dass G. N. Joshi wieder lebendig wurde, und war völlig verblüfft darüber. Fast jeder hatte schon vernommen, dass Babaji Gott in einer menschlichen Gestalt war, doch jetzt hatten es alle erfahren.

Dann befahl Babaji ihnen, Joshiji ins Haus zu bringen, aber über Aberglauben kommt man schwer hinweg, und auch jetzt fürchteten sich alle, den Körper ins Haus zu tragen, aus Angst, diese Geistererscheinung könnte beim Anfassen von ihnen Besitz ergreifen.

Babaji lächelte wieder und sagte: "Sorgt euch nicht. Dieser Mann lebt und ist nicht tot. Bringt ihn hinein, es wird nichts geschehen."

Daraufhin wurde G. N. Joshi in sein Haus und sein Bett zurückgetragen, wo er sich langsam, aber sicher erholte. Nach und nach nahm er Milch und Nahrung zu sich.

Babaji hatte das Haus damals verlassen, kehrte aber nach acht Tagen zurück und wies die Familienangehörigen an, G. N. Joshi zum nahegelegenen Fluss (Ramganga) zu bringen. Dort tauchte der Herr selber einige Male unter und sagte den Leuten, sie sollten das mit G. N. Joshi auch tun. Danach wies er sie an, ihn auf den Bauch zu legen und ihn mit einer Decke zuzudecken. Einer halbe Stunde später sahen die Leute aus Joshis Nase viel schmutziges, übelriechendes Wasser fließen.

Dann bat Babaji Joshiji, ihn zu begleiten. Joshiji erhob sich und lief ohne Anstrengung eine Strecke von zwei Meilen den Berg hinauf nach Hause zurück.

Das geschah 1910 oder 1911, und nachdem ihm die neue Lebensspanne geschenkt worden war, starb er 1950 oder 1951, er bekam also eine 40jährige Lebensverlängerung."[24]

***

Es gibt viele Geschichten über Shri Babaji, der Tote wieder zum Leben erweckte, es existieren sogar einige wenige Auferweckungsberichte mit folgender Variante. Diese Geschichte wurde von Giridhari Lal Misra aufgeschrieben:

"Einmal war Haidakhan Baba mit einem Schüler unterwegs nach Badrinath (einem Wallfahrtsort im indischen Himalaja). Plötzlich bekam der Schüler die Cholera. Nach einer kurzen, aber heftigen Periode des Erbrechens, begleitet von starkem Durchfall, war er seinem Ende nahe.

Babaji, wie immer erfüllt von Mitleid, tat dies leid und sagte: "Ich werde an deiner Stelle den Körper verlassen, da ich niemanden habe, der meinen Tod beweint." Die Cholera-Attacke stoppte sofort. Dafür aber wurde Babaji schnell von derselben Krankheit befallen und sagte zu dem Schüler: "Wenn ich meinen Körper verlassen habe, dann übergib ihn den Flammen und schließlich die Asche dem Ganges." Kurz darauf verließ er seine menschliche Form. Der Schüler folgte trotz großer Trauer Babajis Anweisungen.

Kurz darauf kehrte der Schüler in seine Heimatstadt bei Almora zurück. Bei seiner Ankunft wurde ihm mitgeteilt, dass sich Babaji in den letzten Tagen im Haus eines anderen Schülers aufgehalten habe. Er konnte diesen Worten nicht glauben, da er ja selbst die letzten Totenriten ausgeführt hatte. Trotzdem eilte er zum Haus dieses Schülers. Und wahrhaftig! Babaji persönlich saß da! Er traute seinen Augen so lange nicht, bis er Babajis Körper berührt hatte.

Diese Vorkommnisse hatten diesen Schüler so durcheinandergebracht, dass er danach ungefähr sechs Monaten nahezu wahnsinnig war.[25]

***

Shri Mahendra Baba verbrachte viele Jahre auf der Suche nach Babaji. Kurz bevor er ihn fand, traf Mahendra Baba einen alten Mann namens Shiromani Pathak in einem kleinen Dorf, genannt Sheetlaket, im District Almora, Uttar Pradesh. Shiromani hatte den "Alten Haidakhan Baba" noch gekannt (Mahendra Baba begegnete Shiromani fünfundzwanzig Jahre nach Babajis Weggang) und bei der Errichtung des Siddhashrams für Babaji, der gleich außerhalb Sheetlakets liegt, mitgeholfen. Der alte Mann verspürte eine tiefe Sympathie für Mahendra Baba, und die beiden saßen beisammen und unterhielten sich die ganze Nacht hindurch. Immer wenn Mahendra Baba Shiromani nach Babaji fragte, brach dieser in Tränen aus und Mahendra Baba wartete, bis er sich wieder beruhigt hatte. Schließlich erzählte ihm Shiromani folgende Geschichte:

"Eine Stunde, bevor mein Onkel starb, sagte er: "Aber seht doch, wie gnädig er ist! Gebt ihm etwas zum Draufsitzen. Verehrt ihn!" Die Anwesenden dachten, dass er im Delirium sei, aber in Wirklichkeit erlöste ihn Shri Sadashiv dadurch, dass er ihm seinen verklärten Körper zeigte. Von jenem Moment an, meinte Shiromani, hätte er ebenfalls den großen Wunsch gehabt, ihn zu sehen. Dieses Gefühl wurde überwältigend stark, aber was konnte er tun, um ihn zu erblicken? Er hatte wohl Geschichten über seine wunderbaren Erscheinungen gehört, war aber nie durch den Anblick seiner Gestalt gesegnet worden.

Eines Tages kamen völlig unerwarteterweise 200 bis 250 Personen zu seinem Haus, und darunter waren auch einige Leute in Sänften. In einer wundervollen Sänfte, die in zeremonieller Weise von vielen geachteten und reichen Leuten umgeben war, die ihre Hände gefaltet hielten, war ein großer und mitleidiger Heiliger, der ein Hemd und eine Kappe trug, ein liebliches Lächeln auf seinen Lippen hatte, und Gnade über alle ihn umgebenden beseelten sowie unbeseelten Dinge schüttete.

Shiromani litt damals an einer entzündeten Wunde. So wie er von Bhagwans Ankunft hörte, lief er erfreut zu ihm. Er rutschte aber auf der hölzernen Treppe aus und ein Splitter bohrte sich in seinen Fuß, so tief, dass er ohnmächtig zusammenbrach. Die sich um ihn versammelnden Leute waren besorgt, doch Shiromani versank, mit dem Kopf auf dem Schoß des gnadenvollen Meisters, in einer Trance, die die der großen Brahma Rishis weit übertraf, und machte so die Erfahrung eines nektar-gleichen Friedens, völlig zufriedengestellt.

Nachdem er einige Zeit an diesem Ort geblieben war, zog Shri Maharaj mit all seinen Verehrern, deren Zahl mittlerweile auf über tausend angewachsen war, weiter.

Für Shri Maharaj gab es kein vorgefertigtes Programm; wo immer er hinging, kamen Tausende innerhalb kürzester Zeit ohne irgendeinen Aufruf oder sonstige Anstrengungen. Wenn die Leute von seiner Ankunft hörten, gab es nur selten jemanden, der zu Hause blieb. Es gab weder Fragen noch Antworten, doch die

Menschen fühlten Frieden durch den bloßen Anblick seiner Gegenwart.

Viele Sanskrit-Gelehrte, Minister, soziale Reformer und Sozialarbeiter, sowie Fürsten und hohe Herren kamen zu ihm. In der Gegenwart dieses Höchsten - dem letzten Ziel aller Lehren, der Lösung des Rätsels des Selbst - war die natürliche Praxis des gegenseitigen Verstehens und die Ruhe derer, die Brahman in sich verwirklichten, für alle in gleichem Maße erfassbar.

"Immer in sanfter Stimmung, mit Augen voller Erbarmen, in gütiger Haltung, von schlanker Gestalt, mit kindlichen Gesten, nur mit einem langen Hemd und einer Kappe bekleidet - war seine physische Erscheinung allein eine Quelle übernatürlicher Attraktion. Nahrung nahm er nur ganz wenig zu sich; er trank viel Buttermilch... Wenn er seine Hände öffnete, wurden die Schüler wie berauscht von deren göttlichem Duft. Seine Haare wuchsen nicht. Er schlief nie. Shiromanji lebte sechs Monate mit ihm zusammen, aber er sah ihn nie schlafen... Wenn ihn jemand ankleidete, dann duldete er das, aber er verlangte nie nach Kleidern. Selbst wenn welche verfügbar waren, benützte er sie nie. Seine Schüler überhäuften ihn mit teuren Kleidern, Goldketten und vielen Kostbarkeiten, aber er schenkte diesen uninteressanten Dingen keine Aufmerksamkeit. Ja, um seine Schüler zu unterhalten, spielte er manchmal mit all diesen Dingen wie ein Kind für ein Viertelstündchen. Dann beachtete er sie nicht mehr. Irgend jemand konnte sie an sich nehmen, er traf keine Entscheidung über deren weiteren Verbleib. Für ihn waren Staub und Kostbarkeiten ein und dasselbe. Alle hatten ein Recht auf seine Gnade, Freund wie Feind, Bewunderer, Skeptiker, Heilige und Sünder.

Shiromani erzählte mir großartige, wundervolle und bis dahin nie gehörte Geschichten seiner übernatürlichen Taten, die er selber miterlebt hatte. Da ich eher ein Zweifler bin, wunderte ich mich manchmal über einige seiner Geschichten, aber Shiromani beschwor bei seinem Glauben, bei seinem Selbst, bei seinem Sohn und bei allem, was ihm heilig war, dass alle Erzählungen die reine Wahrheit seien.

Damals sah ich mich gezwungen, an diese übernatürlichen Geschehnisse zu glauben, obwohl ich in meinem Herzen nicht viel Glauben hatte. Wir sprachen stundenlang miteinander. Und damals merkte ich auch, obwohl ich kein großes Interesse für Gebete, Rezitationen heiliger Verse und Gespräche über religiöse

*Themen hatte, wie interessant ich doch diese Unterhaltungen
fand! Sie veränderten mich spürbar. Die Essenz dieser Gespräche
mit Shiromani war ja die Tatsache, dass Haidakhan Baba Gott
persönlich war! Diese Verkörperung Gottes war
außergewöhnlich!...*

*Shiromani hatte bei so vielen Gelegenheiten mit eigenen Augen
gesehen, wie Tote auferweckt wurden, wie Ungebildete plötzlich
Fähigkeit hatten, Schriften zu verfassen, wie Kinderlose plötzlich
Nachwuchs bekamen und wie jene mit finanziellen
Schwierigkeiten plötzlich über materielle Güter verfügten.
Schülern, die nach geistigen Kräften strebten, wurden alle
Wünsche erfüllt, und sie bekamen die Kraft, mit okkulten Kräften
umzugehen... und jene, die nach spiritueller Befreiung verlangten,
nicht nur jene aus Indien, auch aus Europa und die heiligen
Männer aus Tibet, sie alle erlangten die Erleuchtung, indem sie
sich unter seinen furchtlosen und großzügigen Schutz stellten.
Menschen mit den verschiedensten Ansichten und Religionen und
großen Schülern wurden die Hoffnungen erfüllt, sowie sie zu den
Füßen des Herrn kamen. Das zeigte Shiromanis Rede in jeder
Hinsicht auf. Er beschwor wiederholt unter Eid, und im Innersten
berührt, die Wahrheit dieser Ereignisse."[26]*

✳✳✳

Im Jahr 1921 oder 1922 traf Shri Babaji einige Vorbereitungen, um seine
Inkarnation zu beenden. Damals war Gangotri Baba, der ein weitum
bekannter Heiliger wurde, ungefähr fünfzig Jahre alt; er hatte sich eben von
seinem Beruf als Schullehrer zurückgezogen. Auf der Rückkehr von einer
Pilgerreise vom Berg Kailash in Tibet traf Gangotri Baba Sombhari Baba in
Haldwani. Sombhari Baba, ein großer Siddha Yogi, erzählte ihm, dass
Haidakhan Baba ihn in seinem Ashram in Kathgaria, ungefähr drei Meilen
außerhalb Haldwanis, sprechen wollte.

Gangotri Baba machte sich sofort auf den Wege zum Kathgaria Ashram.
Haidakhan Baba sagte ihm, dass er dabei sei, diese materielle Ebene zu
verlassen und in eine astrale Sphäre eingehe, um dort eine andere Arbeit zu
verrichten. Er wies Gangotri Baba an, sein Werk hier weiterzuführen. Er
sagte ihm, er solle in der Nähe des Bergdorfes Gangotri leben, was ihm dann
später seinen Namen gab. Er solle sich besonders um Dr. Hem Chand Joshi,
den Linguisten, und seine Frau Durga Devi kümmern. Dann übergab Babaji
Gangotri Baba eine Tulsi-Mala (eine Kette oder Rosenkranz aus hölzernen
Tulsi-Kernen gefertigt) in einer baumwollenen Malatasche und sagte ihm, er

solle sie sicher aufbewahren, denn "er würde sie bei seiner Rückkehr zu-rückfordern."27

Im Herbst 1922 reiste Haidakhan Baba wieder nach Tibet und beendete seine Reise mit einem Aufenthalt in Ashkot, direkt an der indischen Grenze zum westlichen Nepal. Babaji hielt sich in Ashkot einige Tage als Gast des örtlichen Raja (Fürsten) auf. Als Babaji den Ort verließ, half der Raja persönlich, die Sänfte zu tragen, in der Shri Babaji saß. Einige Meilen von Ashkot entfernt schickte Babaji den Raja nach Ashkot zurück und setzte seine Reise mit einigen Schülern und einigen Dienern des Rajas fort.

Als die Gruppe zum Zusammenfluss der Flüsse Kali und Gori gelangte, sagte Babaji zu allen, dass er zum Wohle aller menschlichen Wesen zurückkehren werde. Dann trat er auf das Wasser des Flusses, der an jener Stelle ruhig und tief dahinfließt, lief bis zur Flussmitte, setzte sich auf Yogi-Art nieder und verwandelte sich in Licht und verschwand28.

Anmerkungen

1 Paramahansa Yogananda, "Autobiographie eines Yogi, Otto Wilhelm Barth Verlag, 1. Auflage 1950. Ich habe bei SRF um die Erlaubnis nachgesucht, einige Teile aus Yoganandas Buch zitieren zu dürfen, doch das wurde mir verweigert aus Gründen, wie sie in Fußnote 2 der Einführung vermerkt sind. Dieser Abschnitt gibt also diese Geschichten in mei-nen eigenen Worten wieder.

2-4 Yogananda, "Autobiographie eines Yogi". Die ganze Geschichte über die Initiation Lahiris stammt von diesen Seiten.

5 Seit Jahrtausenden findet dieses Zusammentreffen von Heiligen, Sadhus, Yogis, anderen heiligen Persönlichkeiten und Millionen von Suchenden in Allahabad statt. Diese Treffen werden Kumbha Melas genannt. Sie werden auch in drei anderen indischen Städten in verschiedenen Zwölfjahres-Rhythmen durchgeführt.

6 Yogananda, siehe oben.

7 ebenda "Die Heilige Wissenschaft" wurde ebenfalls von der Self-Realization Fellowship in Los Angeles, Californien, U.S.A., herausgegeben, in Indien von der Yogoda Satsang Society, Ranchi, Bihar.

8 Shiva Purana, Vol. III, aus den "Ancient Tradition & Mythology Series", herausgeg. von Motilal Banarsidass, Dehli; 1978 Neudruck, Seite 1085. Eine ähnliche Feststellung findet sich im Linga Purana.

9 Siehe: "The Age of Imperial Unity", Vol. II der "The History and Culture of The Indian People", veröffentl. von Bharatiya Vidya Bhawan, Bombay, 1954; Seiten 453 und 454.

10 Dieses Buch wurde in Sanskrit und Hindi, im selben Versmaß wie das "Ramayana" geschrieben. Es wird momentan ins Englische übersetzt.

11 "Shri Sadashiv Charitamrit", Juni 1984, übersetzt in den Haidakhan News, Delhi.

12 Während der Druckvorbereitungen dieses Buches, so schreibt Swami Fakiranand, wird eine Marmor-Statue des Lama Babas zur Aufstellung im Babaji Ashram in Dhanyan vorbereitet. Dieser Ashram wird dann jeweils eine Murti der drei "kürzlich" erfolgten Manifestationen Babajis haben.

13 Dr. V.V.S. Rao sagt in seinem Buch, "Babaji" (nicht mehr im Druck), dass der "Alte Haidakhan Baba" zuerst im Jahre 1800 erschien. Er erwähnt dieses Datum nach der Durchsicht des Manuskriptes von Babaji und Swami Fakiranand. Swamiji änderte das ursprünglich von Dr.Rao angegebene Datum in 1890 ab. Es gibt einige andere Indizien dafür, die ein früheres Datum für das Erscheinen des "Alten Haidakhan Baba" plausibel erscheinen lassen, aber es war mir unmöglich, sie in den indischen Archiven ausfindig zu machen. Ein leiser Hinweis darauf lässt sich in Moti Singhs Geschichte auf Seite 70 ausmachen.

14 Dr. Rao's Buch legt das Datum des Tempelbaus auf das Jahr 1840.

15-16 Rao, wie oben

17 Übersetzt aus Giridhari Lal Mishras Buch "Bhagwan Shri Haidakhan Wale Baba"; veröffentl. 1959 von Samba Sadashiva Kunj, Vrindaban (Mathura), U.P.; gedruckt (in Hindi) von Pallika Printers, Valasan, Dist. Khera, Gujarat. Giridhari Lal Mishra war der Bruder von Vishnu Datt Mishra, ein hoch geachteter Richter im Rajastanischen Gerichtswesen.

18 Rao, wie oben, Seite 8.

19-22 Aus Giridhari Lal Mishras Buch

23 "Jhara" ist ein "wedelndes" Reinigen der Aura, das normalerweise mit einem "Besen" aus Pfauenfedern durchgeführt wird. Der Heiler rezitiert dabei ein Mantra.

24 Aus Dr. Hem Chand Joshi's Buch "Haidakhandi Leelas". Diese Begebenheit wurde von Cola. D. Bhupendra Lal Sharma ins Englische übersetzt.

25 Übersetzt von Col. B.L.Sharma. Ich war in Jeevanchands Haus in Almora. Sein Neffe zeigte mir den Raum, in den sich Herr Joshi sechs Monate fast ununterbrochen einschloss.

26 Aus einer unvollständigen und anonymen englischen Übersetzung von Mahendra Babas Buch (in Hindi) "Anupam Kripam"

27 Dieses Ereignis wurde Swami Fakiranand 1973 von Gangotri Baba erzählt.

28 Dr. V.V.S. Rao, wie oben.

Kapitel 4

Voraussagen und Vorbereitung für die Wiederkehr Babajis: Mahendra Maharaj und Vishnu Dutt Mishra

Mahendra Baba findet Babaji

Während Shri Babajis körperlicher "Abwesenheit" in den Jahren 1922 bis 1970 betrat ein großer Siddha Yogi[1] die Bühne des Lebens, um die Menschen von Babajis Existenz zu unterrichten, seine Wiederkehr vorauszusagen und vorzubereiten.

Der Mann, bekannt unter dem Namen Mahendra Baba, oder Mahendra Maharaj, wurde am 4. März 1908 in Hause seines Großvaters mütterlicherseits in der Kleinstadt Manika, bei Mithila in Bihar, Indien geboren. Mithila ist bekannt als Geburtsstätte von Sita, Ramas Gemahlin. Mahendra Baba verbrachte seine Kindheit und Jugend im Hause seines Großvaters. Dieser war ein unerschütterlicher Verehrer der Göttin Durga - ein Name und ein Aspekt der göttlichen Mutter, der Erschaffenden und Nährenden. Die Familie war gebildet und hatte keine wirtschaftlichen Sorgen. Mahendra besuchte die Schule des Ortes. Wenn er nach Hause kam, wurde er von Gelehrten in Sanskrit und anderen Sprachen, einschließlich Englisch unterrichtet.

Sein Großvater war ein Gelehrter in Sanskrit, geschult in Astrologie und der Ausübung ritueller Gottesdienste. In einem separaten Raum, getrennt von der Familie, führte er seine Pujas (rituelle Verehrung Gottes) aus. Dort las er mehrmals am Tag die Durga Saptashati (Siebenhundert Verse zu Ehren der Göttin Durga) auf Sanskrit, und der junge Mahendra lernte sie ebenfalls bald lesen.[2]

In seiner Kindheit und Jugend hatte Mahendra mehrere Erlebnisse mit Babaji. Er erzählte, dass er als kleines Kind durch eine Vision von Babaji und der göttlichen Mutter Durga von einer fast tödlichen Krankheit geheilt wurde. Babaji erschien ihm wieder und schenkte ihm Süßigkeiten, als er an seinem fünften Geburtstag in einen Lebensmittelladen ging, um dort Süßigkeiten zu kaufen.

Ein Mann aus Bombay, den Mahendra Baba wie einen Freund behandelte, berichtete, dass Mahendra Baba ihm folgende Geschichte erzählte:

Als er seinen Abgang von der Oberschule feiern wollte, betrat er einen Laden, um Süßigkeiten zu kaufen. Bei dem Geschäft stand ein großer, alter Heiliger, der ihn mit intensiven Blicken einschüchterte. Als er die Süßigkeiten gekauft hatte, bot er sie dem Heiligen an, der sie mit den Worten ablehnte, er wolle lieber mit Mahendra in sein Elternhaus gehen. Dort angekommen lehrte der Heilige Mahendra sechs Tage und Nächte Yoga. Anschließend verließ er das Haus, um nie wiederkehren. Mahendra hatte seinen Meister gefragt, wo er denn herkäme, und er erwiderte, er sei aus dem Himalaja. Nach seinem Namen hatte er sich nicht erkundigt, denn es ist üblich, Heilige mit "Baba" oder "Maharaj" anzureden.

Mahendra erzählte einem anderen Schüler, dass er, sobald er seine Knabenzeit erreicht hatte, von dem Wunsch erfüllt war, nach Vrindaban zu fahren, um dort über Krishna zu meditieren, den er sehr liebte. Eines Tages, als kleiner Junge, bat er seine Mutter um Erlaubnis, nach Vrindaban fahren zu dürfen, um dort Krishnas Namen zu rezitieren und "Gott" zu finden. Seine Mutter fing zu weinen an und bat ihn, damit zu warten, bis er die Schulbildung hätte, die ihm ein besseres Verständnis für das Spirituelle geben würde.

Mahendra besuchte das College in Patna im Staat Bihar. Er erzählte seinem Freund aus Bombay, dass er dort seinen Heiligen wiedertraf. An einem kalten Dezembertag bemerkten Mahendra und eine Anzahl seiner Mitschüler einen "Mahatma" ("große Seele"), dem sie durch die Straßen folgten. Der Mahatma ging an das Ufer des Ganges, warf seine Kleidung ab und watete hinaus zu einer Sandbank, auf der er sich in Yogi-Haltung niederließ. Während er dort saß, erwärmte sich seine Umgebung, es wurde so warm, dass die Jungen am Ufer beim Zuschauen ihre Winterkleidung auszogen. Schließlich drehte sich der Heilige nach ihnen um und schrie: "Versucht ja nicht, die Kräfte eines Yogis auf die Probe zu stellen!" Erschreckt liefen die Jungen davon.

Mahendra schloss seine formale Erziehung an der Bhagalpur Universität in Bihar mit dem Grad des Magisters für Künste in Philosophie ab. Seine Schriften bezeugen einen hohen Wissensgrad, sie sind gespickt mit Zitaten in Sanskrit, literarischen und biblischen Anspielungen, die selbst einer gebildeten Leserschaft die Lektüre erschweren und das Übersetzen ausgesprochen schwer gestalten. Mahendra Maharaj erzählte auch, dass er nach Beendigung seiner Ausbildung eine Zeitlang an Mahatma Gandhis politischer Bewegung teilnahm und viele Städte während dieser Betätigung besuchte.

Mahendra verließ sein Zuhause im Jahre 1928. Eines Tages, bei einem Spaziergang, beschloss er, die Stadt Benares zu besuchen. Er unterbrach seinen Spaziergang nicht, sondern ging immer weiter und weiter, bis er eine Strecke von mindestens 350 Kilometern zurückgelegt hatte. In Benares angekommen, hielt er sich einige Zeit im Vishwanath Tempel auf und gründete eine Schule. Als sein Großvater hörte, wo sich Mahendra aufhielt, schickte er ihm etwas Geld und ließ ihn wissen, dass er ihn besuchen käme. Diese Mitteilung veranlasste Mahendra, das Geld seines Großvaters für eine Fahrt nach Vrindaban auszugeben, wo er "zu Füßen der Mutter Radhaji"[3] fiel.

Mahendra ließ sich für zwanzig Jahre in Lohban nieder, einem Ort, der einige Kilometer von Vrindaban entfernt bei Mathura liegt und wo Krishna geboren wurde. Dort übte er Sadhana aus (religiöse Übungen zum spirituellen Wachstum). Er reiste und verbrachte viel Zeit in Amba im Datta Distrikt in Gujerat. Das ganze Gebiet ist eng mit der göttlichen Mutter Amba verbunden. Seine Familie hat er nie mehr in Bihar besucht. Während er in Lohban weilte, organisierte Mahendra Baba Japa-Veranstaltungen (Wiederholen von Gottes Namen), das Singen von religiösen Liedern und Lesungen aus den Schriften wie dem Ramayana. Viele Menschen kamen zu ihm und lauschten seinen Unterweisungen.[4] Man erinnert sich noch gut an ihn in Lohban. 1985 sammelten die Menschen dort Geld, um einen Tempel und einen Ashram auf geschenktem Boden für Mahendra Maharaj und Shri Haidakhan Baba zu errichten.

Obgleich Mahendra Baba nach Vrindaban und Lohban zog, um mit Krishna und Mutter Radha zu sein, vergaß er nicht seinen Wunsch, seinen Guru zu finden. Er durchquerte den Himalaja in Indien, Nepal und Tibet auf der Suche nach seinem Meister, der ihm einstmals Yogawissen beigebracht hatte. Es wird gesagt, dass Mahendra Baba niemals um Nahrung oder anderes bat, wie es Brauch bei den meisten Wandermönchen ist, und dass er oft hungrig blieb und Mangel litt, obwohl die Menschen ihm ungefragt Nahrung und das Nötigste an Dingen anboten. Er legte lange Fasten- und Meditationszeiten ein, bekleidete sich spärlich, aß und sprach wenig. Er war bekannt für seine strenge Askese. Die wachsende Anhängerschaft und der Raja des Datta Gebietes brachten ihm oft Nahrungsmittel und Süßigkeiten, um seine Askese zu erleichtern und seine Gesundheit zu erhalten, aber er nahm diese Gaben selten an.

Jahrelang betete Mahendra Baba darum, dass er seinen Meister aus dem Himalaja wiederfinden möge, aber er konnte nicht in Erfahrung bringen, wer es war. 1949, so wird gesagt, hatte Mahendra Baba eine Vision im Ambaji Tempel in Datta. Die Göttin Amba kam zu ihm und sagte, er solle in den Almora Distrikt von Uttar Pradesh nach seinem Meister suchen. Diese Suche im Gebiet um Almora ist das Hauptthema in Mahendra Babas Buch "Anupam Kripa."

1949, zu Beginn der Sommerszeit, besuchte er drei oder vier Tage den Tempel von Almora. Da er seinen Meister dort nicht fand, wurde er unruhig und wanderte nach Kosi, welches etwa fünfzehn Kilometer entfernt liegt. Am Abend bot sich ein Dorfbewohner an, Mahendra Baba zu einem in den Bergen weit abgelegenen Tempel zu begleiten. In der Dunkelheit der ersten Nachtstunden wanderten sie entlang eines Pfades oberhalb eines Flusses von nur einem halben Meter Breite. Mahendra Baba war hungrig und müde, doch der Weg war so schmal, dass er keinen Platz zum Ausruhen fand. Nach zwei Stunden zeigte der Dorfbewohner mit der Hand auf einen Weg, der zum Tempel führte und verschwand in der Dunkelheit, um zu seinem kranken Sohn heimzukehren. Mahendra Baba tastete sich langsam auf dem Pfad entlang bis zum Dorf, wurde aber von bellenden Hunden aufgehalten. Er rief die Namen Gottes und wurde von einigen Dorffrauen gehört, die ihm einen Mann zur Hilfe sandten. Dieser bot ihm Speise an, doch Mahendra Maharaj wollte nur in den Shatrudra Tempel, den sie nach Mitternacht erreichten.

Sobald Mahendra Maharaj vom Wasser des nahen Flusses getrunken hatte, verschwanden Hunger und Durst und er fiel auf den Tempelstufen in Schlaf. Bald wurde er vom Priester des Tempels in großer Aufregung geweckt: "Maharaj, sage mir schnell, was ich dir für Speise bringen soll. Sage es mir schnell, denn Gott selbst hat mir ernsthaft befohlen, den hungrigen Asketen zu speisen. Sieh, mein Herz schlägt noch jetzt vor Aufregung!" Mahendra Baba protestierte und sagte, er wolle nichts. Und da er so offensichtlich erschöpft und müde war, meinte der Priester, er solle weiter schlafen. Als Mahendra Baba wieder entschlummerte, ging der Priester in den Tempel und stolperte über ein Bündel in der Dunkelheit. Es enthielt Mehl, und so entschied er, Brot und Gemüse in großen Mengen für Mahendra Maharaj herzurichten.

So wie hier wurde Mahendra Baba durch das ganze Almora Gebiet nach Sheetlaket geführt. Dort traf er Shiromani Pathal, der ihn, nachdem er eine lange Nacht mit ihm im Gespräch[5] verbracht hatte, in den Siddashram, einen Kilometer unterhalb von Sheetlaket, schickte.

"Ich erreichte den Ashram und seinen dort ansässigen Priester. Selbst ein Poet wäre außerstande, die Schönheit dieses Ortes zu beschreiben. In dem Ashram steht ein Bungalow, der einem Gästehaus für Besucher ähnelt, ein an einem gleichmäßig fließendem Strom gelegener Laxmi Tempel und eine Einsiedelei. Auf dem höchsten Punkt steht eine andere Hütte, von der man einen herrlichen Blick auf die schneebedeckten Gipfel des Nadakot, Badrinarayan, Nilkanth und andere werfen kann.

Etwas von der Hütte entfernt stehen zwei Deodar-Bäume, die unter dem Namen "Nar" und "Narayan" bekannt sind. Der Priester sagte, ich solle mich unter die Bäume setzen, obwohl es weder einem Sadhu noch einem Pilger erlaubt ist, in dieser Hütte zu verweilen. Es werden darin nur die Bilder von Shri Maharaj aufbewahrt, seine Mala (Rosenkranz), einige Bücher über Durga,

Vishnu, die Gita und gewisse andere Objekte für Andachten. Niemand kann die Hütte benutzen. Aber die Gnade Gottes wollte es, dass der Priester, kaum dass wir die Hütte erreicht hatten, das Türschloss öffnete.

Ich grüßte die Bilder, verneigte mich und wurde plötzlich von einer Glückswelle überflutet, stand ich doch unverhofft vor den Bildern meines Meister[6], der mich seit langem - seit meiner Studienzeit - sein Eigen nannte!"[7]

Sofort wurde Mahendra Maharaj von Zweifeln, Verwirrung und Konflikten gepackt. Er dachte ans Fasten, aber als er schlief, erschien ihm die göttliche Mutter im Traum und sagte: "Bruder, ich bin hungrig." Weinend erwachte er und brachte ihr Speise und Süßigkeiten dar und aß anschließend selbst davon. Er konnte sich weder auf Japa (Wiederholen von Gottes Namen) noch auf die Meditation konzentrieren.

Drei Tage lebte Mahendra Baba in dieser inneren Verwirrung.

"Ich fragte mich: "Wofür verbringe ich so meine Zeit? Sogar nachdem ich ihn gefunden habe, vergisst er mich, ich aber kann ohne ihn nicht leben. Oh, du mein Geist, vergiss ihn ganz und gar und versinke in weltliche Reichtümer und Leichtigkeit, oder aber lege dein Haupt durch Seelenkraft gestärkt zu Füßen deines geliebten Meisters nieder." So entschied ich mich vom nächsten Tag an bis hin zum Tod zu fasten, es sei denn, Shri Maharaj würde diese Zweifel von mir nehmen...

Wegen der Kälte nahm ich erst spät mein Bad, betete, meditierte, machte Japa, und las etwas in den Heiligen Schriften, dann verschloss ich sorgfältig meine Tür von innen und legte eine Kette davor. Es gab ein kleines Fenster auf der einen Seite des Raumes, es war durch ein Eisengitter versperrt, dennoch verschloss ich den Fensterladen sorgfältig und verriegelte es. Ich verneigte mich vor Shri Maharaj und wollte schlafen. Niemals habe ich erwartet, dass seine Gnade so bald auf mich fallen würde.

In der Shrimad Bhagwat hatte ich von Dhruva gelesen und von den Leben der modernen Heiligen wie Narasingh Mehta und anderen. Diese großen Weisen hatten nach schweren Versuchungen, getragen von Kraft und Hingabe, Erlösung gefunden. Ich war unerfahren, war kein Schüler, hatte weder Vertrauen noch Liebe und erwartete nicht, dem Herrn so bald zu begegnen. Ich wusste aber, dass seine Gnade über mich kommen würde, warum sonst hätte er mich zu diesem heiligen Tempel gerufen? Ich war mir seiner unermesslichen Gnade bewusst. Solche und ähnliche Ge-

danken kreisten in meinem Gehirn, dann wurde ich müde, mir fehlte die große Liebe, die den Schlaf verscheucht. Ich wollte nicht essen oder trinken, mein Geist war nicht bereit, Zeremonien auszuführen oder heilige Lieder zu singen, und so entschloss ich mich, meine Zeit mit Schlafen zu verbringen.

Gedankenlos, während ich mich bereit machte, einzuschlummern, schaute ich, meine Beine ausstreckend, zur Tür und sah Shri Bhagwan dort stehen! Woher er gekommen war und wann, das weiß ich nicht. Wegen des Platzmangels, seines plötzlichen Erscheinens, der übermächtigen Verehrung und der Schwäche meines Körpers und Geistes konnte ich mich nicht erheben, sondern griff im Sitzen mit meinen beiden schwachen und sündigen Händen nach seinen heiligen Füßen - sprachlos; ich war wie vor den Kopf geschlagen.

Obgleich meine Augen auf seine Füße gerichtet waren, versuchte ich einen Blick auf sein lotusähnliches Antlitz zu werfen. Er schaute mich geraume Zeit liebevoll an, so als wolle er mich durch seine Gnade zu seinem Eigen machen. Unterdessen vergaß ich alles um mich herum und berauschte mich an seiner Gegenwart. Erst an diesem Tag verschmolz ich völlig mit ihm und verspürte vollkommenes Einssein mit Shiva, dem Herrn.

Shri Bhagwan unterbrach meinen tranceähnlichen Zustand und fragte: "Baba, was wünschst du?" Der liebliche Klang seiner Stimme war unbeschreiblich. Heilige wie Shri Valmiki, Vaidvyas und andere haben bei solchen Gelegenheiten gedacht, dass Stille die beste Sprache ist. In seiner liebevollen Gegenwart wurde ich zur Einheit. Es war, als wenn sich eine Waise unter seinen Schutz stellt, oder als wenn eine Mutterkuh auf ihr schwaches, schwankendes Junges blickt. Die Schönheit seiner verehrten Gestalt, sein Duft, die Zartheit seiner Haut und seine Freundlichkeit standen jenseits meiner Wahrnehmung und meines Wissens. Dann legte er seine Hände auf meinen Kopf und fragte erneut: "Baba, was wünschst du?"

Als ich von der lotusähnlichen Erscheinung diese Worte hörte, wusste ich in meinem Herzen, dass, wenn ein königlicher Vater die erbärmliche Verfassung seines Sohnes sieht, er sofort bereit ist, ihm alles zu schenken, um seine Situation zu erleichtern. Genauso war Shri Bhagwan bereit, mir alle Wünsche zu erfüllen, - weltliche Gunst und übernatürliche Kräfte. Shri Bhagwan Sambasadashiva, Herr der drei Welten und aller lebenden Geschöpfe, überschüttete mich mit der Gunst der Erlösung.

Ich war in Ekstase! Einfach so vor seinem Kinde zu erscheinen! Meinen Wunsch durch seine Gnade zu erfüllen! Entzückt und glückselig berührte ich seine Füße und sagte mit leiser Stimme: "Gib mir deinen Segen!" Die Augen des mitfühlenden Herrn füllten sich mit Tränen, sein starkes Herz schmolz. Indem er abermals seine geheiligten Hände auf meinen Kopf legte, sagte er: "Baba, dieser Ausgang hier ist verschlossen." Dann verschwand er aus meinem Blickfeld."[8]

Es nahm einige Zeit in Anspruch, bis Mahendra Baba sich beruhigt hatte. Nach einer Weile schob er den Riegel von der Tür zurück, ging hinaus auf die Veranda und schaute sich voll inneren Glückes um. Vielleicht würde er Shiva wiedersehen. Der Ashrampriester kam herbei und Mahendra Baba bat ihn, Shiromani zu rufen, damit er Nahrungsmittel von den Geschäften in Sheetlaket besorge. Mahendra Baba war verwirrt. War das, was er erlebt hatte, Wirklichkeit oder Einbildung?

"...Es gab genügend Gründe für meine Zweifel. Erstens bin ich von Natur aus ein Zweifler, zweitens trug Maharaj keine Kappe und keine Kurta (langes Hemd), als er vor mir stand. Er trug ein um seine Taille geschlungenes Tuch, das den Oberkörper bedeckte und dessen andere Hälfte in Falten bis nach unten fiel und dort geknotet war. Die Farbe des Tuches hatte geleuchtet und attraktiv gewirkt. In meinem halbbewussten Zustand wurde ich wieder und wieder von der Freude seiner Gegenwart übermannt.

Unterdessen war Shiromani angekommen. Der Priester erreichte uns ein wenig später mit seinen Einkäufen. Ich fragte Shiromani, welche Kleidung Shri Baba getragen hatte. Mit ernster Stimme erklärte er, dass er keine besondere Art von Kleidung trug. Wir brachten ihn manchmal dazu, eine Kurta und eine Kappe anzulegen, oder ein Jackett und einen Turban und für kurze Zeit würde er alles annehmen, was wir ihm gaben. Meistens jedoch trug er einen Dhoti, ein Tuch, dessen eine Hälfte den Oberkörper bedeckte und die andere Hälfte in Falten nach unten fiel.

Sobald ich diese Worte hörte, waren meine Zweifel verschwunden. Ich zeigte daraufhin auf die eine Seite des Raumes, die Shri Bhagwan kurz vor seinem Verlassen angeschaut hatte und fragte: "Gab es jemals eine Tür auf dieser Seite des Raumes?" Shiromani staunte sehr über diese Frage. Er fiel mir zu Füßen und fragte: "Täuscht du mich? Bist du Shri Haidakhan Wale Baba? Seine äußeren Erscheinungen wechselten ständig. Er kannte keine feste Form. Er hatte die Gewohnheit, verschiedene

Gestalten anzunehmen. Er war Gott... Nach diesen Worten fing er zu weinen an..."

Shiromani fasste sich wieder, nahm mich bei der Hand und führte mich in den Raum. Er zeigte mir in der Wand die Überreste eines Türrahmens, sie waren genau dort, wohin Shri Maharaj gedeutet hatte. Sie waren kaum zu erkennen. Ich konnte nicht ganz die Bedeutung der Tür verstehen und bat um Erklärungen. Shiromani erzählte mir, dass in dem Zimmer von Shri Maharaj auf dieser Seite eine Tür gewesen sei, aber einer der Schüler hatte sie zugemauert und an anderer Stelle eine Tür zu seiner eigenen Bequemlichkeit hineingesetzt. Ich hatte genug gehört, mir war meine unendliche Sehnsucht erfüllt worden und mein Herz sagte mir, selbst wenn ich jetzt sterben sollte, hätte ich, durch seine Gnade, Frieden auf Erden gefunden.

In den nächsten fünf oder sechs Tagen konnte ich mich nicht aufraffen, etwas zu tun. Dann aber erstarkte in mir der Wunsch, der Welt die gesegnete und liebevolle Botschaft des Herrn zu übermitteln. Nur er konnte die Menschheit in diesem dunklen Zeitalter retten. Ich prüfte mein Herz genau um festzustellen, ob sich in irgendeiner Ecke ein selbstsüchtiger Wunsch nach Ruhm verbarg, der sich auf diese Weise kundtun wollte. Aber es ist nutzlos, darüber zu berichten, denn durch Gottes Gnade, gab es in meinem Gemüt kein solches Motiv und ist auch heute nicht dort zu finden. Für das Wohl der Menschheit allein entstand dieser Wunsch, und besonders für die, die an mich als spirituellen Lehrer glaubten und durch mich zur Erlösung gelangen wollten, obgleich ich ihnen immer wieder meine Unzulänglichkeit erklärte. Ich sagte ihnen, all dies sei Bhagwans Lila (Das Spiel oder das Wirken Gottes), ich hingegen sei nur sein Botschafter. Aber ich fühlte, ich sollte der Menschheit die gesegnete Botschaft des Herrn überbringen. Sei es so!"[9]

Nachdem Mahendra Maharaj Siddashram verlassen hatte, besuchte er Haidakhan zum ersten Mal. Er verbrachte etwa eine Woche in der Höhle, in der der "Alte Haidakhan Baba" zu sitzen pflegte. Während der dritten oder vierten Nacht seines Aufenthaltes dort wurde er durch ein rasselndes Geräusch, das sich zwei oder drei Mal wiederholte, geweckt. Als er wieder einschlummerte, erwachte er abermals von dem Geräusch. Alarmiert sprang er auf. Seine Angst verwunderte ihn. Er hatte furchtlos in Wäldern und auf Berggipfeln geschlafen. Indem er dachte, dass, was immer Gott ihm schickte, gut für ihn sei, begann er "nicht aus Glauben oder Furcht, sondern nur um die Zeit zu vertreiben",[10] Gebete zu rezitieren. Bald verlor er das Tagesbewusstsein und komponierte durch göttliche Eingebung die Verse für Shri Munindra (einer der Namen für das Göttliche). Das Wiederholen dieser Verse machte ihn sehr glücklich, aber nachdem er sie einmal aufgesagt hatte, vergaß er sie. Hätte er einen Bleistift und Papier bei sich gehabt, hätte er sie aufschreiben können. Falls diese Verse von Gott inspiriert worden sind, dachte er, wird Gott sie nicht vergessen und sie mir am kommenden Morgen wieder ins Gedächtnis rufen. Sind sie hingegen meine Schöpfung, dann schadet es nicht, sich ihrer nicht zu erinnern. Bei diesen Gedanken schlief er wieder ein.

Ein Lehrer aus dem Ort hatte es sich zur Aufgabe gemacht, zur Höhle zu gehen und Mahendra Baba Milch zu bringen. An diesem Morgen um acht Uhr fand er Mahendra Baba noch schlafend vor und weckte ihn mit den Worten: "Du bist ein gelehrter Mann, hier sind Bleistift und Papier im Falle, dass du etwas aufschreiben möchtest."

Noch bevor Mahendra Baba seine Milch trank, setzte er sich auf einen Stein vor die Höhle in Nähe des Flusses nieder und schrieb nach einem Gebet die Verse auf, die ihm in der Nacht in den Sinn gekommen waren.

"Oh, es war, als ob jede Anrufung Gottes in Licht gemeißelt wäre, und mit viel Freude schrieb ich die leuchtenden mantrischen Worte tief bewegt mit zitternden Händen nieder. Nachdem ich Gott für seine unendliche Gnade und Größe gedankt hatte, trank ich meine Milch.11

Mahendra Baba verbrachte noch drei oder vier Tage in der Höhle und komponierte ohne Schwierigkeiten weitere poetische Anrufungen Gottes und Gebete. Einige haben einen lehrenden Aspekt, andere erklären schöne, aber schwierige Sanskrit-Verse. Nie hatte er Reichtum, Besitz, Frauen oder Dichtkunst besitzen wollen, aber durch Gottes Gnade wurde ihm poetische Kraft zuteil, die er mit Freude gebrauchte. Mahendra Maharaj zerriss seine eigenen Kompositionen, behielt nur diese eine und verließ Haidakhan.12

Herr Manherlal K. Vora aus Bombay berichtet, dass Mahendra Baba bald nach den Erfahrungen im Siddhashram und Haidakhan zu ihm nach Bombay kam. Noch zu diesem Zeitpunkt beschäftigten sie ihn sehr, und er war von Glauben und Zweifel hin- und hergerissen. Mahendra Baba ließ sich von Herrn Vora in den Ashram von Ramana Maharshi13 in Tiru Vana Malali bei Madras bringen. Dort wurde ihm versichert, dass Haidakhan Baba eine große Seele und eine geistige Kraft sei, und dass er in guten Händen sei.

Mahendra Baba berichtete vielen seiner Freunde und Bekannten schriftlich von seinen Erfahrungen und fing an, Gottes Botschaft zu verbreiten indem er lehrte und predigte. Er stellte das Haidakhan Arti (gesungene Andacht) aus eigenen Kompositionen zusammen und fügte andere Hymnen aus den verschiedensten traditionellen Artis hinzu. Er besuchte und reparierte die Ashrams vom "Alten Haidakhan Baba", die im Laufe der Zeit baufällig geworden waren, und er vereinte die Schüler, die der "Alte Haidakhan Baba" hinterlassen hatte mit denen, die Mahendra Baba durch seine Bemühungen gewonnen hatte.

Einige Erlebnisse mit Babaji

Mahendra Baba war damals durch seine große Hingabe und Liebe für Krishna nach Vrindaban und Umgebung gezogen. Eines Tages, als er im Ganges badete, entschloss er sich, nach seinem Bade nach Vrindaban zurückzukehren.

"Während ich das Mantra zu Ehren meines Meisters wiederholte, betete ich zum liebevollen Herren, zu Shri Haidakhan: Prabhu, Gott, du bist Ishwara, die Zuflucht aller Schöpfung, der verkörperte Wächter und unendlich mitleidsvolle Herr. Es ist gesagt worden, dass deine überaus strahlende Gestalt die vollkommene Form Gottes ist. Oh, unwandelbarer Gott, es gibt kein Gleiches im ganzen Universum. Deshalb bete ich um eine Vision von dir in Vrindaban in Krishnas Gestalt.

Diese Worte gebrauchte ich beim Beten und vergaß sie wieder. Es gibt keinen Zweifel, dass Shri Prabhu, Manmunindra Shri Haidakhan Baba und der große Geliebte, der glückliche Lord Shyam von Vrindaban ein und dasselbe sind."[14]

Zurück in Vrindaban kam Mahendra Baba eines Morgens auf einen Platz, der mit Krishna in Verbindung gebracht wird. Dort wurde ein Spiel aufgeführt, in dem Krishna für Radha auf seiner Flöte blies. Mahendra Baba erinnerte sich seines Wunsches, Krishna zu sehen und bat erneut um eine Vision. Kaum hatte er seine Bitte formuliert, als er den Yamuna Fluss in der Nähe eines Banyan Baumes fließen "sah". Unter diesem Baum inmitten von wild wachsenden Blumen stand Krishna, ein wunderschöner Jüngling. Er schaute Mahendra Baba aus den Augenwinkeln an und spielte auf seiner Flöte eine zarte, süße Weise, wie Pan.

"Mir war, als ob meine Sicht durch den ausströmenden Glanz seiner Augen ihre natürliche Funktion verlor. Wie ein Fisch tauchte sie vor Freude in den Ozean der Liebe ein."

Nach einiger Zeit "erwachte" er aus seiner Vision, kam zu sich und sah dem Schauspiel mit den gleichen Spielern und Zuschauern unter dem Banyan Baum zu. Erstaunt und erfüllt ertappte er sich beim Rezitieren der Worte:

"Der große Meister Shri Haidakhan ist Krishna persönlich! Es ist Shri Krishna, der als Shri Haidakhan Baba eine Kappe und eine Kurta trägt."[15]

***

Das Jahr 1957 wurde von großer Bedeutung für die Schüler von Mahendra Maharaj und von Shri Babaji. Mahendra Maharaj verbrachte viel Zeit im Kathgharia Ashram, etwa fünf Kilometer von Haldwani entfernt. Dieser Ashram war vom "Alten Haidakhan Baba" ins Leben gerufen worden; er selbst hatte dort des öfteren viel Zeit verbracht. In dem Ashramtempel wurde am Sonntag, dem 24. Februar 1957 eine Murti von Shri Babaji aufgestellt. Zuvor war ein Fest gefeiert worden, dass vier oder fünf Tage gedauert und Tausende von Menschen, manche waren von weit hergekommen, angelockt hatte. Obwohl weder die Schüler noch die Polizei für Ordnung sorgten, gab es keine Unruhe oder Diebstähle, im Gegenteil, verlorene Gegenstände, sogar Wertsachen, wurden ihren Eigentümern zurückgegeben.

Am Samstagabend versammelten sich die Menschenmassen einschließlich großer Weiser und Heiliger, Gelehrter und Philosophen, Menschen von Ost und West, um der Lesung des Ramayana beizuwohnen und die ganze Nacht Kirtans (religiöse Lieder) zu singen, bevor die Statue am Sonntagmorgen aufgestellt werden sollte. Mahendra Baba, Vishnu Dutt und Giridhari Lal Mishra und ein Schneider namens Ram Chandra waren in dem Ashramraum zusammen mit der Murti eingeschlossen worden, um Muße zur Anfertigung einer Kurta für die Murti zu haben. Sie sprachen bei der Arbeit über Shri Babaji. Etwa gegen elf Uhr, zum Höhepunkt der Feierlichkeiten, als das Gelände mit Hingabe und Liebe vibrierte, sahen etliche Damen, die unter einem Banyan-Baum saßen, ein göttliches Licht. Einige Augenblicke lang verstanden sie nicht, woher es kam, und fürchteten sich. Als das Licht in menschlicher Form sich dann hier- und dorthin bewegte, begriffen sie, dass es eine Vision von Shri Babaji war, um die sie gebetet hatten. Einige standen auf und liefen zu den anderen, um es ihnen mitzuteilen. Bald kamen hunderte von Menschen zusammengelaufen, um unter verwunderten Ausrufen und Jubel dieses Wunder zu sehen. Ein Schüler rannte zu dem Raum, in dem Mahendra Maharaj und die anderen arbeiteten, und rief: "Baba Haidakhan ist gekommen!" Sofort ließen die vier ihre Arbeit liegen und liefen hinaus. Nach einigen Minuten schwebte das Licht in den Raum, in dem die Statue stand, und verschwand.

"Dieses Licht war etwa drei Meter von der Menschenansammlung entfernt, und Maharaj schwebte einige Zeit in einer geraden Linie von 40 Metern umher, etwa fünfzig Zentimeter über dem Boden. Jeder sah ihn nur in Form eines Lichtes.

Die Beschreibung dieses Lichtes wird in fast allen religiösen Büchern gegeben. Wo immer eine solche Erscheinung beschrieben wird, hat es die Form eines Lichtes. In dem machtvollen vedi-

schen Gayatri Mantra hat das Wort "Bharg" diese Bedeutung. Das im Neuen Testament erwähnte Licht ist dasselbe wie in den Hindu Schriften. Im Buddhismus, im Jainismus, im Islam - in allen Religionen - wird auf "das Licht" Bezug genommen. Aber in einer solchen konzentrierten Form, sichtbar vor aller Augen für so lange Zeit, das hat es in der Geschichte noch nie gegeben."[16]

Einige Menschen berichteten, dass sie in dem Licht die Gestalt des "Alten Haidakhan Babas" wiedererkannten. Er trug eine Kurta, ein langes Hemd und eine Kappe. Vishnu Dutt Shastriji sagt, dass er in dem Licht, welches etwa in einer Entfernung von drei Metern an ihm vorüberschwebte, die junge Gestalt von Shri Babaji erkannte. Herr Laxmi Narayan Mittal aus Gwalior erzählte mir, dass das Licht so intensiv schien, dass es unmöglich war, in seinem Inneren eine Gestalt zu erkennen.

Später im Jahr 1957 vollendete Mahendra Maharaj das Buch "Anupam Kripa", um mit anderen diese Erlebnisse um Shri Babaji zu teilen. Im darauf folgenden Jahr schrieb Mahendra Baba das Buch "Divya Kathamrit", welches, wie die Puranas, Diskussionen zwischen Göttern zur Führung der Menschheit enthält, und es sagt das Kommen Shri Babajis und sein Wirken voraus.

1958 überzeugte Mahendra Baba seine Anhänger davon,- er verbrachte immer mehr Zeit in Vrindaban und lebte dort bei Schülern während seiner Besuche - ein Grundstück in Vrindaban zu kaufen, um einen Ashram zu errichten. Es kamen 55.000 Rupies, hauptsächlich von Schülern aus Bombay, zusammen. So konnte Land erworben und die ersten Räume für den Ashram gebaut werden. Obwohl Mahendra Baba genaue Vorstellungen für einen angrenzenden Babaji-Tempel aus Marmor hatte, wurde dieser nicht mehr zu seinen Lebzeiten gebaut. 1958 jedoch, als die ersten Räume eingeweiht wurden, brachte Mahendra Baba die Statue des "Alten Haidakhan Baba", die 1957 in Kathgharia aufgestellt worden war, in den neuen Ashram, wo sie noch heute steht.

Mahendra Babas Lehren

Mahendra Babas Lehren stimmten in vielen Punkten mit Shri Babajis Botschaft überein, denn er kommunizierte häufig mit ihm. Er schrieb über die notwendige Einheit und Harmonie der gesamten Schöpfung und ihrer Elemente. In einer Broschüre "Blessings and Precepts"[17] legte Mahendra Baba folgende Konzepte nieder:

"Der menschliche Körper und der des unendlichen Brahman sind gleich in ihrer geschaffenen Struktur. Das Material für beide ist

dasselbe. Die Ähnlichkeit besteht nicht nur in den fünf Elementen, sondern auch in dem feinstofflichen und kausalen Körper...

Ist ein Teil des Körpers verletzt, fühlt man Schmerz und entsprechenden Mangel. So ist es unzweifelhaft wahr, dass die Auswirkungen einer Verletzung in einem beliebigen Teil des Universums - ob wir sie wahrnehmen oder nicht - auf den gesamten Brahman, durch den natürlichen Lauf der Dinge, fallen. So wie die Angelegenheiten unseres kurzen Leben im gewissen Maße vererbbar sind, so sind Bewegungen im Universum festgelegt und bestimmt. Damit unser Körper handlungsfähig ist, müssen die Sinnesorgane zusammenarbeiten, das gleiche gilt für die Zusammenarbeit des Kosmos durch die Grundelemente der Schöpfung."18

Mahendra Baba schrieb über "Jivatma", die individuelle Seele, auch Atma genannt und über "Parmatma", die universelle Seele oder Bahman, und sagte, dass die Natur von beiden vollkommen gleich ist. Beide drücken das gleiche Wesen aus, so, wie einem Individuum die beschränkte Intelligenz der Kindheit und die Erfahrungen des Alter angehören.

"Ob getrennt oder vereint, d. h. individuell oder gemeinsam - eine geniale Verbundenheit kommt allem zugute. Weist ein Literat der Harmonie den richtigen Platz zu, verfolgen ein Verwaltungsbeamter oder ein Politiker einen harmonischen Gedankengang, lehrt der Religionslehrer die Menschheit,- wenn er die eine Wahrheit in allen Religionen berücksichtigt, - einen harmonischen Glauben überall auf der Welt, dann werden bald alle dämonischen und bösen Neigungen, Sorgen, Neid und Rachsucht aus unserer Gesellschaft verbannt sein.

Wir sollten diese Harmonie in unserem Hause leben und alle Familienmitglieder als Teil unseres eigenen Körpers betrachten und die gleichen verwandtschaftlichen Gefühle ihnen gegenüber hegen wie für unsere Körperorgane. So wie unsere Freude und unser Schmerz unseren Geist beeinflussen, so sollten wir auf ihr Wohlergehen und Leid eingehen.

Aus dieser Sicht sollten wir uns der universellen Bruderschaft widmen und ihr dienen. Selbstsucht hat uns von dieser universellen Bruderschaft entfernt, denn in Wirklichkeit sind wir Kinder der gleichen Eltern. Wir leiden unter dem gleichen Mangel, wir sind Bürger der gleichen Erde und wir verehren alle den gleichen Gott."19

Mahendra Baba, der Lehre seines Meisters folgend, drängte alle Menschen dazu, dem Weg der Wahrheit, Einfachheit und Liebe (Satya, Saralta und Prema) zu folgen. Mahendra Baba beschrieb Wahrheit als "was wir denken, davon soll unsere Zunge sprechen und der Körper ausführen". In "Blessings and Precepts", sagt er:

> *"In allen Religionsbüchern der Welt wird der Wahrheit höchster Tribut gezollt, denn in ihr liegt höchste Harmonie. Was unser Geist denkt, das soll das Auge sehen, das Ohr hören, die Zunge aussprechen; mit anderen Worten, es ist wichtig, dass Harmonie unser Denken, unsere Sprache und unser Handeln bestimmt. Jedes für sich sollte sich ergänzen zum Nutzen des Guten.*[20]

Ein einfaches, natürliches Leben bringt "Einfachheit" mit sich, und unterstützt diesen Pfad. "Einfach" zu sein erfordert ein reines, klares Bewusstsein und eine losgelöste Einstellung gegenüber der materiellen Welt. Wahrheit, wie oben definiert, hilft Einfachheit zu entwickeln. Gier, Lust und daraus entstehende Wut, Feindschaft, Leid und die Stärkung des Getrenntseins sind mit Einfachheit unvereinbar. Um ein einfaches Leben zu führen, sollte man erwägen, in selbstgewählter Beschränkung zu leben. Dies ist keine Aufforderung, ein aktives Leben oder Wohlstand aufzugeben, welche denjenigen zufallen, die in Wahrheit, Einfachheit und Liebe leben, sondern ein Maß, an dem man die eigenen persönlichen Ansprüche oder seinen Lebensstandard messen kann.

Liebe ist der Grundpfeiler für Hingabe. Nach den Heiligen Schriften der Hindus führt körperliche Liebe nur zu physischer oder sexueller Abhängigkeit. Wenn aber die gleiche Liebe oder der gleiche leidenschaftliche Wunsch allein auf Gott gerichtet ist, dann verwandelt er sich in Hingabe.

Mahendra Baba lehrte, dass die Wahrheit durch Willensstärke gestärkt, Einfachheit von Körperkräften kontrolliert wird und dass Herzenskraft Liebe und Hingabe stärkt. Ein Leben in Wahrheit, Einfachheit und Liebe bezwingt Körper, Verstand und Gefühle. Durch harmonischen Gebrauch dieser "Kontrollen", durch Toleranz und die Erinnerung an Gottes Namen kann Gott erreicht werden. Dieser Weg, welcher auf Erkenntnis beruht, ist die Grundlage für ein glückliches, nützliches und zufriedenes Leben in unserer materiellen Welt.

Vishnu Dutt und Giridhari Lal Mishra

Vishnu Dutt Mishra und Giridhari Lal Mishra waren Brüder aus Rajasthan. Die Väter und Großväter vor ihnen waren Raj Gurus (Lehrer von Königen) des Alwar Staates, und Vishnu Dutt hat ebenfalls diesen Titel inne.

Vishnu Dutt ist ein "Shastri", ein Gelehrter, mit dem Titel des "Acharya" in Sanskrit der Benares Universität (Doktor in Philosophie). Er lehrte Hindi und Sanskrit an der Mittelschule in Rajgarh, Distrikt Alwar, Rajasthan. Sein jüngerer Bruder, Giridhari Lal war ein hoch angesehener Richter, der in den Diensten der Justiz von Rajasthan stand.

1951 oder 1952, als Vishnu Dutt 43 und Giridhari Lal 37 Jahre alt waren und letzterer in Bandikui unweit von Rajgarh lebte, besuchte Mahendra Baba Bandikui. Dort traf ihn Giridhari Lal. Am gleichen Tag fühlte sich Vishnu Dutt nach Bandikui gezogen. Durch seinen Bruder traf er Mahendra Baba am Bahnhof, der gerade Bandikui verließ. Als der Zug sich in Bewegung setzte, rief Mahendra Baba, er würde zu ihnen kommen, sobald die beiden Brüder sich am gleichen Ort niedergelassen hätten. Nach etwa vier Wochen wurde Giridhari Lal von Bandikui nach Rajgarh versetzt und Mahendra Baba besuchte sie von nun an regelmäßig.

Vishnu Dutt Mishra - "Shastriji"

Vishnu Dutt, bekannt als Shastriji, hat ein bemerkenswertes Erinnerungsvermögen, was die Heiligen Schriften, geschrieben in Sanskrit und Hindi, anbetrifft und konnte ganze Passagen auswendig rezitieren. Mahendra Baba bat Shastriji oft, verschiedene Teile aus den Schriften aufzusagen. Im

Jahre 1954 sagte Mahendra Baba: "Du rezitierst ausgezeichnet, warum schreibst du nicht?"

Tags darauf begleitete Giridhari Lal Mahendra Baba außerhalb der Stadt zu seinem Bad. Als Shastriji etwa zur gleichen Zeit zu Hause badete und einen Eimer Wasser über sich goss, entstand plötzlich eine neue Sloka (ein religiöser Vers der Anbetung) in seinem Geist, die er während seines Bades wiederholte. Sobald er fertig war, schrieb er sie nieder und zeigte sie Mahendra Baba nach dessen Rückkehr. Mahendra Baba war begeistert und sagte, dass selbst 10.000 Rupies ihn nicht so glücklich gemacht hätten und dass die Gabe, den Vers zu schreiben, ein Gnadengeschenk der göttlichen Mutter sei, deren vollen Segen er nun erhalten habe.

Am folgenden Tag, als Shastriji zum Unterricht ging, begann er in einer Freistunde Slokas zu schreiben; sie flossen leicht und fast automatisch aus der Feder. Als er diese Verse Mahendra Baba am Abend zeigte, war dieser so aufgeregt, dass er vor Freude buchstäblich in die Luft sprang und Shastriji seine Hand segenspendend auf den Kopf legte. Seit dieser Zeit war Shastriji imstande, alles Gewünschte in Versen niederzuschreiben. Nie zuvor hatte er etwas für die Öffentlichkeit geschrieben oder gar daran gedacht.

Tags darauf machte sich Mahendra Maharaj auf den Weg nach Vrindaban. Als er im Bus saß, segnete er Shastriji wieder und versicherte, dass er nun über jedes Thema schreiben könne, das er wünsche. Diese Begebenheit war der Anlass zu Shastrijis erstem Buch "Sadguru Stuti Kusmanjali", ein Gebetbuch, gerichtet an Shri Babaji und Verse über ihn. Das ganze Buch wurde innerhalb von acht Tagen fertig. Es war in Sanskrit geschrieben und wurde auf Hindi übersetzt, ebenfalls in Versform. Als es vollendet war, las Giridhari Lal das Buch und wunderte sich, dass es möglich war, ein so ausgezeichnetes Buch innerhalb so kurzer Zeit zu schreiben. Er bestand darauf, das Manuskript Mahendra Maharaj vorzulegen, und beide fuhren am folgenden Tag nach Vrindaban.

Sie trafen Mahendra Maharaj in tiefer Meditation bei einem See an und ließen sich vor ihm nieder. Nach zwei oder drei Minuten öffnete er die Augen und fragte sofort, was sie mitgebracht hätten. Shastriji überreichte ihm das Manuskript. Mahendra Baba ließ es ihn vorlesen. Gegen drei Uhr nachmittags unterbrach Mahendra Baba die Lesung und entschuldigte sich für sein Versäumnis, ihnen keinen Tee angeboten zu haben, aber die Geschäfte waren heute in diesem Stadtviertel geschlossen. Was sollte er tun? "Nun, wir werden sehen," sagte er, "fahre fort zu lesen!" Etwa nach zwanzig Minuten fortgesetzter Lesung erschien ein junges Mädchen mit einem Tablett voller Süßigkeiten und Tee, setzte es vor ihnen nieder und ging fort.

Nachdem Mahendra Maharaj bis zum Ende zugehört hatte, kommentierte er Shastrijis ausgezeichnete Sanskrit-Verse, sagte aber, dass seine Hindi-

Übersetzung der von Tulsidas, Kabir und anderen großen Poeten ähneln sollte. Die Zeit wird kommen, aber bis dahin solle er nur auf Sanskrit schreiben.

Sechs Wochen später erhielt Shastriji von Mahendra Baba die Nachricht, dass er seine Stellung als Lehrer aufgeben und sofort nach Vrindaban kommen solle. Bei seiner Ankunft fand Shastriji dann Mahendra Baba im Hause von Shyamiji in einem kleinen Raum oberhalb eines Süßigkeitenladens. Mahendra Baba saß vor der Fotografie des "Alten Haidakhan Babas". Shastriji verneigte sich vor dem Bild und erwähnte, dass er nie zuvor ein Bild vom Haidakhan Baba gesehen hätte, aber er kenne seine Gestalt aus Träumen. Einmal, als Shastriji im Jahre 1940 in Rajgarh in seinem häuslichen Laxman-ji Tempel saß, schenkte ihm dieser eine Vision von Babaji, der so wie auf dem Foto dargestellt aussah, und sagte dazu: "Er kann dir alles schenken!"

Mahendra Maharaj deutete Shastriji an, dass nun die Zeit gekommen sei, in der er genau so wunderbare Kompositionen wie Tulsidas oder Kabir verfassen könne. Shastriji verneigte sich, und fragte, wie er mit seinen Schriften fortfahren solle. Mahendra Baba entgegnete: "Wie kann ich dir Segen geben?", entfernte die Blumengirlande aus Jasminblüten, die über Babajis Foto hing, überreichte sie Shastriji und sagte: "Deine Tochter ist die Inkarnation von Saraswati, der Göttin der Weisheit und künstlerischer Inspiration. Gib ihr diese Girlande und sie wird dir im großen Rahmen sagen, was geschrieben werden soll." Zu diesem Zeitpunkt war Shastrijis Tochter vier Jahre alt.

Das Buch, das Shastriji nun zu schreiben begann, war die "Shri Sadashiv Charitamrit", ein Buch, dass die "Spiele Babajis" in Form von Gesprächen zwischen Göttern aufzeichnete, seine Manifestationen in den Epochen von Rama und Krishna bis hin zum "Alten Haidakhan Baba" (und Babajis jetzige Manifestation - bis Anfang 1984). Während Shastriji dieses Werk schrieb, besuchte Mahendra Maharaj Shastriji jede Woche oder alle zehn Tage, um den Fortschritt des Buches zu überwachen.

Eines Abends, als Shastriji Mahendra Baba das vorlas, was er zuletzt geschrieben hatte, kam er zu der Beschreibung der göttlichen Mutter. Während er las, verwandelte sich Mahendra Maharajs Körper in den der göttlichen Mutter, die seine Verse beschrieben. Plötzlich war da die "Ma", sie war mit einem roten Sari bekleidet, trug einen roten Kum-Kum-Punkt in der Mitte ihrer Stirn und einen juwelenbesetzten Nasenring - eine vollkommene Gestalt. Shastriji fürchtete sich, konnte aber seine Lesung nicht unterbrechen. Nach fünfundzwanzig Minuten, als er geendet hatte, war er - durch seine Nervosität - vollkommen verschwitzt. Am Schluss der Lesung streckte und reckte sich Mahendra Maharajs bekannte Gestalt und strich sich Bart und Schnurrbart zurecht. Er schlug mit der Hand gegen seinen rechten Schenkel und fragte: "Dir wurde angst und bange von dem Wenigen?"

Am folgenden Tag "bereicherte" Mahendra Maharaj Shastrijis spirituelle Sicht durch den Besuch eines Hanuman Tempels, etwas außerhalb von Rajgarh gelegen, wohin er die ganze Familie führte. Shastriji saß neben Mahendra Maharaj im Tempel, der drei Mal eine Lobpreisung für Hanuman sang. Als Mahendra Maharaj dieses Lied zum dritten Mal anstimmte, sah Shastriji, wie sich die Hanuman Statue belebte und ungeheuere Ausmaße annahm. Shastriji fiel daraufhin vor Angst in Ohnmacht. Mahendra Baba erweckte ihn und führte die ganze Familie anschließend zu einem als besonders heilig geltenden Shiva Tempel. Dort nahmen Mahendra Baba und Shastriji ein reinigendes Bad, und Mahendra Baba wies Shastriji an, den Shiva Lingam im Tempel mit Wasser zu benetzen.

Als Ergebnis dieser eindrucksvollen Erlebnisse fiel Shastriji sechs Monate in einen Trancezustand. Während dieser Zeit verspürte er weder Hunger noch Durst, er wollte keinen Tempeldienst ausführen, denn wenn immer er einen Tempel betrat oder einen Shiva-Lingam sah, erblickte er Babaji, der mit seinen Augen zwinkerte. Shastriji hatte kein Bedürfnis zu sprechen und blieb daher still. Seine Frau sorgte sich um ihn und konsultierte einige Ärzte. Sie aber sagten nach den Untersuchungen, er schweige nur und sei vollkommen gesund.

Während dieser sechs Monate "sah" Shastriji vieles - es war, als schaue er eine nie endende "Vorführung" an. Er betrachtete diese "Visionen" und schrieb nieder, was immer er vor seinen Augen erblickte. Er kannte weder Haldwani noch die nähere Umgebung, aber er sah, wie Haidakhan am Anfang der Schöpfung entstand, seine Veränderung und sein Anwachsen. Er sah die Erschaffung der Höhle zu Haidakhan, bemerkte, wie die Bäume und jeder von Shri Babajis Ashrams wuchsen. Er "sah" Shiva und andere Götter und "lauschte" ihren Unterhaltungen, er sah Shiva/Babaji in seiner Rolle während der Zeit von Rama und Krishna. Alles, was er erblickte, schrieb er in Sanskrit-Versen in dem gleichen Versmaß nieder wie das Ramayana. Und, als er Jahre später nach Haidakhan, Siddhashram, Kathgharia und in die anderen Ashrams von Babaji kam, sah er, dass seine Beschreibungen genau gewesen waren.21

Die Visionen und das Aufzeichnen des Gesehenen in Sanskritversen erfolgte in den Jahren 1954 und 1955. Während der nächsten zwei Jahre übersetzte Shastriji diese Verse ins Hindi und schrieb noch einen Kommentar dazu. Das Buch mit seinen acht Kapiteln wurde 1959 veröffentlicht und der Raja von Alwar druckte davon eine kleine Auflage in Blattgold.

Das zweite Kapitel der "Shri Sadashiv Charitamrit" beschreibt eine Reihe von Unterhaltungen zwischen Shiva und den anderen Göttern und Göttinnen. Eine dieser Diskussionen zwischen Shiva und seiner weiblichen Energie, Jagadamba, der göttliche Mutter, enthält folgende Aussagen:

Jagadamba bittet Shiva, in die Welt zu gehen, um der Menschheit zu helfen. Shiva antwortet:

"Um dich glücklich zu machen, werde ich in die Welt als Sadguru Mahavatar Shri Haidakhandi Baba gehen".

Jagadamba: "Ich bin die andere Hälfte deines Körpers, ich sollte dein erster Schüler sein. Ich möchte dir voraus gehen in der Welt, um ihr deinen Ruhm zu verkünden. Ich werde das Instrument sein, dass alle Menschen auf Erden zu dir bringt. Als dein Schüler möchte ich immer bei dir sein. Mein Name soll Shri Charanashrit Shri Paramguru Mahendra Maharaj[22] sein. "

Shiva gewährte Jagadambas Bitte und fuhr fort zu sagen:

"Wenn ich auf die Erde komme, werde ich zuerst das Kumaon Gebiet aufsuchen und in der Höhle am Fuße des Kailashberges erscheinen. Obgleich ich als unsterblicher Heiliger um die ganze Welt gehen werde, werde ich für gewisse Zeit in den Höhlen der Kumaon Region verweilen. In diesem Gebiet gibt es ein Kraut, das "Haira" heißt, der Gautam Ganga fließt dort vierundzwanzig Stunden am Tag, und der Ort wird unter dem Namen "Haidakhan Vishwa Mahadham"[23] bekannt werden. Diesen Platz werde ich lieben, dort werde ich unter dem Namen "Haidakhan Baba" bekannt sein. Die Menschen dieses Gebietes werden mein erstes Darshan in der Gestalt eines göttlichen, reinen und friedlichen Sadhus erhalten.

Wer immer diesen Ort erreicht, wird vom Bösen des Kali Yuga verschont bleiben. Ich werde die Wünsche aller erfüllen, die herkommen. Ich werde große Feuerzeremonien abhalten und alle Menschen der ganzen Welt können dort meinen Darshan erhalten. Ich selbst werde sie anweisen, wie sie Shiva zu verehren haben. Ich werde den Menschen das größte Mantra verkünden: Om namah Shivay - und werde von Haus zu Haus gehen, um ihnen zu sagen, dass sie dieses Mantra wiederholen sollen."[24]

Das vierte Kapitel der "Shri Sadashiv Charitamrit" legt unter anderem die Lehren Shri Babajis dar, wie er (in seinen Visionen) zu Heiligen und Siddhas sprach, die ihn mit der Bitte um Unterweisung aufsuchten. Eine dieser Grundlehren ist die Wiederholung von Gottes Namen. Babaji sagt dazu:

"Nur der Name Gottes kann helfen, die Universalseele zu erreichen - die Seele von Mensch und Natur. Es gibt keinen Unterschied zwischen Namen und Gestalt. Durch die Wiederholung von Gottes Namen wird der Schüler selbst zum Namen - dem Namen Gottes. Seine Gestalt und die des Rezitierenden verschmelzen:

Der Name ist Gott. Um das Höchste zu erreichen, ist die Wieder-holung von Gottes Namen die unerlässlichste Übung.

Gott selbst sitzt in den Herzen derer, die seinen Namen wie-derholen.

Wahrheit, Einfachheit und Liebe, verbunden mit der Rezitation von Gottes Namen ergeben eine "würzige Mischung", und Gott ist glücklich darüber. Die beste und einfachste Übung (sadhana) in der Welt ist Nama Japa (Wiederholung des Namens Gottes), denn die gläubige Wiederholung von Gottes Namen führt zum höchsten Glück. Gottes Namen bei jedem Atemzug zu rezitieren, ist die bes-te Art zu arbeiten, so entsteht eine göttliche Atmosphäre.

Materieller Reichtum, alle Bindungen werden vergehen, nur der Herr ist unvergänglich. Erwache und vergiss deine Kümmernis-se!"

Shri Sambasadashiv sagt in diesem Kapitel:

"Ich selbst rezitiere immer den Namen des Herrn, deshalb bin ich glücklich. Nur diejenigen, die den Namen Gottes mit jedem Atem-zug wiederholen, sind wahre Karma Yogis.25 Ohne Gott gibt es kein wahres Wissen. Ihr sprecht so vieles aus, nur nicht den Na-men des Herrn.

Habt Vertrauen. Die Wiederholung von Gottes Namen ist nicht die erste Stufe, sondern die letzte der spirituellen Übungen.

Wenn Löwen den Urwald betreten, flüchten die anderen Tiere. Ebenso werden sich böse Gedanken durch die Wiederholung von Gottes Namen verflüchtigen. Die Wiederholung von Gottes Na-men wird dir die Gesellschaft guter Menschen bringen und du wirst in der Nähe von Heiligen weilen. Gesegnet sind die, die das weltliche Reich gegen den Namen Gottes eintauschen. Solch ein Schüler wohnt immer in meinem Herzen."

Kapitel vier enthält folgende Bemerkung über die Handlungen und Er-wartungen der Menschen, die Gotterkenntnis suchen:

"Ohne Wissen ist Karma (Arbeit, Handlung) zwecklos. Ohne Lie-be und Hingabe ist Karma wertlos. Einfache Karmas bringen Elend. Karma, Japa und Wissen zusammen führen zu Glück und Einfachheit. Um Gott zu erreichen, ist es nötig, einen guten Cha-rakter zu haben und frei zu sein.

Im Mutterleib schwört ihr, nicht gebunden zu sein, aber sobald ihr auf die Welt kommt, verstrickt ihr euch. Gebt die Anhaftung auf. Euer Verstand täuscht euch, deshalb rennt ihr Vergnügungen nach. Alle weltlichen Dinge, einschließlich das Verlangen nach Befreiung, sind Hindernisse, an die ihr gebunden seid. Wollt ihr göttlichen Frieden, dann lasst unwissende Karmas zurück."

Mahendra Babas Weggang

Als Vishnu Dutt Mishra an der "Shri Sadashiv Charitamrit" arbeitete, sammelte sein Bruder Giridhari Lal Geschichten über seine Visionen und "Gespräche" mit und über dem "Alten Haidakhan Baba" und veröffentlichte sie in dem Buch "Bhagwan Shri Haidakhan Wale Baba." Mahendra Baba, Giridhari Lal und Vishnu Dutt Mishra kamen aufgrund ihrer Untersuchungen, Vision und spiritueller Einsichten zu dem Schluss, dass der "Alte Haidakhan Baba", der Babaji, über den Shri Yogananda und Shri Yukteshwar schrieben, und der (vorausgesagte) Haidakhan Babaji in seiner letzten Verkörperung alle Manifestationen Shivas und die gleiche Wesenheit sind.

Mahendra Maharaj verbrachte nach seinem Erlebnis mit Shri Babaji im Siddashram zwanzig Jahre damit, den Menschen von Babaji zu erzählen, er entwickelte einen Sinn für Einheit unter ihnen, er kümmerte sich um die Ashrams und lehrte sie eine gesungene Andacht - zu Ehren Babajis als Manifestation Shivas - und sagte ihnen, dass sie durch ihre Gebete seine Wiederkehr beschleunigen könnten. Viele Wunder werden Mahendra Maharaj zugeschrieben, er aber bestand darauf, dass sie durch die Gnade von Haidakhan Baba zustande kamen und nicht durch seinen Verdienst. Analphabeten wurden durch seinen Segen belesene Menschen, der gelehrte Vishnu Dutt Mishra wurde ein großer und weithin bekannter religiöser Dichter und Prophet, Sterbende gesundeten, Arme wurden reich und Kinderlose glückliche Eltern. Auch verkündete er Shri Babajis Rückkehr in einem physischen Körper. 1968 oder 1969 sagte er den Menschen, er würde 1970 erscheinen, anderen sagte er, er käme "bald".

Im Sommer 1969 fühlte sich Mahendra Maharaj unwohl und beschloss, wegen seiner Gesundheit in die Bergregion, in ein 1500 - 2500 m hoch gelegenes Erholungsgebiet zu gehen. Er verließ Vrindaban mit zwei Schülern und ging über Haldwani für etwa zwölf Tage nach Almora. Er litt an nichts Besonderem, aber das kühlere Klima tat ihm gut. Anschließend kehrte er zu dem wärmeren auf einer Ebene gelegenen Haldwani zurück und wohnte im Hause seines Schülers Mistrilal.

Unerwarteterweise starb Giridhari Lal Mishra am 11. Juni 1969 in Rajgarh an einem Herzanfall, und Shastriji informierte Mahendra Maharaj davon in einem Brief, der Mahendra Maharaj erst nach zwölf Tagen in Haldwani erreichte. Er kommentierte es mit folgenden Worten: "Wenn der beste Schüler Abschied genommen hat, was soll ich noch hier?", und schickte einen seiner Schüler zu Vishnu Dutt, um sein Beileid auszusprechen. Am Abend, gegen acht Uhr, wurde Mahendra Maharaj sehr krank. Die herbeigerufenen Ärzte konnten nichts mehr tun. Mahendra Maharaj verließ seinen Körper um 8.30 Uhr abends.

Man entschied, seinen Körper zur Einäscherung nach Vrindaban zu bringen, und es wurden Telegramme an seine Schüler in Bombay, Gwalior und Gujarat geschickt. Eine Holzliege für den Transport nach Vrindaban wurde angefertigt, Mahendra Maharaj erhielt sein letztes rituelles Bad, er wurde angekleidet, und man bestrich seine Stirn mit Chandan, Sandelholz-Paste. Der Körper wurde auf Eisblöcke gelegt, mit Blumengirlanden bekränzt und auf einem Lastwagen nach Vrindaban gefahren.

Als der Lastwagen und die Schüler Vrindaban erreichten, durchfuhren sie kreuz und quer die Stadt, so dass alle, die ihn gekannt hatten, sein letztes Darshan erhalten und ihm die letzten Ehren erweisen konnten. Gegen zwölf Uhr mittags wurde der Körper von Mahendra Maharaj am Ufer des Yamuna Flusses eingeäschert, in der Stadt, die er all sein Leben lang geliebt hatte. Während Hunderte von weinenden Schülern um den Holzstoß standen, erhob sich Mahendra Babas Hand, um ein letztes Mal seinen trauernden Freunden und Schülern seinen Segen zu erteilen.

Anmerkungen

1 Ein Siddha Yogi ist ein Yogi (spirituell entwickelte Person), der besondere "wundersame" Kräfte entwickelt hat. Sie werden Siddhis genannt.

2 Shri Mahendra Maharaj Smriti Granth, Vol. 1, zusammengestellt von seinen Schülern und veröffentlicht durch Shri Mahendra Maharaj Smriti-Grant Samati in Samba Sadashiv Kunj, Brahmakund, Gopinath Bazar, Vrindaban, U. P. Indien, 644 S., veröffentlicht in 1983 in Hindi

3 Ibid Radha war Krishnas ergebenste Schülerin und wird als Krishnas weiblicher Aspekt angesehen

4 Als ich Lohban im Jahre 1984 besuchte, erzählte mir ein Einwohner, dass eine ungewöhnlich hohe Zahl der Bewohner durch ihre Verbindung zu Mahendra Maharaj Lehrer geworden sind

5 Siehe S. 65-68 oben.

6 Ein "Gurudev" ist ein Wissender, der als gottähnlich angesehen wird oder als Meister, der die Schüler zur Einheit mit dem Göttlichen führt

7-11 Aus der unveröffentlichten Ausgabe der englischen Übersetzung von Mahendra Babas "Anupam Kripa" ("Amazing Grace")

12 Die meisten Lehrer des Höheren Yoga warnen ihre Schüler vor den Siddhis, den übernatürlichen Kräften, welche der erfolgreiche Schüler des Yoga erreicht. Sie sind so schön, so faszinierend, dass sie den Schüler oftmals dazu verführen, auf seinem jetzigen Wachstumsstand zu bleiben. Die "Siddhas" können ihn sogar vom Pfade ablenken und ihn in der illusorischen Faszination und Freude dieser Kräfte gefangenhalten

13 Ramana Maharshi war ein "erleuchteter" Heiliger und großer Verehrer von Shiva

14-16 Aus "Anupam Kripa"

17 Eine Hindi-Broschüre, übersetzt ins Englische von einem pensionierten Prof. B.C. Das von der Allahabad Universität, Erstveröffentlichung durch Herrn Bankelal Pathak, Samba Sadashiv Kunj, Gopinath Bazar, Bramkund, Vrindaban, U.O. (Ashram, den Mahendra Baba ins Leben rief)

18-19 Aus "Blessings and Precepts"

20 Aus V.V.S. Raos "Babaji"

21 Shastriji erzählte diese Begebenheit mit Mahendra Baba im

Oktober 1984

22. Einer der Namen Mahendra Maharaj

23. Übersetzt: Haidakhan, der schönste Ort im Universum

24. Kapitel 2 der "Shri Sadashiva Charitamrit"

25. Ein Karma Yogi ist eine spirituell entwickelte Person (Yogi), die immer selbstlos zum Wohle aller arbeitet und in Harmonie mit der gesamten Schöpfung steht.

Babaji

Heil, Heil dem Herrn von Haidakhan !
Er hat sich inkarniert, um die Welt zu befreien.

Haidakhan Arti

Kapitel 5

Shri Babajis Rückkehr

Der Volksschullehrer Ram Singh Sammal unterrichtet seit 1956/57 in der Schule von Okaldunga. Er wurde in einem Dorf namens Himatpur-Lachampur 1937 geboren. Dieser Ort liegt nur wenige Meilen von dem Weg entfernt, der von Okaldunga nach Haldwani führt. Die Vorfahren der Sammals waren - lange bevor die Engländer 1815 in die Kumaon Gegend einrückten - nach einer bereits vergessenen Katastrophe aus dem Punjab eingewandert. Heute gehören den Sammals große Landstriche dieser Gegend.

Ram Singhs Familie ist bäuerlicher Herkunft, und noch heute geht er sonntags wie feiertags den Berg nach Haldwani hinunter, um auf dem Hof in seinem Geburtsort nach dem Rechten zu sehen. Seine Mutter war eine sehr fromme Frau und hellseherisch veranlagt. Alles wurde wahr, was sie den Menschen prophezeite. Weil ihre Zukunftsvoraussagen von so gleichbleibender Genauigkeit waren, kamen Menschen aus der ganzen Gegend zu ihr mit der Bitte um Führung. Das geschah ohne ihr Zutun und ohne Absicht, sich in ein gutes Licht zu setzen. Sie und ihre Familie verehrten in besonderem Maße Nantin Baba, einen in der Gegend weithin bekannten und geschätzten Heiligen.

Als ganz kleiner Junge hörte Ram Singh im Familienkreis Geschichten vom "Alten Haidakhan Baba" und von Wundern, die dieser vollbrachte. Der Wunsch, Babaji zu begegnen, wurde 1955 in ihm besonders stark, als er Mahendra Baba auf dem Weg von Haldwani über Okaldunga nach Haidakhan traf. Nach dieser Begegnung besuchte ihn Mahendra Baba gelegentlich. Im Jahre 1962 hatte Ram Singh eine Reihe von Träumen vom "Alten Haidakhan Baba". Eines Nachts um 2. 30 Uhr träumte er von Babaji, der zu ihm sagte: "Fertige eine Murti[1] von mir an!" Babaji wiederholte diese Worte und verschwand. Am Morgen erzählte Ram Singh seiner Mutter von dem Traum, aber sie meinte, eine Statue anzufertigen habe keine Eile. Wie schön, dass er Shri Babajis Darshan erhalten hätte! In den nächsten zwei Nächten träumte Ram Singh abermals um die gleiche Zeit dasselbe. Jetzt glaubte seine Mutter, dass es mit den Träumen wohl eine Bewandtnis habe, und Mutter und Sohn beschlossen, dass er so bald wie möglich eine Murti anfertigen solle.

Am vierten Tag beim Abendgebet konzentrierte sich Ram Singh geistig auf das Herstellen der Statue. Er hatte keine Ahnung, wie er dieses Werk anpacken sollte. Als er in die Stille ging, sah er meditativ einige Werkzeuge, wie man sie zum Schnitzen gebraucht. Ram Singh machte Zeichnungen von dem Gesehenen und zeigte sie einem Schmied. Er fragte ihn, ob es möglich sei, diese Werkzeuge anzufertigen. Nachdem die Werkzeuge hergestellt waren, machte sich Ram Singh am schulfreien Tag mit einigen seiner Schüler auf den Weg in den Urwald, um dort besonders "geheiligte" Tonerde zu suchen.

Am nächsten Feiertag knetete Ram Singh den Ton zu einer Statue von ca. 40 cm und skizzierte in die grobe Form Linien, Hände, Füße und Beine. Während er an der Arbeit saß und seine nächsten Schritte überlegte, kam der Rektor der Schule zu Besuch. Er erwähnte, dass Nantin Baba sich in Haldwani aufhalte, und wolle, dass Ram Singh ihn besuche. Nantin Baba würde dann mit ihm heimgehen. Erleichtert räumte Ram Singh seine Tonarbeit beiseite, deckte sie mit feuchten Tüchern ab, damit sie geschmeidig und formbar bleibe, und eilte fort. Drei Tage weilte er bei Nantin Baba in Haldwani und lud sich in seiner kraftvollen Gegenwart geistig auf. Er bekam Antworten auf spirituelle Fragen, wenn er voller Liebe und vertrauensvoll in Nantin Babas Augen schaute. Der Heilige begleitete ihn anschließend nach Hause und blieb neun Tage in Okaldunga.

Während der ersten drei Tage erwähnte Ram Singh nichts von seinen Träumen über Babaji und dem Murti-Projekt, dann aber erzählte er die ganze Geschichte. Nantin Baba schaute sich Ram Singhs unvollendete Figur an und meinte, es sei ein schöner Beginn, und ermutigte ihn, daran weiterzuarbeiten.

Am neunten Tag machte sich Nantin Baba auf den Weg zum Surya Devi Tempel, der einige Meilen entfernt von Okaldunga im Urwald liegt. Noch weitere sieben Leute nahmen an dem Ausflug teil. Als sie den Tempel am späten Nachmittag erreichten, trafen sie auf Surya Devi Baba, einen Mönch mittleren Alters, der den Tempel verwaltete und dort lebte. Aus unbestimmtem Grund entschied sich Nantin Baba, dort nicht die Nacht zu verbringen, und wanderte mit der Gesellschaft weiter.

Es wurde bald dunkel im dichten Urwald. Nantin Baba setzte sich unter einen großen, weitausladenen Baum, unter dem alle Platz hatten. Außer Nantin Baba hatten alle große Angst vor den wilden Tieren, die den Wald durchstreiften. Deshalb entfachten sie schnell ein Feuer. Ram Singh bekam den Auftrag, im nahen Fluss Wasser zu holen. Nantin Baba warnte ihn vor den Tigern[2], denn sie hörten das Nahen eines großen Tieres. Da sich Ram Singh sehr fürchtete, wollte er einen Freund aufwecken, der bereits entschlummert war, damit er ihn begleite. Nantin Baba aber rief ihm zu, er solle ihn nicht stören. Also nahm er seinen ganzen Mut zusammen und ging zum Wasser, aus dessen Richtung das Geräusch des Tieres kam. Doch bevor er einige Schritte getan hatte, sandte ihm Nantin Baba jemanden zur Gesellschaft nach. Beide kehrten unbehelligt mit dem Wasser zurück. Nantin Baba kochte Kitcheri, ein Gericht aus Reis, Gemüse und vielen Gewürzen, und sättigte die ganze Runde.

Als sie nach der Mahlzeit um das Feuer saßen, kam ein Tiger bis in ihre Mitte gelaufen. Außer Nantin Baba erschreckten sich fast alle zu Tode und einer hob schon einen Stein, um das Tier zu vertreiben, aber Nantin Baba wies seine Begleiter an, sich still zu verhalten. Der Tiger näherte sich ihm, legte sich vor ihm nieder, den großen Kopf auf seinen Pfoten, und blickte ihn unentwegt an. So lag der Tiger still und gesammelt fünf oder sechs Minuten bevor er aufstand und leise davonschlich. Die kleine Gesellschaft um Nantin Baba wurde - nachdem der Tiger sie verlassen hatte und vor dem sie sich so gefürchtet hatten - von einer Welle der Glückseligkeit erfasst, die während der ganzen Nacht ihres Aufenthaltes im Urwald anhielt.

Am nächsten Tag wurde Ram Singh nach Hause geschickt mit der Auflage, die Statue vom "Haidakhan Baba" zu vollenden. Zu Hause angekommen, war der Ton hart und trocken geworden. Deshalb begann Ram Singh die Statue mit frischem Ton zu modellieren.

Bei der Arbeit mit dem Ton unterhielt er sich mit Babaji, als säße er bei ihm im Zimmer. Er sagte, er wüsste nicht, wie die Hände und Füße zu formen seien, wie er die Beine darstellen solle und die körperbedeckende Kurta. Er sagte auch, er hätte gehört, dass Baba eine Narbe aus der Zeit des Mahabharata Krieges auf dem Kopf trage. Wie sollte er diese darstellen?

Während der nächsten zweiundzwanzig Nächte erschien ihm Shri Babaji jedes Mal um 2.30 Uhr morgens im Traum und half ihm so bei der täglichen Gestaltung der Statue. Babaji setzte sich in Yoga-Haltung nieder und wies ihn an, genau zu beobachten, wie er die Beine kreuzte, und er ließ Ram Singh mit seiner Hand- oder Fingerspanne die Länge und Breite seines Körpers abmessen. Am nächsten Morgen schrieb Ram Singh den Traum in sein Tagebuch und folgte so Babajis Führung bei der Gestaltung der Tonfigur. Als sie am Kopf der Murti arbeiteten, beugte Shri Babaji während eines Traumes den Kopf zu Ram Singh herab und ermunterte ihn, sein Haar zu teilen, damit er die Narbe auf dem Kopf finden und sie mit seinen Fingern abmessen könne. Sie war 5 - 6 Fingerbreit. Dank Shri Babajis praktischer Hilfestellung wurde auf diese Weise die Statue in 22 - 23 Tagen fertiggestellt.

Zwei oder drei Tage danach suchte ein 90jähriger Mann aus dem Dorf, ein Schüler von Nantin Baba, Ram Singh auf und sagte, er solle den Heiligen abholen, der sich zu dieser Zeit nur etwa einen Kilometer entfernt aufhielt. Es war heiß um die Mittagszeit, als er sich auf den Weg machte. Bald traf er auf Nantin Baba, der sich gerade ausruhte. Er verneigte sich vor ihm, ergriff sein Gepäck und beide machten sich wortlos auf den Weg zu Ram Singhs Haus. Angekommen, erkundigte sich Nantin Baba nach der Statue. Ram Singh zeigte sie ihm, und Nantin Baba sagte, dass kein noch so großer Künstler eine so schöne Statue wie diese von Shri Babaji hätte anfertigen können.

Wieder weilte er neun Tage in Ram Singhs Haus. In dieser Zeit baute Ram Singh mit Hilfe anderer Bauern aus dem Dorf eine Hütte. Sie bestand aus Steinen und aus nur einem Raum. Die Fugen zwischen den Steinen waren mit Schlamm und Kuhmist verkittet, und ein Dach aus Stroh bildete den Abschluss. Nantin Baba stellte dort die Murti auf, weihte sie mit einer vedischen Zeremonie ein und zeigte Ram Singh, wie er Puja vor der Statue ausüben solle.

Nachdem all dies getan war, fragte Ram Singh Nantin Baba, ob er in diesem Leben Babaji noch in seiner physischen Form sehen würde. Nantin Baba erwiderte, dass alle Formen eins und gleich seien. So wie ein Same ein Same ist und eine Blume wird, so sei Gott in jeder Form enthalten. Dann fügte er hinzu, dass Ram Singh Babaji in seiner körperlichen Gestalt begegnen würde.

Es kamen sehr bald Leute, um sich Ram Singhs Statue anzusehen. Einer aus dem Dorf Haidakhan bat ihn, ihm die Statue zu schenken oder zu verkaufen. Doch Ram Singh wollte sich nicht von ihr trennen, erklärte sich aber bereit, für den Tempel in Haidakhan eine noch größere anzufertigen. Also begann er mit der Arbeit. Noch bevor der Mann aus Haidakhan die Murti abholen konnte, zersprang sie und fiel am Hals und an den Beinen in drei Stücke auseinander. Ram Singh war sehr enttäuscht darüber, hatte er doch viel Zeit und Mühe auf diese Arbeit verwendet. In der Nacht erschien ihm Babaji wieder im Traum. Er schaute Ram Singh streng an und fragte: "Willst du ein Geschäft mit Statuen machen?" Ram Singhs Enttäuschung verflog mit diesem Traum.

Nantin Baba hatte Ram Singh angewiesen, die Türe zu der Hütte verschlossen zu halten, sie nicht der Öffentlichkeit zugänglich zu machen, sondern sie nur zu seiner eigenen Verehrung und Meditation zu gebrauchen. Viele Jahre später würden Menschen aus ganz Indien und aus Übersee kommen, um die Statue zu betrachten, erst dann solle die Türe der Hütte offen stehen. Dann sagte er noch, dass Ram Singh Babaji sehen, berühren und ihm dienen würde.

***

Einige Wochen nach dieser Episode ging Ram Singh in den Wald, und plötzlich sah er einen wunderschönen Jüngling von 12 oder 13 Jahren,. der aufrecht mit geschlossenen Augen in tiefer Meditation versunken dasaß. Ram Singh näherte sich dem Jungen, der seine Augen öffnete und lächelte. Ganz spontan sagte Ram Singh zu ihm: "Du siehst aus wie ein verkörperter Gott!"

Ram Singh sagte aus, dass dieser Jüngling in den Bergen um Haidakhan und im ganzen Kumaon Gebiet herumwanderte, dass ihn aber niemand vor 1961 oder 1962 gesehen habe. Er lebte allein und hatte kein Zuhause, weilte aber oft für Tage oder gar für Wochen vor dem Hof eines Hauses oder auf Gemeindeplätzen. Er wanderte in dieser Gegend hier und dorthin, führte Yagyas, Feuerzeremonien und ganztägige Lesungen aus den Heiligen Schriften aus. Oft sah man ihn in tiefer Meditation sitzen, und die Menschen verspürten in seiner Nähe tiefe Seligkeit.

Ram Singh und viele andere wanderten oft mit ihm, der in dieser Gegend überall gut bekannt war, durch die Berge. Immer wieder erinnern sich Menschen, ihn in den Bergen gesehen zu haben. Ein oder zwei Mal war er nach Haidakhan in den Tempel gekommen, den der "Alte Haidakhan Baba" gebaut hatte. Auch führte er Feuerzeremonien in Ram Singhs Hütte mit der Statue des "Alten Haidakhan Baba" aus.

Gelegentlich sprach Ram Singh über ihn zu Nantin Baba, der dazu folgendes sagte: "Einer, der die Meditation, das Essen und den Schlaf unter seiner Kontrolle hat, ist eine große realisierte Seele. Gewöhnlichen Menschen, sogar "normalen" Heiligen fehlt diese Kraft. Glaubst du, er ist ein Kind? Er ist der "älteste Mensch" der Schöpfung."

In der Zeit um 1968/69 suchte dieser Jüngling einen Bankier in Almora auf und erbat eine Schenkung von 100.000 Rupien, um den Haidakhan Ashram zu bauen. Seine Bitte wurde natürlich abgelehnt. Kurze Zeit danach kam ein junger Hotelbesitzer aus Haldwani - er verbrachte oft seine Zeit mit den Heiligen dieser Gegend - zu ihm in den Dschungel. Er war so von seiner Reinheit und Schönheit beeindruckt, dass er etliche Tage mit ihm im Wald verbrachte.

Zu dieser Zeit wurde der Jüngling, der nun schon ein junger Mann war, mehrere Male in Haldwani gesehen. Neben anderen Aufenthalten machte er zwei Besuche bei Herrn Trilok Singh, einem Gemüse- und Getreidehändler. Einmal kam der junge Baba in Trilok Singhs Laden, setzte sich einige Zeit still vor sich hinschauend nieder und erhob sich dann wortlos, um zu gehen. Bei der anderen Gelegenheit betrat er Herrn Trilok Singhs Haus anlässlich eines religiösen Festes und stimmte mit in das Singen der Hanuman Chalisa ein - einer Hymne zu Ehren des Shiva Avatars Hanuman. Diese Gottheit diente Rama und Sita in der Verkörperung eines Affen und ist Symbol und Vorbild für Ergebenheit und Dienst am Göttlichen.

Im zweiten Halbjahr von 1969 erkrankte der Tempelhüter Surya Devi Baba und konnte seiner Krankheit nicht Herr werden. Bald erschien dort der Jüngling, um Surya Devi Baba einige Monate zu pflegen. Er kochte ihm das Essen, wusch seine Kleider und hielt den Tempelbezirk sauber. Er ging in den Urwald, um Heilkräuter zu sammeln und machte daraus eine Medizin für Surya Devi Baba, der schließlich seine volle Gesundheit wiedererlangte.

Surya Devi Baba dachte, dass dieser junge, herumziehende Sadhu auf der Suche nach seinem Meister sei. So nahm er ihn als Schüler an. Nach ein paar Monaten sagte sein "Schüler", er würde jetzt nach Haidakhan gehen. Und einen Moment glaubte Surya Devi Baba, dass dieser junge Sadhu "etwas ganz Außergewöhnliches" sei, und ließ ihn ziehen.

Der junge Sadhu ging von dort in ein Dorf, das Kalichora genannt wird, es liegt nahe bei Kathgodam, flussaufwärts von Haldwani, und blieb drei Monate in einem Tempel, den der "Alte Haidakhan Baba" und andere Heilige des öfteren aufgesucht hatten. Dort war vor kurzem ein Sadhu von Räubern umgebracht worden. Ein Mann aus Kalichora riet dem Jüngling, nicht an dem unsicheren Platz zu verweilen und nahm ihn in seinem Hause auf. Der Sadhu führte dort ein neuntägiges Yagya aus, und im Juni 1970 ließ er sich von dem Dorfbewohner nach Haidakhan begleiten.

***

Es gibt widersprüchliche Darlegungen, wer Babaji zuerst in neuer Mission nach seiner Rückkehr in Haidakhan gesehen hat. Es ist möglich, dass alle diese Geschichten, nacheinander betrachtet, wahr sind, auch wenn sie scheinbar kontrovers sind. Babaji war eindeutig in der Lage, an mehr als einem Ort und in mehr als einem Körper gleichzeitig zu sein. Verschiedene Leute, ich eingeschlossen, haben den Versuch gemacht, die Tatsachen um seine Rückkehr zu erhellen, sind dabei jedoch in eine noch größere Verwirrung geraten.

Ein Mann aus Nepal, der über Monate hinweg recherchierte, kam zu dem Ergebnis, dass Babaji zuerst auf dem Gipfel des Kurmanchal Kailash Berges gegenüber von Haidakhan auftrat. Nach einem Aufenthalt von mehreren Tage dort hatte ihn der Priester des dort oben gelegenen Tempels in die Höhle von Haidakhan geführt.

Eine weithin bekannte und veröffentlichte Geschichte war die von Chandramani, einem Mann, der etwa eine Meile oberhalb des Dorfes von Haidakhan, an den Hängen des Berges Siddeshwar, lebt.3 In einer Juninacht um drei Uhr morgens träumte er, dass sein Vater, der schon fünfundzwanzig Jahre tot war, ihm erschien und sagte, dass Shri Haidakhan Baba in einem physischen Körper wiederverkörpert und in der Höhle von Haidakhan zu finden sei. Er wies seinen Sohn an, dorthin zu gehen, um Haidakhan Babas Darshan zu erhalten. Chandramani erwachte und ging schnell den Berg und das Flusstal hinab zu der Höhle. Dort angekommen, sah er einen in eine weiße Decke gehüllten alten Mann mit einem langen weißen Bart. Als der alte Mann ihn erblickte, sagte er: "Mein Kind, gehe sofort nach Hause zurück und kehre erst in drei Tagen wieder." Chandramani ging nach Hause, füllte einen Krug mit Milch und kehrte zur Höhle zurück. Als er zum zweiten Mal die Höhle betrat, war Chandramani sehr überrascht, denn er fand einen jungen Mann im Alter von zwanzig oder zweiundzwanzig Jahren vor, der auch langes Haar, einen langen Bart und einen Schnauzbart trug. Der junge Mann trank von der Milch und sagte, Chandramani solle niemandem erzählen, was er in der Höhle gesehen habe. Während der nächsten zwei Tage ging Chandramani wieder zur Höhle, fand aber weder den jungen noch den alten Mann vor. Er entdeckte ihn dann im Tempel des "Alten Haidakhan Baba" als jungen Mann, ohne Bart und ohne Schnauzbart.

Herr Shyam Behari Lal Gaur, ein Doktor des Ayrurveda und Bankier aus Jaipur, sagte aus, dass er und mehrere hundert Anhänger von Mahendra Maharaj sich am 23. Juni 1970 im Kathgaria Ashram versammelt hatten, um den Jahrestag von Mahendra Babas Weggang zu begehen. Anschließend wanderten etwa zweihundert nach Haidakhan, um dort ein oder zwei Tage zu verweilen. In der Nacht vom 25. auf den 26. Juni saßen viele dieser Leute in der Nähe des Tempels bis spät auf, um zu meditieren und Kirtans zu singen. Etwa gegen Mitternacht bis ca. vier Uhr morgens sahen sie ein Jyoti, ein göttliches Licht. Eine weiße Lichtkugel erschien oben auf dem Kailashberg, blieb dort einige Zeit stehen und glitt dann langsam den unbegehbaren Hang des Berges hinunter, der dem Ashram gegenüberliegt. Über der Höhle von Haidakhan blieb das Licht stehen und bewegte sich von dort ungefähr dreihundert Meter flussaufwärts bis zur Insel, auf der ein alter Baum wächst und wo heute die Hanuman Statue steht, und bei der Sati, Shivas Gemahlin, gebadet haben soll. Aus der weißen Lichtkugel kam nun ein blauer Lichtstrahl hervor, und beide Lichter bewegten sich in einem Abstand von einem Meter. Sie vereinigten und trennten sich, bewegten sich nochmals den Fluss hinauf zur Höhle, dann hinab zu dem Baum. Diese Bewegung vollzog sich während der nächsten drei oder dreieinhalb Stunden, und die Menschen, die drüben bei dem Ashram-Tempel saßen, verfolgten dieses Schauspiel. Gegen vier Uhr verschwand die Lichterscheinung. An diesem Tag verließen die Anhänger den Ashram. Später erzählte Shri Babaji Dr. Gaur, wenn die Menschen noch einen Tag oder zwei gewartet hätten, wäre er ihnen in seiner neuen physischen Gestalt erschienen.

Dhan Singh, ein alter Herr von siebzig Jahren, der damals einen Teeladen im Dorf von Haidakhan hatte, besuchte jeden Morgen den Haidakhan Tempel, um den Shiva-Lingam mit Wasser zu begießen. Ende Juni kam der Forstverwalter zu ihm in den Laden und berichtete, dass ein zierlicher, junger Sadhu im Haidakhan Tempel säße, der aussähe wie einer der ganz "Großen". Als Dhan Singh am folgenden Morgen wieder Wasser zum Shiva-Lingam brachte, nahm er auch Teeblätter, Zucker und Milch mit. Er betrat die Hütte vor dem Tempel, die der "Alte Haidakhan Baba" gebaut hatte, und bereitete dem jungen Baba einen Tee zu. Er behielt diese Geste zwei Jahre lang bei, solange Babaji im Ashram weilte. Als Dhan Singh Babaji zuerst sah, hatte er einen sehr kurzen Bart, aber nach zwei Tagen war dieser verschwunden.

***

In dieser frühen Periode kamen recht wenige Dorfleute zu Babaji. Einer von ihnen war Herr Dienst Pan, der Büroschreiber des Forstwarts von Haidakhan. Pantaji hatte sein rechts Bein als Folge einer septischen Entzündung verloren, als er etwa fünfzehn Jahre alt war. Sein starker Wille, seine feste Entschlossenheit und sein Gottvertrauen hatten ihm seine Ausbildung abschließen lassen und das Forstamt in Uttar Pradesh dazu bewegt, ihn als physisch gesund für Büroarbeiten anzuerkennen. Sie "belohnten" seine Hartnäckigkeit, in dem sie "Pantaji" bei der Post in Haidakhan anstellten, einen Posten, den niemand wollte, denn es gab dort weder eine Straße, Elektrizität noch Komfort. Als er im Oktober 1969 auf seinem Posten anfing, musste er auf Krücken die acht Meilen über den Bergweg durch Okaldunga nach Haidakhan zu Fuß gehen.

Ende Juni 1970 traf Pantaji Shri Babaji in dem alten Dhuni, einer Hütte mit heiligem Feuer, am Tempel. Babaji trug damals nur ein Langoti, einen Lendenschurz. Er hatte einige Bücher dabei, die Bhagavad Gita, eines von Mahendra Babas Büchern und Vishnu Dutt Shastrijis "Shri Sadashiv Charitamrit". Babaji schenkte Pantaji seine zerlesene und zerfledderte Ausgabe der "Shri Sadashiv Charitamrit" und meinte, Pantaji sei von Glück begünstigt. Pantaji sei nach Haidakhan berufen, um mit eigenen Augen das göttliche Spiel zu sehen: die Rückkehr des Haidakhan Baba.

Während Pantaji in einem der Bücher blätterte und Photographien vom "Alten Haidakhan Baba" sah, verglich er sie mit dem jungen Baba vor sich. Da merkte er, dass sie nicht die gleichen Personen waren. In jenen Tagen meditierte Pantaji nicht, aber als er vor Babaji saß, fiel er in Meditation. Dabei hatte er die Vision, dass Babaji durch die Luft flog, und er mit ihm. Dann, auf dem Gipfel des Kailash, sah er Lord Shiva im Yogi-Sitz mit Babaji auf seinem Schoß. Als Pantaji wieder die Augen öffnete, bemerkte er, dass Babaji ihn intensiv mit einem Lächeln anschaute. Pantaji erzählte niemandem von dieser Vision, auch Babaji nicht. Später am Tag jedoch kam ein Mann ihn Babajis Auftrag zu ihm, um ihn über seine Vision von Shiva zu befragen.

Babaji hielt noch etwas anderes für Pantaji bereit, nämlich ein Stück Charas, eine lokale Art von Marijuana, gewonnen aus dem Öl einer Blattpflanze, das in Kugelform oder als schwarzes Röllchen mit Tabak geraucht, oder manchmal als "Bang"-Getränk genommen wird. Pantaji war noch nicht lange in Haidakhan, da hatte Babaji einen Chillum für ihn vorbereitet, eine Pfeife mit Tabak und Charas gestopft. Er lud Pantaji ein, diesen Chillum zu rauchen, was er auch tat. Danach, in den nächsten zwei oder drei Tagen, erblickte Pantaji Babaji überall und in allem, was existierte. Schaute Pantaji eine Person an, so sah er in Babajis Augen. Schloss er sie, starrten ihn Babajis Augen an. Er war sich voll bewusst, dass er jemanden anblickte, aber sein erster Eindruck war, dass Babaji ihn von überall her anschaute, sogar die Steine im Flussbett blickten ihn mit Babajis Augen an. Pantaji glaubte, er würde verrückt und bekam Angst. Am dritten Tag suchte er Babaji auf und sagte, er fürchte, verrückt geworden zu sein und erzählte ihm, was er sah. Babaji meinte, er sei ganz in Ordnung, und klopfte ihm auf die Schulter, worauf die Vision augenblicklich verschwand.

Während dieser Wochen bemerkte Pantaji nie, dass Babaji aß. Er trank große Mengen Tee, sah ihn aber nie Wasserlassen. Bis er an Navratri auf den Kailash stieg, rauchte er eine ganze Menge Charas, seitdem schien er den Gebrauch von Charas fast ganz eingestellt zu haben.

Ein Dorfbewohner aus Haidakhan berichtet, dass im Juni oder Anfang Juli - die Bergbewohner benutzen, wenn überhaupt, einen indischen Kalender, der die Mondmonate zählt - Babaji ihn und noch zwei oder drei andere zu einem abseits gelegenen Shiva Tempel auf dem Siddeshwarberg mitnahm, der flussaufwärts gegenüber von Haidakhan liegt. Die Gruppe öffnete den geschlossenen Tempel, fegte ihn sauber, saß einige Zeit davor und sang Hymnen. Bald beschwerte sich einer aus der Gruppe und sagte, er könne nicht mit leerem Magen singen, er hätte seit sechsunddreißig Stunden nichts zu sich genommen. Babaji holte darauf von irgendwoher Mais, kochte ihn über einem Feuer und gab allen zu essen. Zu diesem Zeitpunkt war es zu spät, sich über den Berg auf den Heimweg zu machen - der Weg ist bekannt für seine Gefahren und Unfälle -, also blieben sie sitzen und sangen Hymnen. Plötzlich wurden sie von einem schweren Monsunsturm überrascht, und obwohl sie draußen im Freien vor dem Tempel saßen, fielen nur vereinzelt Regentropfen auf sie nieder.

Morgens um drei Uhr bestand Babaji darauf, dass sich alle zum Schlafen hinlegten. Bis auf einen, der noch Japa machte, legten sich alle nieder. Nach einiger Zeit wurde sich dieser Mann bewusst, dass sich jemand um das Feuer kümmerte. Er öffnete seine Augen und sah, wie Babaji das Feuer speiste. Der Dorfbewohner rief nach einem Freund, damit er aufstehe und Babaji mit dem Feuer helfe, doch der Freund antwortete, es sei unnötig, denn Babaji liege neben ihm und schlafe. Da wurden beide hellwach und mussten feststellen, dass der eine Babaji auf der Erde lag und schlief, während der andere Babaji am Feuer saß.

Zwei weitere Dorfleute trafen Babaji im Juni auf einem Weg, der ins Dorf führte. Sie redeten einige Minuten mit ihm und gingen dann weiter. Später erzählten sie anderen von dieser Begegnung mit Babaji, sie beschrieben ihn und stellten dabei fest, dass der eine ihn als alten Mann mit langem weißen Bart, der andere hingegen ihn als jungen Mann ohne Bart gesehen hatte.

***

Am 10. Juli verließ Herr Ram Singh Okaldunga, um in einem Dorf am anderen Ufer des Flusses von Haidakhan eine Kuh zu kaufen. Als er Haidakhan erreichte, erzählten ihm die Leute im Teeladen, dass oben im Tempel von Haidakhan ein junger Sadhu säße, der weder esse noch trinke. Er solle doch mal hochgehen und ihn sich ansehen. Ram Singh kaufte etwas Weihrauch und ging zum Tempel zu dem jungen Sadhu. Er erkannte ihn sogleich als "seinen" Babaji, als den Jüngling, der seit acht Jahren hier in den Bergen herumwanderte. Als Ram Singh sich vor ihm verneigte, hieß Babaji ihn mit einem Lächeln und einem Chillum willkommen und bald hatte Ram Singh vergessen, dass er eine Kuh kaufen wollte.

Ram Singh war zu jener Zeit arbeitslos und konnte deshalb während der nächsten neun Monate bei Babaji im Ashram Dienst tun. Drei Tage verbrachte er bei Babaji, dann eilte er für einen Tag oder etwas länger nach Hause, den Berg hinauf nach Okaldunga, um dann nach Haidakhan zurückzukehren. Während dieser Zeit war er Babaji sehr nahe, sie spaßten miteinander, schliefen manchmal auf derselben Matte und waren die besten Freunde. Dennoch war und blieb Babaji der Herr.

Eines Tages leitete Babaji eine Gruppe von Leuten auf den Berg Siddeshwar und wieder hinunter, Ram Singh befand sich auch unter ihnen.

Nach der Rückkehr war Ram Singh sehr müde und zog sich in die Hütte mit dem Strohdach zurück, die damals das Gästehaus darstellte, um etwas auszuruhen und eine Zigarette zu rauchen. Plötzlich hörte er Babajis laut schimpfende Stimme vom Tempel herüberschallen. Er schrie und beschimpfte einige Dorfleute. Ram Singh hatte Babaji noch niemals so erlebt. Er warf seine Zigarette weg und rannte zu Babajis Hütte beim Tempel, verneigte sich und bat Babaji, den Leuten zu vergeben. Babaji wandte sich ruhig Ram Singh zu und wies ihn an, sich still hinzusetzen und zuzuschauen. Dann beschimpfte er die Dorfbewohner aufs neue. Er schrie, sie hätten alle Gegenstände aus dem Tempel gestohlen, die Trommel sei verschwunden. Er benannte viele Gegenstände auf das Genaueste, die der "Alte Haidakhan Baba" im Tempel zurückgelassen hatte und die nun fehlten. Er würde diese Diebe umbringen, sie ertränken! Er war wütend. Die Dorfleute baten ihn um Verzeihung und dass er sie nicht verwünschen solle. Das besänftigte ihn.

Babaji gab den Leuten kurz darauf die Anweisung, ein Tor für den Tempelgarten zu bauen. Ram Singh erbot sich, es zu errichten und machte sich mit einigen Leuten an die Arbeit. Babaji wählte Steine aus dem Flussbett für das Tor und legte den Eckstein. Ram Singh besorgte das nötige Kleingeld und die Arbeitskräfte, und es entstand das Tor, das heute unter dem Namen "Hanuman Gate" bekannt ist, denn später wurden an jeder Seite des Tores Statuen von Hanuman aufgestellt.

Babaji ließ Ram Singh in diesen ersten Wochen wissen, dass dem Ashram in diesem Jahr 152.000 Rupien für Baumaßnahmen zur Verfügung stehen würden. Als die Dorfleute dies hörten, lachten die meisten, denn dieser Jüngling hatte nicht einmal genügend Geld, um zu essen und zu trinken und wollte mehr Geld in einem Jahr für den Bau ausgeben, als sie jemals in ihrem Leben verdienen würden.

In jener Zeit erzählte Babaji Ram Singh ebenfalls, dass Haidakhan Vishwa Mahadam (Haidakhan, großer Tempel des Universum) einst das wichtigste Pilgerzentrum der Welt würde, weil hier ALLE Religionen geachtet und willkommen wären. Andere Pilgerstätten seien nur auf eine Religion ausgerichtet. Die Menschen würden von Amerika, Deutschland, Afrika und von überall herkommen. Ram Singh murmelte "Ja, ja", bezweifelte aber diese Aussage.

Ram Singh saß oft stundenlang schweigend bei Babaji. Er sagt, dass es niemals so etwas wie "Kindlichkeit" bei ihm gab, auch nicht zu der Zeit, als er wie 13 Jahre aussah. Während eines so stillen Beisammenseins brach Babaji das Schweigen mit den Worten: "Herr Volksschullehrer, 1984 werde ich diesen Ort verlassen." Diese Aussage wiederholte Babaji noch zwei oder drei Mal und Ram Singh antwortete ihm darauf: "Du bist der Herr, du kannst tun, wie du willst." Wie bei manchem, was Babaji oft zu den Menschen sagte, wusste Ram Singh mit dieser Aussage nichts anzufangen.

Einige der Leute im Dorf sprachen verwundert über den starken Eindruck, den Babaji auf sie machte, und zählten die Wunder auf, die in seiner Gegenwart geschahen. Sie bemerkten, dass er ihnen Früchte und Gemüse schenkte, die es zu dieser Jahreszeit gar nicht geben konnte. Genauso hatte das der "Alte Haidakhan Baba" getan, und sie begannen den jungen Baba mit dem Alten zu vergleichen. Ja, sie glaubten sogar daran, dass er der wiedergekehrte Haidakhan Baba war. Auch Dhan Singh teilte diese Meinung. Mahendra Baba hatte sein "baldiges" Kommen angekündigt, außerdem hatte Dhan Singh den "Alten Haidakhan Baba" in seiner Jugend selbst erlebt und gesehen. Dieser Baba hier sei ihm ähnlich. Dhan Singh sagte, er hätte keine Wunder bei Babaji erlebt, dafür aber starke Gefühlsaufwallungen.

Die Kunde von Babajis Wiederkehr verbreitete sich.

***

Am ersten Tag der Navratrifeiertage, einem Fest zu Ehren der göttlichen Mutter, das dieses Jahr Anfang Oktober stattfand, stieg Babaji auf den Gipfel des Kailashberges. Noch bevor er den Ashram verließ, überlegte Ram Singh, der so etwas wie der Manager des Ashrams für Baumaßnahmen und Verwaltung war, ob er mit hinaufgehen oder im Ashram bleiben sollte. Babaji kam zu ihm und sagte, wenn er nicht mit auf den Kailash ginge, sollte er im Ashram bleiben, die Arbeit überwachen und täglich im Tempel Prasad opfern. Ram Singh entschied sich zu bleiben, ging aber den einen oder anderen Tag, während Shri Babaji sich dort oben aufhielt, hinauf.

In diesem Jahr dauerte der Monsunregen ungewöhnlich lange, und es regnete Tag und Nacht während der ersten Tage des Festes. Trotz des ungemütlichen Wetters wurde Babaji von dreißig bis vierzig Leuten auf den Berg begleitet, und während der 45 - 48 Tage, die er oben war, hatte er ständig etwa zwanzig Menschen um sich. Unterdessen hatte sich die Kunde von der Wiederkehr des jungen Babas bis nach Haldwani und Nainital verbreitet und so kamen viele Menschen aus dieser Gegend, um ihn auf dem Kailashberg zu sehen. Neun Tage dauerten die Feierlichkeiten des Navratri-Festes, und während dieser Zeit kamen einige Hundert Menschen auf den Gipfel. Der Aufstieg war beschwerlich für sie: von der Haidakhan Höhle waren es drei Stunden Fußmarsch und von Haldwani nochmals vier Stunden für jemanden in guter körperlicher Verfassung.

Dhan Singh blieb die meiste Zeit mit Babaji auf dem Kailash. Seines Wissens nach aß Babaji fast nichts, abgesehen von kleinen Stückchen Obst oder Gemüse, die als Prasad gereicht wurden. Wenn Babaji davon gekostet hatte, war das Essen gesegnet. Oft brachten sie ihm Früchte und ganze Gurken. Er ließ diese in Stücke schneiden und unter den Anwesenden verteilen. Obgleich Babaji über lange Zeit tief meditierte, sprach er auch mit den Menschen.

Dinesh Pant erstieg den Gipfel des Kailashberges auf Krücken, und Babaji freute sich, ihn zu sehen. Er lächelte ihm zu, sprach zu ihm und gab ihm ein Stück Charas. Als Pantaji seinen langen Rückweg antrat, verfolgte Babaji Pantajis Abstieg vom Rande des Plateaus aus.

Eines Tages, nach dem Navratri-Fest, als er noch immer auf dem Gipfel weilte, erstieg Ram Singh von Haidakhan den Berg. Er brachte sein Harmonium und seine Brownie Kamera mit. Nachdem alle einige Zeit Kirtan zum begleitenden Harmonium gesungen hatten, nahm Ram Singh seine Kamera und ging auf Babaji zu. Er saß in tiefer Meditation, öffnete aber seine Augen, als Ram Singh sich ihm näherte und bat, ein Foto machen zu dürfen. Babaji stimmte zu und, soweit bekannt, hat Ram Singh die erste Photographie von Shri Babaji in dieser Manifestation gemacht.

Während dieses Besuches bat Babaji Ram Singh, eine Einladung für alle im Umkreis Wohnenden auszusprechen. Sie sollten auf den Kailashberg kommen. Es wurden Einladungen gedruckt und verteilt. Zu Hunderten folgten die Menschen dieser Einladung und hörten, was Babaji ihnen zu sagen hatte: Jeder sollte ununterbrochen das Mantra "Om namah Shivay" rezitieren, es sei in diesem dunklen Zeitalter der einfachste Weg, Gott zu finden.

$$***$$

Etwa Mitte November stieg Babaji vom Berg herab. Im Ashram, auf der linken Seite des Flusses, wurde ein Fest gefeiert. Danach überquerte Babaji den Fluss und bezog die Höhle von Haidakhan am Fuße des Kailashberges, wo der "Alte Haidakhan Baba" und Mahendra Baba und, wie es heißt, Lord Shiva selbst meditiert und gelebt haben sollen. Er blieb dort drei Monate, ohne Nahrung zu sich zu nehmen, abgesehen von Tee und von kleinen Stücken gesegneter Speise. Ram Singh, Chandramani und ein oder zwei andere verbrachten viel Zeit bei Babaji in der Höhle, andere kamen und gingen nach kurzen Besuchen. Chandramani berichtet, dass sie die gleiche Decke teilten und dass Babaji ihn wie ein Kind mit Liebe und Sorgfalt - genau wie eine Mutter - zum Einschlafen brachte.[4] Ram Singh weckte Shri Babaji am Morgen mit einem Lied, das die Priester in den Tempeln singen, um die Murtis von Lord Shiva, die sie pflegen, zu begrüßen. Babaji erwachte und gab jedem Anwesenden, schlaftrunken und noch in die Wärme seiner Decke gehüllt, Darshan.

Als Babaji in der Höhle zu leben begann, kamen Menschen aus der ganzen Gegend, um ihn zu besuchen. Oftmals warteten sie in Schlangen auf seinen Darshan oder auf ein Wort von ihm, und während sie anstanden, sangen sie vor und nach der Begegnung mit ihm Kirtans. Einige tanzten vor Freude. Dinesh Pant, der von seinem Haus einen guten Überblick auf das Flusstal, den Ashram und die Höhle hatte, konnte das "göttliche Spiel" von der Wiederkehr des Haidakhan Baba miterleben und bestätigt, dass über Wochen hinweg Tag und Nacht Kirtan gesungen wurde.

***

Viele Menschen wurden auf ungewöhnliche Weise nach Haidakhan gerufen. So erfuhr der Bankier Dr. Gaur auf folgende Art von Shri Babajis Rückkehr. Nach Mahendra Maharajs Mahasamadhi (bewusstes Verlassen des Körpers) riet Herr Gaur seiner Familie, dass, wenn immer sie beteten, sie die Bitte um Babaji Wiederkehr mit in ihr Gebet hineinnehmen sollten. Seit mehr als einem Jahr hatten sie diesen Rat befolgt. Am 30. November 1970 wachten alle mit dem starkem Gefühl auf, dass Babaji wiedergekommen sei oder bald käme, und sie beschlossen, gemeinsam zu fasten, bis Babaji ihnen erscheinen würde.

Abends gingen die zwei Söhne, acht und neun Jahre alt, in den Pujaraum (Tempel) der Familie, um in dem Buch "Divya Kathamrit" von Mahendra Maharaj zu lesen. Sie sprachen den Namen Babajis aus und baten um seine Wiederkehr, dann öffneten sie das Buch. Nachdem sie acht oder zehn Zeilen gelesen hatten, bemerkten die Jungen ein Licht, das aus einer auf dem Altar stehenden Photographie von Haidakhan Baba kam. Das Bild war 10 x 15 cm groß und das aus ihr hervorbrechende Licht nahm die gleiche Größe an. Die Kinder riefen nach ihrer Mutter. Während sie riefen, bewegte sich das Licht nach vorn, es kam aus dem Bild heraus und wuchs auf eine Größe von 30 cm im Quadrat. Ihre Mutter und die Mitglieder des Haushaltes kamen schnell hinzu und sahen, wie sich das Licht erst vorwärts bewegte und dann wieder zum Bilde hin. Diese Erscheinung hielt einige Zeit an, dann schwebte das Licht zum offenen Buch hinüber, in dem die Kinder gelesen hatten, und verschwand darin.

Für die ganze Familie war dies ein deutliches Zeichen, dass Shri Babaji wieder in menschlicher Form auf der Erde war. Tags darauf schrieb Dr. Gaur an viele seiner Freunde und berichtete von dem wunderbaren

Geschehen. Er schrieb auch nach Haidakhan, um sich nach Babajis Wiederkehr zu erkundigen. Babaji antwortete selbst und lud die Familie ein, nach Haidakhan zu kommen. Am 3. Januar 1971 traf Herr Gaur Shri Babaji in Haidakhan.

Herr Ramesh Chandra Sharma, Lehrer in Lohban, dem Ort, in dem Mahendra Baba viele Jahre gelebt hatte, war nach dessen Tod sehr traurig. Eines Nachts träumte er, dass der verstorbene Mahendra Maharaj sich in den lebenden Haidakhan Baba verwandelte und vor der Höhle von Haidakhan saß. Herr Sharma erzählte diesen Traum einem Priester, der ihn nicht ernst nahm. Aber derselbe Priester suchte einige Tage später Herrn Sharma in Lobhan auf und erzählte, dass er einen Brief erhalten hätte, der von der Wiederkehr Haidakhan Babas berichtete, und dass er in der Haidakhan Höhle säße. Ramesh Sharma eilte daraufhin nach Haidakhan:

"...Wir kamen dort am Sonntag um 19 Uhr an. Ich sah ihn in der Siddhasana Yogi-Pose auf der dritten Stufe sitzen, genauso, wie ich es im Traum gesehen hatte, als er von den Toten auferstand. Auch trug er dieselben Kleider wie in dem Traum...

Die Reise hatte mich sehr ermüdet, und ich schlief nach einem Glas Tee auf den Steinen ein. Babaji hatte uns angewiesen, unser morgendliches Bad zwischen 2.30 Uhr und 3 Uhr früh zu nehmen. Es war sehr kalt, aber ich genoss das Bad im Gautami-Fluss sehr. Dann sang ich einige religiöse Lieder, und nach und nach kamen die Menschen haufenweise aus dem Dorf, um Babajis Darshan zu erhalten.

Um neun Uhr ging ich wieder zu Babaji. Als ich seinen jugendlichen Körper sah, kamen mir große Zweifel, ob dieser junge Heilige wirklich der Haidakhan Baba sei. Vielleicht waren wir bei einem falschen Heiligen gelandet und würden dadurch unseren Sadguru beleidigen. Ich sprach darüber zu einem der anwesenden Schüler und sagte: "Alle, die gekommen sind, um den Haidakhan Baba wieder in ihrer Mitte zu sehen, glauben, dass es dieser junge Heilige sei. Dieser junge Mann kann es jedoch nicht sein." Gleichzeitig betete ich aufrichtig um ein Zeichen, das mich seine Identität erkennen lasse.

Als ich so zu meinem Mitschüler sprach, winkte mir Babaji. Ich verneigte mich und stand mit gefalteten Händen bei ihm. "Mein Sohn," fragte er "welche Bücher hast du mitgebracht?" Ich antwortete, dass ich ein Exemplar der Divya Kathamrit von Mahendra Baba bei mir hätte und ein Buch mit frommen Liedern. Babaji jedoch wiederholte seine Frage. Da erinnerte ich mich plötzlich an noch ein Buch, eines, in das mein Vater Verse zum Lobe Gottes geschrieben hatte. Ich erwähnte es und Baba bat mich, es aus meiner Tasche zu holen. Ohne hinzuschauen, blätterte Bhagwan in dem Buch, hielt dann an einer bestimmten Stelle inne, legte seinen Finger auf eine Zeile und bat mich, sie zu lesen. Während der ganzen Zeit hatte Bhagwan mich angelächelt und nicht ein einziges Mal in das Buch geschaut. Ich hingegen hatte sein "Lila", sein Spiel, beobachtet. Die Zeile, auf der sein Finger geruht hatte, lautete: "Mein Herz, du hast vergessen, dass Shankar (ein Name Shivas) dein Sadguru ist."

Diese Zeile hatte mein Vater eigenhändig geschrieben. Ich verneigte mich vor Babaji, und es wurde mir bewusst, dass Bhagwan mich unter seinen Schutz genommen hatte. Alle meine Zweifel wurden augenblicklich durch dieses Zeichen seiner Allgegenwart zerstreut."[5]

***

Viele Menschen, die zu Babaji gingen, fragten ihn, woher er käme. "Jedem gab er eine andere Antwort", berichtete Dhan Singh. Zu einigen sagte er: "Kathmandu, Almora, von hier, von dort." Als Babaji auf diese Widersprüchlichkeiten angesprochen wurde, antwortete er: "Ich bin ein Sadhu, ein der Welt Entsagender. Wo ist ein Sadhu zu Hause? Wenn du ein Schwert aufhebst, um es genau zu betrachten, konzentrierst du dich dann auf das Schwert oder auf die Scheide? Schaut nicht auf äußere Verpackung und Hüllen."

Sogar während des kalten Winters trug Babaji nur ein Langoti und einen Baumwollschal. Er badete sehr früh am Morgen im Fluss und blieb manchmal bis zu einer Stunde im Wasser. Während dieser Zeit bemerkte Chandramani, der in der Nähe am Flussufer saß, ein göttliches Licht auf dem Wasser.[6]

Im Januar 1971 organisierte Herr Sher Singh, der damals in Haidakhan stationierte Forstbeamte, die nächtliche Lesung des Ramayana Epos. Viele hundert Menschen versammelten sich zu dieser Veranstaltung vor der Höhle von Haidakhan. Es regnete heftig in dieser Nacht, aber zum Erstaunen aller fror niemand oder fühlte sich unwohl. Auch das Feuer verlöschte nicht in dem Regen.[7] Dinesh Pant erinnert sich, dass diese Ramayana Lesung die beeindruckendste war, die er jemals gehört hatte.

Ende Januar kam eine größere Gruppe von Menschen aus dem Flachland nach Haidakhan. Unter ihnen waren einige Bevollmächtigte des Ashrams in Vrindaban, der von Mahendra Baba gegründet worden war. Sie wollten sich vergewissern, dass dieser junge Baba wirklich der Haidakhan Baba war, auf den sie so lange gewartet und von dem Mahendra Maharaj gesprochen hatte. Sie verbrachten zwei oder drei Tage in Haidakhan und, nachdem sie sich überzeugt hatten, dass er etwas ganz Besonderes sei, luden sie Shri Babaji ein, mit ihnen nach Vrindaban zu kommen. Dort würde es leichter für viele Schüler und Anhänger von Mahendra Maharaj sein, ihm zu begegnen.

Bevor sie Haidakhan verließen, schickte Babaji den Priester des Vrindaban Tempels nach Rajgarh, um Vishnu Dutt Shastri nach Vrindaban zu rufen. Als der Priester, Herr Bankelal Pathak, Rajgarh erreichte, erzählte er Shastriji, dass Babaji viel an ihn gedacht und über ihn gesprochen hätte und dass er mehrmals gesagt hätte: "Mein Shastriji ist in Rajgahr."

Anfang Februar machte sich eine stattliche Gruppe von Schülern auf den Weg über die Berge, über Okaldunga und hinunter zur Bahnstation von Haldwani. Sie wurden am Bahnsteig des Nachtzuges nach Mathura von einer großen Menschenmenge verabschiedet, die ihnen eine gute Reise nach Vrindaban wünschten.

Anmerkungen

1 Eine Murti ist eine figürliche Darstellung Gottes

2 Jim Corbett, in "Man Eaters of Kumaon," berichtet, dass er nur wenige Meilen von Haidakhan einen Tiger getötet habe. Im Frühjahr 1986, so wird berichtet, seien fünf Frauen von Leoparden in der Umgebung von Haidakhan getötet worden.

3 VV.S. Rao "Babaj Ji", Seiten 32 - 37, oder K.L. Jand's "Baba JI", S. 28 -33

4-7 Rao, op., cit.

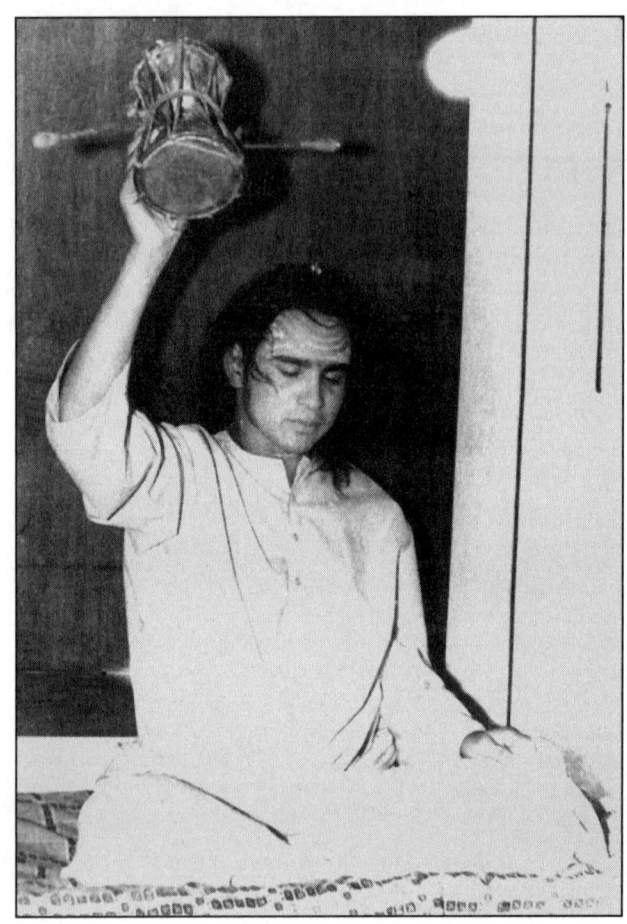

Babaji

Du bist herrlich wie die Sonne,
Du zerstörst die Dunkelheit der Illusion
Du bist die Seele aller Wesen,
Du bist Mahendras leben

Haidakhan Arti

„Wenn ihr nicht Zeichen und Wunder seht, so glaubet ihr nicht!“

Jesus, Joh. 4, 48

Kapitel 6

Wie Babaji sich zu erkennen gab

Anerkennung in Vrindaban

Aus Trauer um den Tod seines Bruders Giridhari Lal im Juni 1969 konnte sich Vishnu Dutt Mishra nicht dazu überwinden, den Ashram in Vrindaban aufzusuchen, in dem er so viel Zeit mit Mahendra Maharaj zugebracht hatte. Erst als der Priester dieses Tempels, Bankelal Pathak, ihm Shri Babajis ausdrücklichen Wunsch übermittelte, ihn in Vrindaban zu treffen, entschloss sich Shastriji zur Reise. Am Nachmittag des 22. Februar 1971 traf er dort, geplagt von Zweifeln und Skepsis, ein. Wie viele andere unter Mahendra Babas Schülern war Shastriji nach allem, was er an Gerüchten gehört hatte, der Meinung, das dieser junge Baba ein gezielt geschulter nepalesischer Jüngling war - als Teil einer Verschwörung -, um den Titel des "Alten Haidakhan Babas" zu usurpieren und später den Besitz von Mahendra Baba zugunsten der Hintermänner zu veräußern.

Damals umschloss eine Mauer den gesamten Ashramkomplex (300 qm auf jeder Seite) mit einer Reihe kleiner Räume auf der einen und größeren auf der gegenüberliegenden Seite. Von der Mitte des Grundstücks erblickte man den freien Himmel. Als Shastriji den Ashram betrat, saßen etwa siebzig Schüler unter dem freien Himmelszelt vor Babaji und sangen Om namah Shivay. Fast alle führenden Schüler Mahendra Maharajs waren anwesend. Shastriji verneigte sich aus Höflichkeit vor Babaji, setzte sich zu seinen Füßen nieder und wartete.

Nach etwa fünf Minuten erhob sich Babaji von seinem Sitz. Er winkte Pirji Bhatt aus der Stadt Bandikui zu - dieser hatte sich damals den Diensten Babajis verpflichtet -, damit er Shastriji in den Raum führe, in dem Mahendra Maharaj zu sitzen pflegte. Nachdem alle drei dieses Zimmer betreten hatten, bat Babaji Pirji, sie allein zu lassen. Unmittelbar nachdem er den kleinen Raum verlassen hatte, verriegelte Babaji die Tür von innen.

Bevor Shri Mahendra Maharaj seinen Körper aufgab, hatte er Shastriji ein Mantra gegeben und dazu gesagt: "Ich ernenne dich zum Archarya (Lehrer) des Haidakhan Ordens. Ich beging den Fehler, diesen Tempel hier auf Wunsch deines Bruders und anderer Schüler zu bauen, denn heute weiß ich, das eines Tages hier nur Esel wohnen werden. Aus diesem Grunde gebe ich dir ein drei Kräfte verleihendes Mantra:

Erstens, wenn dem Orden Gefahr droht, wirst du ihm mit Hilfe dieses Mantras helfen können. Zweitens, wenn immer es ein finanzielles Problem geben sollte, das den Fortbestand des Ordens behindert, wird dieses Mantra dir helfen, Geld zu bekommen. Drittens, jeder Sadhu, der daher kommt mit einer Kappe (ähnlich der, die der "Alte Haidakhan Baba" trug) und einer Kurta, kann behaupten, Haidakhan Baba zu sein. Denjenigen jedoch, der kommt und dieses Mantra sagt, den akzeptiere als Haidakhan Baba."

Sobald die Tür verriegelt war, hörte Shastriji den Ton des Mantras im ganzen Raum widerhallen. Der Schall war so stark, das er sich in sein Gehirn zu meißeln schien. Shastriji fiel sogleich zu Füßen Babajis nieder und dankte ihm, das er Mahendra Babas Wunsch erfüllt habe. Nach einer Weile öffnete Babaji die Tür und schickte Shastriji hinaus. Als er hinaustrat, proklamierte Shastriji aus voller Brust: "Haidakhandi Bhagwan ki Jai! Paramguru (höchster Meister) Shri Mahendra Maharaj ki Jai!" Fast jeder der Anwesenden eilte herbei und verneigte sich vor Babajis Füßen, denn sie hatten alle auf ein Zeichen gewartet.

∗∗∗

Ambalal Inamdar, Gründer und Eigentümer einer Privatschule in Bombay, und sein enger Freund Manherlal K. Vora, der Eigentümer des Verlages, der alle Bücher von Mahendra Maharaj herausgebracht hat, waren zwei der führenden alten Herren in Mahendra Babas Orden. Sie befanden sich unter den Treuhändern des Vrindaban Ashrams, die ein Urteil über den jungen Babaji fällen sollten. Herr Inamdar war einer der Schüler, die den Kauf des Grundstücks für den Vrindaban Tempel organisiert hatten.

Mahendra Maharaj hatte Ambalal Inamdar mitgeteilt, das Haidakhan Baba wieder erscheinen würde, wenn er seinen Körper verlassen hätte. Herr Inamdar war sehr skeptisch, denn er konnte nicht glauben, das ein Toter zurückkehren könne. Wenn immer Mahendra Baba über solche "schwierigen" Themen sprach, schob Inamdar sie beiseite.

Nach Ankunft der Herren Inamdar und Vora im Vrindaban Tempel wurde Babaji in den offenen Hof geleitet und gebeten, sich auf einen hölzernen Tisch, der mit einem Tuch bedeckt war, zu setzen. Sie erblickten einen jungen, schlanken, hageren Jüngling mit kupferroten Haarflechten, wie sie die Yogis tragen. Er war in ein grobes, gewebtes Tuch gehüllt, und aus seinen Augen strömte Feuer! Arun, der Sohn von Herrn Vora, machte die ersten beiden Farbfotos von Babaji, die uns bekannt sind.

Inamdar war überzeugt, das dieser Nepalijunge ein Betrüger sei. Er glaubte ferner, das die Treuhänder des Haidakhan Ashrams versuchten, den Grundbesitz in ihre Hände zu bekommen, um ihn zu verkaufen, und so war er ganz und gar gegen diesen jungen Baba eingestellt. Aus einem Gefühl für Anstand und Höflichkeit heraus ging er dennoch zu Babaji und begrüßte ihn förmlich. Inamdars Frau gesellte sich zu ihm und verneigte sich ebenfalls. Babaji segnete sie reichlich, berührte sie mit seiner ausgestreckten Hand und überreichte ihr Prasad. Dieses zwang Inamdar, der ebenso gerecht wie skeptisch war, darüber nachzudenken, ob Babajis Gleichmut nicht doch ein Zeichen von etwas "Besonderem" sei. Aber beide, er und Herr Voraji, verließen Vrindaban, ohne von der Identität des Jünglings als Haidakhan Baba überzeugt zu sein. Folglich schob Inamdar alle weiteren Gedanken über diesen jungen Baba zur Seite.

Reisen durch Zentralindien

Viele andere, die nach Vrindaban kamen, sahen in Shri Babaji den Einen, den Mahendra Baba angekündigt und für dessen Wiederkehr viele gebetet hatten. Sie baten Babaji, in ihre Städte und Häuser zu kommen, und so reiste Shri Babaji mehr als sechs Monate durch Zentralindien. Wo immer er hinkam, führte er täglich die alte vedische Feuerzeremonie, Havan oder Yagya genannt, aus, und überall wurden große Festlichkeiten abgehalten, bei denen Hunderte, oft Tausende von Menschen gespeist wurden.

Im April besuchten Babaji und eine große Anhängerschaft Vishnu Dutt Shastri in Rajghar, Distrikt Alwar in Rajasthan, südöstlich von Delhi. Von dort fuhr die Gruppe weiter nach Bharatpur und wohnte bei der Familie von Herrn Shiv Charan Lal Gupta, einem Eisenbahnangestellten dieser Stadt.

Shiv Charan hatte einen jüngeren Bruder mit Namen Vijay, er war etwa sechzehn Jahre alt. Am ersten Tag in diesem Hause rief Babaji, der selbst knapp wie ein Achtzehnjähriger aussah, Vijay zu sich und fragte, ob er Shiv Charans Bruder sei. Noch während Vijay vor ihm stand, schnippte Babaji ihm etwas Vibuthi[1] in die Augen. Die Asche brannte und Vijyas wurde wütend. Seit seiner Kindheit war er für sein aufbrausendes Temperament bekannt. Babaji erfuhr von Vijays Zorn und rief ihn am nächsten Tag wieder zu sich, um ihm abermals Vibuthi in die Augen zu streuen. Vijay heulte vor Wut und Schmerz und, um alles noch schlimmer zu machen, lachte Babaji fröhlich dazu.

Am dritten Tag traf Babaji Vorbereitungen, um nach Bandikui aufzubrechen. Am Morgen war das ganze Haus mit Harmonie und Freude erfüllt, aber als die Abreise näherrückte, vergaßen die Menschen ihre Fröhlichkeit und wurden betrübt. Als sich die Zeit der Abfahrt mit dem

Nachmittagszug näherte, weinte jedermann, auch Vijay. Am Bahnhof war fast jeder in Tränen aufgelöst, bis auf Babaji, der lächelnd in den Zug stieg und nach Bandikui weiterfuhr. Und Vijay? Die ganze Nacht war er unruhig, und früh am nächsten Morgen nahm er den ersten Zug nach Bandikui. Er konnte die Trennung von Shri Babaji nicht länger ertragen. Innerhalb weniger Tage wurde er Babajis hilfreicher Begleiter und behielt diese Rolle für etwa drei Jahre, bis Vijays Mutter Babaji bat, ihren Sohn heimzuschicken.[2]

***

Die Schüler in Bandikui hatten für Babajis Ankunft Vorbereitungen getroffen und auch Handzettel verfasst, die in der Stadt und im ganzen Umkreis verteilt wurden. Die Sätze auf dem Handzettel warnten vor großen Zerstörungen und Verlust von Leben in der nahen Zukunft. So, wie ein Bauer seine Felder jätet, so jätet auch Gott das Unkraut aus seiner Schöpfung. Da der Mensch es versäumt hat, Wahrheit, Einfachheit und Liebe als Grundlage seines Lebens anzunehmen, muss er mit der totalen Vernichtung rechnen. "Der Heilige von Haidakhan ist die Inkarnation Shivas. Shiva ist in allen Formen gegenwärtig. Seid gesegnet durch die Hingabe an ihn, erfreut eure Augen durch seinen Anblick."

Am ersten Morgen seiner Ankunft in Bandikui wurde Babaji mit einer großen Parade willkommen geheißen. Babaji saß auf einem Fahrzeug, das wie ein Schwan aussah, ein heiliger Vogel und Symbol der hinduistischen Mythologie. In der ganzen Stadt sangen die Menschen Om Namah Shivay oder sie riefen: "Maharaj ist gekommen" und vieles mehr zu Ehren Haidakhan Babas. Die triumphale Prozession brachte Babaji zu einem Haus etwa drei Kilometer außerhalb der Stadt Bandikuis.

Die Menschen der Stadt, die Babaji am Morgen so warm und stürmisch begrüßt hatten, stellten ihm an Nachmittag Fragen. Ein kleiner Zwischenfall gab Aufschluss über Zweifel, Unzufriedenheit und Feindseligkeit und führte sogar zu Ausschreitungen.

Ein angesehener Heiliger dieser Gegend kam mit einer brennenden Zigarette in der Hand zu dem Haus, in dem Babaji wohnte. Das Rauchen in Babajis Nähe war verboten, und der Heilige wurde deshalb von einem Schüler aufgehalten. Das erboste ihn und er rief laut hörbar, warum denn dem einen Heiligen so viel Ehre und Respekt erwiesen würde und dem anderen nicht. Er ließ sich außerhalb des Geländes nieder, auf dem Babaji sich aufhielt, und schürte das Feuer des Zorns. Bald gab es zwei geteilte Lager in der Menge und bald flogen die ersten Steine.

Babaji und die Schüler, die bis zum Nachmittag bei ihm geblieben waren, saßen auf der Veranda vor seinem Zimmer. Sie blieben alle sitzen, als die Steine geworfen wurden, und obwohl einige ängstlich waren, wurde niemand getroffen. Diejenigen, die mit Steinen warfen, hatten Angst vor Babajis Macht und blieben außerhalb der Geländemauern. Shastriji bezeugt, das es Hunderte oder gar Tausende von Menschen waren, die mit Steinen warfen und das mindestens eine Tonne Steine im Laufe des langen Abends bewegt wurden. Die Stromzufuhr wurde von der Menge unterbrochen, so das das Gebäude im Dunklen lag. Trotzdem flogen noch Steine, aber es wurden nur Menschen getroffen, die sich außerhalb davon befanden.

Am Abend fand man eine große Schlange in Babajis Raum. Sie war durch die Kanalisation an der Außenwand des Zimmers vom Gärtner - aufgehetzt durch die Menge, die Babaji auf die Probe stellen wollten - eingeschleust worden. Shiva wird auf den meisten Abbildungen mit einer Schlange oder mehreren gezeigt, die sich um seinen Hals wie eine Girlande oder Kette winden. Wenn Babaji wirklich Shiva ist, so folgerten sie, wird er keine Angst zeigen. Ist er hingegen ein Schwindler, dann werden er und seine Schüler sich vor Angst aus dem Staube machen, und wir werden lachen.

Babaji und Shastriji waren zum Meditieren in Babas Zimmer gegangen, als Babaji die Schlange bemerkte. Es war üblich, das, sobald Babaji seinen Raum zur Meditation betreten hatte, er erst wieder nach der Meditation geöffnet wurde. Babaji wies Shastriji an, sich auf sein Lager zu setzen, aber er weigerte sich, auf Babajis Bett Platz zu nehmen und sagte, wenn die Schlange ihn beißen würde, dann sei er bereit, zu Füßen des Herrn zu sterben. Babaji war nicht um sich besorgt, sondern um Shastriji, und er schien zu befürchten, das Shastriji vor Angst sterben würde. Babaji setzte sich auf sein Bett und starrte die Schlange einige Stunden an. Shastriji hockte auf dem Boden und sang Om Namah Shivay so intensiv, wie noch nie zuvor, während die Schlange aufgerollt inmitten des Zimmers lag.

Als Babajis Meditationszeit vorüber war, stand er auf und öffnete die Tür. Der Gärtner und seine Freunde, die draußen auf ihren Spaß gewartet hatten, waren verstört, als sie kein Anzeichen von Panik bemerkten. Der Gärtner schlüpfte in das Zimmer und sang, als er seine Schlange lebend vorfand, einige Mantren, sammelte sie ein und trug sie in einem großen Gefäß davon.

Am nächsten Morgen nach dem Bad fanden die Schüler den Heiligen weinend zu Babajis Füßen sitzend. Babaji lachte auf liebevolle Art, als er seine Schüler anwies, dem Heiligen ein Bad zu geben. Von diesem Zeitpunkt an tanzte der Heilige abends und morgens zu den Kirtangesängen.

Kurz darauf kehrte der Gärtner zurück. Er jammerte und trug seinen sechsjährigen Sohn im Arm. Einige der Anwesenden berichteten, das er tot, andere sagten, das er nur gelähmt gewesen sei. Es gab viel Lärm, Geschrei und Durcheinander. Als man den Jungen Babaji zu Füßen legte, flüsterte Babaji Shastriji zu, der Gärtner sei ein schlechter Mensch, der vor ihm liegende Körper aber der eines Kindes und das Kind solle gerettet werden.

Schreiend bekannte der Gärtner, das er die Schlange in Babaji Zimmer gelassen habe und das, während er vor der Tür auf Babajis Reaktion wartete, sein Sohn zu Hause von der Lähmung befallen wurde. Leute in seinem Haus hätten ihm gesagt, das Babaji wirklich Lord Shiva und sehr ungehalten sei. Der Gärtner flehte nun "Bhagwan" (Gott) an, seinen Sohn gesunden zu lassen. Lächelnd antwortete Babaji, das der Gärtner nun auf diese Weise sein "Karma" büßen müsse, ließ ihn ein wenig zappeln und nahm dann etwas Asche aus der Feuergrube, legte sie in den Mund des Kindes und binnen kurzem war der Junge wieder auf den Beinen.

Viele Menschen, angezogen von dem Gejammer des Gärtners, als dieser seinen Sohn auf den Armen durch die Straßen trug, beobachteten dieses Geschehen. Sie eilten zu Babaji, um ihn um Vergebung zu bitten und kündeten davon beim Heimgehen in der weiteren Umgebung. Dadurch kamen wieder Tausende von Menschen zu Babaji - zu Fuß, mit dem Auto, per Bus oder Zug. Würdenträger und einfache Menschen strömten herbei. Sie brachten Früchte, Süßigkeiten, Ghee, Reis und viele Köstlichkeiten mit. Ein neuntägiges Yagya wurde mit großer Pracht gefeiert und unzählige Menschen wurden gespeist. Als die Feierlichkeiten beendet waren, blieb noch viel Nahrung übrig für die Armen.

Von Bandikui ging Babaji nach Jaipur und folgte so der Einladung von Dr. Gaur, anderen Schülern von Mahendra Maharaj und neugewonnenen Anhängern. Überall gab es Festlichkeiten, und Shri Babaji fuhr mit seinen Begleitern nach Rajasthan und Gujarat in verschiedene Großstädte und Ortschaften. Auf der Reise kam er nach Delhi und Vrindaban, wo gerade der Bau des Mamor-Tempels im unbebauten Teil des Vrindaban Ashrams geplant wurde. Babaji vollzog dort und überall, wo er sich aufhielt, die alte vedische Feuerzeremonie und speiste alle, die ihn aufsuchten. Welch ein Siegeszug für den jungen Sadhu, der erst vor einem Jahr in Haidakhan mittellos, ohne Pfennig erschienen war!

Im Kathgharia Ashram

Ende August 1971 reiste Babaji mit seinen Schülern von Delhi zum unweit von Haldwani gelegenen Kathgaria Ashram, der vom "Alten Haidakhan Baba" gegründet worden war. Auch Mahendra Maharaj hatte sich dort aufgehalten. Nach seinem Eintreffen veranlasste Babaji dort sofortige Vorbereitungen für ein Yagya.

Der Kathgaria Ashram hatte damals die größte Grundfläche von Haidakhan Babas Ashrams, er umfasste etwa 25 Morgen Land. Ein Staatsbeamter hatte sein Auge auf das große unbebaute Stück Land geworfen, und so war es in seinem Interesse, das der Ashram leer blieb. Aber da war der junge Babaji, der dort mit etwa vierzig bis fünfzig Personen einzog! Der Beamte wiegelte eine ohnehin gespaltene Stadt auf, er beschimpfte Babaji als Dieb, Räuber, Verbrecher und legte eine Beschwerde bei der Polizei gegen das "asoziale Element" ein, das in den Ashram einzog. Die Polizei suchte den Ashram mehrmals auf, doch Babaji schenkte ihr keine Beachtung. Aufregende Nachrichten wie diese verbreiten sich schnell. Der Erfolg war, das Hunderte von Menschen in den Ashram kamen, um Babaji zu begegnen. Vielen, die ihn sahen, wurde bewusst, das er von "ganz besonderer Art" war, manche meinten, er sei "übermenschlich". Die anderen, die nicht zu ihm gingen, glaubten der Verleumdung, er sei ein "unsoziales Element". Die Spannung wuchs.

Herr Trilok Singh war einer von denen, die Babaji damals aufsuchten. Als junger Geschäftsmann war Trilok Singh 1960 in einem Krankenhaus gewesen und wartete nun auf eine Schilddrüsen-Operation. In der Nacht vor der Operation war ihm der "Alte Haidakhan Baba" erschienen, hatte ihm eine medizinische Substanz in den Mund gelegt und sich wortlos wieder entfernt. Herr Trilok Singh war ein frommer Mann und verehrte Gott über Jahre hinweg in seinem Hause und in seinem Geschäft. 1971 war er der Verwalter verschiedener Tempelbezirke und das Oberhaupt einer Gesellschaft, die sich um das Eigentum seines verstorbenen Meisters kümmerte. Herr Trilok Singh hatte schon von Shri Babajis Wiederkehr nach Haidakhan gehört, war aber noch nicht bei ihm gewesen. Er hatte ihn am Bahnhof aufsuchen wollen, als Shri Babaji von Haidakhan nach Vrindaban fuhr, aber der Zug war bereits abgefahren, als er eintraf.

Im Kathgaria Ashram warteten unzählige Menschen, um Babaji zu sehen. Es waren so viele, das Babaji in einem Raum mit zwei Türen sitzen musste, die Menschen kamen zu der einen Tür hinein, machten ihren Pranam und gingen zur anderen wieder hinaus. Herr Trilok Singh stand auch in der Schlange, verneigte sich und erhob sich, um wieder hinaus zu gehen, aber Babaji gab ihm wortlos ein Zeichen mit der Hand, er solle sich zu seinen Füßen setzen. Von diesem Zeitpunkt an diente Trilok Singh zwölfeinhalb Jahre lang Babaji - oft in Haidakhan und auf fast allen seinen Reisen.

Ein anderer Getreidehändler aus Haldwani, Herr Ram Prakash Bhasin, lief keinem Heiligen nach und verneigte sich nie vor ihnen, auch nicht vor Shri Nantin Baba, als er sein Haus aufsuchte. Ram Prakash war einer von denen, die im September 1971 aus reiner Neugier zum Kathgharia-Tempel gingen. Sehr zu seiner eigenen Überraschung legte er sich flach mit oberhalb des Kopfes zusammengefalteten Händen vor Shri Babaji auf den Boden. Ihm gefiel, was er da in dem jungen Baba sah, und folglich besuchte er von nun an öfters den Ashram. Eines Nachmittags, als Babaji mit einer Gruppe von Anhängern auf dem Weg zu seinem Bad war, schaute Ram Prakash zufällig auf Babajis Füße und bemerkte, das sie für ein oder zwei Schritte den Boden nicht berührten. Danach lief Babaji ganz normal weiter.

***

Weil die Polizei von Haldwani dem Staatsbeamten nicht entschieden und schnell genug handelte, reichte er eine Beschwerde bei der Hauptgeschäftsstelle des Distriktes Nainital ein. Der Polizeirichter in Nainital wies den Vize- Polizeirichter in Haldwani an, sich dieser Sache anzunehmen.

Vijay Gupta, der damals Babaji umsorgte, erzählt, das der Beamte spät an einem Samstagnachmittag im September ankam, als Babaji meditierte und Vijay selbst auf dem Ashramgelände herumstreifte. Ein Jeep fuhr draußen vor und mehrere Polizisten, gefolgt vom Vize-Polizeirichter, dem Polizeivorsteher des Distriktes und dem Landvermessungs- und Steuerbeamten der Gegend, stiegen aus. Die Polizisten begaben sich zu Babajis Tür, schickten die Schüler aus dem Raum und fragten nach Vijay, sie wollten nicht ohne Erlaubnis Babajis Zimmer betreten, um ihm dort einige Fragen zu stellen. Vijay begleitete sie in das Zimmer und hieß sie auf einer Matte vor dem Bett Babajis, der darauf meditierte, Platz zu nehmen. Als Babaji seine Augen öffnete, stellte sich der Richter vor und sagte sehr höflich, er käme in Verbindung mit einer offiziellen Angelegenheit und: "Bitte glauben Sie nicht, das ich Sie beleidigen will, aber ich werde gezwungen herauszufinden, wer Sie sind." Babaji schwieg still, denn in jenen Tagen sprach er nur sehr selten.

Der Richter fragte gezielter: "Sind sie Haidakhan Baba?" und Babaji antwortete: "Ja." Der Richter: "Das ist schwierig zu glauben, weil es keinen Beweis gibt." Babaji: "Die Zeit wird es beweisen." Der Richter meinte, er könne nicht auf diese Zeit warten und Babaji müsse einige Angaben machen. Babaji stimmte daraufhin zu. Der Richter fragte, ob er jetzt und hier die Angaben machen möchte oder lieber im Gericht. "Im Gericht" entgegnete Babaji. Der Richter teilte ihm mit, das der Termin für Montagmorgen um 10 Uhr festgesetzt sei. Babaji antwortete, er würde aber schon am folgenden Tage kommen, am Sonntag. Der Richter gab zu bedenken, das der Gerichtssaal sonntags geschlossen sei, aber Babaji bestand darauf, am kommenden Tag vor Gericht zu erscheinen. Verblüfft und überrascht durch die stille Kraft des jungen Mannes, der weniger als zwanzig Jahre alt zu sein schien, willigte der Richter ein, die Anhörung auf Sonntag zu legen, vorausgesetzt, das der zuständige Richter des Distriktes damit einverstanden sei. Der Richter bestimmte sieben Polizisten, damit "die Ruhe" im Ashram gewahrt blieb, und entfernte sich.

Am folgenden Tag sagte Babaji, jeder solle zum Gericht gehen, und die Schüler beschlossen, eine Musikkapelle anzuheuern, um im feierlichen Aufzug durch Haldwani zu ziehen. Es war zehn Uhr morgens, als eine große Anzahl von Menschen sich auf den vier Kilometer langen Weg nach Haldwani machte. Babaji saß zuoberst in einem offenen Jeep, und eine Kapelle spielte zu ihrem Einzug in die Stadt. Sie erreichten um 12.30 Uhr das Gericht, gefolgt von Tausenden von Menschen. Die Polizei war überall, und die Türen des Gerichtsgebäudes waren verschlossen. Babaji wurde mit zwei oder drei Rechtsanwälten und Herrn Padma Datt Pant, dem Herausgeber einer kleinen Wochenzeitschrift namens "Sundesh Sagar", in einen Raum geführt. Dann schlossen sich die Türen hinter ihnen.

Der Richter stieg von seinem Podest herab, um Shri Babaji zu begrüßen. Babaji legte im Gerichtssaal einen Eid auf die Bhagavad Gita ab und danach sagte der Richter zu Babaji, das er noch immer nicht wisse, wer er sei, aber er bete darum, das er nicht zu einem Entschluss kommen möge, der ihn sein ganzes Leben lang reue. Er wiederholte, das es ihm nicht daran läge, Babaji zu beleidigen, sondern das er von vielen Leuten unter Druck gesetzt sei herauszufinden, ob er Haidakhan Baba sei. "Ja", antwortete Babaji.

Die nächste Frage lautete: "Wie alt sind Sie?" Babaji sagte, er würde diese Frage am kommenden Tage beantworten. Der Richter bestand auf einer sofortigen Antwort. Babaji wiederholte, das er am folgenden Tage antworten würde. Aufgebracht entgegnete der Richter: "Ich gebe Ihnen fünfzehn Minuten, wenn Sie dann nicht antworten, werde ich gezwungen sein, rechtliche Schritte zu unternehmen." "Tun Sie, was Sie möchten, aber ich werde erst morgen antworten", sagte Babaji und wandte sich ab.

Der Richter war unschlüssig, was sollte er tun? Er schickte nach einem Glas Wasser für Babaji und als dieser es ablehnte, trank der Richter selbst zwei Gläser. Dann gab er bekannt, das "Maharaj" durch die große Menschenmenge gestört sei und er deshalb heute nicht antworten könne. Er würde es aber sicherlich morgen tun. Der Richter vertagte die Verhandlung und Babaji kehrte mit seinen engsten Anhängern zum Ashram zurück.

Nachdem Babaji sein Bad genommen und meditiert hatte, prüfte er Vijays Mut. Vijay schrieb dieses Ereignis nieder: "Er sagte zu mir: "Vijay, heute sind wir davongekommen, aber wie können wir uns morgen aus der Affäre ziehen? Lass uns davonlaufen." Ich war überrascht, nie hätte ich gedacht, das Babaji so etwas sagen könne. Ich faltete meine Hände und sagte: "Maharaj, die Zeit ist gekommen, wo du alles offenlegen musst." "Was soll ich offenlegen? Wenn du ins Gefängnis gehen willst, dann gehe. Vielleicht hast du hier zu viel Arbeit?" Ich war verblüfft. Ich wusste zwar, das dies eine Zeit für Prüfungen sei, aber mir war nach einem Test nicht zumute. Ich fragte: "Wie willst du davonlaufen? Überall wimmelt es von Polizei!" Er sagte, ich solle mir keine Sorgen machen, wir würden in die Berge gehen. "Das ist mir recht", antwortete ich. "Aber was soll mit deinen Schülern geschehen, die von nah und fern hergekommen sind?" Er schickte mich fort, um herauszufinden, was sie dachten.

Es war elf Uhr nachts. Ich rannte umher und erzählte jedem, was Baba gesagt hatte. Sie alle folgten mir dann in Babajis Zimmer und baten ihn, ein Wunder zu vollbringen, oder aber die ganze Situation würde sehr unangenehm werden. Bisher hätte Babaji jede auftauchende Schwierigkeit gelöst.

Als Babaji diese angsterfüllten Menschen sah, war er tief gerührt und sagte: "Warum fürchtet ihr euch? In dieser Welt gibt es nur eine Gefahr und Baba ist die Gefahr aller Gefahren. In Nordindien gibt es viele Anhänger von Baba und wenn nur einer den Auftrag hätte, jene Leute roh[3] aufzufressen, dann täten sie es. Keine Macht auf Erden kann mir etwas anhaben. Wenn immer eine große Seele erscheint, gibt es Gegner. Om Shanti, shanti, (Friede) geht und legt euch nieder."

Alle Schüler lobten den Herrn und gingen schlafen. Ich schlief in Babas Nähe, war aber die ganze Nacht unruhig und überlegte, was geschehen würde, wenn Baba uns verließe.[4]"

Am nächsten Morgen ließ Babaji nach einem Jeep rufen und fuhr wieder ins Gericht. An diesem Tag war die Menschenmenge noch größer als am Tag zuvor. Groß war die Aufregung und Erwartung, ob Babaji sich an diesem Tage kundtun würde. Diesmal kamen die Richter nach Babaji an. Babaji wurde vereidigt und der Richter wiederholte seine Frage vom Tag zuvor. Hier folgt eine inoffizielle Übersetzung des Gerichtsprotokolls:

"Wie alt sind Sie?"

"Einhundertunddreißig Jahre."

"Seit wievielen Jahren sind Sie ein Heiliger?"

"Ich kenne nicht das genaue Jahr, aber seit die Engländer an die Macht kamen."

"Wo Sind sie geboren?"

"In Haidakhan, Distrikt Nainital."

"Wie lange sind Sie bei Ihren Eltern geblieben?"

"Nie."

"Wer hat Sie erzogen?"

"Ein Heiliger."

"Wie heißt dieser Heilige?"

"Siddha Bhairav Baba[5] erzog mich sechs bis zehn Jahre, danach lehrte er mich spirituelle Praktiken."

"Wo ist Bhairav Baba heute?"

"Er ist verschwunden."

"Erinnern Sie sich Ihrer Eltern?"

"Nein."

"Hat Sie jemand nach dem Geheimnis gefragt, wie man zu Bhairav Baba kommen kann?"

"Nein."

"Wann haben Sie Ihren jetzigen geistigen Stand erreicht?"

"Im Alter von zehn Jahren."

"Wo haben Sie danach gewohnt?"

"In Haidakhan, Distrikt Nainital."

"Sind Sie mit jemanden herumgezogen?"

"Ich ging allein."

"Wie lange haben Sie dort gelebt?"

"Ein oder zwei Jahre."

"Wo sind Sie dann hingegangen?"

"Vasuka, Ranibagh."

"Wie lange haben Sie dort gelebt?"

"Acht Jahre, aber ich habe Haidakhan oft besucht."

"Sind Sie zum Gaura Surya Devi Tempel gegangen und haben Sie dort gewohnt?"

"Ja."

"Wann war das?"

"Vor einem Jahr."

"Sind Sie jemals zur Schule gegangen?"

"Nein."

"Welche von den indischen Heiligen Büchern kennen Sie?"

"Mir sind die ganzen Veden bekannt."

"Wieviele gibt es?"

"Vier Veden. Rig Ved, Sama Ved, Gon Ved, Athar Ved."

"Haben Sie eines dieser Bücher gelesen?"

"Nein."

"Wie können Sie dann das Wissen der Veden besitzen?"

"Durch Sombhari Baba, Bhaarav Baba und Mohan Baba. Ich lebte zehn Jahre mit Sombhari Baba in dem Ort Padampur. Zur gleichen Zeit ging ich hin und her zu Mohan Baba und hatte zehn Jahre lang Bhaarav Babas Satsang."

"Besitzen Sie neben den Veden noch andere Kenntnisse?"

"Nein."

"Wer lehrte Sie Yoga und spirituelle Übungen?"

"Bhaarav Baba."

"Was lernten Sie im Yoga und in den spirituellen Disziplinen?"

"Saririk Übungen und Kontrolle des Geistes."

"Als Sie zum Surya Devi Tempel gingen, wohnte dort ein Heiliger?"

"Ja."

"Wie hieß er?"

"Ich weiß es nicht."

"Wie lange haben Sie mit ihm gelebt?"

"Zwei oder drei Monate."

"War dieser Baba krank?"

"Ja."

"Wer behandelte ihn?"

"Das weiß ich nicht."

"Sind Sie manchmal nach Haldwani gegangen, um Medizin zu holen?"

"Nein."

"Kam ein Arzt aus Haldwani?"

"Ja."

"Wie hieß er?"

"Das weiß ich nicht."

"Wo ist seine Klinik?"

"Das weiß ich nicht."

"Würden Sie den Arzt erkennen, wenn er hergerufen werden würde?"

"Ja."

"Wie oft sind Sie in seine Klinik gegangen, um Medizin zu holen?"

"Ich bin nicht hingegangen."

"Ist Ihnen der Name Baba Mahendra Nath[6] bekannt?"

"Ja."

"Sind Sie ihm begegnet?"

"Nein."

"Wann sind Sie nach Haldwani gekommen?"

"Am 28. August."

"Wo waren Sie davor?"

"Bei einer Haidakhan Satsang Gruppe."

"Wann wurde diese Gruppe gegründet?"

"In diesem Jahr."

"Wer gründete sie?"

"Die Schüler hier."

"Wo waren Sie davor?"

"In Sambasadashiv Kunj, in Vrindaban."

"Wie lange?"

"Während des Monat Maha (Januar/Februar)."

"Und davor?"

"In Kathmandu Ashram, in Nepal."

"Wie lange?"

"Zwanzig Jahre."

"Und davor?"

"In Shiker in Almora."

"Waren Sie jemals in Fatepur?"

"Nein."

"Wie groß ist der gesamte Kathgharia Ashram?"

"Fünfundfünfzig Beedhas. (Ein Beedha ist ein halbes Ar, je nach der Örtlichkeit.)

"Wie sind Sie in seinen Besitz gelangt?"

"Durch einen der britischen Bevollmächtigten."

"Wann wurde es übergeben?"

"Während der britischen Herrschaft."

"Sprechen Sie englisch?"

"Ich verstehe es, aber spreche es nicht."

"In welchem Jahr wurde das Land übergeben?"

"Ich erinnere mich nicht."

"Wem wurde das Land übergeben?"

"Mir."

"Sind Sie zu dem Bevollmächtigten gegangen oder kam er zu Ihnen?"

"Der Bevollmächtigte traf mich in Kathgharia."

"Warum kam er dorthin?"

"Er kam oft, um mich zu sehen."

"Warum hat er Ihnen das Land übergeben?"

"Für den Ashram."

"Wieviel Land schenkte er?"

"Fünfundvierzig Bheedhas. Die restlichen zehn Bheedhas wurden von den Dorfleuten geschenkt."

"Sind Sie mit dem englischen Bevollmächtigten in Haidakhan zusammengetroffen?"

"Nein."

"Vor wievielen Jahren sind Sie nach Haldwani gekommen?"

"Ich kam vor zwei Jahren her, ging aber nicht nach Kathgharia."

"Wohin gingen Sie dann?"

"Ich war in Haidakhan und auf dem Kailash."

"Und von wo kamen Sie davor?"

"Aus Nepal."

"Und davor, wann sind Sie nach Kathgharia gekommen?"

"Vierzig Jahre vorher."

"Waren zu jener Zeit auch zufällig Schüler dort?"

"Nein, dort nicht."

"Bis wann regierten die Engländer Indien?"

"Bis 1947."

"Wo wurden Sie geboren?"

"In Haidakhan."

"Wann sind Sie aus Haidakhan fortgegangen?"

"Als ich älter als dreißig Jahre war, kam und ging ich nach und von Haidakhan."

"Haben Sie Ihre Gestalt verändert?"

"Ja."

"Wann und wie war Ihre Gestalt anders als die jetzige?"

"Vor sechzig Jahren war ich ein wenig rundlicher."

"Hatten Sie zu jener Zeit Haare?"

"Ja, ich hatte Haare und trug ein Topi."

"Haben Sie einen Tempel gebaut?"

"Ich habe einen Shiva Tempel in Haidakhan gebaut."

"Gibt es heute noch einen Schüler, der damals bei Ihnen war?"

"Ja. Govind Valabh Pant, der noch immer in Kathgharia lebt. Die Frau von Dr. Hem Chand (Joshi), die in Nainital lebt, war gekommen und ist wieder gegangen. Der Priester in Haidakhan, Shri Paramanandji, ist immer noch Priester in Krishna Nand Gram (Dorf), Distrikt Nainital."

"Gibt es in der Stadt Haldwani noch ehemalige Schüler von Ihnen?"

"Herr Anand Singh."

"Unter wessen Obhut ist das Land in Kathgharia und seit wann?"

"Herr Ghovardhan verwaltet es seit vierzig Jahren."

"Wurde der Ausschuss mit Ihrer Genehmigung gegründet?"

"Nein, er wurde später gegründet."

"Ist es wahr, das Sie Haidakhan Baba sind?"

"Ja, ich bin Haidakhan Baba."

"Ist es nicht so, das Sie ein Schüler vom Haidakhan Baba sind?"

"Nein."

"Einige Menschen vermuten, das Sie nicht der Haidakhan Baba sind."

"Das ist ihre Vermutung. Diejenigen, die denken, ich sei nicht der Haidakhan Baba, haben Unrecht."

"Ist es wahr, das Sie Haidakhan Baba sind?"

"Ja."

Babaji unterschrieb das Dokument mit "Shri Yogi Raj 108 Baba Haidakhan". Es scheint, als ob der Richter seine Entscheidung und seine Unterschrift aus den Akten heraushielt, zumindest enthielt das Dokument, das für mich übersetzt wurde, weder einen Beschluss noch eine Unterschrift. Vijay Gupta berichtet, das der Beschluss des Richters zugunsten Babajis ausfiel und das das Gericht ihm glaubte, Baba Haidakhan zu sein. Alle die anderer Meinung waren, wurden aufgefordert, ihre Beweise vorzulegen. Einige vertraten die Ansicht, das es einfacher war für das Gericht, keine Entscheidung zu treffen.

***

Es gab noch viele Gegner und Skeptiker. Unter ihnen war der Herausgeber der "Sandesh Sagar", Herr Padma Datt Pant. In seiner Ausgabe vom 20. September 1971 beschrieb er das Verhör und seine Folgen:

"...An diesem Tag war das Gericht mit Menschen gefüllt, die von Babaji erwarteten, das er alle Zweifel auslösche und Streitigkeiten durch ein Wunder beseitige. Nichts dergleichen geschah. Stattdessen beantwortete Babaji die Fragen schlicht und wahrheitsgetreu. Es war nichts Unehrliches oder Unwahres in Babajis Aussage. Dennoch glaubten die Leute immer noch, das Babaji aus den Bergen stamme und von falsch denkenden Menschen umgeben war, die einen Großteil der Bevölkerung ausnutzen und sie betrügen wollten. Der Herausgeber der Zeitung hegte ähnliche Gedanken.

Am folgenden Tag traf Herr Sharma aus Jaipur in Haldwani ein und bat den Zeitungsherausgeber, mit ihm zum Katgharia Ashram zu fahren, damit er einige Zeit bei Babaji verbringe. Herr Sharma wünschte, das der Zeitungsherausgeber eine richtige Darstellung von Babajis Gerichtsverhandlung abdruckte, um falsche Gerüchte, Babaji sei von der Polizei verhaftet worden, zu widerlegen. Herr Sharma lud noch zwei weitere Journalisten ein, ihn zu Babaji zu begleiten.

Am nächsten Tag kam der Herausgeber der Zeitung im Kathgharia Ashram an. Ihm wurde mitgeteilt, das Babaji ruhe. Die beiden anderen Journalisten warteten ebenfalls. Nach einer halben Stunde wurden sie von Babaji in seinem Raum empfangen. Sie erzählten ihm, das die fromme Bevölkerung nach den Ereignissen beim Gericht einen Schock im Herzen und im Geiste erhalten habe. Viele Menschen seien gegenüber der Religion gleichgültig geworden, und was im Gericht stattgefunden habe, sei eine Beleidigung für den Haidakhan Baba. Die Leute litten unter einer Täuschung. Wenn er wirklich der berühmte Haidakhan Baba sei - bekannt für seine Wunder -, warum würde er der ganzen Angelegenheit kein Ende bereiten? Die Journalisten stellten viele solche und ähnliche Fragen. Babajis Antwort war einfach: 'Dinge wie diese geschehen immer so. Alles hängt vom Glauben ab.'"

Herr Pant erzählte mir, das er Babaji viele Fragen stellte, die er später "lächerlich" fand, denn er glaubte nicht an diesen jungen Baba. Eine seiner Sticheleien lautete: "Sind Sie ein richtiger Baba, ausgestattet mit der Macht, jene zu strafen, die gegen Sie sind?" Babajis Antwort lautete: "Wer bin ich, das ich jene Männer strafe? Ihr eigenes Karma[7] wird sie richten."

Pantaji brachte immer wieder das "Drama" zur Sprache, welches Babaji veranstaltete. Schließlich brach es ärgerlich aus Babaji hervor: "Wer bist denn du? Warum bist du hergekommen? Warum machst du ein Drama aus dem Namen des Haidakhan Baba und des Hindu Dharma?" Kurz nach diesem Ausbruch erhielt Pantaji eine Belehrung, die ihn zu einem "Gläubigen" machte. Als er Babaji anschaute, bemerkte er einen Schatten in Babajis Haar, ganz nahe bei seinem Ohr. Der "Schatten" breitete sich über sein Gesicht aus und eine Sekunde lang verschwand Babaji Kopf hinter etwas, das aussah wie Protoplasma. Auf der Oberfläche dieser "Leinwand" oder dieses Protoplasmas sah Herr Pant eine Skizze von Babajis Körper, als sei sie auf eine Wand gezeichnet. Aus der "Skizze" formten sich zwei Gesichter Babajis, sie waren hellrosa, eins über dem anderen, mit Schlitzaugen. Pantaji erschrak über diesen Anblick und drehte seinen Kopf von einer Seite zur anderen, um herauszufinden, warum er diese Sicht hatte. Als Pantaji seinen Blick wieder auf Babajis Gestalt richtete, sah er Babaji in sitzender Haltung, aber dreißig Zentimeter über seinem Sitz schweben. Rauch strömte aus seinem Körper und sein Haupt umhüllte ein Glorienschein von funkelndem Licht. Ein Lichtstrahl trat aus Shri Babajis drittem Auge aus und ruhte auf Pantaji. Er konnte der Intensität von Gefühlen und Lichterscheinungen nicht standhalten, fiel zu Babajis Füßen und flehte ihn an: "Oh Baba hör auf, hör auf!"

Babaji drückte eine Hand auf Pantajis Kopf. Wahnsinnig vor Angst stieß dieser die Hand zur Seite, sprang auf und rannte aus dem Zimmer. Pantaji hielt Ausschau nach einer Rikscha, die ihn nach Haldwani zurückbringen sollte. Während er wartete, kamen auch die zwei anderen Journalisten hinzu. Er fragte sie, ob sie irgend etwas Ähnliches wie er gesehen hätten, aber sie verneinten. Verschiedene Leute wollten wissen, was er wahrgenommen habe, aber er sagte nichts.

An diesem Abend ging Pantaji nach seiner Mahlzeit zu Bett. Er ließ das Licht brennen, bis seine Frau ebenfalls kam. Pantaji schloss die Augen und versuchte zu schlafen. Auf einmal saß Babaji leibhaftig an seinem Bett. Pantaji sprang auf, um Babaji willkommen zu heißen, aber es war niemand da. Dieses ereignete sich mehrmals. Als seine Frau schließlich das Zimmer betrat, erzählte er ihr sein Erlebnis. "Du hast Babaji verspottet und dies ist das Ergebnis." lautete ihre Antwort.

Am nächsten Morgen suchte Pantaji erneut den Kathgharia Ashram auf. Er sah Babaji von ferne und verneigte sich vor ihm aus dieser Entfernung. Dann kehrte er wieder heim.

Seit dieser Zeit betrachtet sich Pantaji als Schüler von Babaji, obwohl ihm dessen Identität rätselhaft bleibt. Er wusste, das die Menschen in Shri Babaji eine Manifestation von Shiva sahen, aber er selbst war kein Verehrer Shivas und hatte sich in keinerlei Entsagungen geübt. Warum nun dieses Zeichen? Pantaji betrachtete Babaji vielleicht als tantrischen Meister, und das er nun, weil er ihn verärgert und verspottet hatte, mit seinen tantrischen Kräften spielte, um ihn zu mesmerisieren. Der Gedanke, Babaji könne wahrhaft göttlich sein, ging ihm durch den Kopf, doch er war sich seiner nicht sicher bis zu dem Zeitpunkt, als er von Shri Nantin Baba hörte.

Verbindung zum "Alten Haidakhan Baba"

Shri Babaji kehrte von Kathgharia nach Haidakhan zurück. Kurz nach seiner Ankunft besuchte ihn ein Mann namens Jaman Singh aus dem Dorf Udhwan nahe bei Haldwani und teilte Babaji seine Sorgen mit, die sich meist um seine Armut drehten. Er besaß ein Stückchen Land, aber das Wasser für sein Feld und für sein Vieh war weit ab.

Babaji sagte zu Jaman Singh: "Mein Land liegt brach" und deutete dabei auf die erste Biegung im Flussbett unterhalb von Haidakhan "du kannst es übernehmen."

Das war eine große Überraschung für jedermann. Der Babaji, den sie kannten, hatte weder Land im Tal gekauft noch wurde ihm Land geschenkt. Jaman Singh wurde von Babaji zum Gericht nach Nainital geschickt, um die entsprechenden Unterlagen zu holen, aus denen hervorging, das dieses Land dem "Alten Haidakhan Baba" gehörte. Nach einer beachtlichen Suchaktion wurden die entsprechenden Dokumente gefunden. Jaman Singh kam mit einem neuen Dokument in das Gautam Ganga Tal zurück, das ihm das Recht gewährte, die drei Ar großen Felder Nr. 1421/1422 zu beackern, wenn er eine Zahlung an Baba Haidakhan entrichtete. Diese Felder waren 1922 Baba Haidakhan überschrieben worden.[8]

Ende des Jahres 1971 verbrachte Babaji drei Tage in Ram Prakhash Bhasins Haus in Haldwani. Er blieb die ganze Zeit in dem ihm zugewiesenen Zimmer und verließ es nur, um sein Bad zu nehmen, wobei ihm die Bhasin Familie behilflich war. Während der ganzen Zeit aß Babaji weniger als das ein Kind davon hätte satt werden können, er nahm ein winziges Stück von einer Kartoffel oder einer Frucht zu sich und trank etwas Milch oder Saft, aber nicht aus Verlangen nach Nahrung, sondern eher als Segensgeste für das, was man ihm anbot. Nicht ein einziges Mal benutzte er die Toilette. Er sprach nur wenige Worte während seines dreitägigen Aufenthaltes, und die Menschen berührten weder ihn noch salbten sie seine Haut mit wohlriechendem Duftöl wie zu späteren Zeiten, dennoch entströmte seinem Körper ein lieblicher Duft.

Als die Familie Bhasin Shri Babaji im Dezember in Haidakhan aufsuchte, saß Babaji nur mit einer dünnen baumwollenen Kurta bekleidet in einer Stein- und Lehmhütte mit halbhohen Wänden; zwischen der obersten Steinreihe und dem Holzgestell für das Rieddach klaffte ein Zwischenraum von sechzig bis achtzig Zentimeter. Auch dort aß er fast nichts und suchte auch nicht die Toilette auf. Die meiste Zeit saß er in tiefer Meditation in der Hütte, entweder mit geöffneten oder geschlossenen Augen. Auch in der Nacht saß er aufrecht in vollendeter Meditationshaltung. Gelegentlich nahm er einige Schüler mit auf einen Spaziergang in die Berge oder an den Fluss. Er sprach kaum, aber wenn er redete, waren seine Äußerungen voller Bedeutung.

Nantin Baba erkennt Babaji an

Am 12. Januar 1972 erreichte Nantin Baba Haldwani und gab seinen Schülern bekannt, das er am 14. Januar mit Babaji im Surya Devi Tempel zusammentreffen werde, an dem Tag, an dem die Wiederkehr der Sonne in die nördliche Hemisphäre gefeiert wird. Bevor er am 13. Januar zum Surya Devi Tempel aufbrach, sagte er zu einigen Journalisten aus der Gegend, das Baba Haidakhan die gesamte kosmische Energie in sich gesammelt hätte und vor der Welt erschienen sei, um ihr Licht zu bringen. Da nun so viele Menschen Babaji gesehen hatten, würde er, Nantin Baba, ebenfalls zu ihm gehen.

Nantin Baba erreichte den Surya Devi Tempel einige Stunden vor Babaji. Als Babaji an diesem späten Winternachmittag ankam, hießen ihn alle Anwesenden willkommen. Ohne auch nur Nantin Baba einen Blick zu schenken, lief er an ihm vorbei, und Nantin Baba spielte mit ihm zugewandten Rücken mit einigen Blumen. Mehrere Stunden hielten die beiden Babas dieses Spiel aufrecht, und die verwirrten Schüler machten wenig Anstalten, die beiden einander näher zu bringen. Babaji wies dann seine Schülern an, sie sollten Nantin Baba Speisen bringen, welche er auch zu sich nahm. Später am Abend, nachdem alle gegessen hatten, fragte Pantaji Nantin Baba, wann er zum Haidakhan Baba gehen würde, um ihn zu begrüßen. Nantin Baba entgegnete: "Ich würde gern zu ihm gehen, aber ich weiß nicht, wo Babaji ist."

Pantaji schrieb in seiner Zeitung, das er selbst Nantin Baba bei der Hand nahm und ihn zu Shri Babaji führte. Nantin Baba legte seine Geschenke zu Babajis Füßen nieder, die er mit Blumen umkränzte. Die beiden Heiligen unterhielten sich nicht mit Worten, sondern kommunizierten miteinander in tiefer Meditation. Später fragte eine Frau Shri Nantin Baba, was er gesehen habe. Er antwortete, das er Babaji als ganz alten Mann sah. Die herumstehenden Menschen lachten und sagten: "Du bist es, der alt ist, Babaji ist sehr jung!" Nantin Baba soll daraufhin geantwortet haben: "Aber ich bin ein Kind und Babaji ist ein alter Mann. Er ist unsterblich und der Beherrscher des Universums." Er fügte auch noch hinzu, das Babaji in ein paar Jahren seinen Körper verlassen würde und danach die Gestalt eines fünfjährigen Kindes annehmen würde.[9]

Des "Alten Haidakhan Babas" uralte Kette

Babaji weilte wieder im Ashram in Vrindaban, und es war Anfang 1972, als ein sehr alter Mann in zerlumpter Kleidung zu Shri Babaji in den Ashram von Vrindaban kam. Dr. Hem Chand Joshis Witwe, Durga Devi, war anwesend, und als sie ihn sah, verneigte sie sich vor diesem Mann. Es war Gangotri Baba, der, einer Eingebung folgend, seine Himalaja Berge verließ, um Shri Babajis Darshan zu bekommen. Einer der Anwesenden lief schnell zu Swami Fakiranand, der damals Verwalter von Babajis Ashram war. Swamiji begrüßte Gangotri Baba und bot ihm einen Sitz an, dann verschwand er wieder in dem Zimmer, das er als sein Büro benutzte.

Shri Babaji trat aus seinem Raum und flüsterte Swamiji zu, ein großer Heiliger aus dem Himalaja sei gekommen und er solle sich vor ihm verneigen. Nachdem Swamiji ihm seine Ehrerbietung bezeugt hatte, hieß Babaji ihn, Prasad für Gangotri Babaji - Obst und Milch - zu holen, was er auch tat. Dann setzte sich Babaji und gab Darshan, aber eine Unterhaltung zwischen Babaji und Gangotri Baba fand an diesem Nachmittag nicht statt.

Am nächsten Morgen erschien Gangotri Baba wieder, um Babajis Darshan zu erhalten. Nach kurzer Zeit sagte Babaji zu Swami Fakiranand an: "Geh, und hole meine Mala vom Gangotri Baba." Swamiji, der annahm, das Babaji ihm tags zuvor eine Mala geschenkt habe, ging zu ihm und sagte: "Baba bittet um die Mala." Da lächelte Gangotri Baba und erzählte Swamiji die Geschichte von der Mala, die ihm der "Alte Haidakhan Baba" gegeben hatte.[10] Er sagte, er habe die Mala in dem ursprünglichen Baumwollbeutelchen mitgebracht, und er bot sich an, sie aus seinem Schlafraum zu holen. Babaji sagte daraufhin, damit habe es Zeit bis zum Darshan am Nachmittag.

Am späten Nachmittag kam Gangotri Baba wieder und sagte, er habe den Beutel nicht geöffnet, seit Haidakhan Baba ihn ihm im Jahre 1922 zur Aufbewahrung übergeben habe. "Jetzt, nach fast fünfzig Jahren, gebe ich ihn Babaji zurück, dem er gehört." Swamiji brachte den Beutel zu Shri Babaji. Er war zerrissen und schmutzig, die Malaschnur brüchig und dünn, aber sie hielt. Jeder der Anwesenden sah mit großem Interesse und Ehrfurcht zu. Nach zwei oder drei Tagen ließ Babaji die Mala neu fädeln, behielt sie ein paar Tage und schenkte sie dann einem Schüler.

Inamdar und Vora beugen ihre Knie

Im August 1972 verspürte Ambalal Inamdar[11] eine unerklärliche Konzentrationsschwäche bei der Arbeit; ständig sagte ihm eine innere Stimme: "Geh nach Vrindaban".[11] Er war sehr verwundert und erzählte diese Geschichte seinem engen Freund Manherlal K. Vora. Voraji legte ihm nahe, nach Vrindaban zu fahren, um dem Rätsel auf die Spur zu kommen, und Inamdar, ein Mann von Tatkraft, setzte sich kurzerhand in den Zug nach Vrindaban. In den Straßen dieser Stadt traf er einen Mann, den er aus Ambaji kannte; gemeinsam hatten sie früher Mahendra Maharaj aufgesucht. Herr Inamdar erkundigte sich nach dem Tempel des Ashrams von Mahendra Baba. Der Mann antwortete ihm, er sei sehr erfreut, denn der Tempel werde genau wie von Mahendra Baba geplant gebaut.

Herr Inamdar, der das Geld zum Kauf des Ashramlandes aufgebracht und bei der Herstellung der technischen Zeichnungen des Tempel mitgewirkt hatte, gestand sich ein, das ihn selbstsüchtige Gefühle mit dem Ashram verbanden. Als er das Gelände betrat und sich in dem fast fertigen Tempel umsah, stellte er fest, das sein Ego kleiner wurde: alles war so, wie Mahendra Maharaj es geplant hatte, und sein Misstrauen schmolz dahin. Inamdar betrat das alte Zimmer von Mahendra Baba und bemerkte, das seine Photographie noch immer dort hing. Dann schritt Inamdar auf den Sitz zu, auf dem Babaji saß, grüßte ihn stehend mit gefalteten Händen und setzte sich unter die anderen Schüler.

Babaji erhob sich, ging in sein Zimmer und ließ Inamdar zu sich rufen. Als sie sich niedergelassen hatten, stellte Inamdar Babaji die Frage, die er allen Heiligen immer vorgetragen hatte, wenn er mit ihnen sprach: "Maharaj, wenn immer ein Schüler einen Schritt auf Gott zugeht, dann kommt Mahamaya (die Täuschung oder das Bewusstsein der Unterschiedlichkeit der Schöpfung) und stößt ihn zwei Schritte zurück. Warum ist das so?" Babaji antwortete: "Inamdarji, warum machst du einen Unterschied zwischen Gott und seiner Schöpfung?" Inamdar staunte über diese Antwort, hatte er doch viele verschiedene Erwiderungen von den unterschiedlichsten Heiligen erhalten, und alle waren alt und weise gewesen. Seine Frage war eine traditionelle gewesen und es gab darauf traditionelle Antworten, aber, dachte Inamdar, die Erwiderung des "jungen" Babaji war die beste, die er je gehört oder gelesen hatte, denn sie traf den Kern: die ganze Schöpfung ist die Manifestation Gottes.

Inamdaji blieb einige Minuten still nachsinnend sitzend, während Babaji wohlwollend auf ihn niederschaute. Dann stand er auf, ging hinaus und setzte sich wieder unter die anderen. Er hatte ein Rückenproblem, das es ihm erschwerte, für längere Zeit still zu sitzen, aber plötzlich bemerkte er es nicht mehr, er fühlte sich sonderbar leicht, federleicht und nahm auf den Händen eine tantrische Haltung ein. In dem Augenblick geschah etwas, wonach er seit Jahren gesucht hatte: er fühlte einen Frieden in sich, der es angeblich der Kundalini[12] erlauben soll, vom untersten Wurzelchakra durch den Körper nach oben zu fließen. Wie Inamdar dasaß und diesen wunderbaren Frieden genoss, verließ Babaji sein Zimmer und ging auf ihn zu. Inamdar fand sich in Tränen aufgelöst, und es war, als ob die Tränen sein Ego und seine Sünden hinwegwuschen.

Zurück in Bombay suchte er seinen Freund Vora auf und sagte, er solle nicht erstaunt sein, wenn er sich vor Babaji verneige.

Nach diesem Vorfall fuhr Herr Vora in die Stadt Ambaji, um Shri Babaji nach Bombay einzuladen, und erhielt seine Zusage. Im November 1972 fuhren Voraji und Inamdarji nach Gwalior, holten dort Babaji ab und begleiteten ihn nach Bombay. Im Flugzeug saß Inamdar neben ihm. Durch das Geräusch der Flugzeugmotoren hindurch hörte Inamdar immerzu das Mantra Om Namah Shivay klingen. Er traute seinen Ohren nicht und konzentrierte seinen Verstand auf das Motorengeräusch, aber je mehr er sich konzentrierte, um so deutlicher erklang es. Er versuchte eine Zeitschrift zu lesen, um sich abzulenken. Vergeblich. Schließlich wandte Inamdar sich an Babaji und fragte ihn, ob er wirklich der Haidakhan Baba sei. Babaji lächelte nur. Dann fragte Inamndar, ob Babaji den Körper eines anderen benutze oder ob er sich den Körper materialisiert habe. Babaji nahm die Zeitschrift auf, in der Inamdar gelesen hatte, und bat ihn, weiter darin zu lesen. Inamdarji stand mit der Bemerkung auf, er hätte sie schon gelesen, jetzt hingegen suche er Erkenntnis, und wenn Baba antworten wolle, dann solle er es tun, andernfalls würde er sich woanders hinsetzen.

Babaji gab Inamdar Zeichen, sich hinzusetzen und sagte: "Kannst du einen Baum auf den anderen pfropfen?" Noch während Inamdar bei sich dachte, das nur bestimmte Sorten aufgepfropft werden können, legte Babaji ihm seine Hand auf das Knie und sagte: "Man kann nur bestimmte Bäume aufeinander pfropfen, nicht jeder Baum ist geeignet." Und er fügte hinzu: "In diesem Zeitalter kann man Elektrizität von Ort zu Ort schicken, man kann sie sogar speichern. Und genau so können jene Dinge getan werden."

Shri Babaji wurde in das Haus von Manherlal K. Vora geleitet, in dem Mahendra Maharaj oft Ruhe und Frieden gefunden hatte, wenn er über Probleme, Zweifel und Fragen nachdenken wollte. Die Voras, die Babaji als Haidakhan Baba und Mahavatar Babaji akzeptiert hatten, waren natürlich sehr auf ihren ungewöhnlichen Gast gespannt. Noch immer aß er nur kleinste Stückchen von der geopferten Speise, winzige Stücke Obst oder frisches Gemüse, alles zusammen genommen höchstens einen Esslöffel am Tag. Trotz der geringen Nahrungsaufnahme hatte er grenzenlose Energie, er nahm immer zwei Stufen auf einmal, um in ihre Wohnung in den dritten Stock zu gelangen... "wie ein Affe". Er suchte niemals in diesen zehn Tagen die Toilette auf, saß die meiste Zeit in Meditation, sprach sehr selten, aber strömte Frieden und Liebe aus. Er nahm teil an dem neuntägigen Yagya und den Lesungen aus Heiligen Schriften. Und viele Menschen - Schüler von Mahendra Baba und andere - kamen, um ihn zu sehen.

Familie Lal begegnet Babaji in zwei verschiedenen Gestalten

Anfang 1960 las Frau Vimla Lal Yoganandas Autobiographie. Besonders bezauberten sie die Kapitel über Mahavatar Babaji, aber hierüber konnte sie nicht mit ihrem Mann sprechen. Er war Arzt, erfolgreicher Wissenschaftler, Leiter eines Labors für Pathologie in Neu Delhi und in medizinischwissenschaftlichen Kreisen in Indien und Amerika bekannt. Sein wissenschaftlicher Geist war den Wundergeschichten von Gurus und der Frömmigkeit ihrer Anhänger verschlossen.

Frau Vimla Lal las das Kapitel in Yoganandas Buch immer wieder, bis sie schließlich von der Existenz Babajis überzeugt war und dachte, das sie, wenn sie erst einmal zum Dronagiri Berg gelange - wo Lahiri Mahasaya in den Kriya Yoga eingeweiht wurde -, dann dort auch Babaji finden könne. Aber wie sollte sie dorthin kommen?

Im Jahre 1966 fragte Dr. Lal seine Frau, ob sie ihn nach Nainital zu einer Ärztekonferenz begleiten möchte. Hier sah sie ihre Chance. Sie sagte zu unter der Bedingung, das er mit ihr im Anschluss an die Konferenz nach Ranikhet, etwa fünfundsiebzig Kilometer von Nainital entfernt, fahre. Ranikhet ist die Stadt, in die Lahiri Mahasaya von Babaji gerufen wurde.

Sie machten sich beide auf die Reise. Als sie Ranikhet erreichten, ging Dr. Lal zum Golfspielen. Vimla las die Kapitel über Babaji, betete und befragte die Dorfbewohner nach dem Berg Dronagiri. Aber niemand konnte ihr Auskunft geben. Als die Zeit ihrer Abreise nach Neu Delhi sich näherte, wurde Vimla sehr unruhig. Sie weinte und betete die ganze Nacht. Sie dachte, Gott hätte einen Plan gehabt, als er ihr diese Reise ermöglichte. Reisten sie nun nach Delhi zurück, ohne Babaji gesehen zu haben?

Als Dr. Lal vom Golfspielen am nächsten Morgen zurückkehrte, fragte er Vimla, was sie mit ihrer Zeit angefangen hätte. Sie sagte, sie hätte gelesen, ihre Augen seien nun müde geworden, ob er ihr wohl ein Kapitel vorlesen könne? Sie gab Dr. Lal das Kapitel in dem Buch zu lesen, wo von dem Palast auf dem Dronagiri Berg[13] die Rede ist. Er las es ihr vor und fing an, interessiert zu werden. Er wollte diesem Phänomen, der Unsterblichkeit solcher großen Yogis, nachgehen, so lange sie in dieser Gegend waren. Also bestiegen sie ihr Fahrzeug auf der Suche nach dem Dronagiri Berg.

Nach erheblichen Schwierigkeiten befanden sie sich schließlich auf der richtigen Straße nach Dronagiri und fuhren durch eine hügelige Landschaft. In der Nähe des letzten Dorfes an der Straße bemerkten sie zwei Sadhus, die am Ufer des Gangeswar standen. Der ältere der beiden, von dem Frau Lal meinte, das er Babaji sei, machte einen großen Schritt auf die Mitte der Straße und versuchte, das Auto anzuhalten. Als der Doktor vorbeigefahren war, bat Vimla aufgeregt ihren Mann, das Auto anzuhalten: "Babaji ist gekommen!"

Dr. Lal fuhr sein Fahrzeug seitlich heran, um anzuhalten, nicht jedoch ohne vor sich hinzumurmeln, das seine Frau von einer fixen Idee wegen Babaji besessen sei, und das sie ihn überall zu sehen glaube. Frau Lal sprang aus dem Auto, rannte zurück zu den Männern, verneigte sich und fragte den einen, ob er Babaji sei. Er bestätigte es, segnete sie und sagte ihr, das er sich nicht jedem sichtbar mache. Aber, da sie mit so großer Hingabe und tiefem Glauben gekommen sei, musste er ihr erscheinen. Er bot den Lals an, ihnen den Weg zum Tempel auf dem Dronagiri Berg zu zeigen.

Frau Lal ließ die beiden Sadhus auf der hinteren Sitzbank Platz nehmen und Dr. Lal brummte in Englisch vor sich hin, das er keinen Wert darauf lege, zwei Landstreicher in seinem Wagen zu befördern. Babaji lachte dazu.

Die Straße zum Dronagiri Berg war damals im Bau, so fuhren sie, so weit es möglich war, machten dann kehrt und besorgten sich in einem Dorf einen Jeep. Als sie nahe beim Tempel angekommen waren, stiegen alle aus, und Babaji zeigte zu der Bergseite, auf der der Tempel zu Ehren der göttlichen Mutter stand, damals ohne Aufsicht. Der Arzt kletterte sofort aus dem Auto, erklomm eine ein Meter hohe Mauer und strebte mit seiner Kamera auf den Berghang zu.

Frau Lal, allein zurückgelassen mit Babaji und dem anderen Sadhu, war ärgerlich auf ihren Mann, weil er es ihr überließ, wie sie mit ihrem Sari über die Mauer klettern würde. Sie schwieg jedoch. Babaji, der ihre Gedanken gelesen hatte, sagte zu ihr, sie solle sich wegen der Mauer keine Sorgen machen. Sie legte ihre Hand in die seine, und bis zum heutigen Tag weiß sie nicht, ob sie durch die Mauer gegangen, über sie hinweggeklettert oder geflogen ist. Sie befanden sich plötzlich ohne Anstrengung auf der anderen Seite der Mauer.

Beim Tempel angekommen, wies Babaji Frau Lal an, eine Puja zu machen, den üblichen Gottesdienst. Aber sie hatte für das Zelebrieren einer Puja nichts mitgebracht. Babaji spürte ihre Verlegenheit und sagte, das alles im Tempel vorbereitet sei, denn er hatte gewusst, das sie kommen würde. Als sie eintrat, fand sie Blumen, Weihrauch, ein Tuch, etwas Speise und eine Arti- Lampe vor. Aber wieder wurde Frau Lal verlegen, denn sie hatte noch nie eine Puja vollzogen und wusste nicht, wie sie ausgeführt wird. Also stand ihr Babaji zur Seite und sagte ihr Schritt für Schritt, was zu tun sei.

Nach der Puja verließen sie den Tempel. Nahe beim Eingang hing eine Glocke, zu hoch, als das Frau Lal sie hätte erreichen können. Nach hinduistischer Sitte ist es üblich, beim Eintreten in den Tempel oder beim Hinausgehen eine Glocke zum Klingen zu bringen. Frau Lal dachte: "Wenn ich etwas größer wäre, könnte ich diese Glocke läuten!" Kaum gedacht, sagte Babaji zu ihr: "Du kannst es! Bringe sie zum Klingen!" Wie Frau Lal sich nach der Glocke streckte und anfing, sie zu läuten, bemerkte sie, das ihre Füße den Boden nicht berührten. Nach einigen Sekunden sagte Babaji: "Komm jetzt herunter, es ist sehr spät und ihr müsst noch weit fahren."

Als ihre Füße den Boden wieder berührten, verneigte sich Vimla Lal vor Babaji, berührte seine Füße und fragte: "Baba, wann werde ich dich wiedersehen?" Mit klarer Stimme antwortete er: "Mein Kind, wenn immer du mit einer solchen Hingabe und mit solchem Glauben kommst, wirst du mich hier finden."

Dr. Lal, der die meiste Zeit mit Photographieren beschäftigt war, kam zu ihnen herüber. Zusammen mit seiner Frau verbeugte er sich respektvoll vor Babaji, und, als sie wieder aufschauten, war er verschwunden. In diesem Augenblick wurde Dr. Lal bewusst, das dieser alte Sadhu kein gewöhnlicher Dorfbewohner gewesen sein konnte. Er war sich nicht sicher, ob er den "unsterblichen Babaji" gesehen hatte, aber er öffnete sich dieser Möglichkeit.

Es war im Jahre 1974, das den Lals ein Gerücht zu Ohren kam, wonach ein Shiva Avatar erschienen sei, der als Shri Haidakhan Wale Baba, oder auch einfach als Babaji, bekannt war. Dr. Lal konnte dieser Behauptung nicht recht glauben, bis ein Freund aus Amritsar, der in einem Heiligen Buch gelesen hatte, ihm erzählte, das Shiva als Shri Haidakhan Wale Baba erscheinen würde und das dieser Babaji derjenige sein könnte, den sie auf dem Dronagiri getroffen hatten. Als sie hörten, das Babaji sich in Mathura, etwas mehr als zwei Autostunden von Neu Delhi entfernt, aufhielt, fuhren die Lals dorthin, um ihm zu begegnen.

Der Babaji, den sie vorfanden, glich nicht dem alten Mann vom Dronagiri, dieser Baba war ein junger Mann von Zwanzig, gesund und kräftig und auch sehr unähnlich den üblichen Bildern von Shiva. Er schien sich sehr zu freuen, als er die Lals vor sich sah.

Beide verbrachten einige Tage bei Babaji in Mathura. Wegen der vielen Menschen war es überfüllt und zu laut, um mit ihm privat und ungestört zu reden. Deshalb folgten sie ihm nach Vrindaban. Dr. Lal drängte seine Frau immerzu, Babaji zu fragen, ob er sie kenne. Aber erst nach dem vierten oder fünften Tag in Vrindaban ergab sich die Gelegenheit, das sie Babaji inmitten nur weniger Menschen antrafen. Vimla Lal verneigte sich vor ihm und fragte: "Baba, warst du jemals auf dem Dronagiri?" Seine Antwort lautete: "Wart ihr dort?" Sie fragte: "Erinnerst du dich nicht?" "Natürlich erinnere ich mich!" Dann wandte er sich zu Dr. Lal und frage: "Wann gehst du wieder dorthin?" Frau Lal ließ nicht locker und bestürmte Babaji: "Wann wirst DU dort wieder hingehen?" "Mein Kind, wenn immer du mit solcher Hingabe und solchem Glauben dort hingehst, werde ich dort sein."

Diese Antwort überzeugte Frau Lal, das dieser Babaji und der "alte" Baba auf dem Berg ein und derselbe sein mussten. Dr. Lal hatte diese Aussage auf dem Dronagiri nicht gehört, und so wandte sich Babaji an ihn mit den Worten: "Doktor, als du das letzte Mal auf dem Dronagiri warst, waren wir beinahe drei Stunden beisammen. Jetzt, wo ihr hergekommen seid, werde ich drei Tage bei euch sein." Diese Aussage überzeugte Dr. Lal. Er hatte Babaji gegenüber nie seinen Beruf erwähnt. Er drehte sich zu seiner Frau um, und gemeinsam rechneten sie kurz nach und stellten fest, das der "alte Baba" wirklich nur etwa drei Stunden mit ihnen auf dem Dronagiri gewesen war. Darauf berührte Dr. Lal Shri Babajis Füße und wurde ein glühender Verehrer von ihm, so lange er lebte.

Einige Zeit danach, als die Lals mit Babaji schon besser bekannt waren, fuhren sie ihn in ihrem Wagen von Vrindaban nach Delhi. Da fragte Frau Lal, wer der andere Mann gewesen sei, der ihn damals begleitete. Babaji antwortete, es sei Mahendra Baba gewesen, der immer bei ihm - in ihm sei.

Ende 1975 fuhr Shri Babaji mit Herrn und Frau Lal und ihrer Schwester, Kanta Sharma, vom Ashram in Chilianaula nach Haldwani. Als sie sich dem Dorf Garam Pani näherten, deutete Babaji zum Flussbett hin und sagte, dort gäbe es eine Höhle, in der er über einhundert Jahre meditiert habe. Da platzte Dr. Lal heraus: "Baba! Hundert Jahre?" "Bist du etwa überrascht, weil ich nicht so alt erscheine?" fragte Babaji und hieß den Arzt anhalten. Er sagte zu Vimla, sie solle den Hügel hinab zum Fluss laufen, dort würde sie einen Pipal-Baum vorfinden, an dem nur dreizehn Blätter wachsen. Vimla lachte bei diesem Gedanken, aber sie hielten den Wagen an und Dr. Lal und seine Frau gingen den Hang hinunter. Bald entdeckten sie zwei kleine, primitive Tempel auf einem Sockel, von denen man über den Fluss schauen konnte. In dem einen stand eine kleine brennende Öllampe und eine Murti, die mit einem Wolltuch gegen die Kälte bedeckt und mit einer Blume geschmückt war. Alles war in einem etwas baufälligen Zustand. Vimla nahm das Tuch von der Statue und sah, das es eine Statue des "Alten Haidakhan Baba" war. Das war also der Grund, warum Babaji sie hergeschickt hatte, dachte sie. In der Nähe befand sich auch eine Höhle, neben der ein Pipul-Baum stand, der fast ganz von einem Erdrutsch begraben worden war. Nur ein Ast schaute aus dem Erdhügel heraus und an ihm wuchsen dreizehn Blätter!

Sie kletterten den Hügel wieder hinauf zum Auto, wo Babaji zu ihnen sagte: "Ich bin überzeugt, das ihr mir niemals etwas glauben werdet, es sei denn, ihr könnt euch mit euren Augen davon überzeugen!"

Vimla stellte Shri Babaji die Frage, ob er dort als Shiva selbst meditiert habe, und ihre Schwester fragte: "Ist Shiva 'adi' (die erste ursprüngliche Form Gottes)?" Babaji antwortete: "Nein, Shiva ist 'anadi' (aus einer Zeit ohne Anfang)." Babaji sagte, er sähe zwar jung aus, aber wir könnten uns nicht vorstellen, wie alt er in Wirklichkeit sei. "Urteilt nicht nach dem äußeren Anschein!"

Shri Shri Sitaram Omkarnathji begegnet Babaji

Es gibt sehr viele Geschichten von Menschen, die Babaji als göttliches Wesen ansahen. Treffen seine Schüler sich zu Veranstaltungen, dann werden viele solcher Berichte ausgetauscht. Es gab ihrer unzählige seit dem Tag seiner Mission, und sie setzten sich fort bis zu seiner letzten Stunde. Trotz der Nebelwand, die er um sich schuf, bekamen die Menschen oft einen Einblick in seine Göttlichkeit. Junge und Alte, Männer und Frauen, Heilige und Sünder, alle hatten plötzliche und ungewöhnliche Erfahrungen mit Babaji als dem "Herrn".

Im Februar 1981 flog Shri Babaji mit einer kleiner Gruppe nach Kalkutta, nachdem er in Bombay neun Tage lang ein Yagya abgehalten hatte. Herr Sib Narayan Nandi verlangte dringend nach ihm. "Nandi Baba", wie man Herrn Nandi nannte, wollte nicht nur, das Shri Babaji auf einen kurzen Besuch sein Haus, seine Familie und die Schüler aus Kalkutta segnete, er wollte auch, das der alte Guru der Familie Shri Shri Sitaram Dass Omkarnathji Shri Babajis Darshan erhielt. Shri Shri Omkarnathji war damals Anfang neunzig, ein anerkannter, Wunder wirkender Heiliger und Guru von zehn- oder vielleicht hunderttausend von Indern und Ausländern und mit Ashrams in fünfundfünfzig oder sechzig heiligen Orten Indiens.

Am Tage nach seiner Ankunft in Kalkutta wurde ein großer Saal ausgestattet, damit Shri Babaji seinen Anhängern Darshan geben konnte. Shri Shri Omkarnathji wurde in einem Wagen dorthin gefahren und auf der Schulter eines Schüler zu der Tür der Empfangshalle getragen, in der Babaji saß. Die Menschen waren alle gespannt, was geschehen würde, wenn der bekannte neunzigjährige Heilige auf den jungen Babaji traf.

An der Tür wurde Shri Shri Omkarnathji von der Schulter seines Schülers herabgelassen, und mit Schwierigkeiten ging er den Gang entlang bis zu Babajis Sitz. Dort verneigte er sich vor Babaji, indem er sich flach auf den

Boden legte. Er lehnte den ihm angebotenen erhöhten Sitz ab und blieb mit gefalteten Händen und fließenden Tränen am Boden sitzen. Er sagte zu Shri Babaji, das er die Arbeit, die Babaji ihm zugewiesen habe, vollendet habe. Dann stand er auf und verkündete der versammelten Menschenmenge: "Shri Shri Babaji ist Gott und ich bin sein Diener. Er ist Akhan Parabrahma Omkar Bhagwan (der ewige, höchste Gott, das Absolute, der (formlose) Gott, der Erschaffer des Alls). Ich habe ihn als Krishna gesehen. (Krishna war die Gottheit, die Shri Shri Omkarnathji verehrte). Er fügte noch hinzu, das Babaji denselben Kriya Yoga unterrichtete, den Babaji an Lahiri Mahasaya gegeben habe.

Im Sommer 1982 erkrankte Shri Shri Omkarnathji und lag sechs Monate im Koma. Shri "Nandi Baba" schickte eine dringende Nachricht an Shri Babaji, er möge nach Kalkutta kommen, um dem alten Heiligen ein letztes Mal Darshan zu gewähren. Shri Babaji sagte zu und beabsichtigte, im Oktober zu kommen, verwarf aber diesen Plan. Am 6. Dezember 1982 schließlich flog er von Delhi nach Kalkutta. Dort wurde er von Shri Nandji am Flughafen abgeholt und sogleich in die Wohnung zu Omkarnathji gebracht, der aus dem Koma erwacht war und dankbar und bei vollem Bewusstsein Babajis Darshan, drei Tulsiblätter und ein Getränk, von ihm annahm. Wenige Stunden später verließ Shri Shri Omkarnathji seinen Körper.

Anmerkungen

1 Asche vom heiligen Havan- oder Yagyafeuer

2 Dieser Vorfall wurde einem unveröffentlichten Manuskript entnommen, das von Vijay Gupta in Hindi geschrieben wurde

3 Babaji scheint sich hier auf Geistwesen bezogen zu haben, die gemäß hinduistischer Schriften und Tradition bereit sind, mit bösen Kräften Shivas Kriege zu unterstützen, wenn immer er es wünscht

4 Aus Vijay Guptas unveröffentlichtem Manuskript

5 Bhairav ist eine spirituelle Energie Shivas. Es soll zweiundfünfzig verschiedene Manifestationen Bhairavs in der hinduistischen Literatur geben. Siddha Bhairav Baba ist ein erleuchtetes Wesen, das lehrt, ein Meister aller Kräfte

6 I.e., Mahendra Baba

7 Die Früchte egoistischer Handlungen

8 Rao, Seiten 38 und 39

10 Rao, Seiten 68 und 69

11 Rao, Seiten 123 und 124

12 Kundalini ist eine spirituelle Kraft, die, so wird gesagt, durch spirituelles Wachstum das Rückgrat emporsteigt. Sie steigt durch Zentren auf, die Chakren genannt werden und welche mit Körperzonen und Funktionen des Geistes verbunden sind. 1. Chakra liegt am unteren Ende der Wirbelsäule und hat mit dem "Überleben" zu tun. das 2. befindet sich hinter den Genitalien und beeinflusst die innerlichen und sexuellen Gefühle, das 3. liegt hinter dem Solar Plexus und bezieht sich auf Kraft und Egostärke. Das 4. Chakra liegt in der Mitte der Brust und beeinflusst die Liebe. Am Hals liegt das 5., und dieses hat mit Hingabe und Kreativität zu tun. Das 6. befindet sich auf der Stirn und beeinflusst Weisheit und Selbstverwirklichung und das 7. liegt auf dem Scheitel und hat mit Erkenntnis zu tun.

13 siehe Seite 45, oben.

Ich kam, um mich dir zu überantworten, Dir, o Herr von Haidakhan,
höchster Meister des wahren Namens,
Du bist derjenige, der das Leid fortnimmt.

Haidakhan Arti

Lege alle Pflichten (Dharmas) ab, und komme schutzsuchend zu mir allein, trauere nicht, ich werde dich von allen Sünden erlösen.

Lord Krishna zu Arjuna
Bhagavad Gita: 18. Strophe, Vers 66

Kapitel 7

Wie Babaji die Menschen zu sich rief

Oftmals erwähnte Shri Babaji in der Unterhaltung mit kleineren Gruppen oder in Gesprächen mit Schülern, dass er niemals jemanden gerufen oder angewiesen hat, zu ihm zu kommen. Es mag buchstäblich wahr sein, dass niemand - während er in einem Körper weilte -, zu ihm kommen konnte, bevor er ihn nicht getroffen oder ihn schriftlich gebeten hatte, ihn aufsuchen zu dürfen. Dennoch kennen wir zumindest eine Geschichte, die verdeutlicht, wie Menschen zu Shri Babaji gezogen wurden.

Ein Rechtsanwalt begegnet seinem Meister

Hem Chand Bhatt ist Rechtsanwalt. Er stammt aus Nainital, einem Ort, in dem das Bezirksgericht - außer in den kalten Wintermonaten - tagt und während dieser Zeit dann zusammen mit Herrn Chand Bhatt in die niedrigeren, wärmeren Regionen um Haldwani zieht. Während der Weihnachts- und Neujahrszeit schließt das Gericht für zehn oder zwölf Tage, und dann fuhr Herr Bhatt mit seiner Familie ins Tal, um dort einen kurzen Urlaub zu verbringen. 1971/72 entschloss er sich, seinen Urlaub mit seiner Familie in Varanasi (Benares) und Sarnath zu verbringen, um sich dort die historischen Sehenswürdigen anzuschauen, aber nicht, um dort als Pilger auf eine Pilgerreise zu gehen. Er war kein besonders religiöser Mensch.

Seine Frau, Savitri, hatte gehört, dass Haidakhan Baba im Surya Devi Tempel gerade zu dieser Zeit ein Yagya abhalten würde. Aus Neugier blieb sie mit ihrer jüngeren, sechsjährigen Tochter zurück, während ihr Mann auf dem Wege nach Varanasi, Sarnath und anderen Orten mit ihrer älteren Tochter und zwei weiteren Söhnen war. Sie wollte Babaji begegnen.

Als Bhattji etwa eine Woche später nach Hause zurückkehrte, war seine jüngere Tochter Shruti nicht zu Hause. Seine Frau erzählte ihm, dass Babaji darauf bestanden hatte, Shruti mit einer Gruppe von Schülern nach Haidakhan mitzunehmen. Bhattji fragte, ob Shruti Kleidung zum Wechseln und Geld bei sich habe, aber sie verneinte es. Zwei oder drei Tage später, am Sonntag, erfuhr Bhattji, dass eine andere Gruppe nach Haidakhan gehe und die Hälfte des Weges in Amar Singhs Lastwagen zurücklegen würde. Er packte einige Kleidungsstücke für Shruti zusammen und gesellte sich zu der

Gruppe mit der Absicht, seine Tochter am Montag mit nach Hause zu nehmen.

Als Bhattji Haidakhan erreichte, lief ihm Shruti glücklich entgegen und sagte, dass Babaji ihr am Morgen erzählt hätte, dass ihr Vater an diesem Tage nach Haidakhan kommen würde. Als Bhattji Babaji begegnete, fühlte er sich stark von ihm angezogen, aber er hatte weder besonderen Glauben in ihn noch Ehrfurcht vor ihm. Später am Abend fragte Babaji Bhattji, ob er einige Tage bleiben wolle, aber Bhattji antwortete, dass er nicht an Heilige und Babas glaube. Er sei nur gekommen, um seine Tochter abzuholen. Babaji erwiderte, dass am Montag die Besteigung des Mount Kailash stattfinden würde, für die Shruti geblieben sei. Bhattji meinte, wenn es sich so verhielte, dann würde er noch einen Tag anhängen. Babaji wollte wissen, ob er sich der Gruppe anschließen wolle, und Bhattji erwiderte, er wolle es um der Geselligkeit willen tun, nicht aber aus einem tieferen Glauben heraus.

Beim Erklimmen des Kailashberges schickte Babaji die Gruppe voraus, und während er neben Bhattji herging, befragte er ihn über persönliche und allgemeine Dinge. Bhattji antwortete immer wahrheitsgetreu, stellte aber niemals selbst eine Frage an Babaji und regte auch nie eine Unterhaltung an.

Es gibt kein Wasser auf dem Gipfel des Kailashberges, und Bhattji wurde sehr durstig. Oben angekommen bemerkte er, dass Babaji Nahrungsmittel, Wasser und alles, was benötigt wurde, der Gruppe vorausgeschickt hatte. Nach einer Ruhepause und nach dem Essen begann der Abstieg, und wieder ging Babaji die meiste Zeit neben Bhattji her und unterhielt sich mit ihm.

Etwa zwei Kilometer vor Haidakhan lief Babaji schnell voraus und Bhattji folgte ihm ermüdet und allein. Als er sich dem Ashram-Tempel näherte, wünschte er sich, einige Rotis (Fladenbrot auf Kohlen gebakken) und eine Kartoffel- und Rettichsuppe. Dann würde er schnell einschlafen können. Als er das Tempeltor erreichte, lief ihm jemand entgegen und sagte, er solle zum Essen kommen, und zu seiner Überraschung erhielt er genau das, was er sich gewünscht hatte!

Bhattji war so erschöpft von dem Ausflug, dass er auch am Dienstag blieb, nicht, wie er sagte, aus Ehrfurcht, sondern weil er sich ausruhen musste. Immerhin fühlte er sich in Haidakhan und in Babajis Gegenwart so wohl, dass er eigentlich gar nicht fortgehen wollte. Aber am Mittwoch kehrten Shruti und er nach Haldwani zurück.

Einige Wochen später war Bhattji an einem Samstagabend zurück in Haldwani. Er hatte zwei oder drei Whiskies getrunken, als ihm jemand im Bazar erzählte, dass Shri Babaji in Amar Singhs Haus sei. Bhattji wusste nicht, wo dieser wohnte, und er hatte auch nicht die Absicht, dorthin zu gehen. Aber wie der Zufall es will, traf er einen Bekannten mit einem

Motorroller. Er setzte sich hinten drauf und bat darum, zu Babaji gefahren zu werden. Bhattji wusste, dass Babaji nicht einmal das Teetrinken in Haidakhan erlaubte, und er hatte schon Leute weggeschickt, die unter Alkoholeinfluss standen. Aber als Bhattji sich vor Babaji verneigte, bat Babaji ihn, in Amar Singhs Hause zu übernachten und in seinem Zimmer zu schlafen.

Am folgenden Tag besuchte Babaji den Ashram in Dhanyan, und Bhattji beabsichtigte, nach Nainital zu fahren. Deshalb bat er Babaji so nebenbei, sich ihm und seiner Gruppe bis nach Bhowali anschließen zu können und zwar bis zur Kreuzung, die nach Nainital abzweigt. Babaji stimmte zu und wies ihn an, in das Auto zu steigen, in dem er saß. In Bhowali fragte Bhattji, ob er Babaji bis Dhanyan begleiten könne, und wieder stimmte Babaji zu.

Als sie die Stelle an der Straße hinter Almora erreichten, wo ein Weg den acht Kilometer langen Fußweg bis Dhanyan markiert, schickte Babaji einige seiner Begleitpersonen nach Dhanyan voraus und gab bekannt, dass er nach Jageshwar ginge, zu der Stätte eines uralten Tempels, und erst am nächsten Tage nach Dhanyan käme. Babaji nahm Bhattji und einige andere mit sich.

Es war noch Winter. Die Nächte in Jageshwar sind sehr kalt und niemand hatte Bettzeug oder warme Kleidung dabei. Als sie ankamen, war es ziemlich dunkel und kalt und die wenigen Läden der Kleinstadt waren geschlossen. Bhattji sorgte sich darum, ob er etwas zu Essen bekäme und irgend etwas Wärmendes für die Nacht. Als er noch nachdachte, fuhr plötzlich ein Bus vor, ein Sadhu kletterte heraus, kam direkt auf Babaji zu und bat ihn und seine Begleiter, für diese Nacht seine Gäste zu sein. Innerhalb weniger Minuten war ein üppiges Mahl bereitet, und jeder erhielt warmes Bettzeug für die Nacht.

Am nächsten Tag ging die Gruppe nach Jageshwar zu dem Punkt zurück, an dem der Weg nach Dhanyan führt. Dort bat Bhattji Babaji abermals, ob er ihn nach Dhanyan begleiten könne. Wiederum stimmte er zu. Als die Gruppe zusammen den Weg beschritt, schickte Babaji die anderen voraus und behielt Bhattji bei sich. Er legte seine Hand auf Bhattjis Schulter und ging langsam mit ihm durch den Wald. Bhattji öffnete sich und sprach viel. Bei einer Gelegenheit fragte Babaji ihn abrupt, warum er denn nicht früher zu ihm gekommen sei. Ohne nachzudenken antwortete er, dass seine Freundschaft mit Babaji gerade erst begonnen habe, wie hätte er denn früher zu ihm kommen können? Babaji ließ Bhattji diese Antwort noch einmal wiederholen. Von nun an, wenn immer sie allein waren, gab sich Babaji ganz menschlich und behandelte Bhattji wie einen Freund, auch dann, als Herr Bhatt einen starken Glauben in Babaji als Shiva Avatar entwickelt hatte und bereit war, ihm den gebührenden Respekt zu erweisen.

Später, als Babaji Bhattji in seiner Apfelplantage außerhalb von Bhowali besuchte, nahm Babaji ihn manchmal auf einen Spaziergang mit. Oft setzte sich Babaji auf einen großen Felsen inmitten eines Erbsenfeldes. Er bat Bhattji, ihm einige Erbsen zu pflücken, öffnete die Schoten und aß die Erbsen, die er sehr gerne mochte. Dann stand Babaji auf, ließ Bhattji sich setzen, ging in das Feld und pflückte Erbsen für ihn.

Ein Diplomat gibt sich vollends hin

1971 und 1972 kam der erste ausländische Diplomat, ein Nicht-Hindu, zu Babaji. Es war der Ghanese W.W.K. Vanderpuje, der im Außenministerium beschäftigt war.

Herr Vanderpuji suchte bereits als junger Mann nach Gott. Er las viele Bücher über Religion, einschließlich Yoganandas "Autobiographie eines Yogi". Östliche Philosophie faszinierte ihn, er wollte nach Indien, um dort einen "Meister" zu finden. Als Mittvierziger im Jahre 1971, nach einigen Jahren im Außendienst Ghanas, wurde er nach Indien als stellvertretender Botschafter gesandt. Er erlernte das Meditieren und wurde Freund eines Inders, der ihn zu vielen Heiligen und spirituellen Menschen brachte. Er wollte "Befreiung" erlangen und befragte jeden Heiligen darüber. Als er die hochverehrte Ananda Moi Ma befragte, gab sie ihm ein Zeichen, dass er seinen Meister finden und seine Befreiung erlangen würde. Er ging auf Pilgerfahrt nach Vrindaban und traf dort Neem Karoli Baba, der ihm viele Geschenke überreichte und ihm den Namen Buthnath - König aller irdischen Wesen gab.

Nachdem Buthnath Neem Karoli Baba[1] gesehen hatte, schlenderte er durch die Straßen und kam an Babajis Ashram vorbei. Er bat um Information, und ihm wurde mitgeteilt, dass es der Ashram eines "zurückgekehrten Heiligen" sei. "Ist der Heilige vielleicht Babaji?" erkundigte er sich. Als ihm das bestätigt wurde, ging er hinein. Es war Guru Purnima, der Tag, an dem die Schüler ihren Meister ehren. Babaji saß auf seinem Asan, auf einem erhöhten Sitz, als Buthnath eintrat, stand auf und ging ihm, als er ihn erblickte, zur Begrüßung halbwegs entgegen. Nachdem er sich vorgestellt hatte, sagte Buthnath, er suche Befreiung. Babaji erwiderte ihm, er solle so oft wie möglich Vrindaban besuchen. Er würde die Befreiung erhalten: Babaji würde ihm die Meditation lehren. Er erwähnte auch, dass es sein Ziel sei, alle seine früheren Schüler, verstreut über die ganze Welt, zu sich nach Indien zu rufen, und dass in Kürze viele Ausländer ihn besuchen kämen.

Als Buthnath nach Delhi zurückkehrte, veränderte sich sein Leben schnell. Er war nach Indien gekommen, hatte das Meditieren erlernt, das

Rauchen aufgegeben, weil er die Lust daran verloren hatte, obwohl er ein starker Raucher gewesen war. Plötzlich hörte er auf, den Frauen nachzustellen, Alkohol zu trinken, und er wurde Vegetarier. Diese neuen Verhaltensmuster erstaunten ihn ebenso wie sein neuer Freundeskreis. Er verbrachte mehr und mehr Zeit damit, in sich zu gehen, zu meditieren und sich zu versenken.

Er fuhr oft nach Vrindaban zu Babaji (in den ersten Jahren blieb Babaji dort länger) und an andere Orte, und jedesmal, wenn er Babaji besuchte, geschah ein "kleines Wunder".

Einmal, als Buthnath Babaji in Ambaji, in Gujarat, besuchte, saß er allein in seinem Zimmer und las Shri Aurobindos "Life Divine". Plötzlich fühlte er eine starke Vibration im Raum und eine Stimme sagte: "Gott ist wirklich, er ist näher, als du denkst." Später, als Buthnath Babaji davon erzählte, erwiderte er ruhig: "Ja, Gott ist wirklich. Er ist näher als du denkst. Vergessen wir ihn auch nur eine Minute, sind wir verloren. Wir sollten uns immer an Gott erinnern."

Bei einer späteren Gelegenheit, als er Botschafter von Pakistan wurde, reiste Bhutnath zusammen mit seiner Hauswirtschafterin zu Babaji. Bei ihrer Rückkehr nach Ghana konsultierte diese Frau wegen eines persönlichen Problems eine Seherin. Diese fiel in Trance, beschrieb Haidakhan und sagte der Haushälterin, dass die Person, der sie in Vrindaban begegnet war, Gott persönlich gewesen sei.

Tara Devi und Gaura Devi

Mary Opplinger, die Babaji und andere "Tara Devi" nannten, traf Babaji Mitte Februar 1972 im Kathgharia Ashram. Sie war eine Amerikanerin, die in Baltimore, Maryland, geboren wurde und dort auch aufwuchs. 1950 war sie mit ihrem schweizer Mann nach Indien gekommen, der Schweizer- und andere Hilfsprogramme in Indien verwaltete. Babaji lud sie nach Vrindaban ein, wohin er sich gerade begab. Sie fühlte sich mit der gleichen Macht zu ihm hingezogen, wie die Jünger von Jesus, und wurde bis zu ihrem Tode im Juli 1982 zu einer engen Schülerin, die als Beispiel für andere eine unermüdliche, hilfreiche Karma Yogini war.

Etwa einen Monat, nachdem Tara Devi Babaji das erste Mal getroffen hatte, besuchte sie ihn in Haidakhan. Er erzählte ihr, dass er bald nach Almora gehen würde, (wo sie mit ihrem Mann lebte) und dass sie dort alle ihre Freunde zusammenrufen solle. Er suchte nach jemanden unter ihnen, der in einem anderen Leben ein Schüler von ihm gewesen war. Tara Devi fuhr nach Almora zurück und lud alle ihre Bekannten, meistens junge Leute aus dem Westen, ein, um Babaji zu treffen.

Eine ihrer Bekannten war eine junge Italienerin, die nach einem spirituellen Meister suchte. Sie war ohne klare Vorstellungen, wonach sie suchte, nach Indien und Nepal gefahren, und hatte sich, vom Himalaja angezogen, in Almora mit einigen Freunden für längere Zeit niedergelassen. Eines Tages befragte sie ihr "I Ging", das chinesische Orakelbuch, über das Finden eines Meisters. Die Antwort, die sie aus dem Buch erhielt, lautete: "Jetzt ist die Zeit gekommen, in der du deinem spirituellen Meister begegnen wirst." Am nächsten Tag traf sie durch Tara Devi Babaji. Als Tara Devi ihr sagte, dass Babaji nach einem früheren Schüler suche, überkam sie das Gefühl, dass sie gemeint sei. Babaji erzählte ihr später, dass sie in ihrem vergangenen Leben seine Schülerin in Almora gewesen sei. Er gab ihr den Namen Gaura Devi - einer der vielen Namen für Shivas Gemahlin.

Gaura Devi erinnert sich an das erste Zusammentreffen mit Babaji:

"Automatisch setzte ich mich zu seinen Füßen nieder, als ich den Raum betrat, in dem er meditierte, und schaute in seine Augen. Sie waren so klar, dass ich erkannte: er hatte die Wahrheit verwirklicht. Zwei oder drei Stunden schaute ich in seine Augen und stellte ihm im Geiste die Fragen, die mich seit Jahren beschäftigt hatten. Auf alle erhielt ich eine Antwort. Zum ersten Mal in meinem Leben traf ich auf jemanden, der Wahrheit und Weisheit verinnerlicht hatte. Still bat ich darum, an seinem Wissen teilhaben zu dürfen und mich die Wahrheit finden zu lassen. Als ich endlich aufstand, um mich zu verabschieden, sagte eine Stimme in mir: "Wir werden uns wiedersehen!".

In dieser Nacht hatte ich einen Traum. Babaji ging mit einigen Schülern in einem dunklen Wald umher. Er trug einen Stab in der Hand. Und aus der Dunkelheit dieses Waldes trat er als Licht hervor und sagte: "Ja, ich werde dein Meister sein." "Was wirst du mich lehren?" "Ich werde dich lehren, Geschirr zu spülen!"

Das Abwaschen von Geschirr symbolisiert niedere, demütige Arbeiten. Bevor ich nach Indien kam, hatte ich in einer Wohngemeinschaft gelebt und niemand, auch ich nicht, hatte gern Geschirr gespült... Sobald ich in Babajis Ashram kam, musste ich mehr als zwei Jahre lang Geschirr abwaschen."

Ein Teeverkäufer erlernt einen höheren Beruf

1971 erfuhr Jaimal von Baba Haidakhans Rückkehr. Dorfbewohner in seinem Heimatdorf Lamachaur sprachen sehr positiv über ihn. Jaimal verdiente seinen Lebensunterhalt durch Verkäufe von Tee, die er den Geschäftsleuten in seiner Umgebung anbot. Er war ein spirituell interessierter Mann von 37 Jahren, der die Bhagavad Gita und das Ramayana Epos gründlich gelesen hatte, die Anziehungskraft seiner Religion stark in sich spürte und der nach Gott suchte. Er kannte die Geschichten um den "Alten Haidakhan Baba" gut, und so sprach er öfters mit Sat Chiv und anderen in der Gruppe um Babaji.

Im Jahre 1972 zweifelte Jaimal plötzlich an Babaji. Wegen der Verwirrung um Haidakhan Baba und die daraus entstehende Spaltung und erwachende Feindlichkeit fragte sich Jaimal, ob dieser Babaji ein amerikanischer C.I.A.-Agent sei, der geschickt worden war, um die Menschen zu entzweien. Oftmals hatte Jaimal in diesem Jahr mit dem Gedanken gespielt, ihn aufzusuchen, war aber nie dazu gekommen.

Im September 1973 erfuhr Jaimal, dass Babaji einen Tempel besuchen würde, der nur eineinhalb Kilometer von seinem Haus entfernt lag. Der Tempel und die Umgebung waren sehr heruntergekommen und von Pflanzen überwuchert. Deshalb beriefen Schüler von Babaji eine Zusammenkunft, in der sie übereinkamen, diesen Ort vor Babajis Ankunft zu säubern, und Jaimal wollte seinen Teil an dieser Arbeit leisten. Sechs oder sieben Tage reinigte Jaimal mit anderen das Gebiet um den Tempel und dann das Innere. Es gab keinen benutzbaren Raum, und sie fanden auch keinen Schreiner. Also führte Jaimal diese Arbeit aus. Er ersetzte verrottete Bohlen und Tür- und Fensterrahmen. Am Morgen des 28. Oktobers strich Jaimal das Innere des Tempels und malte die Worte: "Shri Shri 1008 Bhagwan Haidakhan Baba ki Jai"[2] an die Wände. Viele Menschen zürnten ihm deswegen, aber niemand hatte den Mut, es ihm zu sagen.

Spät am Nachmittag des 28. erreichten Shri Babaji und viele Schüler den Tempel. Nach seinem Bad verneigten sich die Menschen vor ihm und setzten sich in seiner Nähe nieder. Jaimal machte ebenfalls Pranam, aber er erinnert sich daran, dass er Babajis Gesicht nicht deutlich erkennen konnte. Am nächsten Morgen, als Jaimal zurückkehrte, um Babaji zu betrachten, stellte er sich in die Reihe der Wartenden, und während er so dastand, nahm er nichts anderes wahr als Babaji.

Am folgenden Tag spürte Jaimal deutlich, dass er nach Haidakhan gehen sollte. Er bat einen Freund, Babaji deshalb um Erlaubnis zu bitten, aber Babaji rief ihn zu sich und fragte, welche Arbeiten er in Haidakhan ausführen könne. Jaimal rief: "Wenn Babaji mich segnet, dann kann ich alles!" Babaji erwiderte: "Ja, du darfst kommen." Als Jaimal sich von Babaji entfernt hatte, tauchte nochmals der Gedanke auf, dass Babaji ein regierungsfeindlicher Agent sei und dass er, Jaimal, nach Haidakhan gehen solle, um dessen Aktivitäten ein oder zwei, oder gar mehrere Jahre lang, zu beobachten.

Jaimal gesellte sich zu Babajis Reisegruppe und gemeinsam kehrten sie nach Haidakhan zurück. Trilok Singhs Lastwagen brachte sie nach Khera, auf die gegenüberliegende Flußseite von Haldwani, und von dort aus marschierten alle über die Hügel und durch Okaldunga. Jaimal erreichte Haidakhan vor Babaji, und ihn überkam ein starkes, unerklärliches Gefühl, wie Fieberschauer. Er nahm einen Eimer und ging zum Fluss, um dort sein geheiligtes Bad zu nehmen. Nach geraumer Zeit trafen Babaji und die Gruppe ein. Babaji rief sogleich nach Jaimal und sagte ihm, er solle sich einen Pickel und eine Schaufel besorgen. Als er damit zu Babaji zurückkehrte, wies ihn dieser an, alle Anwesenden mit hinunter zum Fluss zu nehmen und einen Badeplatz zu errichten. Ein wenig schüchtern machte sich Jaimal allein auf den Weg nach unten, und Babaji gab all denen, die herumstanden, die Anweisung, hinunterzugehen und mit Jaimal zusammenzuarbeiten.

Als Jaimal die Stufen erreichte, die zum Fluss hinunterführen, erwartete Babaji ihn dort. Babaji lief hinter Jaimal her und berührte leicht seine rechte Schulter, dann stieß er sanft einen Finger in das Schulterblatt, so als aktiviere er einen Druckpunkt. "Ich wünsche mir, dass viele Menschen herkommen, aber sie wollen nicht." Babaji ging danach voran, Jaimal folgte und hatte dabei das starke Gefühl, als kenne Babaji sein Herz in- und auswendig. Als sie die unterste Stufe erreichten, lief Jaimal an Babaji vorbei, drehte sich um und berührte seine Füße. Er wollte von nun an nichts mehr ohne Babajis Erlaubnis tun.

Zwei oder drei Tage später, am Abend, saß Babaji in seiner kleinen Hütte nahe beim Ashram Tempel. Jaimal und andere genossen sein Darshan. Plötzlich sah Jaimal ein sehr klares, leuchtendes Licht, das in einer geraden Linie, wie ein Tunnel, aus Babajis rechtem Ohr zum Westen hinströmte. Das ist Lord Shivas zerstörerische Kraft, die schlechte Einflüsse vernichtet! Jaimal dachte: "Baba, weshalb nimmst du so viel Mühe auf dich? Gib mir diese Kraft und ich werde für dich tätig sein." Er erhob sich und machte vier oder fünf Schritte auf Babajis Hütte zu, aber Babaji schrie ihn an: "Weshalb kommst du her? Geh fort und schlaf!"

Einige Jahre danach lebte Jaimal fast ununterbrochen im Haidakhan Ashram bis auf das Jahr 1974/75. Babaji lehrte ihn viel über das Überleben in diesen Hügeln: welche unkultivierten Pflanzen essbar sind, welche eine Heilkraft besitzen, wie man Bäume pflanzt und Gemüse anbaut - ein sehr praktisches Wissen. Jaimal gab den Gedanken auf, dass Babaji ein C.I.A.-

Agent sei und erfuhr ihn als höchste Macht in menschlicher Gestalt. Getreu Babajis Segen und Training hat Jaimal alles in Haidakhan bewältigt, er diente Babaji und seinen Gästen von morgens bis spät in die Nacht, Jahr für Jahr.

Ein Filmstar trifft Babaji

Sheila Devi, die mit ihren restlichen Familienmitgliedern Babaji im Heim der Voras 1972 in Bombay traf, stritt sich häufig mit ihrem Schwager. Anlass war Shri Babaji. Sie bestand darauf, dass Babaji zweitausend Jahre alt oder älter sein müsse. Shammiji sagte, dies sei albern. Shammi Kapoor war in den Fünfziger bis Sechziger Jahren einer der beeindruckendsten Schauspieler Indiens - ein romantischer Held und überragende Figur auf der Leinwand wie im Leben. Er hatte Indiens regierende Leinwandkönigin geheiratet und bekam mit ihr zwei Kinder. Seine Frau starb überraschend im Jahre 1964 an Pocken, und vier Jahre später, 1968, heiratete er Sheilas Schwester Neela. Shammiji sagte, dass er Sheilas häufige Reden über Babaji und Religion verabscheute und sie anschrie: "Der Mensch ist auf dem Mond gelandet und du sitzt immer noch hier mit den Perlen und machst Japa!"

1974 bat Neela Shammiji, die Babaji 1972 getroffen hatte, ihn aufzusuchen, und missmutig, nur um ihr gefällig zu sein, stimmte er zu. Es ergab sich, dass Shammiji an dem Tag, an dem Babaji das Haus seines Schwiegervaters besuchen sollte, ein ausgedehntes Drehprogramm hatte, aber er wollte seinen Direktor bitten, ihn um vier Uhr nachmittags gehen zu lassen. Sollte er die Bitte ablehnen, würde er Babaji eben nicht begegnen können.

Als Shammiji beim Direktor vorsprach, fragte er ihn, ob er ab vier Uhr frei bekäme, denn er wollte den Baba seiner Frau kennenlernen. Der Direktor schrie voller Frustration, er habe eine ganze Konstellation von Filmstars für diesen Drehtag antreten lassen; Shammiji könne nicht befreit werden. Nur, wenn seine Schwiegermutter stürbe, könne er gehen. Shammijis Schwiegermutter lag seit sechs Monaten im Koma. Sollte sie sich ausgerechnet diesen Tag zum Sterben aussuchen, dann könne er gehen. Shammiji versuchte den Direktor zu beruhigen, er hätte diese Bitte nur geäußert, um seiner Frau einen Gefallen zu tun. Er sei durchaus mit einem "Nein" zufrieden.

Den ganzen Morgen drehten sie, aßen auf dem Gelände und waren um zwei Uhr wieder bei ihrer Arbeit. Um drei Uhr dreißig wurde der Direktor zu einem dringenden Telephongespräch gerufen. Ein paar Minuten später nahm er Kurs auf Shammiji und schrie: "Deine Schwiegermutter ist gerade gestorben! Nach sechs Monaten im Koma! Wir beenden die Dreharbeiten! Du kannst zu deinem verdammten Baba gehen!"

Shammiji fuhr mit hoher Geschwindigkeit zum Hause des Colonels und traf auf Babaji. Shammiji war ungewöhnlich nervös. Er verneigte sich vor dem jungen Baba und zog sich dann in die äußerste Ecke des Raumes zurück, versteckte sich sogar hinter den Gardinen, schaute Babaji durch die Linsen seiner Kamera an und machte Aufnahmen. Jedesmal, wenn er den Apparat einstellte, blickte Babaji ihn mit Augen wie Röntgenstrahlen an. Eines der von Shammiji gemachten Fotos zeigt Babaji mit einem deutlichen Om Symbol auf der Stirn.

Ein zweifelnder Priester erleidet einen Schock

Din Dayal, auch unter dem Namen "Mahantaji" bekannt, war der Oberpriester (Mahant) eines Hanuman Tempels im Downtown Bezirk von Neu Delhi, nicht weit vom Connaught Circus, der, so sagt man, auf einer Stelle gebaut ist, auf der bereits vor mindestens 2.500 Jahren ein Hanuman-Tempel stand. Einer Überlieferung zufolge besuchte Krishna diesen Tempel, um "Lord Hanumans Darshan" zu erhalten. Din Dayals Familie hat seit achthundert Jahren die Oberpriester gestellt, und er gehörte der 32. Priester-Generation dieser Familie an.

Mahantajis Tochter lebte seit ihrer Heirat 1972 in Jaipur und versuchte, als Babaji und ihr Vater in Jaipur weilte, ein Treffen zwischen beiden zu arrangieren. Mahantaji hatte gebadet und machte sich gerade zum Treffen mit Babaji bereit, als ein Freund eintraf und ihn zu einem Essen, das etliche seiner Freunde zu seinen Ehren gaben, einlud. Schließlich nahm er die Einladung an und verpasste Babaji.

Drei Tage später besuchte ein Freund, ein pensionierter Befehlshaber der Luftwaffe, Mahantaji und drängte ihn dazu, Babaji zu treffen. Mahantaji ließ sich überreden und besuchte mit Srivastava den Ort in Neu Delhi, an dem Babaji weilte.

Mahantaji stand am Ende des großen überdachten Zeltes und schaute Babaji an, den er als wunderschönen, lächelnden jungen Mann empfand. Mahantaji dachte, dass dieser nur wieder ein anderer kleiner Baba sei, der seine Herde ausnehme und sein Geld nach Europa oder Amerika schicken und dort eine westliche Frau heiraten würde. Aber Mahantaji sah auch, wie sich die Menschen voller Hingabe und Ehrfurcht vor Babaji verneigten. Endlich ging auch er vor zu seinem Sitz, aber mit Argwohn im Herzen. Als er sich niederkniete und Babajis Füße berührte, erhielt er einen starken physischen Schlag wie einen elektrischen Schock. Er sprang zurück und starrte Babaji verwundert an. Dann versuchte er es nochmals, diesmal etwas zögernd - und bekam wieder einen Schlag. Mahantaji setzte sich auf seine Fersen, schaute Babaji an und bat aufrichtig im Geiste: "Bitte, Baba, verzeih mir meine argwöhnischen Gedanken. Lass mich deine heiligen Füße berühren!" Dann kniete er sich wieder hin und berührte Babajis Füße. Diesmal erhielt er keinen Schlag, sondern fühlte Frieden und ein Angenommensein.

Eine Fotografin erhält ein Bild

Lisette Carmi ist Italienerin, die einige Jahre als Konzertpianistin tätig war. Dieses Leben wurde ihr zu einsam und so beschloss sie, das Klavier als Hauptgegenstand ihres Lebens aufzugeben. Sie wechselte zur Fotografie über und wurde eine freiarbeitende Photoreporterin, bekannt für ihre Sensibilität und ihr Kunstverständnis. Sie gewann einen europäischen Preis für eine Fotoserie über den gealterten Ezra Pound. Jetzt leitet sie den von ihr gegründeten zweitgrößten westlichen Babaji Ashram, gelegen im "Stiefel" Italiens in einem Städtchen namens Cisternino. Sie erzählt ihre Geschichte, wie sie zu Babaji gezogen wurde.

"Ich wurde in eine jüdische Familie hineingeboren. Wir übten unsere Religion jedoch nicht aus, aber meine Eltern glaubten beide an Gott. Meine Mutter hatte zu ihm eine tiefe Beziehung und "wusste", dass sie während ihres letzten Lebens in Indien gelebt hatte. Mein Vater besaß ebenfalls einen großen Glauben, aber nicht konform mit den verschiedenen etablierten Religionskonzepten. Diese Gedankeneinstellung beeinflusste mich, und seit meiner Kindheit bin ich Gottsuchende gewesen.

1974 reiste ich nach Indien. Auf dem Flug von Kathmandu nach Delhi traf ich eine junge Italienerin. Es war Gaura Devi. In der Unterhaltung, die sich nur um Babaji drehte, erfuhr ich vieles über ihn. Es gab kein anderes Thema. Als wir in Delhi ankamen, verbrachten wir vier Tage miteinander, nach denen ich nach Italien und Gaura Devi zu Babaji reiste.

Zwei Jahre später hatte Gaura Devi eine Vision von mir. Zu dieser Zeit war sie von Babaji in den Dschungel, nach Dinapuri, zur Meditation gesandt worden. Als drei Monate verstrichen waren, sah sie, wie ich von Babaji gerufen wurde. Sie erwähnte dieses Ereignis in einem Brief. Sobald ich dieses Schreiben in den Händen hielt, packte ich meine Koffer und flog nach Delhi.

Gaura Devi hatte mir eine Kontaktadresse in Almora gegeben, aber als ich dort ankam, war die Person, die mich zu ihr führen sollte, nach Delhi abgereist. Als ich aus dem Hause trat und nicht wusste, wohin ich mich wenden sollte, traf ich eine ältere ausländische Dame. Es war Tara Devi. Ich fragte sie, ob sie Gaura Devi kenne. Sie bejahte es und konnte mir sagen, wo ich sie finden würde. Tara Devi wollte mich zu Babaji nach Delhi bringen, aber ich weigerte mich und sagte: "Nein, ich bin wegen Gaura Devi gekommen."

Zwölf Tage lebte ich mit Gaura Devi im Urwald. Wir meditierten miteinander, und sie erzählte mir wiederum viel von Babaji und machte mich mit dem indischen Leben und seinen Gebräuchen bekannt. Am zwölften Tag traf ein Bote von Babaji ein. Ich sollte ihn am 12. März in Jaipur treffen.

Als ich seinen Ruf vernahm, machte ich mich sofort auf den Weg. Ich lief mit meinem Gepäck zu Fuß von Dinapuri nach Almora und nahm dort einen Bus nach Delhi und Jaipur. In Jaipur suchte ich Familie Jain auf, die Babaji erwartete.

Als ich ihr Haus erreichte, wurden Girlanden aus grünen Blättern zusammemgesteckt und aufgehängt, und ich glaubte mich zweitausend Jahre zurückversetzt zu sein und auf Christus zu warten.

Als ich schließlich Babaji gegenüberstand, hatte ich das Gefühl, er sei Gott. "Ich bin Lisetta", sagte ich und er entgegnete: "Du bist Janki Rani". Ich spürte Babajis Liebe ganz intensiv und meinte, erwartet worden zu sein.

Nach einer Weile, als ich mich niedergesetzt hatte, trat ein Inder auf mich zu. "Babaji hat mich zu dir geschickt. Du sollst mir den Weg zu Gott zeigen". Spontan antwortete ich: "Gott ist Liebe." Daraufhin kehrte er zu Babaji zurück und berichtete meine Worte. Babaji schien mit meiner Antwort zufrieden zu sein, und dann musste ich eine Rede halten. Ich hatte einige Minuten Zeit, mich zu besinnen, aber ich drückte nur meine Gedanken und Gefühle aus, die mir durch den Sinn gingen. Ich sagte, wie glücklich jeder Anwesende sein könne, dass er, wann immer er es wünsche, Babaji aufsuchen könne. Die Ausländer hingegen - solche wie ich - müssten eine lange Anreise auf sich nehmen, um seinen Darshan zu erhalten...

Der Weg, der mich zu Babaji führte, war leicht. Es gab keine Zweifel oder Probleme, die sich auf seine Göttlichkeit bezogen. Vom ersten Augenblick erkannte ich Gott in ihm."

Ein Amerikaner trifft Babaji in seinem Obstgarten

Seit seiner Kindheit fühlte der Amerikaner Michael Rynolds, dass jemand über ihn wachte. Als er die Oberschule verließ, baute er im Staate von Washington einen Bauernhof auf, denn er wollte "vom Lande" leben. Mit achtzehn oder neunzehn Jahren las er die "Autobiographie eines Yogi".

Dieses Buch vermittelte ihm einen neuen Glaubensweg, der sein ganzes Leben veränderte. So wurde er unter anderem Vegetarier.

1974, als Michael zwanzig Jahre alt war, erschien ihm Babaji in seinen Visionen als "Alter Haidakhan Baba" mit Schnurrbart und ernster Miene. Michael nahm diese Gestalt als seinen Meister an, wusste aber nicht, wer er war.

Anfang Oktober 1976 erschien ihm Babaji plötzlich in seinem Obstgarten und sagte: "Komm!" Michael starrte in Babajis Gesicht und, obwohl er kaum seinen Körper wahrnahm, bemerkte er, dass er mit indischen Gewändern angetan war. Die Stimme war klar gewesen und Michael wusste nicht, ob die "innere Stimme" gesprochen hatte oder eine für andere hörbare. Er wollte zu seinem Meister gehen, hatte aber keine Ahnung, wo er zu finden sei und wo er suchen solle. Babaji verschwand ohne weitere Worte.

Ein paar Tage später durchblätterte Michael flüchtig eine Zeitschrift. Nie interessierte er sich für Werbung oder schaute sie an, aber an diesem Tag las er eine Anzeige über ein Trekking-Angebot in Nepal mit anschließendem Besuch der Kumbha Mela in Indien. Er erinnerte sich an Yoganandas Autobiographie und der darin gegebenen Erklärung, dass ein Kumbha Mela ein Treffen von Heiligen, Schülern und Suchern ist. Michael glaubte, dass er seinen Meister auf dem Kumbha Mela Fest finden würde. Als seine Freundin ihn aufsuchte, teilte er ihr mit, dass er nach Indien reisen würde. Sie war mehr am Trekking interessiert als an seinem Meister, den er vielleicht auf dem Kumbha Mela Fest finden würde. Am folgenden Tag verpfändete Michael seinen Lastwagen und am Montag darauf kaufte er zwei Flugscheine nach Indien, ohne mit der Reisegesellschaft, die annonciert hatte, Kontakt aufzunehmen. Beide fuhren nach Indien ohne zu wissen, wo sich sein Meister aufhielt oder wo die Kumbha Mela stattfand.

Sie flogen im November und verbrachten drei Wochen in Hawaii, was sich Michael immer gewünscht hatte. (Unbewusst blieben sie in der Nähe des Ortes, an dem er später den ersten westlichen Babaji Ashram gründen sollte.) Dann flogen sie nach Delhi und kamen in den frühen Morgenstunden an. Sie suchten ein Hotel auf, aber Michael war zu aufgeregt, um zu schlafen und spazierte stattdessen durch Delhis Straßen. Er fühlte, dass er nach Hause gekommen sei.

Am Vormittag erfuhr Michael, dass die Kumbha Mela in Allahabad stattfindet und dass es unmöglich sei, direkt von Delhi dorthin zu reisen. Alle Züge waren überfüllt. (Die Zeitungen berichteten von dreizehn bis zwanzig Millionen Menschen, die während der drei Wochen an dem Fest teilnahmen). So bestiegen sie einen Zug nach Lucknow, dann einen anderen nach Benares, und von dort gelangten sie per Bus nach Allahabad. In Benares ließen sie alles Gepäck bis auf ihr Geld und ihre Schlafsäcke zurück und besuchten die

Kumbha Mela als Pilger. Michael hatte von Entsagungs-Übungen gelesen und so schwor er in Benares, so lange nichts zu essen und zu trinken, bis sein Meister vor ihm erscheine.

Spät am Tag erreichten sie Allahabad. Sie durchquerten rasch die Zeltstadt, die für diese Feierlichkeiten auf dem trockenen Flussufer des Ganges aufgebaut wird, fanden aber Michaels Meister nicht. Als die Nacht hereinbrach, schlüpften sie unter eine Zeltplane und fanden sich inmitten einer Gruppe aus dem Westen und ihres Meisters wieder. Aber dieser Guru war nicht Michaels Meister.

Am folgenden Tag ging Michael von Zelt zu Zelt und suchte unter Tausenden von heiligen Männern und hunderttausenden von Besuchern nach seinem Meister. Er begegnete vielen wundervollen Männern, aber es gab niemanden, zu dem sich der Funke einer Meister-Schülerbeziehung entwickelt hätte. Es war ein sehr heißer Tag und Michael hatte großen Durst, aber sein störrischer Entschluss, seinen Schwur zu halten, ließ ihn den ersten Tag ertragen.

Der zweite Tag war die Wiederholung des ersten, außer, dass Michael einen älteren Hindu Heiligen traf, vor dem er Respekt verspürte und vor dem er sich das erstemal verneigte. Der Heilige segnete ihn und schien ihm zu sagen, er solle geduldig in seiner Suche fortfahren, und Michael verließ ihn mit neuem Mut.

Am gleichen Abend traf Michael seine Freundin im ISKCON Zelt (Hare Krishna Bewegung). Sie sprach mit einem Amerikaner, der gerade mit dem Babaji aus Yoganandas Autobiographie zusammen gewesen sei. Michael bezweifelte diese Geschichte und er war so abweisend, dass der Mann beide abrupt verließ. Michael überlegte während der Nacht, ob diese Aussage wahr sein könne, aber er zog noch immer keine Verbindung zwischen dem Meister seiner Visionen und Yoganandas Babaji.

Am dritten Fastentag suchte Michael noch intensiver als zuvor die riesige Zeltstadt ab. Seine Freundin war unruhig und wollte zum Trekking nach Nepal. Aus diesem Grunde ging er um ein Uhr zum ISKCON Zelt, um sie zur Abreise abzuholen. Er war enttäuscht, aber innerlich losgelöst, und er fühlte sich ausgepumpt.

Sie machten sich auf den Weg zum Bahnhof; aber als sie die Gasse erreichten, die zum Zentrum des Mela-Gebietes führte, meinte Michael, eine letzten Versuch unternehmen zu müssen, und seine Freundin unterstützte ihn darin. Sie gingen durch die wogende Menschenmenge und schauten an all den Plätzen hinein, die Michael bereits aufgesucht hatte. Plötzlich teilte sich der "Fluss" der Menschen und in einer Entfernung von etwa vier Metern erblickten sie den Mann, der bei Babaji gewesen war. Diesmal erbebte

Michael, als er ihn sah. Beide liefen aufeinander zu und umarmten sich. Der Mann sagte, er fühle, dass er Michael zu Babaji bringen müsse und dass er nur zu dieser Mela gekommen sei, um Michael zu finden. Er schlug vor, ihn zu Babaji zu führen, nachdem er ein Bad im Ganges genommen habe.

Sie gingen alle nach Allahabad zu dem Haus, in dem Babaji wohnen sollte, aber er war noch nicht eingetroffen. Michael, sein neuer amerikanischer Freund und Babajis Gastgeber - der pensionierte Luftwaffenbefehlshaber S. P. Srivastava - standen vor dem Puja Raum (Tempel), als Srivastava aus Versehen mit dem Ellenbogen eines der Fenster dieses Raumes aufstieß. Michael schaute hinein und erblickte ein Foto seines Meisters, so wie er ihm in seiner Vision im Obstgarten erschienen war. Er trug die gleiche Kleidung. Michael erkannte sofort, dass dies sein gesuchter Meister war.

Michael weigerte sich, sich vom Hause fortzubewegen, bis er Babaji gesehen hatte. Er schlief die Nacht dort und fror fast zu Tode, weil er seinen Schlafsack im Hause seines amerikanischen Freundes zurückgelassen hatte. Er unterbrach sein Fasten am Morgen, denn er fühlte, dass er bereits seinem Meister begegnet war. Aber Babaji kam auch an diesem Tage nicht, sondern erst am folgenden Tage.

Er schritt durch das Tor des Anwesens und ging auf das Zelt zu, das zum Darshan und zum Singen aufgestellt worden war. Sein Weg brachte ihn auf drei Meter an Michael heran. Babaji hielt an, schaute Michael an, hob segnend die Hand und sagte: "Du kommst!" Michael verstand die Worte als: "Nun bist du endlich gekommen" und antwortete: "Ja, Baba, ich bin gekommen." Michael folgte Babaji ins Zelt und setzte sich mit dem Bewusstsein, dass seine Suche beendet sei.

Zu jener Zeit hatte Michael langes Haar, auf das er recht stolz war. Nach wenigen Minuten im Zelt, rief Babaji ihn zu sich und wies ihn an, sein Haar zu scheren. Michael folgte sogleich diesem Wunsch in dem Wissen, dass die Anweisungen eines Meisters ohne Zögern zu befolgen seien. Als er ins Zelt zurückkehrte, verbrachte er mit den anderen Schülern den Rest des Tages und die ganze Nacht mit Kirtansingen.

Michael und seine Freundin blieben drei oder vier Tage mit Babaji in Allahabad; dann wies er sie an, nach Haidakhan zu fahren. Aber zuerst sollten sie in Benares ihr Gepäck abholen. Jetzt verließen Millionen von Menschen Allahabad in Zügen und Bussen. Als sie auf der Suche nach einer Fahrgelegenheit umherwanderten, hörte Michael im Kopf himmlische Musik und das Mantra Om namah Shivay erklingen. Drei Tage lang vernahm er diese Musik und das Mantra.

Es glückte ihnen nicht, am ersten Tag aus Allahabad abzufahren, so kehrten sie in Srivastavas Haus zurück und blieben über Nacht. Am folgenden Tag, als sie in der Stadt umherstreiften, kam ein Fremder auf Michael zu, berührte seine Füße, nahm ihn bei der Hand und führte ihn (sein Name ist jetzt Hiraman) und seine Freundin Straßen und Alleen hinunter und setzte sie vorn auf die freien Plätze eines wartenden Busses. Der Bus war überfüllt bis auf diese zwei Plätze. Sie fragten, wohin der Bus fuhr. Nach Benares natürlich!

Ein muselmanischer Schüler besucht Babaji

1978 war Babaji Gast bei Shammi Kapoor in Bombay, wo ein mehrtägiges Yagna stattfand. Zwei oder drei Tage nach seiner Ankunft in Bombay, nach der abendlichen Chandan-Zeremonie, zog sich Shri Babaji gegen sechs Uhr nachmittags auf sein Zimmer zurück. Kurz darauf wurde Sheila Devi von einem der Diener herausgerufen mit den Worten, dass jemand mit ihr sprechen möchte. Sie fand einen großen, schlanken Mann vor mit einem Rucksack auf dem Rücken. Er sah erschöpft und müde von der Reise aus. Er hatte eine Hakennase und scharfe, "hungrige" Augen. Sheila fragte nach seinem Begehr.

Der Mann sagte, er wolle Babajis sofortiges Darshan. Sheila antwortete, dies sei unmöglich, Babaji hätte sich gerade zurückgezogen und würde nicht vor acht Uhr aus seinem Raum herauskommen. Der Mann sah so übermüdet aus, dass Sheila ihn in ihre Wohnung einlud und ihm ein gekühltes Getränk anbot. Er verweigerte alles: er sagte, er hätte tagelang nichts gegessen und würde es auch nicht tun, bevor er Babajis Darshan erhalten hätte.

Sheila fragte, woher er denn käme und wie er wüsste, dass Babaji sich hier aufhielte. Er sagte, er sei Moslem und käme aus Mekka. Er hätte Shri Babajis Darshan in Mekka erhalten. Er erwähnte, dass alle paar Jahre sich die muselmanischen Führer in den Bergen, nicht weit von Mekka, treffen - ein sehr geheimes Treffen. Er hatte einer dieser Versammlungen beigewohnt, und Babaji sei dort gewesen und hätte ihm Darshan gegeben. Er wüsste nicht, wo Babaji zu finden sei, hätte aber angenommen, er käme aus Indien und nun sei er hierher gereist, um ihn zu finden. In Delhi sei ihm gesagt worden, dass Shri Babaji in Haidakhan weile. Doch dort sagte man ihm, dass er in Bombay sei (aber niemand in Haidakhan erinnert sich des Mannes). Er sei den ganzen Weg gelaufen.

Während er mit Sheila sprach, nahm der Mann nicht ein einziges Mal seinen Rucksack vom Rücken. Sie drängte ihn dazu, etwas zu essen, Früchte vielleicht, aber er verweigerte selbst ein Glas Wasser und sagte, er hätte andere Vorkehrungen getroffen.

Als Shri Babaji gegen acht Uhr aus seinem Zimmer kam, sagte Sheila ihm, dass jemand gekommen sei, sich aber weigere, seinen Namen zu nennen. Babaji ließ den Mann sofort zu sich rufen, er sei ein alter Schüler. Sheila rief den Mann und brachte ihn zu Babaji. Babaji und der Moslem unterhielten sich eine gute halbe Stunde. Sheila, die nur etwa einen halben Meter entfernt von beiden stand, konnte sehen, wie sich ihre Lippen bewegten, aber sie vernahm nicht ein einziges Wort oder einen Laut. (Sheila bemerkte, dass andere Menschen, aber selten, ebenfalls dieses Phänomen beobachtet hätten). Sheila erwähnte, dass der Mann sich geweigert hätte, Nahrung oder Wasser anzunehmen, bevor er mit Babaji gesprochen hätte. Babaji, der normalerweise sehr darauf bedacht war, dass seine Gäste sofort beköstigt wurden, lächelte und sagte, es spiele keine Rolle.

Drei Tage kam der Moslem in Shammijis Appartement, am Morgen und am Abend. Er verneigte sich vor Shri Babaji - ohne ein Wort zu äußern, dann ging er in eine Ecke und sprach zu niemanden. Er aß niemals in Shammijs Wohnung. Erst später hörte Sheila vom Gärtner, dass er draußen auf der Straße vor dem Appartement-Haus geschlafen und sein Bad am Wasserhahn des Gartens genommen hatte. Sheila versuchte, Babaji dazu zu bringen, mehr über diesen muselmanischen Schüler zu sagen, aber er antwortete nie auf ihre Fragen.

Nach dem ersten Erscheinen des Mannes am Yagna sprach Babaji oft über Mekka und den dortigen Shivalingam, und er sagte, er wäre oftmals dort gewesen. Zu dieser Zeit brachte die "Illustrated Weekly of India" eine ausführliche Reportage über Mekka mit Bildern und Beschreibungen. Babaji zeigte diese Bilder vielen Menschen und berichtete ihnen über alle die Plätze, einschließlich des Ortes, wo die geheimen Treffen außerhalb von Mekka abgehalten werden.

Bis zum heutigen Tage weiß niemand aus den Kreisen um Babaji, wer dieser Mann war, woher er kam und wohin er ging.[3]

Erfahrungen einer deutscher Hausfrau mit Babaji

Pinti, eine deutsche Hausfrau, damals in ihren frühen Vierzigern, traf Babaji im November 1978. Sie erzählt ihre Geschichte:

"Seit meiner Kindheit ist mir der Weg des Yoga vertraut. Meine Eltern waren Schüler von Paramahansa Yogananda und meine Geschwister gingen denselben Weg. Als ich achtzehn Jahre alt war, reiste ich nach Kalifornien in das von Yogananda ins Leben gerufene Selfrealisation Fellowship Centre. Während der acht Jahre, die ich in seinem Ashram verbrachte, hatte ich des öfteren Visionen von ihm und eine von Babaji. An die zuletzt genannte Begebenheit erinnere ich mich besonders. Sie fand statt, als ich Schwierigkeiten in praktischen Angelegenheiten des Ashrams hatte.

In tiefster Not bat ich Yogananda um ein besseres Verstehen und um Klarheit für die bestehende Situation, als plötzlich Babaji vor mir stand. Er erschien als Lichtgestalt und hielt seine Hand segnend über mich. Voller Hingabe verneigte ich mich im Geiste vor ihm. Danach lösten sich die Schwierigkeiten auf, sie verschwanden, als hätte es sie nie gegeben. Natürlich bewegte mich die Frage, warum Babaji anstelle von Yogananda erschienen war. Zu letzterem hatte ich eine viel engere Beziehung. Dann wurde mir in zahllosen Meditationen klar, dass es stets Babaji gewesen war, der mich all die Jahre geführt, gelenkt hatte. Als ich dann das Buch "Babadschi, Botschaft vom Himalaja" in den Händen hielt und Babajis Bild sah, empfand ich dieselbe innige Zuneigung und Hingabe wie vor zwanzig Jahren bei meiner Vision.

Selbstverständlich wollte ich ihm nun persönlich begegnen.

Kurz vor meiner Abreise nach Indien wurde ich während einer Meditation in eine andere Dimension gehoben. Meine Umwelt versank vor meinem inneren Auge und ich sah, wie sich allmählich ein Paar Füße vor mir materialisierten. Es waren die Füße eines jungen Mannes. Um seine Hüfte war ein weißes Tuch geschlungen. Die Schwingungen, die dieses Geschehen begleiteten, bewegten mich derart, dass ich keine Worte dafür habe.

Später in Indien, als ich Babaji in seinem physischen Körper sah, erkannte ich diese Füße wieder und die Art, wie er seinen Lungi, sein Hüfttuch, um sich wickelte.

Auf dem Fluge nach Indien wurde mir noch eine Vision zuteil. Babaji und Yogananda zeigten mir jeweils nur eine Hälfte ihres physischen Körpers. Es sah aus, als seien ihre Leiber in zwei Hälften geschnitten, die sie dann zu einem Wesen vereinten.

Nach meiner Ankunft in Delhi reiste ich sofort nach Vrindaban, wo Babaji derzeit weilte. Als ich ihn das erstemal mit meinen physischen Augen sah, saß ich mitten unter anderen Anhängern in einem Tempel. Alle sangen das Mantra Om namah Shivay. Dann erschien Babaji. Er setzte sich in einen wunderschönen, mit gelben Blumen geschmückten Sessel und, wie er so über die anwesende Menschenmenge schaute, entdeckte er mich, den Neuling, sofort.

Um Babaji ein wenig zu erfassen, beobachtete ich ihn genau, wie er seine Anhänger segnete, während sie sich vor ihm verneigten und sah, dass er an einige Prasad verteilte. Während ich noch staunend schaute, verdoppelte sich Babaji. Sein genaues Ebenbild stand neben dem sitzenden Babaji und von dieser Gestalt, die aus einer feineren Substanz zu sein schien, leuchtete ein zart bläulicher Strahl hervor. Dieser schien auf mein Herz gerichtet zu sein. Eine Glückseligkeit jenseits aller Worte durchfuhr mich."[4]

Eine Schwedin wird nach Haidakhan transportiert

Gunnel Minett ist eine junge Schwedin, die Shri Babaji Anfang 1980 begegnete. Sie studierte damals Psychologie. Sie veröffentlichte ein kleines Büchlein "Shri Haidakhan Wale Baba,"[5], aus dem die folgenden Auszüge entnommen sind:

Das erste Mal hörte ich von Babaji in einer Sommernacht im Jahre 1979, in Nordschweden. Ich saß mit einer Gruppe von Menschen auf einem Felsen am Meer, die den Sonnenuntergang genossen und über diesen bemerkenswerten Weisen in Indien sprachen, den einer von ihnen besucht hatte. Ich schenkte dem Gesagten nicht allzuviel Aufmerksamkeit - mein Geist war gefangen von der Schönheit der uns umgebenden Natur.

Beim zweiten Mal - und hier wurde ich aufmerksam - fiel mir eine Reihe von Schriften über Babaji in meine Hände. Sie waren von Leonhard Orr geschrieben. Er ist der Begründer einer Atemtechnik - (Rebirthing) zur Lösung von physischen und seelischen Spannungen im Körper - und Schüler von Babaji. Zu jener Zeit interessierte ich mich für seine Ideen. Ich begann also in den Schriften zu lesen. Gleich am Anfang wurde gesagt, dass der Leser dieses Textes bereits seinen ersten Kontakt zu Shri Babaji hergestellt habe und dass diesem in vielen Fällen stärkere und deutlichere Kontakte in Form von Visionen oder Manifestationen folgen würden. Ich fand diese Idee etwas furchterregend und auch das Gefühl, dass jemand an meiner Seite stand und alles beobachte, was ich tat - genau, wie mir als Kind gesagt worden war, dass Gott alles sehe. Gleichzeitig aber fand ich den Text so faszinierend, dass ich - trotz des unheimlichen Gefühls - weiterlas.

Aus dieser ersten Lektüre formte sich in mir das Bild eines weisen, alten Mannes mit weißem Bart, der alles wusste und verstand. Es wuchs in mir eine seltsame Neugier und ein Verlangen, ihm zu begegnen, obwohl ich nie - nicht zu diesem Zeitpunkt - einen festen Plan hatte, ihn zu besuchen. Ich wusste überhaupt nichts über Indien, und interessierte mich absolut nicht für östliche Philosophien. Indien war nur ein weiteres der vielen von Armut geschlagenen, unterentwickelten Länder und einen Besuch nicht wert. Ich war vollkommen von der westlichen Lebensauffassung eingenommen und hatte den Ehrgeiz, nach Amerika zu gehen, um dort mehr über moderne Psychotherapie zu lernen.

Nachdem ich dieses Handbuch über Babaji ausgelesen hatte, ereignete sich eine Zeitlang weiter nichts - außer, dass ich den Weisen nicht ganz vergessen konnte. Dann, ein paar Monate später, sah ich das Handbuch wieder. Es war eine professionell hergestellte Ausgabe, und auf dem Umschlag leuchtete mir das Bild eines jungen Mannes von exotischer Schönheit entgegen. Sein Anblick ließ mich wie angewurzelt stehenbleiben. Allmählich dämmerte es mir, dass dies Babaji war. Ich kann die Faszination, die dieses Antlitz auf mich hatte, nicht erklären, und konnte meine Augen nicht von ihm abwenden. Er ähnelte in keiner Weise dem alten Mann, den ich mir vorgestellt hatte. Aber das war es nicht allein: es war, als ob das Bild selbst die Macht besäße, mich an sich zu fesseln.

Als ich mich endlich losgerissen hatte, merkte ich, dass sich Ärger in mir breit machte. Warum? Bei näherem Nachsinnen wurde mir die Ursache klar: ich hatte beschlossen, nach Indien zu fahren, um Babaji zu begegnen. Ich war ärgerlich, weil mir dieses Vorhaben ungelegen kam und mir meine wohlgeordneten Zukunftspläne durcheinander bringen würde....

Dann kam der Moment, dass ich an Shri Babaji schreiben und ihn um Erlaubnis bitten musste, ihn zu besuchen. Ich war... mehr denn je in einem inneren Konflikt, ob ich ihn besuchen sollte. Da die schriftliche Bitte um Erlaubnis noch keine definitive Entscheidung voraussetzte, beschloss ich, dieses in Angriff zu nehmen. Ich nahm Papier und Stift - doch was sollte ich schreiben? Was schreibt man jemandem, der angeblich alles sieht, weiß und als Gottmensch betrachtet wird? Meine Hand zitterte, als ich schließlich einige wenige Worte zu Papier gebracht hatte. Ich fürchtete, mich unangemessen oder respektlos auszudrücken, ich war nicht religiös und hatte bisher noch keine Erfahrung im Umgang mit Gottmenschen.

Nachdem ich den Brief beendet hatte, ging ich zufrieden ins Bett. Ich war müde und schlief bald ein. Doch plötzlich wachte ich auf mit dem Gefühl, nicht allein in dem Raum zu sein. Ich dachte sofort an Babaji, und mir fuhren all die Geschichten über Visionen von anderen Leuten durch den Kopf.... Ich bekam große Furcht, nicht so sehr, weil Babaji mir vielleicht erscheinen könnte, sondern der Gedanke, ich könne halluzinieren oder ich sei plötzlich verrückt geworden, machte mir angst. Meine Zähne klapperten und das Haar stand mir zu Berge. Mein Zustand grenzte an vollkommene Panik. Ich zog mir die Bettdecke bis zum Kinn und versuchte, an etwas Vernünftigeres zu denken. Dann übermannte mich der Schlaf, doch es war kein gewöhnlicher Schlaf. Mir war, als ob jemand eine Tür geöffnet hätte, die in eine andere Welt führte. Mir war bewusst, dass ich eingeschlafen war und dass ich sofort begonnen hatte zu träumen. Im Traum sah ich Babaji in meinem

Schlafzimmer. Seine Gegenwart erfüllte mich mit Ruhe. Ich konnte ihn deutlich erkennen und sah, wie er sich auf meinen Bettrand setzte und mir in die Augen schaute. Er schien wissen zu wollen, was in mir vorging.

Ich fiel in einen noch tieferen Schlaf und erwachte dann plötzlich wieder. Es war noch Nacht, oder zumindest sehr früher Morgen. Das Licht war gedämpft, gerade hell genug, um die Umrisse in meiner Umgebung auszumachen. Zu meiner Linken brannte ein Feuer. Ich konnte den Rauch riechen und das Knacken des brennenden Holzes hören. Ich spürte die Menschen, die um das Feuer saßen, mehr, als ich sie sehen konnte. Zu meiner Rechten konnte ich das Geräusch fließenden Wassers vernehmen und es in einiger Entfernung glitzern sehen. Ich hatte den Eindruck, auf einem Felsen zu sein, mit Wasser unter mir. Ich konnte auch einen Vorhang aus silbrigem Material oder etwas Ähnliches sehen, es musste also ein Haus in der Nähe sein.

"Es war also doch kein Traum", sprach ich ruhig zu mir selbst, da ich wusste, dass man in Träumen die Dinge nicht so deutlich wahrnehmen kann. Doch im selben Moment, als mir dieser Gedanke bewusst wurde, überflutete mich eine Welle der Angst. Ich wachte auf und lag zu Hause in meinem Bett.

Was bedeutete das? Ich war vollkommen verstört. Nach einiger Zeit gelang es mir, mich selbst davon zu überzeugen, dass es nichts als ein Traum gewesen war, und konnte somit wieder einschlafen. Doch dieselbe Art von Träumen kehrte wieder - deutlich und realistisch, über Babaji und Indien - und das die ganze Nacht hindurch. Am nächsten Morgen war meine Verwirrung vollkommen. Ich hatte Angst, wahnsinnig zu werden, und verdrängte das Geschehen als bizarre Form intensiven Träumens - obwohl ich wusste, dass dies Selbstbetrug war.

Ich erhielt nie eine schriftliche Antwort von Shri Babaji, flog aber trotzdem nach Indien. Ich fuhr nach Vrindaban, die Stadt Krishnas, in der sich Babajis damals aufhielt.

Dann kam der Moment - welcher so wichtig geworden war -, als ich Shri Babaji zum ersten Mal sah. Ich saß mit einer Gruppe anderer Menschen aus dem Westen in seinem Ashram, als er nach langer Wartezeit zu uns herauskam. Mein innerer Aufruhr, als ich ihn zum ersten Mal erblickte, kann nur mit einem seelischen Erdbeben verglichen werden. Alles, an das ich mich jetzt erinnern kann, sind diese Worte, diese Worte, die ich mir ständig wiederholte: "Es ist wahr - er ist ein Gott." Ich hatte das Gefühl, alles zu wissen und zu verstehen, ohne die geringste Ahnung zu haben, was es war, das ich verstand. Genauso wenig konnte ich erklären, was Gott-Sein bedeutete, da ich mich als Atheisten betrachtete. Doch ich war mir bewusst, zu Füßen eines Gottmenschen zu sitzen.

Ich könnte noch erwähnen, dass er sich in meiner Erfahrung von jedem anderen Menschen unterschied, den ich je getroffen hatte. Er fühlte sich für mich "vollkommen" an, so als ob alle Energie von ihm und durch ihn in einer ovalen Form ausstrahlte. Gewöhnliche Menschen, so entschied ich, sind eher formlos und passen ihre Form ihrer Umgebung an. Solche Gedanken waren vorher nie in mir aufgetaucht - sie kamen als eine Offenbarung. Nach dem ersten Gefühlssturm wurde mir klar, dass er genauso war, wie ich ihn in meinen Träumen erfahren hatte. Auch hatte ich vorher mehrere Bilder von ihm gesehen, doch da waren noch andere Dinge, die ich erkannte, Dinge, die man nicht auf einem Bild sehen kann.

Trotz meines Entschlusses, nicht über die Bedeutung meiner seltsamen Träume zu spekulieren, verspürte ich plötzlich den Wunsch, das Bedürfnis, ein Zeichen von ihm zu erhalten, das meine Gefühle bestätigte. Ich versuchte diskret, seinen Blick auf mich zu lenken. Ich hatte viel zu große Angst, einfach zu ihm hinzugehen und nach einer solchen Bestätigung zu fragen. Als es schließlich Zeit wurde, mich ihm zu nähern, um ihn zu begrüßen, und um nicht unhöflich zu erscheinen, war ich viel zu furchtsam, auch nur ein einziges Mal zu ihm aufzublicken.

Am nächsten Tag jedoch beim Darshan brachte ich den Mut auf, hochzublicken und ihn anzusehen. Er drehte sich sofort zu mir und schaute mir gerade in die Augen, wobei er langsam nickte und sein Blick voll unendlicher Liebe war. Ein weiterer seelischer Aufruhr erschütterte mich. Ich kehrte auf meinen Platz zurück, die Tränen brannten in meinen Augen. Ich erkannte allmählich, dass ich zum ersten Mal in meinem Leben das Gefühl erlebte, völlig als menschliches Wesen erkannt und akzeptiert zu werden. Ich war vor Schmerz überwältigt.

Zurück im Hotel begann ich zu weinen. Ich weinte stundenlang und konnte nicht aufhören. Ich weinte über jedes traurige Erlebnis, das ich je erlebt hatte. Danach zeigten sich andere körperliche Reaktionen, so als ob ich irgendeiner großen Naturgewalt ausgesetzt gewesen wäre: ich konnte weder essen, schlafen noch mich entspannen. Schließlich bekam ich Fieber und musste vom Ashram wegbleiben. Nicht bevor ich Vrindaban verließ, um nach Neu Delhi zu fahren, und erst nach etlichen Stunden Zugfahrt, kehrte ein normales körperliches Gefühl zurück...

Mein zweiter Besuch bei Shri Babaji war eine vollkommen andere Erfahrung....

Babaji war ganz verändert. Zuallererst machte jedoch Haidakhan selbst den größten Eindruck auf mich, voll unendlichen Friedens und Schönheit. Es war schwer, sich vorzustellen, dass es einen solch paradiesischen Ort auf Erden geben konnte. Ich fühlte sofort, dass ich für immer bleiben konnte, nur von der Freude erfüllt, lebendig zu sein und bis ans Ende meiner Tage in Frieden zu leben.

Als wir die 108 Stufen zum Ashram emporstiegen, eilte, kurz bevor wir oben waren, ein Inder auf uns zu und ermahnte uns zur Eile, da Shri Babaji uns sofort sehen wolle. Ich fühlte etwas von der alten Angst, ihm wiederzubegegnen, hatte aber keine Zeit, mich zu fürchten. Ich musste einfach alles fallenlassen und dem Mann hinterher laufen. Wir rannten in einen vollbesetzten Raum. In der Mitte stand Babaji. Der Mann, der uns geholt hatte, schob uns sanft nach vorne und machte uns ein Zeichen, Shri Babaji zu begrüßen, auf die indische Art, indem wir niederknieten. Als wir das taten, gab Shri Babaji jedem von uns Süßigkeiten und hieß uns in seinem Ashram willkommen. In weniger als einer Minute war alles vorbei...

Ein paar Minuten später, als wir ausgepackt hatten und auf den Stufen vor unseren Schlafräumen saßen, überfiel mich plötzlich ein Schock: ich hatte gerade den Platz wiedererkannt, auf den ich blickte. Es war die Stelle, wo ich in meinem seltsamen Traum "aufgewacht" war. Ich konnte genau ausmachen, wo ich mich befunden hatte, obwohl die Menschen und das Feuer fehlten und es mitten am Tag war. Später sollte ich jedoch auch das erfahren, denn dies war der Platz neben Shri Babajis Raum, wo sich alle für die Feuerzeremonie versammelten, die jeden Morgen vor Sonnenaufgang stattfand...

...Doch auch heute noch kann ich mir nicht erklären, was mich veranlasste, diese ereignisreichen Reisen zu Shri Babaji zu unternehmen, noch welche Bedeutung all die Vorkommnisse hatten. Es war, als habe ein Teil von mir, von dessen Existenz ich vorher nichts ahnte, die Führung übernommen, und zwar von dem Moment an, als ich zum ersten Mal Shri Babajis Bild sah. Von da an traf er alle Entscheidungen für mich.

Heute ängstigen mich diese Erlebnisse nicht mehr. Ich vertraue meinem höheren Selbst und fühle immer wieder Shri Babajis Gegenwart. Zwar kann ich noch immer nicht Gott erklären, ich kann ihn aber beschreiben, denn Shri Babaji repräsentiert das Göttliche für mich. Durch ihn ist mir eine Lehre in unendlicher Liebe erteilt worden, und ich erlebe Zustände von Frieden und Glück, die ich vorher nicht kannte. Ich habe viel über mich selbst gelernt, kann andere und mich mehr annehmen und erfahre die Einheit mit allen lebenden Wesen. Für all das bin ich sehr dankbar. Mehr kann ich nicht sagen. Bhole Baba ki Jai! (Heil und Ehre dem einfachen Vater).

Anmerkungen

1 Siehe Baba Ram Dass' Buch über Neemkaroli Baba "Miracle of Love, E.P. Dutton, 2 Park Avenue, New York, N. Y. 10016

2 Ehr und Preis dem verehrten Lord Haidakhan Baba

3 Die Sufis, eine islamische Bruderschaft, besitzen die Tradition eines "geheimen Lehrers", genannt Khidr, der in der gleichen Art kommt und geht wie Babaji.

4 Siehe "Babaji - Unergründlich tief wie das Meer", Verlag 2000

5 gedruckt Stockholm Schweden, 1986, copyright Gunnel Minett.

Babaji und Muniraji in Chilianaula, September 1979

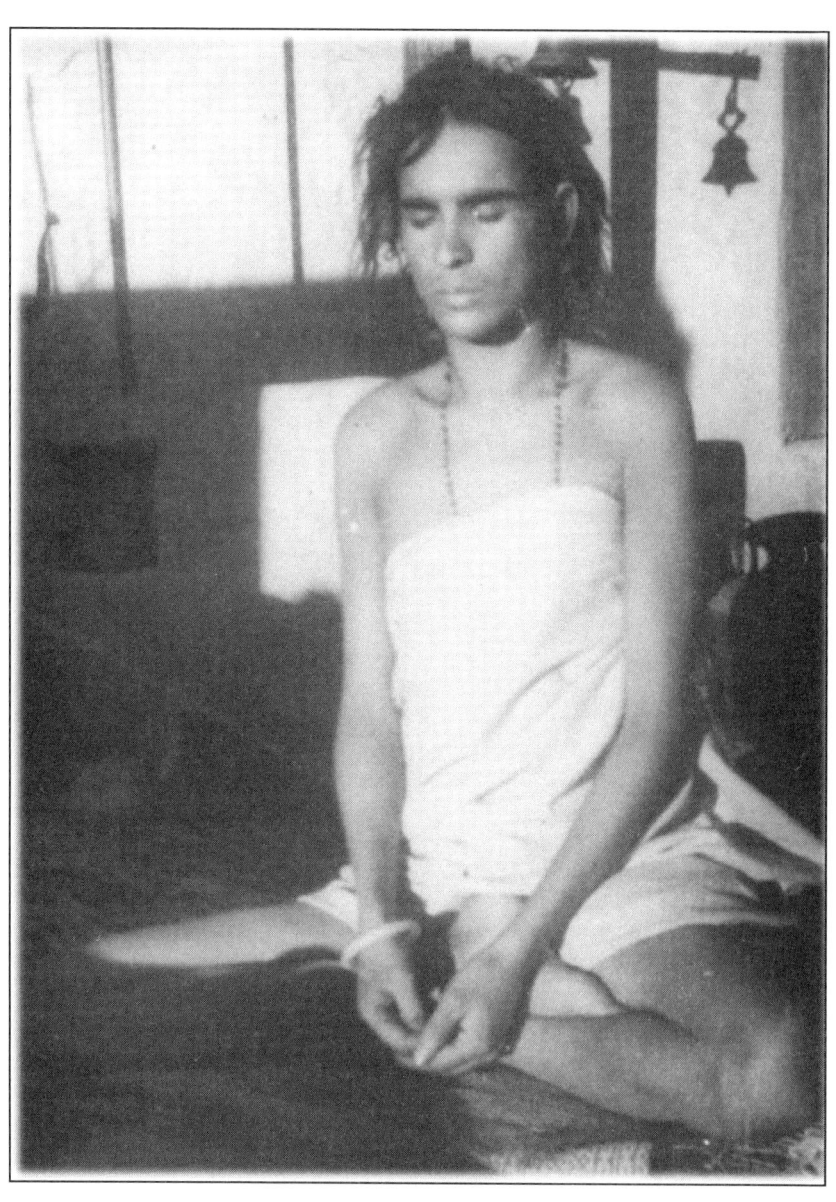

Babaji 1970 auf dem Mount Kailash bei Haidakhan

Babaji 1970

"Deine Augen sind feucht vor Erbarmen und Mitleid,
Oh Herr, gewähre der ganzen Schöpfung Erfüllung.
Gottes Spiel, das du in menschlicher Gestalt spielst, ist wundervoll.
Ehre und Preis, Dir, König der Weisen, Tilger aller Schmerzen
Deiner Schüler!"

Haidakhan Arti

Kapitel 8

Babajis Lilas

"Leela" oder "Lila" kommt aus dem Sanskrit und Hindi und bedeutet das Handeln oder das "Spiel" des Göttlichen in unterschiedlichsten physischen Manifestationen im geschaffenen Universum. Meistens wird dieses Wort für die wundersamen, nicht erklärbaren Handlungen Gottes benutzt, doch enthält diese Definition eine nicht vorhandene Eingrenzung, denn Gottes Erscheinen als Mensch in der Schöpfung ist selbst ein "Lila".

Fast jeder, der geraume Zeit mit Babaji verbrachte, kann von solchen Lila-Erfahrungen berichten. Sie sind so zahlreich, dass sie nicht alle an einer Stelle zusammengefasst werden können, und nicht alle sind interessant zu lesen, obgleich sie für die Beteiligten bedeutend waren. Einige dieser Lila-Erfahrungen vermitteln eine gewisse Vorstellung von Babajis Kräften, selten erhob er Anspruch auf sie als seine Wunder. Sie zeigen die Wirkung seiner unmittelbaren Gegenwart auf und wie es war, ein Schüler zu sein - über seine physische Präsenz hinaus.

Shammi Kapoor ist überrascht

Shammi Kapoor, der Filmstar, erlebte eine ungewöhnliche aber kraftvolle Begegnung mit Babaji[1]. Er brüstete sich mit seinem klaren, rationalen Denken und war nicht gewillt, sich Shri Babaji zu "ergeben". Seine Frau und Kinder wollten Babaji zu sich nach Hause einladen. Shammiji hatte dagegen nichts einzuwenden, aber es war Sitte, dass die ganze Familie Babaji dort aufsuchte - wo er sich gerade aufhielt -, um ihn gemeinsam einzuladen. Das wollte er nicht. Babaji sollte am Montag als Gast in die Wohnung kommen, und die Familie wollte am Sonntag die Einladung aussprechen. Shammiji hatte einen ausgefüllten Terminkalender und Sonntag war sein einziger freier Tag. Er bestand auf sein übliches sonntägliches Mittagessen und auf sein Bier, gefolgt von einem langen Schläfchen in seinem klimatisierten Schlafzimmer. Shammiji sagte zu Neela, seiner Frau: "Babaji ist herzlich gern willkommen, er kann mein Heim und mein Geld haben, aber ich gehe nicht mit, um ihn einzuladen. Ich bestehe auf mein Bier, mein Essen und meinen Mittagsschlaf!" Er bekam alles, was er wollte, dann machte sich die Familie auf den Weg zu Babaji.

Während Shammiji sich für den Nachmittagsschlaf auf seinem großen Bett bereit machte, knieten Neela und ihre Familie vor Shri Babaji, um ihn zu bitten, ihr Haus aufzusuchen. Babaji fragte: "Wo ist dein Mann?" Neela wollte nicht lügen, aber auch nicht eingestehen, dass er wegen seines Bieres und seines Schlafes zu Hause geblieben war, und so stammelte sie: "Er fühlte sich unwohl, und ist deshalb zu Hause geblieben."

Zur gleichen Zeit streckte sich Shammiji auf seinem Bett aus und erschrak. Babaji stand plötzlich lachend vor ihm am Fußende und sagte: "Oho, du bist also krank? Vom vielen Essen und dem vielen Bier?" Babaji neckte Shammiji, sprang auf die rechte Seite des Bettes, dann über das große Bett auf die andere Seite. Er hüpfte vor und zurück, zum Kopfende und Fußende und lachte und neckte ihn. Zwei Stunden spielte Babaji auf diese Art. Shammiji saß schweißgebadet auf seinem Bett und fragte sich, was man in Gottes Namen mit diesem Baba machen sollte!

Als Neela von ihrem Nachmittags-Darshan zurückkehrte, ging sie ins Schlafzimmer, um ihren Mann aufzuwecken. Aber er schlief nicht, sondern saß zitternd und schweißgebadet aufrecht im Bett. Shammiji erzählte ihr, was er erlebt hatte, und als Babaji am nächsten Tag zu ihnen nach Hause kam, berichtete Shammiji ihm sein Erlebnis und Babaji lachte ihn mit zwinkernden Augen aus.

Fußspuren

Din Dayal, "Mahantaji" des Hanuman Tempel am Connaught Place in Neu Delhi, besuchte zusammen mit Babaji und einer Gruppe von Schülern Madhuban, ein Dorf im Distrikt Mathura. Dort liegt ein Babaji-Ashram, der, wie Babaji sagte, den ältesten existierenden heiligen Feuerplatz (Dhuni) besitzt. Nach dem Darshan gab Babaji die Anweisung, dass diejenigen, die ihn von Vrindaban begleitet hatten, zuerst verpflegt werden sollten. Dennoch drängten sich die Dorfbewohner aus Madhuban vor und besetzten die vorbereiteten Plätze, so dass für Shri Babajis Gruppe kein Platz mehr blieb. Nach ein oder zwei Minuten bildete sich eine kleine schwarze Wolke am sonst klaren blauen Himmel und innerhalb weniger Minuten war der Essplatz unter freiem Himmel von Regen durchnässt. Die Dorfbewohner sprangen auf und rannten fort in den Schutz ihrer Häuser. Als es zu regnen aufhörte, sprang Babaji von seinem erhöhten Sitz unter dem Zelt herunter und lief lachend auf dem durchweichten matschigen Boden hin und her. Mahantaji folgte ihm. Nach einer Weile ging Babaji zu seinem Sitz zurück und setzte sich mit gekreuzten Beinen darauf. Mahantaji wollte sich Babaji nähern, hielt jedoch inne, um an sich hinunterzuschauen. An seinem Dhoti, ein baumwollenes, hosenartiges Kleidungsstück und an seinen Füßen klebte der

Matsch. Mahantaji drehte sich zu Babaji um mit dem Gedanken, dass er ihm seine Füße säubern und ihm ein frisches Lungi (traditionelles, gewickeltes Hüfttuch) bringen solle. Zu seinem Erstaunen war Babajis Lungi noch strahlend weiß und der Fuß, der der Sicht freigegeben war, absolut sauber. Shri Babaji fing Mahantajis überraschten Blick auf, lächelte und versteckte seinen Fuß unter den Falten seines sauberen Lungis.

***

"Motu" Banerjee, ein damals fünfzehnjähriges Mädchen aus Allahabad, befand sich unmittelbar hinter Shri Babaji in einer Gruppe. Sie überquerten den sandigen Boden eines Flussbettes in Haidakhan. Ihre Augen betrachteten müßig, während sie so dahinschritten, die Fußabdrücke im Sand. Plötzlich wurde ihre Aufmerksamkeit von den Fußspuren gefesselt und erstaunt sah sie, dass Babaji keine Spuren im feuchten Sand hinterließ.

***

Am Abend eines anderen Tages folgte Ram Dass Babaji mit einer Gruppe durch das Flusstal. Sein Blick wurde von Babajis Fußspuren im Sand angezogen, und er wurde dazu verleitet, seine Füße in Babajis Fußstapfen zu setzen. Er konzentrierte sich so sehr auf dieses Spiel, dass er fast mit Babaji zusammenprallte, als dieser stehenblieb und sich zu ihm umdrehte. Ram Dass starrte fasziniert auf den Fußabdruck, der sich im Sand bildete, als Babaji langsam den Fuß vom Sand abhob. Er leuchtete intensiv im Abendlicht.

***

Babaji als Gedankenleser

Ram Dass, ein Amerikaner, der als Kind Konzertviolinist war, stand eines Abends, bald nachdem er zum ersten Mal in Haidakhan angekommen war, an Babajis Sitz nach dem Arti in der Kirtanhalle. Shri Babaji hatte Har Govind gebeten, die Querflöte zu spielen, was er auch spontan und wunderschön tat. Als das Lied beendet war, überlegte sich Ram Dass, dass er seine Violine nach Haidakhan hätte mitbringen sollen, um für Babaji spielen zu können. Kaum war der Gedanke formuliert, als Babaji sich zu Ram Dass umdrehte, einen Violinenspieler mimte, ihn anlächelte und zuzwinkerte und sich dann wieder der Szene vor ihm zuwandte.

***

Eines Tages, als Babaji die Post verteilte, die vom Briefträger für ihn und für die Ashrambewohner gebracht worden war, zeigte er Sheila Devi einen Briefumschlag und fragte: "Für wen ist er?" Er hielt den Brief so, dass sie die Handschrift sehen konnte, die Sheila als die ihrer Mutter erkannte und sagte daher: "Der Brief ist für mich!"

Babaji drehte langsam das Kuvert in der Hand, schaute dabei sehr intensiv auf den Umschlag und übergab ihn ungeöffnet Sheila. Dann griff er zum nächsten Poststück. Sheila ging mit dem Brief in ihr Zimmer, um ihn vor ihrem Nachmittagsschlaf zu öffnen und zu lesen. Der Brief war in Gujerati geschrieben, einer Sprache, die außer Sheila niemand sonst im Ashram verstand.

Später am Nachmittag, als sie Shri Babaji wieder traf, machte er den Inhalt des Briefes zum Hauptthema ihrer Unterhaltung. Als sie sich sehr überrascht zeigte, sagte er, dass er dies immer tun könne, wenn er wolle. Nach Bombay zurückgekehrt, las Sheila ein Buch über Shri Aurobindo, in dem geschrieben stand, dass auch er dieses Vermögen besaß und auch benutzte.

***

Gaura Devi, eine Italienerin, machte auf diesem Gebiet viele Er-fahrungen, da sie sich mit Shri Babajis ausländischer Post befasste. Sie bekam die ungeöffnete Post von ihm. Gaura nahm sie dann mit in ihr Zimmer, las sie, machte eine kurze Notiz auf jeden Umschlag, um sich an den Briefinhalt zu erinnern, - an eine Bitte, einen Kommentar. Anschließend trug sie die Briefe zu Babaji zurück, las ihm ihre Anmerkungen vor und bat um eine Antwort. Dies geschah meistens während des Darshans, und oftmals wies Babaji sie darauf hin, dass sie in diesem oder jenem Brief einen wichtigen Teil übersehen hatte, und bezog sich nochmals auf den Punkt des Briefes, den er beantworten wollte.

***

Etwa ein Jahr, nachdem Familie Lal zu Babaji gekommen war, hatte Frau Vimla Lal einen lebhaften Traum, in dem Babaji ihr Haus aufsuchte. Vimla saß in ihrem Wohnzimmer, als Babaji hineinkam und um ein Glas Wasser bat. Es war Sitte, Shri Babaji Wasser oder ein anderes Getränk aus einem Gefäß aus rostfreiem Stahl anzubieten, das mit Vibhuti, Asche vom heiligen Feuer, gesäubert und gewaschen worden war. In ihrem Traum ging Vimla in die Küche und suchte ein Gefäß aus rostfreiem Stahl, fand aber keines. So nahm sie eine Porzellantasse, aber es fehlte das Vibhuti im Haus, um sie zu reinigen. Ihr Blick fiel auf einen Behälter mit einem pulverisierten Reinigungsmittel, das sie als Ersatz benutzte. Dann füllte sie die Tasse mit Leitungswasser und brachte sie Babaji. Babaji zuckte unwillig zurück, trank aber das Wasser.

Vimlas Traum war so real, dass sie ihn ihrem Ehemann erzählte, sonst aber niemandem. Beide gingen hinaus und kauften einen Satz rostfreies Stahlgeschirr für Babaji, im Falle, dass er einer Einladung folgend in ihr Haus käme.

Einige Tage später fuhren Herr und Frau Lal nach Haidakhan. Als sie sich Shri Babaji näherten, um ihren Pranam zu machen, fragte Babaji Dr. Lal "ärgerlich": "Was ist das für eine Frau, die nicht einmal anständig ihrem Meister ein Glas Wasser servieren kann?"

Es gibt viele Schüler, die von Bemerkungen berichten können, die Babaji in ihren Träumen fallen ließ. Wenn man Babaji über Träume befragte, sagte er oft, dass sie Geschenke Gottes seien.

Physische Veränderungen

Babaji war in der Lage, seine physische Gestalt willentlich zu verändern. Es gibt eine Anzahl von Menschen, die sein Gesicht sich innerhalb weniger Minuten verändern sahen, wenn sie vor ihm saßen - in das von Jesus Christus, der Hindu Gottheiten und in die Gesichter vieler bekannter Heiliger.

Während der Weihnachtsfeierlichkeiten 1983 nahm ein Italiener innerhalb von vier oder fünf Minuten vier Fotos von Babaji auf, der abseits mit vier Männern unterschiedlicher Größe von 1,60 m bis 1,90 m stand. Auf jedem Foto schien Babaji genauso groß zu sein wie die Person, mit der er zusammenstand.

Einige Jahre zuvor kam ein 2,10 m großer amerikanischer Arzt in den Ashram. Jeder staunte über seine Größe. Eines Tages suchten Major Bhupindra und andere nach Babaji. Vom Ashram aus, der etwa 300 Meter über dem Flussbett liegt, erspähten sie Babaji im Flussbett, der mit dem Arzt sprach und dabei hoch in dessen Gesicht schaute. Sie rannten die Treppen hinunter und hinüber zu Babaji. Als sie beide erreichten, unterhielt sich Babaji mit dem Arzt und blickte ihm dabei gerade in die Augen, beide Männer hatten die gleiche Größe.

Viele Menschen bemerkten Gewichtsveränderungen bei Babaji. Sita Rami und ich brachten eines Tages eine Badezimmerwaage aus Delhi mit für die Ashram-Klinik. Als wir uns vor Babaji verneigten, fragte er, was in der Schachtel sei, und als wir sie geöffnet hatten, stieg er auf die Waage, die ein Gewicht von 75 Kilo registrierte.

Als Babaji den Raja von Bhavnagar, einen zurückgezogen lebenden alten Schüler, bekannt als "Guard Sahib", besuchte, bat dieser ihn, ihn im Hause seines Sohnes aufzusuchen. Als Babaji kam, empfing Guard Sahib ihn am Auto. Es gibt eine indische Sitte, einen ehrenvollen Gast in sein Heim zu tragen, und dieser alte Mann bestand darauf. Babaji - der zu dieser Zeit ein Gewicht von ungefähr 65 Kilo hatte, setzte sich auf Guard Sahibs Rücken wie ein Affe und wurde neun bis zehn Meter in das Haus getragen. Guard Sahib erzählte den Leuten später, dass er so leicht wie ein Kind gewesen sei.

Viele können von solchen Geschichten berichten. Manchmal, wenn ich vor ihm kniete, erhob sich Babaji spielerisch von seinem Sitz an der Wand außerhalb seines Raumes und trat auf meinen Rücken. Manchmal dachte ich, er hätte nur einen Fuß auf meinen Rücken gesetzt, um meine Standfestigkeit zu prüfen, aber bevor ich es wahrnahm, stand er an meiner Seite.

Babaji heilt eine Frau

Es gibt viele Berichte um ungewöhnliche, wunderbare Heilungen. Bhupindra Sharma, damals Hauptmann in der indischen Armee und in den späten Dreißigern, erzählte das Lila von der Krankheit seiner Frau.

"Die Familie, in die ich geboren wurde, war sehr religiös, es wurden ständig Andachten abgehalten und religiöse Lieder gesungen. Viele heilige Männer kamen zu uns zu Besuch. Meine eigene Gottesvorstellung jedoch war recht abstrakt bis zu der Zeit, als meine Frau erkrankte."

Seine Frau, Shakuntala, hatte eine Gallenoperation, in der ihre Gallenblase entfernt wurde. Obgleich die Ärzte und der Chirurg, die hinzugezogen wurden, die besten von Delhi waren, gab es Komplikationen, und innerhalb von zwanzig Tagen stand Shakuntala an der Schwelle des Todes.

"Meine Mutter und eine Tante, beide Anhänger von Babaji, hatten mir viel von ihm erzählt, aber ihre Erzählungen überzeugten mich nicht. Als der Zustand meiner Frau immer schlechter wurde, nahmen beide selbstverständlich Zuflucht zum Gebet - so dass Babaji meine Mutter einlud, nach Haidakhan zu kommen. Sie blieb dort eine lange Zeit, aber die Gesundheit meiner Frau besserte sich nicht. Schließlich musste eine zweite Operation durchgeführt werden. Sie dauerte viereinhalb Stunden... Ihr Unterleib war mit Eiter gefüllt, meine Frau hatte eine Bauchfellentzündung entwickelt... Sie hatte auch eine starke Gelbsucht, hohes Fieber und verlor an Gewicht. Antibiotika halfen nicht, auch schmerzstillende Mittel konnten ihr nicht mehr verabreicht werden, weil dadurch ihr Tod befürchtet wurde.

Während ich bei ihr saß und sie pflegte und das Beste erhoffte, bearbeiteten meine Mutter und meine Schwester natürlich Babaji weiter. Eines Tages sagte er zu ihnen: "Ihr seid wie Blutsauger! Ihr habt mich gebeten, diese Frau zu retten; wisst ihr überhaupt, ob sie an mich glaubt?"

So fragten wir sie, und sie antwortete: "Nein, ich glaube nicht an Babaji, nicht im geringsten! Aber, ich habe großes Vertrauen in euren festen Glauben an ihn." Shakuntala hatte die Hälfte ihres Körpergewichts verloren, sie wog nur noch 30 Kilo und sah aus wie ein Häufchen Knochen. Trotz schwerer Bedenken hatten die Ärzte eine dritte Operation angesetzt. Der Chirurg vertraute auf Gott und auf seine Fähigkeiten. Die Mutter des Hauptmanns Sharma fragte Babaji, ob die Operation unternommen werden sollte. Er antwortete: "Im Augenblick nicht." Die Operation wurde zweimal verschoben und schließlich am 17. Dezember ausgeführt. Sie dauerte sieben Stunden und vierzig Minuten. Danach hörte Shakuntalas Leber auf, Galle zu produzieren.

"Schließlich schrieb ich meiner Mutter nach Haidakhan, sie solle in Erfahrung bringen, ob Babaji meine Frau überhaupt heilen wolle. Wenn nicht, so möge sie ein schnelles Ende haben, denn wir, die ihr beistanden, konnten ihr Leiden nicht länger mit ansehen. Als meine Mutter diesen Brief empfing, brach sie in Tränen aus. Babaji, der in der Nähe stand, drehte sich um und fragte, was sie bewege. Als er von dem Inhalt des Briefes erfuhr, sagte er, sie solle nach Delhi zurückkehren. Meine Mutter wollte nicht gehen, deshalb fügte er hinzu: "Was soll die Welt da sagen? Deine Schwiegertochter stirbt, und du willst bei deinem Baba bleiben?" Mutter antwortete nur: "Was kümmert mich die Welt. Was ich wissen möchte ist vielmehr, ob du etwas unternehmen willst." Babaji befahl ihr, Mundan, eine Kopfrasur, machen zu lassen. Überrascht fragte meine Mutter, ob sie innerhalb eines Jahres so unwürdig und innerlich schmutzig geworden sei, dass sie nur durch Mundan gereinigt werden könne. Noch vor zwölf Monaten hatte Babaji es ihr, als sie freiwillig ihr Haar opfern wollte, verweigert: "Nicht alles, was du tust, tust du für dich!"

Meine Mutter verstand sogleich und ließ sich unverzüglich unten am Fluss die Haare scheren. Als sie wieder zu Babaji kam, setzte er ihr seine eigene Mütze mit den Worten auf: "Hab Vertrauen! Deine Schwiegertochter wird gesunden. Sag dem Arzt, er soll ihr keine Medikamente mehr verabreichen." Dies geschah, und am 5. Januar setzte eine sofortige Besserung ein. Zusätzlich befolgten wir die Anweisungen Babajis. Er hieß uns täglich eine Flasche mit reinem Leitungswasser in unseren Meditationsraum zu stellen. Den Inhalt sollten wir der Patientin löffelweise eingeben. Jedesmal, wenn meine Tante ins Krankenhaus ging und der Kranken diese Flüssigkeit verabreichte, stellte sie fest, dass sich das Wasser verändert hatte, es hatte eine grün-gelbliche Farbe angenommen und sah aus, als sei es Galle.

Der Zustand meiner Frau besserte sich zusehends und sie gesundete vollkommen, als Babaji sich persönlich - d.h. in seinem feinstofflichen Körper - in die Heilung einschaltete. Er erschien, während eine Krankenschwester bei meiner Frau saß. Da letztere nicht wahrgenommen hatte, wie Babaji ins Zimmer trat, fragte sie, als sie seiner ansichtig wurde: "Wer bist du?" "Bestimmt kein Schurke! Störe mich nicht." Er näherte sich meiner Frau, streckte seine Hand aus und führte sie des öfteren über ihren Körper hinweg. Bevor die erstaunte Krankenschwester etwas fragen konnte, war er verschwunden.

Bei der nächsten Gelegenheit fragten wir Babaji, ob er meine Frau im Krankenhaus besucht hätte. Er leugnete es nicht, aber antwortete: "Warum fragt ihr nicht Swamiji, ich glaube, er könnte hingegangen sein."

Etwa ein Jahr später gab Babaji in einem Gespräch zu, dass er meine Frau besucht hatte."[2]

Shakuntula war etwa einen Monat nach Babajis Besuch bei ihr im Krankenhaus vollkommen wieder hergestellt.

Babaji heilt ein Kind

1976 war Vivek, der einzige Sohn von Hem Chand Bhatt, dem Rechtsanwalt von Nainital und Haldwani, sechs Jahre alt und ein Schüler in der zweiten Klasse am St. Josephs College in Nainital. Eines Tages, spät im November, bekam er Fieber. Weil es Prüfungszeit war und Mr. Bhatt glaubte, Vivek hätte eine gewöhnliche Erkältung, erhielt er eine Aspirin und wurde zur Schule geschickt. Nach zwei oder drei Tagen stieg die Temperatur so an, dass er der Schule fernbleiben musste. Die Familie brachte ihn in ihr Haus nach Haldwani, wo das Klima wärmer war. Sein Zustand besserte sich nicht, und bald musste er ins Krankenhaus. Dort wurde festgestellt, dass er an Thyphus erkrankt war. Vivek wurde behandelt, das Fieber war gebrochen und nach etwa einer Woche war er gesund und wurde entlassen. Er sollte aber nach drei Wochen zur Nachuntersuchung kommen.

Am 24. Dezember ging Bhattji wie üblich nach Haidakhan, nachdem er seine Frau gebeten hatte, Vivek zur Nachuntersuchung ins Krankenhaus zu bringen und den Arzt an seine Wurmerkrankung zu erinnern. Vivek war bei guter Gesundheit, ihm wurden einige stärkende Mittel gegeben und zwei Wurmtabletten, die an aufeinander folgenden Tagen zu nehmen waren.

Nachdem Vivek die zweite Wurmtablette eingenommen hatte, zeigte sich Blut im Stuhl, dann begann er ständig zu bluten und wurde zum Krankenhaus zurückgebracht. Trotz größter Anstrengungen konnten die Ärzte die Blutung nicht stillen und er hatte so große Schmerzen im Magen und im Unterleib, dass Vivek kaum fünf Minuten schlafen konnte und insgesamt nicht mehr als dreißig Minuten am Tage schlief.

In diesem Jahr war Bhattji ungewöhnlich lange in Haidakhan. Er blieb, bis Babaji am 9. Januar nach Haldwani kam, um auf Khanna Matajis Bauernhof, außerhalb von Haldwani, ein neuntägiges Yagya abzuhalten. In Haldwani blieb Babaji kurz bei Amar Singh. Dort war auch Viveks Mutter und sie erzählte ihrem Mann von Viveks kritischem Zustand. Bhattji eilte zum Krankenhaus. Der Zustand des kleinen Jungen wurde schlechter und die Ärzte teilten ihm nach einer Besprechung mit, dass es jenseits ihrer Macht liege, Vivek zu retten. In Delhi hätte er eine Chance, aber sie hatten Zweifel, dass er den Transport überleben würde.

Bhattji besorgte ein Taxi nach Delhi, aber seine Frau und Mutter bestanden darauf, Vivek zuerst zu Babaji zu bringen. Auf dem Bauernhof bei Khanna Mataji schalt Shri Babaji Bhattji aus, weil er kein Vertrauen besaß.

Dr. S.K. Lal, ein bekannter Arzt aus Delhi, saß beim Yagya. Er untersuchte Vivek und kam zu dem Ergebnis, dass der Darm des Kindes gebrochen war. Er schrieb ein langes Rezept, das mehr als ein Dutzend Medikamente umfasste und sagte den Bhatts, dass jeder Gegenstand, der für Viveks Medizin gebraucht wurde, vollkommen desinfiziert werden sollte. Zu dieser Zeit hatte sich viel Volk um Vivek versammelt und praktisch jeder war der Ansicht, dass die Medizin nicht nötig sei, denn der Tod sei nahe.

Dann kam ein Dorfbewohner namens Tikaram und sagte in Gegenwart von Bhattji zu Babaji, dass er Kräuter kenne, die das Kind retten könnten, wenn Shri Babaji es wünschte. Babaji wies Bhattji an, Vivek diese Medizin jetzt gleich zu geben anstatt der von Dr. Lal verschriebenen. So bat Bhattji Tikaram, seine Arznei zu holen. Tikaram ging in das nahe gelegene Feld und kam mit Pflanzenwurzeln zurück, die er in einem Bewässerungskanal wusch, dann machte er einen Brei daraus und füllte den Saft in einen Becher. Diese Medizin wurde Vivek eingegeben und Babaji wies Bhattji an, das Kind nun nach Hause zu bringen.

Während der Nacht hatte der Junge solche Schmerzen, dass Herr Bhatt dachte, es wäre ein Segen für ihn zu sterben, um das Leiden zu beenden. Niemand schlief. Um drei Uhr dreißig bat Bhattjis Mutter ihn, nochmals Babaji aufzusuchen. Bhattji fuhr auf einem Motorrad zum Khanna Hof und berichtete Babaji vom leidvollen und kritischen Zustand des Kindes und bat ihn, in sein Haus zu kommen.

Babaji antwortete, dass er noch nicht sein Morgenbad gehabt hätte. Er wolle später kommen. Er gab Bhattji ein Rosenblatt mit der Anweisung, er solle Vivek einen Tropen seines Saftes geben.

Als Bhattji nach Hause zurückkehrte, war es vier Uhr dreißig und Vivek schlief fest - zum erstenmal in mehr als zwei Wochen. Ohne ihn zu wecken gaben sie ihm den Tropfen Rosensaft. Gegen neun Uhr dreißig kam Babaji ins Haus und Vivek schlief noch immer. Babaji ließ ihn zu sich bringen und sagte, er werde vollkommen genesen. Die Blutung und der Schmerz hatten aufgehört. Babaji wies die Bhatts an, Vivek weiter Tukarams Wurzelsaft zu verabreichen. Sie folgten diesem Rat und in weniger als einer Woche war er wieder vollkommen gesund.

Zwei Wochen später ging die Familie nach Haidakhan. Einer der Ärzte, die Vivek im Haldwani Krankenhaus behandelt hatten, war ebenfalls anwesend. Bhattji führte Vivek dem erstaunten Arzt vor. Der Arzt erzählte dann, dass Viveks Därme durch die Thypuserkrankung so schwach geworden waren, dass sie durch die Wurmtabletten rissen: nur Glauben und ein Wunder konnten Viveks Leben gerettet haben.

Babaji heilt Shammi Kapoors Diabetes

Das Buch Hiob der Bibel besagt, dass der Glaube oft auf die Probe gestellt wird, und dass starker Glaube noch härter geprüft wird, nicht nur um des Glaubens willen, sondern zum Wohl derer, die die Ereignisse beobachten.

Im Frühling 1975 veranstaltete Babaji ein großes Yagya im Flussbett von Haidakhan, um die Eröffnung des "Bombay Hauses" zu feiern, das erste große Wohnhaus im Ashram mit einer großen Halle unten und acht Einzelzimmern darüber. Shammi Kapoor, damals als "Mahatmaji" (Große Seele) bekannt, reiste zu diesem Fest aus Bombay an. Mahatmaji hatte sich seit einiger Zeit nicht wohl gefühlt und bevor er nach Haidakhan kam, hatte er sich einer Routineuntersuchung unterzogen. Sein Arzt, einer der besten in Bombay, hatte ihm gesagt, dass er gefährlich hohen Blutzucker habe, und so wurde er auf eine äußerst strenge Diät gesetzt - kein Zucker, kein Alkohol, keine Chapatis (Fladenbrot), aber ein ganzer Teller voll Kohlenhydrate.

Nach drei Diättagen war Mahatmaji sehr krank. Seine Temperatur war angestiegen, er war zu krank, um sein Zimmer in dem neuen "Bombay Haus" zu verlassen. Am zweiten Tag seiner Bettlägerigkeit ging es ihm ausgesprochen schlecht, mal befand er sich im Koma, mal nicht. Am dritten Tag lag Mahatmaji den ganzen Tag im Koma.

Jeder im Ashram war betroffen über Shammijis Zustand. Babajis Rezept für ihn war ein Löffel Absud,- Wasser, in dem "Sunf", eine Flüssigkeit zur Mundhygiene aus Anis, gekocht worden war - was Mahatmaji alle paar Stunden gegeben werden konnte. Babaji selbst ging nicht in Shammijis Zimmer, aber er schickte alle paar Stunden jemanden, um nach seiner Gesundheit zu fragen, und Shammijis Frau, Neela, wurde ebenfalls gebeten, darüber zu berichten. Jeder sagte Babaji, dass sich Mahatmajis Zustand verschlechterte. Eine Schwägerin war außer sich und meinte, Mahatmaji solle sofort in ein Krankenhaus gebracht werden. Neela antwortete, dass sie und Shammi vollkommenes Vertrauen in Babajis Behandlung hätten und dass er nicht fortgebracht werden sollte.

Am Abend des vorletzten Yagyatages schickte Babaji die Mitteilung, dass Shammiji am nächsten Morgen mit einem Schwamm abgeseift werden und in Babajis Zimmer zum Chandan mit anschließender Havan-Zeremonie zum Sonnenaufgang gebracht werden sollte. Als diese Botschaft Shammiji erreichte, waren das Koma und das Fieber gebrochen, Mahatmaji aber zu schwach, um sich selbst zu bewegen. Amar Singh schlug daher vor, dass drei oder vier Männer ihm am nächsten Morgen beim Abseifen helfen sollten.

Kurz nach drei Uhr in der Früh weckten diese Männer Shammiji und Neela. Shammiji bestand auf einem Vollbad, bevor er zu Babaji ging und wollte nicht abgeseift werden. Weil er so schwach war, wurde er gestützt und halb auf Khuruk Singhs Feld getragen. Dort wurde er auf einen Stuhl gesetzt und mit einem Eimer Wasser übergossen. Dann wurde er abgetrocknet, angekleidet und gestützt auf dem Weg zu Shri Babajis Zimmer.

Babaji ließ ihn in seinen kleinen Raum eintreten und fragte, wie es ihm ginge. Freundlich und liebevoll trug er die kühlende, gelbe Chandan-Paste (Sandelholz) auf Mahatmajis Stirn auf und ließ ihn in seinem Zimmer sitzen, während die anderen der Reihe nach zum Chandan eintraten und mit der gelben Paste auf ihrer Stirn aus dem Zimmer gingen. Als jeder sein Chandan erhalten hatte, verließ Babaji seinen Raum für die Sonnenaufgangs-Havan-Zeremonie. Mahatmaji saß neben ihm. Nach Beendigung des Havans, als alle gegangen waren, sprach Babaji noch fünf oder zehn Minuten mit ihm und sagte, er solle an diesem Morgen unten am Flussbett am Yagna teilnehmen. Mahatmaji protestierte, er sei so schwach, dass er das Yagna nicht durchhalten könne, er hätte keine Kraft mehr. Babaji erwiderte: "Ich werde dich mit mir nehmen. Gehe jetzt und ruhe dich aus."

Während des Chandans und der Havan-Zeremonie hatte Shri Babaji oft nach dem Himmel gesehen. Keiner sonst schien die sich ansammelnden Wolken zu bemerkten, aber sobald Mahatmaji das "Bombay Haus" betreten hatte, kam der Regen. Es gaben einen starken Regenguss, der zwei Stunden dauerte und der eine Überschwemmung im Fluss verursachte. Mehrere hundert Menschen hatten in Zelten im weiten Flusstal campiert, und hunderte Kilo von Lebensmitteln und anderen Dingen warteten im Flusstal für die Vorbereitung der großen Feuerzeremonie und dem darauf folgenden Fest. Als die Warnung für die Flut gegeben wurde, flohen die Menschen aus dem Flusstal auf das hoch gelegene Ashramgelände und die Zelte und riesige Mengen von Material wurden fortgespült. Kaum mehr als die erhöht gelegene Feuergrube war verschont geblieben. (Später am Tag wurden die Menschen flussabwärts geschickt und fast alles wurde wiedergefunden, einschließlich Geldbeutel, Uhren, Schmuck, und es wurde gesagt, dass niemand etwas verloren habe.)

Das Morgenarti fand wie üblich im Tempel statt während nochmalige Vorbereitungen für die Feuerzeremonie gemacht und die fehlenden Zutaten aus dem Ashramshop genommen wurden. Nach dem Arti ging Shri Babaji hinunter zur Feuergrube und nahm Mahatmaji mit. Der Regen war vorüber und die Sonne schien hell. Die Zeremonie dauerte zwei Stunden. Mahatmaji saß die ganze Zeit dabei und nahm daran teil. Es bewölkte sich und regnete nochmals während des Havans. Jeder wurde nass, aber das Feuer verlöschte nicht. Shri Babaji schaute dann zum Himmel hoch und die Sonne kam hervor.

Nach der Zeremonie führte Shri Babaji Mahatmaji langsam zu den "108 Ashram-Stufen". Dort sagte Mahatmaji zu Babaji, er solle vorausgehen, denn er brauchte wegen seiner Körperfülle immer zwölf bis fünfzehn Minuten mit eingelegten Pausen, um die Stufen zu erklimmen. Er würde langsam nachkommen. Babaji aber antwortete: "Ich werde dich mit mir nehmen", ergriff Mahatmajis Hände, und innerhalb einer Minute waren sie irgendwie oben an der Treppe angelangt, wo schon die ganze Familie stand und zuschaute. Eine Person in guter physischer Kondition kann diese Treppe innerhalb einer Minute bewältigen, aber nur mit beträchtlicher Mühe.

Am nächsten Tag fuhren Mahatmaji und seine Familie zurück nach Bombay. Babaji wies ihn an, sich untersuchen zu lassen und ihn über das Ergebnis zu informieren. Nach der Untersuchung konnten die erstaunten Ärzte keinerlei Abnormität in Shammi Kapoors Blutzucker finden. Er selbst nahm seine früheren Ess- und Trinkgewohnheiten wieder auf und sein Blutzuckerproblem kehrte nicht wieder.

Babaji ruft einen Mann ins Leben zurück

Als der Kanadier Khurak Singh 1977 nach Haidakhan kam, schickte Babaji ihn zu Prem Baba, um mit diesem in der Höhle von Haidakhan auf der den Ashramgebäuden gegenüberliegenden Flusstalseite zu leben. Prem Baba, damals ein starker Mann von ungefähr siebzig Jahren, war unter anderem dafür bekannt, eine beträchtliche Zahl von Charas (die lokale Form von Marihuana) zu rauchen, und Khurak Singh versuchte, mit Prem Baba Schritt zu halten. Khurak, ein Dreiundzwanzigjähriger, der alles versucht hatte, konnte mit den Charas nicht umgehen. Er war ständig "abgehoben" und wurde bald krank und sein Körper konnte sich selbst nicht heilen. So machte Babaji ihn zum "Ashram-Doktor", ließ eine Grashütte nahe der Höhle bauen, nannte sie "Krankenhaus", und Khurak verteilte an alle, die ihn aufsuchten, Aspirin, egal welches Leiden sie hatten.

Eines Tages bekam Prem Baba eine schwere Infektion am Bein, es schwoll in ein bis zwei Tagen enorm an, triefte vor Eiter und verursachte große Schmerzen. Babaji bat Khurak, die Schwellung aufzuschneiden und die Infektion zu säubern. Er solle Prem Baba auf eine Kiste auf einen Tisch des "Restaurants" in Nähe der Höhle setzen, mit seinem Bein etwa in Khuraks Augenhöhe. Babaji verließ den Ort, und Khurak installierte seinen "Operationstisch".

Als alles hergerichtet war, stieg Prem Baba auf den Tisch, setzte sich auf die Kiste und ein nervöser Khurak Singh sterilisierte sein Messer und suchte einen Punkt, um die Schwellung zu öffnen. Als Khurak die wunde Stelle aufschnitt, taumelte Prem Babas Körper und er wurde ohnmächtig vor Schmerzen. Das plötzliche Zusammensinken fegte die Kiste vom Tisch und Prem Baba fiel hinunter, mit dem Kopf zuerst. Panikartig versuchte Khurak Singh, es Prem Baba auf der Erde bequem zu machen, aber er gab kein Lebenszeichen mehr von sich. Er suchte nach Prem Babas Puls und fand keinen. Da schrie er um Hilfe.

Ein Mediziner, der tags zuvor aus Delhi angereist war, kam herbeigerannt. Ruhiger und professioneller fühlte er Prem Babas Puls und bestätigte, dass da keiner war. Khurak begann zu schreien und hysterisch herumzurennen. Der Arzt aus Delhi massierte Prem Babas Herz und sagte, Khurak solle den Mund halten und Prem Babas Füße massieren.

Hookam Singh, unter einem anderen Namen ein international bekannter Photograph, hatte in der Nähe des "Krankenhauses" auf der Höhlenseite die Szene beobachtet und besaß die Geistesgegenwart, zu Babaji zu laufen. Er fand ihn zusammen mit Fakiranand an der Ashramseite des Flusstales. Hookam Singh platzte mit der Geschichte heraus, die Babaji gelassen anhörte. Dann stand er auf und schlenderte geruhsam durch das Flusstal, während er ernsthaft auf dem Weg mit Swamiji sprach.

Als Babaji und Swamiji das "Krankenhaus" erreichten, traten sie hinein. Babaji blickte hinauf zu dem neu installierten Strohdach und beschimpfte Khurak Singh, dass er eine falsche Sorte Rinde zu Stricken verarbeitet hätte, die das Äste-Stroh-Dach zusammenhielten. Um Prem Babas Körper kümmerte er sich nicht. Nach ein oder zwei Minuten flehte Hookum Singh Babaji an, schnell etwas für ihn zu tun.

Schließlich drehte sich Shri Babaji zu Khurak Singh um und sagte, er solle zu Chandan Singhs Tee-shop laufen und Ghee (geklärte Butter) holen und damit Prem Babas Kopf einreiben. Nach einer Behandlung von etwas fünf Minuten würde Prem Baba in Ordnung sein. Babaji hatte den Ort verlassen, als Khurak zurückkehrte.

In der Zwischenzeit verlor Prem Baba seine Lebenssekrete, eine weißliche Flüssigkeit rann aus seinen Augen, Ohren, Nase und Mund. Noch immer saß Khurak auf dem Boden, hielt Prem Babas Kopf in seinem Schoss und rieb das Ghee ein. Nach etwa fünf Minuten, genau wie von Babaji vorausgesagt, setzte sich Prem Baba auf. Er rief sofort nach einem Chillum und Hurak Singh, der britische Ladenbesitzer im Ashram, presste Tabak und Charas in einen tönernen Chilum und zündete ihn für Prem Baba an.

Prem Baba nahm einen tiefen Zug und setzte sich dann zurück, um Khurak Singh zu verwünschen. Prem Baba sagte, er sei gerade "befreit" worden - seine Seele sei außerhalb seines Körpers gewesen und hätte auf die verrückte Szene niedergeschaut. Er sei erlöst, befreit gewesen. Dann sei Babaji dahergekommen und als Antwort auf Khurak Singhs Tränen und Geschrei hätte Babaji Prem Babas Seele befohlen, zurück in ihren Körper zu gehen und zum Leben zurückzukehren. Prem Baba war so wütend, dass er gegen Khurak ausholte, ihn schlug und dann vollkommen erschöpft zusammensank.

Drei Tage lag Prem Baba im Bett und schlief. Er wachte nur auf, um etwas Milch zu trinken und fiel dann wieder in Schlaf. Am vierten Tag stand er auf und ging an seine Arbeit zurück.

Babaji schickt ein Geschenk nach Oklahoma

Carol Parrish-Harra, eine bekannte amerikanische Mystikerin, Lehrerin und die Gründerin der spirituellen Gemeinschaft von Sparrowhawk nahe Tahlequah, Oklahoma, erzählte diese Geschichte von einer Verbindung zu Babaji, den sie kurz im Jahre 1980 während einer Reise nach Indien traf.

Carol erzählte, dass der Pfau für sie seit vielen Jahren ein wichtiges Symbol sei. Seit dreißig Jahren erscheint er ihr in der Meditation. Sie besitzt eine Sammlung von Pfauen-Kunsterzeugnissen aus den verschiedensten Materialien von überall her aus der Welt.

1981, nachdem sich die 382 Morgen große Sparrowhawk Gemeinschaft gebildet hatte, erschien ein Pfau im Hinterhof einer Familie, die auf dem Land der Gemeinschaft lebte. Die Familie versuchte vergeblich, den Besitzer des Tieres zu finden. Schließlich bauten sie ein Vogelhaus auf der Spitze des Sparrowhawk "Berges" für den Pfau.

Während dieser Zeit fuhr ein Freund von Carol aus Cincinnati, Ohio, nach Haidakhan, um Babaji für einen Monat zu besuchen. Auf seinem Rückweg von Indien rief er Carol aus New York an, um ihr von seiner Reise zu berichten. Am Ende der Unterhaltung fügte er hinzu: „Übrigens, Babaji bat mich, dich zu fragen, ob du den Pfau erhalten hast, den er dir geschickt hat."

Göttliches Wasser

Im Oktober 1981 nahm Shri Babaji eine Gruppe von Schülern mit auf eine spirituelle Pilgerreise (Yatra), die einen Besuch in Benares (Kashi in den alten Schriften, Varanasi auf modernen Karten Indiens) einschloss. Dies ist eine Stadt am Ganges, wohin Pilger kommen, um ihre Sünden fortzuwaschen und in der heiligen Atmosphäre zu sterben. Kashi ist bekannt als Lord Shivas Stadt.

Babajis Gruppe badete im Ganges und unternahm dann eine Vernügungs-Bootreise auf dem Fluss. Sie verließen das Boot an einem Anlegeplatz unterhalb des berühmten Tempels von Kashi Vishwanath Bhagwan. Dort herrschte ein großer Andrang von Pilgern und es war schwierig, sich vor dem Shivalingam (Symbol von Lord Shivas schöpferischer Kraft oder Energie) im Inneren des Tempels zu verneigen.

Als Vishnu Dutt Mishra den inneren Tempel mit Shri Babu Ram Gupta betrat - für den er auf Babajis Anweisung, eine besondere Puja auszuführen sollte -, stellte er sich vor den Shiva-Lingam mit einem Opfer aus Blumen in beiden Händen. Shastriji erbat Wasser von den zwei Tempelpriestern, das er benötigte, um die Puja vorschriftsmäßig auszuführen. Ihm wurde gesagt, dass es im Tempel keines gäbe und dass die Leute ihr eigenes Wasser für eine Puja mitbringen müssten, wenn sie eine Puja ausführen wollten. Da er annahm, dass die Priester irgendwo einen Eimer mit Wasser hätten, bat Shastriji erneut um Wasser, denn er sah, dass der Tempel so überfüllt war, dass es unmöglich war, hinauszugehen um Wasser zu holen oder wieder hineinzukommen. Gereizt wurde ihm nochmals erklärt, dass es keines im Inneren des Tempel gäbe. Ungläubig fragte Shastriji ein drittes Mal, aber ihm wurde böse erwidert, dass kein Wasser zu haben sei.

Mit beträchtlicher Enttäuschung saßen Shastriji und Guptaji vor dem Shiva-Lingam. Die entsprechenden Mantren rezitierend, opferte Shastriji die Blumen. Als er das Mantra aussprach, das ein Wasseropfer begleitet, fiel plötzlich aus dem Nichts ein Wasserstrahl auf den Lingam und benetzte ihn zwei oder drei Minuten lang.

Die versammelten Menschen im Inneren des Tempels und diejenigen, die darauf warteten hineinzukommen, sahen den Strom von Wasser und mehr Menschen drängten sich in den kleinen Raum und schrien: "Wasser! Wasser, göttliches Wasser!" Die vielen Leute begannen über Shastriji und Guptaji herzufallen. Guptaji mühte sich auf seine Füße und half dann Shastriji auf. Zwei Polizisten wurden angefordert, um sie aus dem Tempelinneren hinauszubegleiten und die Ordnung wieder herzustellen.

Als die Pilger im Tempel die göttliche Materialisation sahen, waren sie sehr bewegt. Aber die meisten wussten nichts von der Quelle dieses kleinen

Wunders, denn Babaji stand draußen im Hof, als ob er mit diesem "Lila" nichts zu tun hätte.

Anmerkungen

1 Siehe Seite 173 u. 174
2 "Unergründlich tief wie das Meer, 108 Begegnungen", G. Reichel Verlag

"Des Meisters Aufgabe ist es, das Wachstum des Schülers zu unterstützen. Wie wird das erreicht? Durch Verschmelzung mit dem Lehrer. Nur so löst sich das kleine "Selbst" auf. Es ist wie ein freiwilliges Sterben in die Essenz des Meisters hinein... Ein vollkommenes Sich-Überantworten an den Lehrer ist der erste Schritt, der zur vollkommenen Überantwortung an den Willen Gottes führt..."

Belehrung wird je nach Zeit, Platz und Entwicklungsstand des Schülers gegeben. Ein Heiliger wird niemals ein schlechtes Beispiel geben. Er ist frei. Er gehorcht nur dem Gesetz Gottes, nicht aber dem menschlichen Gesetz. Er wird aber immer die Gesetze des Landes respektieren, niemals gegen irgendeine Religion angehen, denn alle Religionen sind für ihn gleich. Sie sind nur verschiedene Weg zu der einen Wahrheit."

"The Chasm of Fire" Irina Tweedy

"Alle lebenden Wesen, Tiere, Blumen, Pflanzen und Steine haben ihre Gestalt von Gott erhalten, und auch dieser Körper hier wurde von Gott gegeben, um seine Pflicht in der Welt zu erfüllen. Selbst mein eigener Körper ist dazu da, seine Pflicht zu tun und allen Menschen und lebenden Wesen zu dienen... Wenn aber die Menschen in diese Welt kommen, vergessen sie ihre Pflicht und geraten in die Anhaftung der Maya und in die Vorstellungen von "Ich" und "Mein" und vergessen darüber Gott."

Babaji, während seines Abendbades am 2. Februar 1983

Kapitel 9

Babaji lehrt: Die Begriffe von Meister und Sanatana Dharma

Babaji als Meister

Es wird gesagt, dass Shiva, der von den Shivaiten als die manifestierte und unmanifestierte Gottheit angesehen wird, sich in unzähligen Formen verkörpert. Die meisten davon sind subtile Formen, dem untrainierten menschlichen Auge unsichtbar, aber einige können von gewöhnlichen Menschen wahrgenommen werden. Unter diesen vielen Formen gibt es den tanzenden Shiva Nataraj, der das Ego zertritt und der den Rhythmus der Universen symbolisiert, und Shiva, den vorzüglichsten Yogi und größten Meister. Die Überlieferungen über Babaji als Haidakhan Baba kreisen um sein wiederholtes Kommen in der menschlichen Geschichte als eine Verkörperung Shivas in menschlicher Gestalt, um die Menschheit den Weg zu allumfassender Harmonie zu lehren und zur Gottverwirklichung zu führen. Es gibt einige Menschen, die meinen, Babaji habe sich - wie andere Seelen durch unzählige Geburten und Erfahrungen - bis hin zur Vereinigung mit dem Göttlichen entwickelt und dann die Aufgabe übernommen, in menschlicher Gestalt wiederzukehren, um zu lehren. Die meisten Anhänger Babajis glauben jedoch, dass er eine direkte Verkörperung Shivas ist, der wie Christus in der christlichen Tradition zur Zeit der Schöpfung mit Gott eins war. Viele Aussagen Babajis scheinen für die letztere Ansicht zu sprechen.

Was immer auch Babajis Herkunft sein mag, in seiner Manifestation der Siebziger und Achtziger Jahre und in der vorhergehenden als Haidakhan Baba (1890-1922) - von der Aufzeichnungen existieren - zeigte er beispielhaft die traditionellen Züge eines Meisters. Er ist ein Lehrer höchsten spirituellen Wissens und Vermittler von Weisheit, dessen Lehren die grundlegenden alten Wahrheiten widerspiegeln, der aber auch seine Lehren der Zeit anpasste. Er lehrte jeden Einzelnen gemäß seines Entwicklungstandes, seiner Aufnahmefähigkeit und seines Bedürfnisses, wozu er spirituelle Kräfte anwandte, die jenseits der Reichweite üblicher Lehrer liegen. Wie die traditionellen Meister, so machte Babaji keine offensichtlichen Anstrengungen, Menschen anzuziehen, vielmehr bedurfte es beträchtlicher Mühe, um in seinen Ashram und in seine Nähe zu gelangen. Er verbarg sich sehr geschickt vor jenen, die ohne Glauben kamen und ihn vielleicht verspotten, prüfen und ausnutzen wollten. Er spielte oft den ungebildeten Jüngling aus den Bergen, und es gab sehr wohl einige Menschen, die daraus schlossen, dass er nichts anderes als das sei.

1976 kam eine Amerikanerin zu Babaji. Sie war voll Argwohn und Zweifel über ihn. Eines Tages, nach einem achtmonatigen Aufenthalt, sagte Babaji zu ihr: "Wenn du kommst, um zu zweifeln, werde ich dir Grund zum Zweifeln geben. Wenn du mit Argwohn kommst, werde ich dir jeden Grund geben, argwöhnisch zu sein. Wenn du aber kommst, um Liebe zu suchen, werde ich dir mehr Liebe zeigen, als du jemals gekannt hast!" Jenen, die kamen und sich ihm hingaben, gab er alles.[1]

Babaji lehrte fortwährend. Sein ganzes "sterbliches" Leben bestand aus Lehren, denn er lebte, was er lehrte. Während der ersten sechs Jahre seiner Mission sprach er sehr wenig. Man erzählt sich, dass er zu bestimmten Gelegenheiten nur fünf oder sechs kurze Sätze, manchmal sogar noch weniger sprach. Zu anderen Zeiten unterhielt er sich unbekümmert mit einzelnen Personen, aber er hielt nur wenige öffentliche Lehren und Reden. Babaji war vollauf damit beschäftigt, durch sein Beispiel den Menschen zu zeigen, wie man lebt.

Als die junge Frau, die Babaji Gaura Devi nannte, zum erstenmal im April 1972 in den Haidakhan Ashram kam, ging er, nachdem er sie willkommen geheißen hatte, zum Tempel zurück, um die Malerarbeiten an den Säulen zu beaufsichtigen, womit er vor ihrer Ankunft beschäftigt war. Als Gaura sich Anfang 1973 endgültig entschloss, im Ashram zu leben, wurde sie von Babaji beauftragt, den Ashram zu putzen und in der Küche zu arbeiten. Er verbrachte Stunden in der Küche, um ihr zu zeigen, wie man die Ashramnahrung vorbereitet und kocht, und er verteilte die Speise mit seinen eigenen Händen. Er zeigte den Menschen, wie man große Baumstämme wirksam für das Küchenfeuer in brauchbare Größen schneidet und wie man riesige Findlinge im Flussbett, die für Bauprojekte im Ashram gebraucht wurden, bewegt oder zerkleinert. Er lehrte durch sein Beispiel, wie man die Verehrung des Göttlichen mit Arbeit - als Opfer an das Göttliche - verbindet.

Als Antwort auf Shri Babajis Empfang für ihn im Oktober 1983 bemerkte Herr C.P.N. Singh, der frühere Gouverneur des indischen Staates Uttar Pradesh, folgendes über Babaji: "Aus seinen Lehren, seiner Arbeit und seiner täglichen Lebensweise können wir erkennen, dass er uns nicht nur seinen Segen gibt, sondern auch im täglichen, praktischen Leben das umsetzt, was er lehrt. Es besteht keine Differenz zwischen seiner Rede und seiner Handlung."[2]

Babaji verlangte von jenen, die in seiner Gegenwart blieben, spirituellen Fortschritt. Sobald er entschieden hatte, welches Problemfeld ein Schüler zu bearbeiten hatte, inszenierte er wie ein Theaterdirektor die nötigen Lektionen oder Erfahrungen. Die erste Auseinandersetzung mit diesem Problemfeld war gemeinhin subtil, manchmal so subtil, dass der Einzelne die Situation erst dann verstand, wenn sie vorüber war. Konnte die erste von ihm verursachte Situation nicht die Lektion vermitteln, so erhielt der Schüler eine stärkere Erfahrung, die offensichtlicher und schwerer zu ignorieren war wie physische Schmerzen oder geistige Qualen. Gelang es dem Schüler nicht, die Lektion zu meistern, hielt er eine strengere bereit - gerade so wie das Leben außerhalb des Ashrams - nur im schnelleren Ablauf. Einige Schüler weinten aus Selbstmitleid, andere aus Frustration, weil sie nicht wussten, wie sie ihr Problem handhaben sollten. Einige zürnten mit Babaji, andere bekamen einen Wutanfall auf ihre Freunde. Sobald aber Ärger und Schmerz aufhörten, verstanden die Betroffenen die Lehre und die Liebe hinter den Belehrungen und berichtigten ihr Verhalten als Ergebnis ihrer Erfahrungen.

Wenn immer eine Lektion gelernt war, folgte die nächste. Shri Babaji drängte jeden Einzelnen an seine Grenzen, aber nicht jenseits seiner Möglichkeiten. Manche schienen in diesem Prozess zu "versagen", aber wir hatten immer das Gefühl, dass diese Menschen zu schnell aufgegeben hatten, dass dieses Lehrstück nicht wirklich ihr Vermögen überforderte. Erreichte eine Person ein gewisses Wachstumsniveau und brauchte Zeit, ihre Lehre zu verarbeiten, oder blieb sie in ihrem Problem stecken, dann verließ sie gewöhnlich den Ashram auf eigenen Wunsch oder aber auf Babajis Betreiben. Oft kehrten die, die gegangen oder weggeschickt worden waren, mit seiner Erlaubnis zu einem anderen Zeitpunkt für eine neue Lernaufgabe wieder. Babaji stellte seine Schüler unaufhörlich auf die Probe, er prüfte sie wiederholt in Angelegenheiten, die wir für durchgearbeitet und erledigt hielten.

In sehr seltenen Fällen erklärte Babaji die besonderen Gaben, die er als Reaktion auf ständig vorhandene Wünsche gab. Mehr als einmal ließ er die Menschen wissen, dass das, was sie wünschten, gefährlich für sie und ihr spirituelles Wachstum sei und dass sie besser von ihrem Wunsche abließen. Dennoch erfüllte Babaji ihn (als Inkarnation des Wunsch-erfüllenden Shiva), wenn er aufrecht erhalten wurde, selbst, wenn der Schüler den Test dadurch "nicht bestand". Babaji zwang niemanden zu irgend etwas, nicht einmal an ihn zu glauben, nicht einmal "gut" zu sein. Wahl und Verantwortlichkeit liegen bei jedem Einzelnen.

Babaji gab selten jemandem detaillierte Anweisungen, was, wie oder warum er etwas tun solle. Er übertrug den Menschen Arbeiten mit allgemeinen Anweisungen und stürzte sie in die Arbeit. Sein Prinzip war: Lernen durch Arbeit, oder "Friss Vogel oder stirb". Manchmal bat ein Schüler verwirrt Shri Babaji um ausführlichere Anweisungen, worauf Babaji ihm zwei oder drei sich widersprechende Vorschläge oder Anweisungen innerhalb einer Minute gab. Die Aufgabe war erteilt. Es lag nun in der Verantwortlichkeit des Handelnden, das Geforderte zu beachten und in wirksamer Weise durch die zur Verfügung stehenden Mittel effektive Resultate zu erzielen. In einer "Schule", die auf individuelle Erfahrung gründet, wäre es keine Hilfe für den Schüler gewesen, wenn Babaji der Person die Antwort gegeben hätte.

Der eigene Erfolg oder die Niederlage war am Ende offensichtlich. Eine gute Arbeit wurde mit einem Lächeln, einer segnenden Berührung oder einer Art Geschenk (Prasad) oder vielleicht mit einem öffentlichen Kommentar vergolten. Eine dürftige Arbeit mochte Rufe von "Ärger" oder Frustration bewirken und Ungläubigkeit über das Ausmaß der Dummheit oder sogar einen Schlag mit der Hand oder dem Stock. Babaji erwartete von seinen Schülern, verlangte geradezu von ihnen, dass sie schnell aus der Erfahrung lernten und ihre eigenen Entscheidungen fällten. Der freie Wille ist entscheidend und Babaji setzte stillschweigend voraus, dass es nicht in seiner Verantwortlichkeit oder in seiner Macht lag, die Wahl für andere zu treffen. In dieser Hinsicht kann ein Individuum in einer Situation entweder Gottes Willen wegen seines Eigenwillens zunichte machen oder aber Höheres als vermutet erreichen.

Um den Menschen zu helfen, "Befreiung" zu erlangen, spielte Shri Babaji viele Rollen: er war der sanfte Lehrer, der strenge Erzieher, der beste Freund. Er war Meister und Gott. So soll er geäußert haben: "Ich bin niemandes Meister, sondern der Meister aller Meister". Nur mit einigen spielte er die traditionelle Rolle des Meisters, für alle anderen war er ein Lehrer. Angesichts der jahrtausendealten Tradition Indiens äußerte Babaji immer wieder die Worte: "Ohne Meister kein Wissen." Man geht zum Lehrer, um Wissen zu erhalten, und Teil des Trainings ist die vollkommene Hingabe an den Meister in derselben Weise, wie man sich Gott ganz und gar hingeben muss, um Gottverwirklichung zu erlangen. Es ist diese unabdingbare Eigenschaft der Hingabe und das daraus entstehende Vertrauen in den Meister, die es dem zukünftigen Schüler und Meister gebieten, äußerst sorgfältig die Meister-Schüler-Beziehung herzustellen. In der buddhistischen und hinduistischen Literatur - in Wirklichkeit in den Schriften aller Religionen - gibt es viele Beispiele von zu überwindenden schwierigen Hindernissen, die von den Schülern auf dem Gebiet der Hingabe gemeistert werden mussten. Das Leben des tibetisch-buddhistischen Heiligen Milarepa ist eine der verbreiteten Legenden von langwährendem, mühseligen Dienst für den Meister.[3]

Eine überlieferte Unterhaltung zwischen Shri Babaji und einem Schüler aus dem Westen veranschaulicht viele Elemente der traditionellen Meister-Schüler Beziehung, die Shri Babaji gelegentlich ergriff. Der Schüler näherte sich Babaji mit der Bitte um Erlaubnis für die Beantragung eines Langzeitvisums für Indien, wenn er in seinem Heimatland zurück sei. Er hatte vor, dort seine Habe zu verkaufen, um den Erlös Babaji bei seiner

Rückkehr nach Indien zu geben. Dieser Schüler hatte Pflichten als Tempelpriester in Haidakhan zugewiesen bekommen und wurde gerade in diesem speziellen Dienst unterrichtet. Kurz zuvor wurde ihm durch einen anderen Schüler Babajis eine Einweihung in Yoga angeboten, und so fragte er Babaji, ob er dieses Angebot annehmen dürfe.

Babaji fragte den Mann, warum er Initiation von jemand anderem nehmen wolle und dass er nun in sein Land zurückkehren solle. Er fügte noch hinzu: "Du wirst in dein Land zurückgeschickt werden, weil du deinen Glauben verloren hast. Wenn du ein wahrer Schüler wärest, hättest du einen unerschütterlichen Glauben und einen festen Willen. Was denkst du dir dabei, zu glauben, dass ein Mann, der selbst kein Yogi ist, dich in Yoga initiieren könne? Das gefällt mir nicht. Als ich dir Tempelaufgaben gab, akzeptierte ich dich als meinen Schüler. Schülern gebe ich "Abhaya Dhan" - den Segen meines Schutzes, durch welchen du immer beschützt bist, was dich furchtlos machen sollte. Ich bin verantwortlich für dich und deine Befreiung! Welche Initiation du auch immer benötigst, ich will sie dir geben. Warum solltest du zweifeln oder anderswo suchen?"

Der Mann aus dem Westen antwortete, dass er von spiritueller Gier getrieben worden sei. Babaji fuhr fort zu sagen: "Was würdest du nicht von mir bekommen? Dein Glaube muss so mächtig sein wie der Berg Meru. Selbst die Sonne und der Mond können ihren Lauf verändern, aber der Glaube eines Schülers darf nicht erschüttert werden. Ein wahrer Schüler ist bereit, sein Leben für Gott zu geben und wird bis zum letzten Atemzug glauben. Lass dich niemals durch falsche Lehren beeinflussen. Du bist in jedem Augenblick beschützt!"

Obwohl seine Schüler Babaji manchmal als strengen Lehrer ansahen, so war doch die Berührung mit ihm, als dem leicht zufriedenzustellenden Shiva, vergleichsweise leicht, angeborene Gewohnheiten und soziale Konditionierung hingegen schwer zu verändern. Die Situationen, die Babaji schuf, um eingefahrene Lebensmuster aufzubrechen, waren oft gefühlsmäßig schmerzhaft und manchmal körperlich hart. Er sagte: "Der Weg der Gottesverwirklichung ist äußerst schwierig. Wenige nur werden ihn gehen. Er ist so gefahrvoll, wie auf Messers Schneide zu gehen. Die Gnade des Meisters ist alles. Kein Wissen ist möglich ohne den Meister."

In der Rolle des Meisters sagte Babaji: "Ich bin gekommen, um allen Befreiung zu geben. Ich bin gekommen, um das Licht zu geben."

Einige Lehrerfahrungen mit Babaji

Babaji ist der Lehrer der Lehrer. Wenn die Zeit reif ist, einem Schüler bei einem Problem beizustehen, bearbeitet er den Schüler liebevoll - sehr besorgt darum, dass er der Wahrheit ins Gesicht sehe, sie erkenne und in einer Weise auf sie reagieren wird, die sein geistiges Wachstum fördert. Babaji hat den Mut, alles Erforderliche zu tun, um dieses Ziel zu erreichen; er handelt in vollkommener Lösgelöstheit, unbewegt, unbeeinflusst durch persönliche Reaktionen von Furcht, Ärger, Tränen, Ablehnung oder irgend etwas anderem. Er tat, was immer getan werden musste, um seinen Schülern zu helfen. Manchmal schien er unbarmherzig zu sein, und selbst eine mögliche Schädigung seines Rufes als Gott der Liebe änderte nicht den Lauf seiner Handlung.

Eines Tages wies Babaji Ram Dass an, in Haidakhan vor dem Moksha Dham Dhuni am Flussufer ein Badeghat[4] zu bauen. Ram Dass erbat Babajis Erlaubnis, die Arbeitskraft der Karma-Yogis einsetzen zu dürfen. Babaji stimmte zu, sagte aber, Ram Dass hätte nur einen Tag Zeit, das Ghat zu vollenden. Ram Dass leitete die Arbeitsgruppe, und alle schafften unermüdlich, sie bewegten große Felsblöcke und versetzten sie, um tragfähige Stufen zum Wasser zu errichten. Als der Tag sich neigte, war das Ghat nicht fertig. Am Abend, als Ram Dass und andere bei Babajis Bad zugegen waren - einem Ritual, das zu dieser Zeit von vier oder fünf Schülern mitvollzogen wurde, erkundigte sich Babaji, ob der Bau beendet sei. Ram Dass musste eingestehen, dass er nicht fertig war. "Kann ich noch einen zusätzlichen Tag bekommen?" Babaji schaute Ram Dass durchdringend an und entgegnete: "Ja, aber nur noch einen Tag!"

Am folgenden Tag arbeitete die Gruppe wieder schwer. Ram Dass lachte mit allen, spritzte Wasser auf sie und redete beim Arbeiten über Shri Babajis Karma Yoga Lehren und tanzte förmlich auf der Energie, die er auf ihre Arbeit warf. Aber nachmittags um fünf Uhr war das Ghat immer noch nicht fertig, und Ram Dass musste hinaufgehen, um Babaji bei seinem Bad behilflich zu sein. Er verließ die Gruppe mit dem Gedanken, dass die Arbeit bei Sonnenuntergang beendet sein würde - sollte.

Kurz nachdem Ram Dass Babajis Baderaum erreicht hatte, schloss sich Rajendra Kumar, ein Fotograf, der seit 1971 bei Babaji war, der Badegruppe an. Er hatte auch an dem Ghat mitgearbeitet und Babaji fragte Rajendra: "Ist das Ghat fertig?" Ram Dass erhoffte sich eine Antwort wie: "Es ist fast fertig", aber Rajendra sagte einfach: "Nein, Baba."

Babaji wandte sich Ram Dass zu und schimpfte auf eine Art und Weise, die sein noch vorhandenes Ego zu Staub zermalhte. Babaji schleuderte ihm Worte entgegen, von denen Babaji und Ram Dass wussten, dass sie unbegründet waren. Obwohl Ram Dass im Ashram den verdienten Ruf hatte, ein harter und eifriger Arbeiter zu sein und eine Bereitschaft besaß, alles in Angriff zu nehmen, was Babaji ihm auftrug, machte sich Babaji über ihn mit den Worten lustig: "Wie kannst du ein Meister über Karma Yogis sein, wenn du kein Interesse an deiner Arbeit zeigst?"

Ram Dass wusste, dass Babaji nicht an Entschuldigungen oder Verteidigungen interessiert war, deshalb verhielt er sich still, auch als Babajis Kommentare in Gegenwart von Ram Dass Freunden und Kollegen mehr und mehr verletzend und verächtlich wurden. Die Situation spitzte sich so zu, dass Ram Dass meinte, sie nicht länger ertragen zu können. Tränen der Enttäuschung traten in seine Augen, aber er unterdrückte den Impuls, sich zu rechtfertigen.

Während Babaji immer noch schimpfte, wies er Ram Dass an, das Badewasser herzurichten. Wegen der Kühle der Herbstabende wurde ein Eimer mit unerwärmtem Leitungswasser durch Hinzufügen einer Thermoskanne mit sehr heißem Wasser erwärmt. Die Mischung des heißen und des kalten Wassers war gerade richtig, und es war unmöglich, die Temperatur oder das Volumen des Wassers, wenn es einmal gemischt war, weiter zu verändern. Das Wasser in dem vollen Eimer reichte gerade für das rituelle Bad. Es musste absolut reingehalten werden, um dann über Shri Babajis Körper gegossen zu werden. Derjenige, der beim Bad half, sollte nicht einmal den Finger in das Wasser stecken, um die Temperatur zu prüfen.

Als das Wasser zubereitet war, trat Babaji in den Baderaum, Ram Dass hockte am Boden und tauchte die Lota, ein großbäuchiges Metallgefäß mit schmalem Ausguss, in den Eimer für den ersten Guss. Babaji fuhr fort, ihn mit solch verletzenden Ausdrücken zu überschütten, dass Ram Dass Augen schließlich vor Tränen überquollen und in die Lota mit dem Badewasser fielen.

Ram Dass wurde sich mit einem Gefühl von Schock und Schrecken bewusst, dass seine Tränen Babajis Badewasser verunreinigt hatten. Er wusste auch, dass, wenn er die Lota mit Wasser wegschütten würde, nicht genügend Wasser für Babajis ganzes Bad übrig bliebe. Hin- und hergerissen, mit der Lota in seiner Hand, war Ram Dass vor Unentschlossenheit gelähmt. Nach einigen Sekunden betäubter Reglosigkeit schlug Babaji Ram Dass an den Kopf und sagte: "Gieß das Wasser!" Ram Dass zögerte immer noch, doch Babaji befahl ihm wieder, das Wasser zu schütten. Daraufhin benetzte Ram Dass Babajis Füße mit dem Wasser.

Als er das Wasser goss, erinnerte sich Ram Dass an viele religiöse Geschichten, in denen die Schüler die Füße ihres Meisters mit den Tränen ihrer Liebe und Hingabe wuschen, und er wurde sich bewusst, dass er dasselbe tat. Er wusch die Füße seines Meisters mit seinen Tränen. Als er fortfuhr, das Wasser zu gießen, hatte Ram Dass eine starke Empfindung von Erleichterung und Klärung und ein Gefühl, dass alles in Ordnung war. In diesem Augenblick schaute Ram Dass zu Babajis Gesicht auf und sah ihn lächeln und strahlen, und aus seinen Augen blitzte Licht.

Diese und ähnliche Zwischenfälle erinnern den Leser von Yoganandas "Autobiographie eines Yogi"[5] an die Geschichte von Mahavatar Babaji und seine Schüler, die in einer Nacht im 19. Jahrhundert um ein heiliges Feuer saßen, als Babaji plötzlich aus dem Feuer ein loderndes Scheit aufnahm und einem seiner Schüler damit leicht auf die bloße Schulter schlug und ihn verbrannte. Als Lahiri Mahasaya gegen die scheinbare Grausamkeit von Babajis Handlung protestierte, fragte ihn Babaji, ob er den Schüler denn lieber zu Tode verbrannt gesehen hätte als Folge seines vergangenen Karmas. Daraufhin legte Babaji seine heilende Hand auf die verbrannte Schulter und sagte dem Schüler, dass er ihn von einem schmerzhaften Tod befreit hätte. Dem karmischen Gesetz war genüge getan durch das geringe Leiden an der Verbrennung.

***

Viele Menschen suchten Babaji aus den verschiedensten Gründen auf. Einige kamen, um den Einen zu verehren, den sie als Gott ansahen, andere aus Neugier, aus dem Wunsch nach Wohlstand heraus. Viele baten um Heilung oder wünschten sich einen Nachkommen oder erhofften die Erfüllung anderer Wünsche, viele kamen um seiner Lehre willen, um Führung und Unterstützung auf dem Weg zur Gottesverwirklichung.

Sie kamen von überall her, aus vielen Kulturen und Gesellschafts-schichten, und alle trugen ihr karmisches Gepäck: Inder aus hohen Kasten, manchmal ein "Unberührbarer", Rentner und Leute, die weder einer Arbeit nachgegangen waren, noch je eine Berufslaufbahn begonnen hatten, physisch Kranke und jede Art von Heilern, Drogenabhängige, Alkoholiker, entwöhnte Trinker, ehemalige Drogenabhängige, Neurotiker und "Verrückte", Psychiater und Psychologen. Babaji schätzte jeden schnell ein und arbeitete an jedem Einzelnen mit der angemessenen Geschwindigkeit auf der Ebene, auf der er sich befand. Er behandelte sie alle höflich, mit Liebe und Geduld, erfüllte oft die Wünsche derer, die Gott um Liebe, Glauben oder Hingabe baten. Jene, die für Belehrung und spirituelles Wachstum kamen, erteilte Shri Babaji, als der höchste Meister, ein rigoroses Training. Er zwang sie, ihre Ängste und Wünsche nacheinander anzuschauen, - Ängste und Wünsche, die sie ihres Mutes beraubten und sie von dem Wissen um das Göttliche trennten, dem Wissen, das nötig ist, um den schweren Weg zur Selbstrealisierung zu gehen.

Shivani, Dr. Shdema Goodman, in Israel geboren, ist eine ausgebildete Psychologin, die jetzt eine Praxis in New Jersey, USA, unterhält. Während der letzten fünf Jahre seiner Mission besuchte sie Babaji mehrmals in Haidakhan und anderswo. Sie hat über ihre Erfahrungen mit Babaji ein Buch geschrieben, aus dem die folgenden Geschichten entnommen sind.

"Bei meinem dritten Besuch wurde ich hart getestet. Babaji, Shastriji und eine Deutsche, Tuli genannt, gingen auf den Fluss zu. Babaji winkte mir mit seiner Hand. Ich sollte mich ihnen anschließen. Gemeinsam setzten wir den Weg zum Ganga Fluss fort. Das Wasser stand ziemlich hoch und war reißend durch die Stromschnellen. Babaji wies Tuli an, den Fluss zu überqueren. Jetzt wusste ich aber, dass es gefährlich war, den Strom bei Hochwasser zu durchqueren. Ich ahnte einen weiteren Test. Mein Vertrauen zu Babaji sollte geprüft werden. Stillschweigend kam ich mit mir überein, die Überquerung zu versuchen. Sollte das Wasser jedoch zu tief sein, dann würde ich nicht hinübergehen. Ich schaute Babaji fragend an: "Glaubst du, dass das sicher ist?" Tuli ergriff fest meine Hand und sagte: "Komm schon, Shivani, lass uns Om namah Shivay sagen und wir schaffen es."

Also gingen wir in das Wasser hinein und wiederholten das Mantra. Tuli drückte dabei meine Hand so fest zusammen, dass mir mein Ehering schmerzhaft in die Finger schnitt. Als der Schmerz unerträglich wurde, schrie ich: "Autsch" und ließ ihre Hand fahren. Das nächste, was mir ins Bewusstsein drang, war, dass Tuli vom Wasser weggeschwemmt wurde. Betroffen stand ich da und fragte mich, was jetzt als Nächstes zu tun sei. Ich drehte mich um und blickte Babaji an. Er rief Tuli zu: "Steh auf, Tuli! Steh auf, Tuli!" Sollte ich heldenhaft sein und versuchen, sie zu retten? Es gab keine Möglichkeit, ohne selbst fortgespült zu werden. Also begann auch ich zu rufen: "Tuli, steh auf!" Ich blickte mich nach Babaji um. Er hielt einen großen Felsbrocken in der Hand und zielte damit genau in meine Richtung. Dazu schrie er mich an: "Geh!" Sofort drehte ich mich herum und setzte die Flussüberquerung fort. Dabei wagte ich nicht, mich nochmals umzusehen. Bei Babaji wusste man nie. Ich dachte, dass er mich mit dem Stein treffen könne, und das wollte ich nicht riskieren.

Die starke Strömung riss mich beinahe fort. Furcht ließ meinen Körper erzittern, und folglich begann ich, Om namah Shivay mit größter Konzentration zu wiederholen. Als die Strömung an einem Punkt nachließ, wurde ich sicherer auf den Beinen. Schnell warf ich einen Blick in Tulis Richtung, um zu sehen, was mit ihr geschehen war. Prompt erfasste mich der starke Sog und spülte mich beinahe fort. Mein ganzer Körper zitterte vor Furcht, und ich konzentrierte mich wieder auf Om namah Shivay und auf die

Steine im Fluss. Ich war barfuß. Meine Füße würden arg zerschnitten sein! Jedesmal, wenn meine Gedanken auch nur einen Augenblick von der Konzentration auf das Mantra abwichen, verloren meine Füße ihren Halt. War meine ganze Aufmerksamkeit beim Mantra, ging ich sicher.

Ebenso wie in Haidakhan stellte ich zu Hause fest, dass jedesmal, wenn ich das Mantra wiederhole und mich auf eine Arbeit ausrichte, ich mich harmonisch fühle, voller Energie und Enthusiasmus. Gleiten meine Gedanken hingegen ab, und frage ich mich, was andere wohl tun, was sie vorhaben, oder vergleiche ich mich mit anderen, dann werde ich unsicher und müde, energielos, gereizt und launisch.

Schließlich schaffte ich es zum anderen Flussufer. Als ich nach meinen Füßen schaute, um zu sehen, wieviel Wunden ich mir eingehandelt hatte, waren es nur zwei Schnitte. Ich war sprachlos. Langsam kehrten dann meine Gedanken zurück, und plötzlich erinnerte ich mich an den großen Felsbrocken, mit dem Babaji nach mir gezielt hatte. Ich kochte vor Wut und beschimpfte ihn. Eine Amerikanerin, die in Indien lebt, kam zu mir herüber. Es sprudelte nur so aus mir hervor: "Weißt du, was er mich hat machen lassen?.... Was glaubt er, wer er ist.... zielt mit einem Stein auf mich... Was bin ich denn.... ein Nichtsnutz? Morgen verlasse ich diesen Ort. Das wars. Ich hab's jetzt satt!" Die Frau beruhigte mich: "Dies ist vielleicht die beste Lehre, die du jemals bekommst und vielleicht die stärkste deines Lebens. Du wirst schon sehen.... Glaube mir, ich war jahrelang bei Meistern. Gib jetzt nicht auf. Vertraue mir."

Ich wollte wirklich nicht aufgeben, aber mein Ego und mein Stolz waren verletzt. Vielleicht sollte ich mich zornig und verletzt fühlen. Wie würde ich das meinen Freunden zu Hause erzählen können? Sollte ich mir eine solche Behandlung gefallen lassen? Wo liegt die Grenze, wo soll ich den Schlusspunkt ziehen? Wo hören Vertrauen und Hingabe auf, wo beginnt Kriecherei? Anstatt ganz und gar ich selbst zu sein, wollte ich in Wirklichkeit in den Augen der anderen achtbar und angesehen erscheinen. Gab es hingegen aber wirklich eine wertvolle Lektion, so machte ich mir nichts aus einer Demütigung.

Wo sollte ich die Grenze ziehen? Wieviel Vertrauen sollte ich mir selbst zugestehen? Ganz sicher würde ich nicht auf Babajis Wunsch hin vom Gebäude runterspringen. Gaura Devi war willens dazu, aber ich vertraute Babaji nicht so wie sie. Einmal hatte er zu ihr gesagt, sie solle sich vom Dach stürzen. Sie lehnte sich vor, um tatsächlich zu springen, aber in letzter Sekunde zog Babaji sie zurück. In meinem Augen war ein solches Verhalten dumm. So weit würde ich nicht gehen. Dessen war ich mir gewiss.

Was, wenn er mich schlagen würde? Auch hier zog ich die Grenze. Ich war entschlossen, hierin nicht nachzugeben. Was würde ich wirklich tun, wenn er mich schlüge? Ich würde wohl gehen, entschied ich.

An einer weniger gefährlichen Stelle überquerte ich den Fluss. Ich hatte mit Schwierigkeiten zu kämpfen und wäre einige Male fast gefallen. Auf dem Wege zum Ashram traf ich Tuli. Sie erzählte mir, dass sie unverletzt war. Babaji jedoch hatte sie mehrfach geschlagen. Beim Zuhören begannen meine Gedanken zu rasen. Das war der nächste Test! Nein, er würde das nicht mit mir machen. Schließlich war ich nicht gefallen. Ich hatte es geschafft.

Tuli gestand mir, wie eifersüchtig sie sich gefühlt habe, als sie mich sicher auf der anderen Seite des Stromes stehen sah. Ich konnte es ihr nachfühlen. Dieses Eingeständnis besänftigte mich und ich beschloss, den ganzen Vorfall zu vergessen. Viel später, als ich Babaji sah, ging ich zu ihm hinüber, um ihn zu begrüßen. Zack! Ich sah Sterne. Er hatte mich doch tatsächlich geschlagen! Er schlug auf die linke Stirnseite. Verwirrt sah ich ihn an und wusste nicht, wie ich reagieren sollte. "Ich habe dir das Leben gerettet", schrie er mich an. "Du warst am Ertrinken!" Dann ging er fort.

Denke ich heute an den Vorfall, steigen mir Tränen der Dankbarkeit hoch. Erst jetzt verstehe ich die Bedeutung des Vorfalls. Damals fühlte ich mich zornig und gedemütigt, weil er es gewagt hatte, mich vor allen anderen zu ohrfeigen. Obgleich sich der Schlag hart anfühlte und wohl auch so klang, tat er nicht weh, ich empfand keinen Schmerz, vielleicht nur sekundenlang. Was tun?, fragte ich mich. Ich ging auf mein Zimmer und beschloss, geschehen zu lassen, was auch immer geschehen würde. Ich weinte und fühlte mich ziemlich kindisch, etwas durcheinander, aber nicht wirklich beunruhigt. Aus einem unklaren Anlass war mein Innerstes erfreut. Vermutlich wusste ich, dass die Prüfung hinter mir lag. Ich war geschlagen worden, und das wars. Es schien nichts Weltbewegendes zu sein. Trotzdem beschloss ich, an meinem ursprünglichen Plan festzuhalten, nämlich zu gehen, wenn ich geschlagen würde. Mir fiel ein, dass ich am kommenden Tag sowieso den Ashram verlassen sollte. Meine fünf Tage Erlaubnis zu bleiben, waren vorbei. Das hatte ich in all der Aufregung vergessen. Ich wollte bis zum Morgen warten. Es würde sich zeigen, was zu tun war.

Die ganze Nacht überlegte ich, ob ich um Erlaubnis bitten sollte, fünf weitere Tage bleiben zu dürfen oder nicht. "Schau", sagte ich zu mir, "jetzt bin ich nun einmal hier. Wenn dieses ganze verrückte Geschehen von Bedeutung ist, dann muss ich durchhalten. So schlimm ist es gar nicht. Es ist nur mein Ego, das sich aufregt. Ich wäre froh, diesen lästigen Gesellen loszuwerden. Warum also sollte ich Babaji nicht um Aufenthaltsverlängerung bitten?" Ich argumentierte mit mir selbst. Ging das wirklich nicht zu weit? Hieße das nicht, ohne Rückgrat zu sein? War es mir wirklich wichtig oder unwichtig, als weichlich angesehen zu werden? Nein, es war bedeutungslos. Vermutlich sorgte ich mich mehr darum, was die anderen denken würden. Waren mir die Gedanken anderer wirklich wichtig? Ja, sie waren es. Also lag hier mein Problem. Die Meinung anderer war mir wichtiger als meine Erkenntnis. Meine Prioritäten waren falsch gesetzt. Am nächsten Morgen fragte ich Babaji, ob ich noch fünf weitere Tagen bleiben könne. "Ich werde dich jeden Tag schlagen!" war seine Antwort. War ich gewillt, dies hinzunehmen? "Wenn ich dadurch Erkenntnis erlange, ... ansonsten nein!"

Babaji schlug mich nie wieder."[6]

**

Nan Singh ist ein junger Engländer, der seine Reise nach Australien, wo er nun lebt, unterbrach, um mehrere Monate bei Babaji zu bleiben. Babaji veranlasste Nan Singh, mit einem Inder zu arbeiten, der ungefähr das gleiche Alter hatte, etwa Anfang 20. Beide entdeckten bald, dass sie sich nicht leiden konnten. Je mehr sie zusammenarbeiteten, um so mehr lehnten sie sich ab. Sie ließen Babaji wissen, dass sie als Team nicht zusammenarbeiten konnten, doch Babaji kümmerte sich nicht darum. Er ließ sie weiterhin alle Arbeiten gemeinsam ausführen. In den trockenen Wochen vor dem Monsun schickte er beide eineinhalb Kilometer stromaufwärts, um kleine Äste mit zarten Blättern für die Ashramkühe als Futter zu schneiden. Derjenige von den beiden, der auf den Baum kletterte und die Äste abschnitt, warf sie dann absichtlich auf den anderen und hoffte, ihn damit zu treffen und zu verletzten. Sie steigerten sich so in ihre Abneigung hinein, dass sie sich beim Arbeiten anpöbelten.

Nan Singh wollte nun Haidakhan verlassen, um nach Australien zu fliegen. Einige Tage vor seiner Abreise setzte Babaji ihn und seinen indischen Arbeitskollegen an eine besonders schmutzige Arbeit. Babaji nahm sie an den Rand des Ashrams mit und zeigte auf einen großen stinkenden, schmutzigen Haufen, wohin die Ashrambewohner monatelang Abfall geworfen hatten - Essensreste, Obstschalen, dreckige Lappen. Babaji wies sie an, den Haufen ungefähr einhundert Meter von hier nach dort zu bewegen. Mit Abscheu gegen die Arbeit und auch gegen den anderen nahmen sie die Aufgabe in Angriff. Es war eine unangenehme Arbeit und erforderte ihre ganze Konzentration, denn sie wollten sich nicht mit der stinkigen Masse besudeln. In dem Moment, wo sie den Ashrammüll einhundert Meter weit versetzt hatten, stellten sie fest, dass sie ohne irgendeinen Gedanken, irgendeine Absicht oder Anstrengung ihrerseits, ihren eigenen "Müll" beiseite geschafft hatten. Sie beendeten die Arbeit in Harmonie, Respekt und sogar Liebe für einander.

Als Nan Singh zwei oder drei Tage später den Ashram verließ, umarmten sie sich wie Brüder, und als er 1979 wieder zu einem Besuch nach Haidakhan kam, war sein indischer "Mitarbeiter" ebenfalls da, und sie begrüßten sich mit freundschaftlichen Gefühlen.

Babaji lehrt das Sanatana Dharma, das ewige, göttliche Gesetz

Wenn Babaji eine menschliche Gestalt annimmt, dann tut er es, um die Menschheit zu lehren und sie zu ihrer höchsten Bestimmung zu führen. Auf die Frage, warum er erscheine, gab er die verschiedensten Antworten, aber alle wiesen in dieselbe Richtung. "Ich bin gekommen, um euch allen Befreiung zu geben... Ich bin gekommen, um das Licht zu bringen... Ich bin gekommen, um das Sanatana Dharma wieder aufzurichten."

Seine Lehren und sein Beispiel waren darauf ausgerichtet, ernsthafte Wahrheitssucher erkennen zu lassen, dass sie in Wirklichkeit eins mit dem Göttlichen sind und dass sie selbst - während sie einen physischen menschlichen Körper haben - in Harmonie mit dem Göttlichen und seinem Willen und mit der ganzen Schöpfung leben können. Erlangt ein Mensch diese "Gottverwirklichung", ist er von den Fesseln befreit, die ihn in dem verstrickten Netz von Wünschen, Ängsten und Befürchtungen halten und in den wechselnden Hochs und Tiefs von Freuden und Sorgen. Man gelangt dann zu der Erkenntnis, dass der Geist, - der durch die unvollkommene Gesellschaft, in der wir leben, geformt wird - unsere Reaktionen auf Ereignisse hervorruft; und dass das Wissen und die Erfahrung um unseren göttlichen Ursprung eine innere Ausgewogenheit und Losgelöstheit von den Aktivitäten um uns herum mit sich bringt. Dieses Wissen beseitigt Wunschdenken und Furcht und erlaubt ein Handeln auf einem viel höheren Niveau, als es der durchschnittliche Mensch heute sowohl auf der materiellen wie auf der geistigen Ebene erfährt. Das Leben wird zu einem zielgerichteten, vollbewussten, schöpferischen Abenteuer, unterstützt durch die harmonischen Schwingungen eines geordneten Universums, welches im Inneren wirkt und auf das Sanatana Dharma, das Ewige Gesetz, hinweist.

Menschen, die diese Ebene des Verstehens erreichen, nennen wir Heilige, Philosophen und schöpferische Genies. Babaji, wie alle großen Meister, sagt, dass jeder Einzelne, der gewillt ist, sich auf dieses Ziel zu konzentrieren, es erreichen kann; und dass, wenn genug Menschen auf diesem Lebensniveau stehen oder es auch nur akzeptieren und anstreben, ein neues Zeitalter kommen und die Menschheit sich als Ganzes zu einem höheren spirituellen Niveau entwickeln wird. Dann werden die Menschen in Harmonie mit den Gesetzen der Natur leben und mit allen Aspekten der Schöpfung, anstatt sich vereinzelt abzumühen in einem Gefühl von Einsamkeit gegen das, was als ein grausames "unmenschliches", unbeugsames Universum wahrgenommen wird.

Babaji sprach oft darüber, dass der Sinn seines Kommens die "Wiederherstellung des Sanatana Dharmas", (Ewigen Pfades/Weges/Religion) sei. Zu einer bestimmten Gelegenheit sagte er:

> *"Das Sanatana Dharma ist das Universelle Gesetz, ewig, ohne Anfang, ohne Ende. Niemand weiß, wann es anfing, niemand weiß, wie lange es dauern wird... Das Sanatana Dharma ist die Königin aller Religionen. Am Anfang der Schöpfung war es das Einzige (der einzige Weg) und am Ende der Schöpfung wird es das Einzige sein (der einzige Weg). Sanatana Dharma ist wie ein Ozean, andere Dharmas (Wege) sind wie Flüsse - letztendlich münden sie alle in das Sanatana Dharma. Sie werden ihre separate Existenz verlieren."*

Babaji sprach über das Sanatana Dharma als das dem Universum unterliegenden Gesetz, das die Prozesse der Schöpfung lenkt, durch welches die Schöpfung sich ausdehnt und erhalten wird, welches das Wachstum aller fühlenden Wesen antreibt und die Wirkungen aller Aktivitäten innerhalb des erschaffenen Universums leitet. Die Gesetze der Physik und der Chemie sind ein Teil des Sanatana Dharmas, ebenso sind es die Gesetze des Karma "Was ihr sät, werdet ihr ernten".

Die hinduistischen Schöpfungsgeschichten stehen in Übereinstimmung mit dem modernen wissenschaftlichen Denken. Die "Urknalltheorie" und die darauf folgende Entstehung und Entwicklung dieses Universums passen gut zu dem Konzept des Schöpfungsprozesses, der mit einer Bewegung innerhalb des formlosen Gottes und mit dem Ertönen der heiligen Silbe "OM" oder AUM beginnt, um dann eine Vibration hervorzubringen, die die Bewegung der bewussten Energie in Gang setzte, was zu der Kombination der Energien in sehr kleine Einheiten führt, die sich wiederum zu größeren und gröberen Teilchen zusammenfügen. Der Prozess setzt sich fort, bis es zu einem erkennbaren Universum kommt, welches immer weiter und weiter wächst in Übereinstimmung mit dem universellen Gesetz - dem Sanatana Dharma.[7]

Wissenschaftler können nicht beweisen, was zu dem Urknall führte; die Religionen kennen diese Schwierigkeiten nicht. Die vedischen und hinduistischen Traditionen haben über Jahrtausende hinweg Gott vor der

Schöpfung als formlos beschrieben, ohne menschliche Attribute, ohne Geburt oder Anfang. Die beste Beschreibung dieses göttlichen Wesens kann mit dem Wort: "Bewusste Energie" gegeben werden. Man glaubt, dass diese bewusste Energie hinter dem Schöpfungsprozess steht, dass ihre eigene Natur sie zur Schöpfung treibt, um sich durch eine unendliche Zahl von Formen und Energien auszudrücken und zu erfahren. Alles, was geschaffen ist - auf feinstofflichen Ebenen, die dem menschlichen Auge unsichtbar sind, ebensogut wie jedes sichtbare Objekt und geschaffene Wesen - haben sich aus der ursprünglichen göttlichen Energie entwickelt, die durch die schöpferische Bewegung hervorgerufen und der durch die Schöpfungsgesetze Ordnung gegeben wurde. Im Ablauf des Ewigen Gesetzes ist es so, dass die Universen geschaffen und erhalten und dann - in einem Prozess, der -zigbillionen menschlicher Jahre dauert - zurückgezogen werden in die Göttliche Bewusstseinsenergie. Dann ruht die bewusste Energie für eine ebenso lange Periode, wie es der Schöpfungsprozess erfordert, um anschließend als neue Schöpfung wieder zu entstehen. Es gibt kein Ende in diesem Zyklus von schöpferischer Aktivität und Passivität.

Alle Lebewesen, selbst gefühllose Formen wie Felsen, befinden sich in beständiger gesetzmäßiger Veränderung. Berge zerbröckeln, Bäume und Pflanzen wachsen aus Samen, bringen eine gereifte Pflanze hervor, sterben dann und vergehen und liefern so eine Basis für anderes Leben. Menschen, ebenso wie Tiere werden geboren, reifen und sterben. Menschen werden als die höchste Form des Lebens betrachtet. Babaji sagte, dass selbst die Götter - die subtilen Energieformen - sich nach einer menschlichen Existenz sehnen, weil nur in der menschlichen Form eine Seele an Weisheit und spirituellem Verständnis wachsen kann. Menschen sind die physischen Formen, die dem Göttlichen am nächsten stehen - die einzige Form irdischen Lebens, die ihre Einheit mit dem Göttlichen erfahren und realisieren kann.

Es ist der Glaube dieser uralten Tradition, dass die menschliche Seele nicht mit dem Tod des menschlichen Körpers, den sie bewohnt, stirbt. Die Seele ist eine feinstoffliche "Entität", ähnlich den Göttern, ein sehr direkter Ausdruck des Göttlichen. Sie ist der göttliche Impuls in einem menschlichen Wesen, der Beobachter und der Erprober des Lebens und ebenso unsterblich wie das Göttliche. Stirbt der Körper, erntet die Seele die "Erträge" ihrer Aktivitäten (Karma), sowohl der guten als auch der schlechten, erfährt wieder ihren göttlichen Ursprung und kehrt dann (inkarniert) zu einem neuen menschlichen Leben zurück. Die Seele mag durch Millionen menschlicher und nichtmenschlicher Leben auf ihrem Fortschreiten durch die Schöpfung gegangen sein. Es wird geglaubt, dass die Seele, die eine menschliche Daseinsebene erreicht hat, sich in menschlicher Form wieder inkarniert, aber es soll auch Ausnahmen zu dieser allgemeinen Regel geben. Die Seele ist "gebunden", d.h., sie muss zum physischen Leben zurückkehren, solange sie im Karma verstrickt ist - in die Wünsche des stofflichen, geschaffenen Universums und in die Aktivitäten mit ihren Auswirkungen, die durch Wunschdenken hervorgerufen werden. Nur, wenn die Seele ihre Harmonie und wesenhafte Einheit mit dem Göttlichen erkennt, realisiert und erfährt (und die Nutzlosigkeit jedes Wunsches der Menschennatur) -, kann sie dem nahezu endlosen Kreislauf von Geburt und Tod entrinnen. Kommt diese Zeit endlich nach unendlichen Leben, dann kann die Seele den Prozess von Wunsch und Karma beenden und mit dem Göttlichen wiedervereint werden. Dann hat ihr langer Entwicklungsprozess und ihre lange Reise ein Ende gefunden im Einssein mit dem Göttlichen.

Das Sanatana Dharma ist das Gesetz, das die geschaffenen Universen lenkt. Lebt ein Mensch in Harmonie mit diesem Gesetz, ist das Leben ein wachsender, befruchtender Prozess. Unter diesen universellen Gesetzen handelnd kann die entwickelte Seele das vollbringen, was wir "Wunder" nennen (weil wir nicht das Gesetz verstehen, das diese Ereignisse regiert) oder den Menschen "göttliche" Führung geben, die sich auf ihrem Pfad abmühen. Brechen wir das Gesetz und versäumen, in Harmonie mit ihm zu leben, entweder durch Unkenntnis oder durch Absicht, entdecken wir, dass das Leben im Universum schwerer wird. Es ist dann ein schmerzvolles Ringen. Beide Lebensabläufe, der Lebensweg der "Wunder" und großen Gedanken und der des schmerzlichen Ringens, illustrieren die Gesetze des Karmas: Was ihr sät, müsst ihr ernten. Vieles wird in dem Leben geerntet, in welchem es gesät wurde, aber auch in späteren Leben.

Einmal, als Schüler mit Babaji im Tempelgarten in Haidakhan saßen, beging einer von ihnen einen Fehler. Babaji reagierte äußerst wütend und schlug den Mann. Nachdem Babaji sich beruhigt hatte, bat Sheila ihn, eine schwierige Frage stellen zu dürfen. Als sie seine Erlaubnis hatte, fragte sie: "Baba, du bist der Herr der Vergebung, warum hast du diesem Mann das angetan? Warum vergibst du ihm nicht? Du solltest nicht so ärgerlich darüber sein." Babaji erwiderte: "Die Vergebung ist in den Himalaja gegangen. Ich kann dies nicht vergeben." Sheila bestand auf ihrer Meinung: "Du bist der Herr der Vergebung! Wenn du uns nicht vergibst, wer will es dann? Wir machen immerzu Fehler." Babaji sagte daraufhin: "Auch ich bin durch die Gesetze gebunden." Sheila fragte überrascht: "Du bist der Eine, der die Gesetze schafft, wie kann das Gesetz dich binden?" Babaji blickte Sheila streng an und antwortete: "Dies muss verstanden werden: Es gibt niemanden, der über diesem Gesetz steht!"

Zu späteren Gelegenheiten und in Gesprächen mit anderen Leuten schaute Babaji oft betont zu Sheila hin, wenn er sagte: "Das Gesetz steht über allem, selbst ich stehe nicht über dem Gesetz."

***

Das Sanatana Dharma ist das ewige Gesetz, das alle Interaktionen bestimmt und kontrolliert. Es ist die Grundlage der Schöpfung und die Basis für die Erhaltung des physischen Universums, das "Schmiermittel", das den harmonischen Beziehungen der verschiedensten Schöpfungselemente stattgibt, sie anregt und formt.

Als menschlicher Beitrag zum Schöpfungsprozess in der Ausdehnung unserer physischen Welt, in der Religionsausübung oder bei unserem Lebenswandel, ist der schöpferische Geist der zentrale Faktor. Es gibt keinen Gedanken, kein Verstehen ohne den schöpferischen Geist. Der Prozess des Denkens hat die Kraft, zu erschaffen - ein neues Haus, eine Maschine, eine nützliche Entwicklung oder den neuen Weg, auf dem wir die Welt erfahren oder uns zu ihr in Beziehung setzen. Zwei Menschen an verschiedenen Orten, die an demselben oder einem ähnlichen Ereignis beteiligt sind, können höchst unterschiedliche Reaktionen auf dasselbe Ereignis zeigen, je nachdem, in welcher "Geistesverfassung" sie sind und wie sie das Leben meistern.

Der schöpferische Geist ist ein Energie-Erzeuger oder mindestens ein Energieumwandler. Gedankenwellen sind eine messbare Form von Energie. Einige Menschen besitzen die Fähigkeit, sich telepathisch zu verständigen und "Gedanken zu lesen". Unsere Gedanken erzeugen Wirkungen, und jeder Gedanke sendet seine Energie in das Universum. Die Gedanken von Milliarden von Menschen, die nun auf der Erde sind, haben einen sehr realen Effekt auf alltägliche und zukünftige Ereignisse und deren Verlauf. Babaji machte klar, dass unsere Gedanken und Handlungen im ganzen Universum Wirkungen hervorrufen. Er sagte: "Im Augenblick ist nicht nur die Menschheit in Gefahr, sondern alle fühlenden und nicht-fühlenden Wesen des Universums." Unsere Gedanken und Handlungen haben Auswirkungen weit jenseits unserer "eigenen" begrenzten physischen Bereiche.

Die Bedeutung, die dem schöpferischen Geiste zukommt, hat die Menschen Indiens über Jahrtausende (selbst vor der Arischen Invasion ca. 2000 v. Chr. oder noch früher) dazu geführt, die Techniken zu erlernen, die diese Geisteskraft sammeln, kontrollieren und disziplinieren können. Der zerstreute, undisziplinierte Geist ist unfähig, kontinuierlich fortzuschreiten, um sich zu verwirklichen. Das wissenschaftliche Genie konzentriert seinen Geist auf Forschung und klares Denken innerhalb seines Spezialgebietes, das musikalische Genie konzentriert sich auf Musik. Der Mensch, der "Gott realisieren" will, muss in ähnlicher Weise auf sein Ziel ausgerichtet sein. Babaji sagte: "Alles kommt aus dem Geist, und Kontrolle des Geistes ist die wichtigste Übung."

Wieder und wieder lehrte Babaji auf verschiedene Weisen die Vergänglichkeit der geschaffenen Dinge; alles ist beständigem Wechsel unterworfen, die einzige dauernde "Wirklichkeit" ist das Göttliche.

"Diese Welt ist vergänglich, der Name Gottes ist die wahre Wirklichkeit. Alles in dieser Welt ist dem Zerfall unterworfen, sie ist flüchtig, unbeständig... Tatsache ist, dass diese ganze Welt vorübergeht. Warum hegt ihr Verwirrung in eurem denkenden Geist? Ihr müsst nur eine Richtung, ein Ziel haben, nämlich jedem lebenden Wesen im Universum zu dienen."

Ein Grund für dieses "eine Ziel" ist der Glaube, dass Gott die zugrunde liegende Realität von allem ist - dass die ganze Schöpfung aus den Bausteinen der Energie Gottes "gebaut" ist. Als solcher ist Gott die Substanz von allem, was existiert. Diejenigen, die sich Gott hingeben oder ihn anbeten, sollten das Göttliche in all seinen Erscheinungen verehren und respektieren. Die Menschheit sollte dem ganzen Universum dienen und es beschützen und in wahrer Harmonie mit jedem Element des geschaffenen Universums leben, einschließlich aller anderen menschlichen Wesen. Wenn jemand Babaji fragte: "Wo ist Gott?" war seine Antwort: "Gott ist überall, in Allem, im Wasser, im Himmel... Er ist in dir."

Alle Weltreligionen spiegeln die Grundelemente des Sanatana Dharma wider. Was den Religionen Wert verleiht, ist das Verständnis, das ihre Gründer für das Sanatana Dharma hatten. Die Wege, die jede Hauptreligion aufzeigt, sind durch die Zeiten hindurch geprüft worden; sie haben Heilige hervorgebracht, die durch die ihnen aufgezeigten Wege große spirituelle Höhen und Kräfte erlangten. Andererseits ist das menschliche Denken - trotz seines so großen Vermögens - begrenzt. Wir verstehen die Unendlichkeit nicht. Unsere Sprachen können nicht einmal Erfahrungen, die Menschen mit dem Göttlichen hatten, in Worte fassen. Und die unendlichen Aspekte des Göttlichen sind so ungeheuerlich, dass sie kein Mensch in einer Lebensspanne erfahren, noch weniger einen Weg darstellen und lehren kann, der das Göttliche oder das Sanatana Dharma vollkommen ausdrückt. Deshalb kann keine Religion der Welt die ganze ausschließliche Offenbarung des Sanatana Dharma oder des Göttlichen ihr eigen nennen: ein volles mentales Verstehen der Wege des Göttlichen scheint jenseits des Fassungsvermögens der in menschlicher Gestalt verkörperten Seele zu liegen. Darüberhinaus haben alle "etablierten" Religionen der Welt im Laufe der Jahrhunderte Glaubensmeinungen, Ausdrucksformen und Organisationsprobleme angehäuft, die von ihren Gründern nicht beabsichtigt waren. Einige der neugetroffenen Entscheidungen haben den Religionen neue Bereiche der Wahrheit eröffnet, andere scheinen die klaren Einsichten der Gründer einzuengen oder zu belasten. Trotz der Begrenzungen und Probleme hat jeder Weg mutige Nacheiferer zu großen spirituellen Höhen und Einsichten und Werken geführt.

Das gegenwärtige politische, wirtschaftliche und religiöse Chaos und die Konfusion in unserer Welt erfordern eine Überprüfung der Konzepte, die unserer Weltzivilisation zugrunde liegen. Im Eifer, eine "prächtige, neue Welt" zu schaffen, haben wir einige grundlegende Prinzipien aufgegeben und vergessen. Babaji sagte, dass er komme, um die Menschen aufzurichten und an das Sanatana Dharma zu erinnern. Er kam nicht, um eine neue Doktrin oder einen neuen Kult zu gründen. Er drängte die Menschen, der jeweiligen Religion ihres Herzens zu folgen. Der Brennpunkt seines Lebens und Lehrens war, die Menschen zu veranlassen, die dem Universum zugrunde liegenden Wahrheiten oder Gesetze zu suchen und zu erlernen, sie anzuwenden und dadurch Friede, Harmonie und schöpferischen Unternehmungsgeist im Leben in Übereinstimmung mit dem Ewigen Gesetz zu erfahren.

Anmerkungen

1 Dio Urmilla Nef "The Legend of Herakhan Baba" (Begegnung mit Babaji), Yoga Journal, 32. Ausgabe, Mai-Juni 1980, S., 53

2 "Babaji spricht: Prophezeiungen und Lehren", Reichel Verlag

3 "The Life of Milarepa" übersetzt von Lobsang P. Lhalungpa, 1977, Shambala Publication, Inc. 300 Massachusetts Av., Boston, Mass. 02115. Sie auch: W.Y. Evans-Wents "Tibets Great Yogi Milarepa"

4 Ein Ghat besteht aus einer Reihe von Stufen zum Flussufer hinab in das Wasser. Dort werden Eimer gefüllt, gebadet und gewaschen

5 Yogananda, op. cit. Seite 349 der 11. engl. Ausgabe, 1987

6 Goodman, Shdema: "Am Quell der Wahrheit", G. Reichel Verlag

7 Itzahak Bentovs Buch "Stalking the Wild Pendulum" bietet diese Konzepte auf eine schöne und klare Weise mit wissenschaftlicher Darstellung an.

"Liebe gleicht langem Leiden, aber auch Freundlichkeit. Liebe kennt keine Eifersucht, sie prahlt nicht, ist nicht aufgebläht oder unehrenhaft, sie kümmert sich weder um eigene Interessen noch läßt sie sich provozieren. Liebe führt kein Buch über zugefügte Verletzungen. Sie erfreut sich nicht an Ungerechtigkeit, bejubelt aber Wahrhaftigkeit. Liebe trägt alles, glaubt alles, hofft alles, erleidet alles. Liebe scheitert nicht.

St. Paul: 1 Korinther, 13: 4 - 8

Liebst Du Gott, so liebst du seine Schöpfung ...und kennst keinen Haß.

The Chasm of Fire, Irina Tweedy

"Dem Weg der Wahrheit, Einfachheit und Liebe zu folgen und ihn aufzuzeigen ist des Menschen oberste Pflicht und höchster Yoga."

Babaji, 30. Sept. 1982

Kapitel 10

Babaji lehrt:
Wahrheit, Einfachheit, Liebe und Einheit

Die zentrale Lehre: Wahrheit, Einfachheit und Liebe

Ende der 70er Jahre und 1981 besuchte David Berry, ein junger Amerikaner, der in der Filmindustrie arbeitet, Babaji. David hatte jedesmal seine
Kamera dabei und sammelte viel Material im Haidakhan Ashram, in Nach-
bardörfern und auf Reisen. Babaji wies ihn an, einen Film oder ein Video
herzustellen. David wollte natürlich den Titel wissen und wie Babajis Botschaft lautet. Das Endprodukt des Videofilms[1] zeigt Babaji, wie er in die
Kamera schaut und sagt: "Prem, saralta, satyut", was so viel heißt wie Liebe,
Einfachheit und Wahrheit.

Die gleiche Botschaft gab Lord Shiva Mahendra Baba als Vorbereitung
für Babajis Wiederkehr, damit dieser sie lehre. Als Mahendra Baba diese
Botschaft auslegte, beschrieb er Wahrheit als: "Was das Gehirn denkt, davon
soll die Zunge Zeugnis ablegen und die Organe ausführen". Dieses Konzept
zu verwirklichen, erfordert vollkommene Harmonie. Einfachheit heißt ein
einfaches, natürliches Leben zu leben, ohne Anhaftung an die materialisti-
sche Welt und ein daraus entspringendes klares Bewusstsein. Es bedeutet
nicht den Verzicht auf materielle Dinge - nötig für ein einfaches komfortab-
les Leben - oder die Aufgabe eines aktiven Lebens. Liebe wurde als Grundlage für die Hingabe an Gott - in allen Formen - beschrieben.

Ein Leben geführt in Wahrheit, Einfachheit und Liebe erfordert und entwickelt ein starkes Gespür für Einheit und Harmonie mit der gesamten
Schöpfung und Gott und nimmt seinen Anfang im Inneren eines jeden Menschen. Dies ist die essentielle Wahrheit, die Babaji vermittelte. Denkt, spricht
und handelt ein Mensch in Harmonie mit dem Ewigen Gesetz, hat er die
Wahrheit gefunden und lebt sie auch.

Bevor Shri Babaji 1970 die Leitung und die Aktivitäten im Haidakhan
Ashram übernahm, lebte er in dieser Umgebung ganz im Ausdruck dieser
zentralen Lehre. Als die Menschen zu ihm nach Haidakhan kamen, sahen sie
diese Grundsätze nicht nur durch Babaji verwirklicht, sondern auch in der
Lebensweise im Ashram, die sehr einfach war. Viele Jahre lang gab es keine
erkennbaren Wohnviertel im Ashram, man schlief unterm freien Himmelszelt. Wenn es regnete, drängten sich die Menschen in den Häusern des Dor-

fes zusammen, sie badeten im Fluss und aßen einfache Nahrung. Dennoch kannte niemand Entbehrungen, im Gegenteil, sie fühlten sich gesegnet und kehrten immer wieder. Sogar heute - trotz der Stein- und Zementgebäude und der vorhandenen Elektrizität - bietet der Haidakhan Ashram nur einfachste Unterbringungsmöglichkeiten und ist zudem nur beschwerlich zu erreichen. Es ist die gelebte Wahrheit, Einfachheit und Liebe, welche die Menschen - seien sie reich oder arm, heilig oder sündig, kraftvoll oder schwach - zu diesem Ort zieht.

"Nur durch Liebe könnt ihr mich erkennen."

Shri Babaji, der die Liebe Gottes verkörperte, sprach sehr wenig über dieses Thema. Im Vergleich zu den Ansprachen über Japa, Karma Yoga, Weltveränderung oder Prophezeiungen gibt es wenige Stellen, die direkt auf die Liebe eingehen. Dennoch ist Liebe das, was die Menschen zu spirituellem Wachstum anregt, und sie ist das Ziel dieses Wachstums. Liebe stimuliert die Menschen, sinnvolle Tätigkeit auszuführen: Karma Yoga. Karma Yoga, so sagte Shri Babaji, vervollkommnet die Liebe. Japa hilft, den Geist zu reinigen, auf dass letztendlich die Liebe die Antriebsfeder des Geistes wird. Alles, was Babaji lehrte, alles was er in menschlicher Gestalt tat, drehte sich um die Liebe und war deren Ausdruck, durch die er die Schüler zur Perfektion im Liebesdenken führte. Aber in seinem Wunsch nach "reifen, handlungsfähigen Menschen", die die Erde bevölkern sollten, lehrte er sie, alles zu tun, was ihre Liebe widerspiegelte, ihr Wachsen anregte, um sie durch Erfahrung, Anwendung und praxisnahe Ausübung zu vervollkommnen, bis die Liebe der einzige Beweggrund zum Handeln wird. Da er die Schöpfung als Einheit betrachtete - alles Geschaffene als Manifestation der göttlichen Substanz -, gibt es wenig oder gar keinen Unterschied in seinen Lehren zwischen der Liebe eines Menschen zu Gott oder zu der eines Lebewesens.

Die Liebe, die Shri Babaji aufzeigte, war weder romantisch noch sexuell, nicht sentimental oder huldvoll akzeptierend, was seinen Weg kreuzte. Seine Liebe war klar, zweckmäßig, losgelöst; er konnte ebenso leicht einen Schüler schlagen, wie er ihn durch eine Berührung segnen konnte. Sein Verhalten hing von den momentanen Wachstumsmöglichkeiten des Schülers ab. Das Geben und Nehmen einer Mutter-Kind-Beziehung kommt der Liebe Babajis näher als die Liebe zwischen Liebenden. In Indien und auch anderswo wird das Göttliche oft durch das Symbol der Göttlichen Mutter verehrt, und Babaji wurde von vielen seiner Schüler als "Mutter" angesehen. Es gibt sogar ein "Mutter-Arti" (Andacht), das oft vor Babaji ausgeführt wurde. Als er seine Aufgabe beendet hatte, hinterließ er die "Haidakhandeswari Mata (Mutter)" als seine Shakti, als Energie und Liebe Gottes, in der gleichen Weise wie Christus den Heiligen Geist als Stärkung und Wegweiser aussandte.

Sein ganzes Leben bestand aus liebendem Dienst. Als Gaura Devi in den Haidakhan Ashram kam, sagte ihr Babaji: "'Babaji' bedeutet: Dienst an allen Menschen". Sein ganzer Tag war ausgefüllt mit liebendem, unterstützendem Dienst an alle - nicht nur für die physisch Anwesenden im Ashram. Er war geduldig und arbeitete in dem ihm möglich erscheinenden Tempo - aber er war ebenfalls imstande, in jede Handlung hineinzuspringen, die ihren Schwung verloren hatte, um sie durch energische Maßnahmen zu beleben. Ständig gab er - materielle Dinge, geistige Segnungen, benötigtes Wissen. Sprach er über Liebe und selbstlosen Dienst, so tat er es von einem praktischen "menschlichen" Standpunkt aus und durch inneres göttliches Wissen.

Wie viele Geistlehrer, so gebrauchte auch Shri Babaji die Ausdrücke "Gott ist Liebe" oder "Liebe ist Gott". Durch diese Worte schien er darauf hinzuweisen, dass der formlose Gott - das Absolute, vollkommen in sich selbst - dennoch durch Liebe wirksam wird. Liebe ist die Energie Gottes, die das Universum durch pulsierende Schwingungen oder Wellen schafft, unterhält und belebt; und ebenfalls die handelnde, sorgende, reinigende Beziehung zwischen Gott, seinen vielen göttlichen Formen und den Individuen, den verkörperten Seelen, die um ihre Erinnerung an ihr Einssein mit Gott ringen.

Liebe war für ihn der Verbindungskanal zwischen Gott und den Menschen. "Du kannst mich nur durch Liebe erkennen - göttliche Liebe, Liebe für Gott, ohne eigennützigen Zweck." Liebe ist die verbindende Kraft zwischen verschiedenartigen Menschen: "Lebe mit Liebe für andere, so wie es Familienmitglieder untereinander tun. Setze dich über Eifersucht und Neid hinweg. Lebt in Frieden, denn ihr seid alle Eins. Wenn du in Frieden lebst, bin ich in Frieden, hast du Probleme, so habe auch ich Probleme."

Babaji nahm viele Probleme der Menschen auf sich. Einige fanden schon durch Gespräche mit ihm inneren Frieden, denn sie hinterließen ihm ihre Schwierigkeiten. Manchmal löste er ein Problem durch ein Geschenk, einen Ratschlag oder indem er einen anderen Schüler bat, dem Ratsuchenden behilflich zu sein. Niemals hörte er auf zu geben, wenn die Schüler zu ihm mit ihren Schwierigkeiten kamen.

***

Bei einer Gelegenheit sagte Babaji: "Sprecht nicht über Wahrheit, Einfachheit und Liebe. Lebt sie!" Das Thema Liebe legte er kaum aus, dafür erklärte er öfters, wie man sie ausdrückt. Er benutzte auch oftmals andere Worte für sie. Eines Abends im Oktober 1983, während seines letzten Besuches auf der Ashram Farm in der Nähe des Dorfes Manda im südlichen Gujerati, sprach Babaji über die "Menschlichkeit".

"Ich wünsche jedem in diesem Land und allen auf der Welt das Beste. Heutzutage gibt es keine Menschlichkeit mehr. Die Menschen sind wie Tiere geworden. Ich möchte Menschlichkeit in die Seele eines jeden Menschen zurückbringen. Wegen des Fehlens menschlicher Geistigkeit lebt jedes Individuum in Anspannung und Angst, und ich möchte alle aus diesem Zustand befreien.

Vor vielen Zeitaltern formulierten die Weisen folgendes Mantra:

Sarva Bhavantu Sukhina
Sarve Santu Niraamayaa
Sarve Bhandraani Pashyantu
Maa Kashahid Dhubhbhag Bhavet.
(Mögen alle glücklich sein
und frei von Gebrechen.
Mögen alle erfahren, was gut ist,
und niemand unter Elend leiden.)

Aber in aller Zeit haben die Menschen, unter dem Vorwand Frieden und Glück zu bringen, Kriege angezettelt - wie die im Ramayana und im Mahabharata. Diese Kriege haben Millionen von Frauen und Kinder in Leid gestürzt.

Jetzt möchte ich allen Lebenden durch Wandlung der Menschenherzen Glück bringen. Nur durch diesen Prozess kann der Wunsch der alten Weisen, die das Mantra formulierten, in Erfüllung gehen. Der einzige Weg dahin ist Karma Yoga. Nur Karma Yoga kann Zufriedenheit und gute Früchte bringen. Wie von selbst wird dann das Glück in die Menschenherzen einziehen. Deshalb solltet ihr alle hart arbeiten und dem Pfad des Karma Yoga folgen." [2]

Öfters sprach er über Liebe als "Dharma", die Pflicht oder moralische Verantwortung eines Individuums Gott und den Menschen gegenüber. "Ihr alle seid Soldaten von Haidakhan. Erfüllt eure Pflicht vertrauensvoll und mit Hingabe. Ihr müsst Hass und Eifersucht aus euren Herzen bannen, um richtig dienen zu können. Ihr alle müsst den Gipfel des Sieges erklimmen."

Eifersucht - ein vorherrschender Zug unter denen, die um Shri Babajis Aufmerksamkeit warben und teilhaben wollten an seiner Macht oder Autori-

tät - war oft das Ziel seiner Ansprachen. Eifersucht und Liebe sind unvereinbar.

*"Ihr müsst daran arbeiten, die Menschheit zu erhöhen, und Stolz,
Eifersucht und Hass ausmerzen. Die Menschheit ist heute in Gefahr und es gibt keine Sicherheit für den Einzelnen oder für das
Eigentum. Dieses Problem ist nicht das einer Nation, sondern das
der ganzen Welt.....*

*Vereinigt euch in Liebe, um euch zu erhöhen! Jeder von euch
muss heute bereit sein, alles um der Einheit willen zwischen euch
zu opfern. Gebt die Anhaftung eures Herzens auf und seid bereit,
um der Gerechtigkeit willen in die Flammen und das Wasser des
Lebens zu springen. Seid bereit - wenn nötig,- eure Knochen verbrennen zu lassen zum Wohle der Öffentlichkeit und der Gerechtigkeit."*

Shri Babaji spielte fast jedes "Spiel", trug "viele Masken", tat fast alles,
um durch seine hervorströmende Liebe allen auf dem spirituellen Weg wei-
terzuhelfen. Was sein "Verstand" für nötig hielt, sprach er aus, wobei sein
Körper sofort darauf reagierte. Seine Nichtanhaftung erlaubte ihm, alles zu
tun, was die Situation erforderte. Er konnte lachend, liebevoll und fröhlich
jemanden für die scheinbar kleinste Leistung belohnen, wenn es dieser Person half, noch einen kleinen Schritt auf ihrem Wege weiterzukommen. Für
manche war sein Lächeln, seine Berührung das einzigste, was sie zur Ermun-
terung brauchten - oder angebracht. Andere wiederum blieben Tag für Tag
"unbelohnt", aber dann, nachdem sie erfolgreich eine Prüfung bestanden
hatten, erhielten sie seine besondere Aufmerksamkeit oder Lehren auf tiefe-
rer Ebene, denn sie hatten sich empfänglich dafür gezeigt.

Er konnte ebenso leicht - aus der gleichen nicht anhaftenden Liebe heraus
- angemessen strafen. Beschritt jemand allzu bequem seinen spirituellen Weg
oder blieb durch Anhaftung oder Furcht stecken, ignorierte Babaji offensichtlich diese Person; er konnte finster schauen, "böse" schimpfen und sogar mit
geöffneter Hand schlagen. Bei manchen Gelegenheiten nahm er den Stab,
den er öfters trug, und teilte damit einen kräftigen Schlag aus. Wenn Babaji
schlug, so wusste er genau, wo er treffen musste und wie er zu schlagen
hatte: obgleich er seinen Stab kraftvoll einsetzte, brach er weder einen Knochen noch verursachte er einen langanhaltenden Schmerz. Die meisten, die
über diese Art der Bestrafung sprachen, sagten, sie hätte ihnen geholfen, eine
innere Krise zu bewältigen, und dass sie - wie sich später herausstellte - eine
Liebestat gewesen sei. Andere bemerkten die darin enthaltene Liebe sofort.
Ich erinnere mich einer jungen deutschen Lehrerin, die die ganze Zeit während ihrer öffentlichen Beschimpfung kicherte, auch dann noch, als Babaji
sie aus dem Ashram wegen Missachtung der Ashramregeln warf. Obgleich

sein Gesicht eine zornige Maske war und er sie auf den Rücken schlug, dass es in der Kirtanhalle widerhallte, sah sie nur Liebe und Lachen in seinen Augen und verspürte keine Angst oder Schmerz.

"Was ich euch wünsche ist Einheit"

Shri Babaji sprach oft über Einheit. Gemeinsam - in Einheit - Karma Yoga auszuführen war ein wichtiger Bestandteil seiner Lehren und die Erfahrung, die er den Mitmenschen im Ashram vermittelte, war eine Übung, in der die Liebe praktisch angewendet wurde.

Babaji sprach oft über alles Existierende als Einheit: die gesamte Schöpfung als Manifestation Gottes, nicht nur als eine unendliche Zahl von Gottes Erscheinungen. Schauen wir uns einen Bienenstock an, kann man ihn als integriertes Ganzes betrachten, in dem jede Biene ihre Rolle im Leben des Bienenstockes spielt. Betrachten wir unsere Körper, so sehen wir Finger, Zehen, Hände, Füße, Arme, und wir sind uns einzelner Organe bewusst. Obwohl wir sie nicht sehen können, erkennen wir uns als ganzheitlichen Menschen. Blicken wir hingegen auf die gesamte Menschheit, so sehen wir nur eine Ansammlung von Individuen, und es fällt dem Einzelnen schwer, sich "nur" als Teil der Schöpfung zu betrachten. Die Gesellschaft lehrt, uns auf individuelle Interessen und Leistung zu konzentrieren. Shri Babaji jedoch drängte alle, für das Gesamtwohl zu leben und zu arbeiten, alle individuellen Talente zum Vollsten zu entwickeln und sie zum Wohl der ganzen Schöpfung einzusetzen. Die Schöpfung funktioniert am besten, wenn sie in Harmonie ist.

"Jeder sollte seine Nationalität vergessen, wir sind Eins. Dies ist eine universelle Familie. Hegt keine Gedanken der Trennung, schiebt Gefühle des Getrenntsein von euch. Dient allen Menschen mit eurem Geist, Körper, Reichtum und Verstand.

Der Fortschritt des Vishwa Mahadham (universaler, Großer Ort im Universum - Babajis Name für Haidakhan und Umgebung) ist der Fortschritt der Welt. Wenn ihr hier lernt und arbeitet, so helft ihr der Welt. Macht Vishwa Mahadham perfekt. Arbeitet als Einheit, hier gibt es keine Klassen- und Rassentrennung, hier gibt es keine Unterschiede.

...Ich bin gekommen, um euch die Einheit jenseits der Trennung zu lehren. Ich spreche nicht über die Art von Einheit, wie sie in der Politik benutzt wird, ich spreche über eine nie zuvor gekannte Einheit, eine Einheit, die wir nur durch gegenseitiges Verstehen

erreichen können, ohne Bomben, Kanonen oder Gewalt. Ihr alle
müsst diese Einheit suchen.

...Ich werde ein Wasserloch schaffen, aus der der Löwe und die
Ziege gemeinsam trinken. Was ich für euch will, ist Einheit und
das Bewusstsein, dass wir alle gleich sind."

Babaji bemerkte oft, dass die Menschen sich so an ihre missverstandene Individualität klammern, sich von ihrer eigenen Persönlichkeit, dem individuellen physischen Äußeren und von geistigen Konzeptionen beeindrucken lassen, dass sie das Gefühl ihrer eigenen Göttlichkeit und ihrer Einheit mit der gesamten Schöpfung verlieren. Die "unkörperliche" Seele sieht und weiß um die Einheit der Schöpfung, aber sobald sie in eine physische Gestalt schlüpft, identifiziert sie sich mit ihr, anstatt sich als göttlich zu erkennen und den Körper als Werkzeug der Seele zu benutzen, als Mittel für den Dienst an anderen oder als Ausdruck für die Essenz der Seele. Durch diese Verwirrung des Geistes und der Seele bleibt die Menschheit an ihre niedere Natur gefesselt und an den Kreislauf von Geburt und Tod. Weiß das individuelle Sein um seine Göttlichkeit und um seine Einheit mit der göttlichen Schöpfung, dann erkennt es alle Wesen als Teil seiner selbst und kann seine trennende, wettbewerbsmäßige, furchtsame und feindliche Haltung aufgeben, um der Liebe und dem Mitgefühl Platz zu machen.

"...wir müssen das "Ich" und "Mein"- Denken aus unserem Bewusstsein streichen und wie ein Soldat vorwärtsmarschieren, pflichtbewusst und kühn. Das, was den Menschen zu Fall bringt, ist seine Anhaftung an die Sippe, an Bekannte und Verwandte. Da ihr alle dem Universum angehört, wie könnt ihr da an "Ich" und "Mein" denken? Wir müssen uns als eine universelle Familie begreifen und zusammen in Einheit den Weg gehen. Nur so kann die Welt davon profitieren. Dies ist nicht nur für den Einzelnen wichtig, sondern für das ganze Universum. Jeder Einzelne muss das Prinzip der "Humanität" pflegen. Es ist der einzige Weg zum Erfolg.

Die Menschheit wird nicht durch Vorlesungen oder Reden erhöht, dennoch müssen wir den Geist der "Menschlichkeit" in ihr erwecken. Jeder muss die Differenzen zwischen sich und den anderen beseitigen und in Einheit arbeiten, ansonsten wird sich das Durcheinander vermehren, welches um sich greift in der Welt, um schließlich unheilbar zu werden.

Es gibt für die Menschheit nur einen rettenden Weg: die Wandlung aller Menschenherzen. Shri Mahaprabhuji wird seine gesamte geistige Kraft dafür einsetzen, aber jeder Mann und jede Frau muss ebenfalls ihr Bestes tun, um dieses Ziel zu erreichen.

So lange es keine Wandlung der Herzen gibt, ist die Menschheit in Gefahr."

Durch Shri Babajis starke Energie wurde der Haidakhan Ashram zu einem Ort tatkräftiger Aktivität, es wurden nützliche Projekte durchgeführt, die Menschen lernten miteinander zu arbeiten, ohne Rücksicht auf Nationalität, Rasse oder Hautfarbe. In dem Maße, wie sie zusammenarbeiteten, lernten sie sich selbst kennen, sie wuchsen spirituell und wurden sich des Friedens, der Einheit und der zweckgebundenen Aktivität bewusst. Regierungsbeamte aller Grade besuchten oft Haidakhan, und manche verstanden die Wichtigkeit und Schönheit dessen, was Shri Babaji lehrte. Einer von ihnen war der Abgeordnete des Kumaon Distriktes, Herr A. K. Das, der älteste Regierungsbeamte der drei Regierungsbezirke, die das Kumaon-Gebiet zu Füßen des indischen Himalajas ausmachen. Eines Abends sprach er nach dem Arti zu der großen versammelten Menge und sagte:

"Es beeindruckt uns stark, dass so viele Menschen aus aller Welt viel Geld gespendet haben und auch selbst hergekommen sind, um - ohne Rassenunterschied - zu Füßen Shri Babajis zu sitzen. Nirgendwo sonst haben wir solche Zusammenkünfte gesehen" [3]

Babaji wies immer wieder und in den verschiedensten Weisen auf Einheit hin.

"Seht die Erde als eure Mutter an. Es gibt nur eine Erde. Lasst euch nicht durch den Gedanken trennen, dass ihr verschiedenen Ländern angehört. Wir alle gehören einer Erde an. Geht euren Weg immer in Gedenken an diese Worte. Denkt an eine positive Zukunft für die gesamte Welt und nicht nur für ein einzelnes Land."

...Jeder muss den Eid ablegen, dass wir alle Eins sind und dass wir in Einheit miteinander leben wollen. Jeder muss Unterschiede, Unterscheidungen aus seinem Herzen bannen. Die Einheit muss mehr betont werden. Wir müssen allen Meinungsverschiedenheiten ein Ende setzen, und anderen Unterscheidungen ebenfalls. Wir müssen einen Schritt vorwärts tun, aber immer mit dem Gedanken an die Probleme, die die große Krise mit sich bringen wird."

...Es liegt eine große Kraft in der Einheit. Erst wenn Einheit und Liebe zwischen euch herrschen, könnt ihr ein friedliches und glückliches Leben führen." [4]

Erfahrung der Einheit bei der Arbeit

Major Bhupindra ("Bhoopie") erzählte die Geschichte eines frühen Karma-Yoga- Projektes in Haidakhan - die Errichtung der Hauptmauer bei der Haidakhan Höhle. Diese Mauer ist etwa viereinhalb Meter hoch und misst, die runde Ecke mit eingerechnet, etwa sechshundert Meter.

Zu Beginn eines neuntägigen Festes zu Ehren der Göttlichen Mutter in Haidakhan rief Babaji "Bhoopie" zu sich und sagte ihm, es sei seine Aufgabe, den Bau dieser Mauer zu organisieren und zu beaufsichtigen. Ferner müsse sie am neunten Tag beendet sein. Babaji teilte Bhoopie einen Arbeitstrupp zu aus drei oder vier Männern im mittleren Alter und älter, und vier oder fünf Frauen. Die Grundmauern sollten aus großen Steinquadern bestehen und am Ende des Tages hatte der Trupp vier oder fünf große Felsblöcke an den richtigen Ort geschoben, gerollt und gestoßen.

Am folgenden Tag kamen drei oder vier Leute hinzu und die ganze Mannschaft arbeitete ohne Unterbrechung - nur eine Mittagspause einlegend - den ganzen Tag. Als Babaji später am Nachmittag die Arbeitsstätte besichtigte, stand nicht einmal eine einzige Reihe der Grundmauer. Säuerlich bemerkte Babaji, dass die Arbeit in diesem Tempo wohl niemals zeitgerecht beendet sein wird.

Zu den Feierlichkeiten trafen mehr Menschen ein und am dritten Tag vergrößerte sich Bhoopies Mannschaft, dennoch waren es zu wenige, um die Arbeit termingerecht zu Ende zu bringen, obwohl alle ihr Bestes leisteten. So ging Bhoopie zur Mittagszeit zu Babajis Raum, in dem er aß. Ihm wurde aber gesagt, niemand dürfe Babajis Mahlzeit unterbrechen oder mit ihm danach sprechen, dies sei keine Zeit, ihm einen Besuch abzustatten. Major Sharma bestand darauf, Babaji nach dem Essen zu sprechen, sobald er seinen Raum verlassen hatte. Als die Menschen noch herumstanden und laut über diesen Fall diskutierten, trat Babaji aus seinem Zimmer und fragte Bhoopie nach seinem Begehren. Bhoopie erklärte, dass die Arbeit nur langsam voranginge und er mehr Helfer benötige. Er schlug vor, dass die Arbeit vom Morgengrauen bis zur Dämmerung, sogar während des Artis, dauern solle. Babaji stimmte zu und versprach, mehr Leute zu schicken. An diesem Nachmittag wurde durch die Hilfe von zusätzlichen Männern und Frauen und durch noch intensivere Arbeit die erste und zweite Reihe der Grundmauer gesetzt. Aber da bereits ein Drittel der Zeit verronnen war, war effektiv weniger als zwanzig Prozent der Arbeit geleistet worden.

Jeden Tag strömten mehr Menschen hinzu, und am Ende der Zeit arbeiteten ein Minister und ein General unter der Aufsicht von Major Sharma und etwa fünfzig bis sechzig Menschen an dem Projekt. Durch Unterstützung von Babajis häufiger Anwesenheit wuchs die Mauer und durch gemeinsame Anstrengung von Alt und Jung, Männern und Frauen, Reich und Arm, wurde sie rechtzeitig fertiggestellt.

Diese Erfahrung beinhaltete viele Lehren für die verschiedensten Menschen in den unterschiedlichsten Gesellschaftsschichten. Sie arbeiteten als Einheit zusammen und leisteten körperlich mehr als je gedacht. Einige von ihnen lernten eine Lektion, die Shri Babaji viele in aller Welt lehrte: sobald du deine Aufgabe kennst, lasse dich nicht von ihrer Größe oder Verantwortung abschrecken, beginne einfach mit dem, was dir zur Verfügung steht, und, wenn die Arbeit positiv ist, werden andere hinzukommen und mithelfen.

Die Lehre der "Menschlichkeit"

Am Weihnachtstag 1983, als etwa einhundertundfünfzig Ausländer und fast ebenso viele indische Schüler in Haidakhan Weihnachten feierten, sprach der Regierungsbeauftrage Herr A. K. Das wieder über den Sinn von Einheit trotz der Vielfalt, die er im Ashram vorfand.

"Die Botschaft von Christus war, jeden zu lieben, keinen Hass oder Eifersucht für andere zu empfinden. Babaji lehrt dasselbe.

...Ich habe ungeheures Vertrauen in Babaji, besonders weil er uns die Botschaft der Menschlichkeit gibt. Es sind so viele Freunde aus aller Welt hergekommen! Es gibt zwischen ihnen so viele Unterschiede im Leben und im Glauben, aber hier gibt es etwas Besonderes - und das ist der Grund, warum so viele Menschen aus aller Welt herkommen. Diese Versammlung aller Rassen lehrt uns, dass - obwohl wir aus den verschiedensten Ländern kommen - wir alle den gleichen Ursprung haben. Wir sollten einander lieben, voneinander lernen und unsere Ansichten über Religionen austauschen.

...Lasst uns alle an diesem heiligen Tage zu Christus beten - und zu unserem Baba, damit wir Segnungen und geistigen Mut erhalten für unsere zukünftigen Aufgaben, die wir aufrichtig, sorgfältig und mit Hingabe verrichten wollen."

Shri Babaji betonte die Notwendigkeit, mutig und hart zu arbeiten und in Einheit zu handeln, um allen zu dienen. Nur so könne Frieden herrschen.

"Unser Hauptziel ist der universelle Frieden. Wie können wir ihn erreichen? Wir können ihn erreichen, indem wir alle Unmenschlichkeit zwischen uns ausrotten. Es darf nur eine Rasse und nur eine Gesellschaft geben: die Menschheit. Werdet menschlich!

Die einzige Religion ist Menschlichkeit. Es muss Toleranz und Verzeihen geben. Es ist unsere Pflicht, ein Beispiel dafür zu setzen. Jeder muss menschlich werden und den Lebensschwierigkeiten kühn ins Auge schauen. Rettet euch und andere vor der Rechtlosigkeit der Welt. Feige Menschen sind tote Menschen. Ich möchte eine Welt voll mutiger Menschen schaffen, die das Leben nehmen, wie es kommt. Wir wollen die Opfer von Unmenschlichkeit erretten und sie aus ihrer Not befreien. Wir wollen Frieden bringen, nicht nur einem Lande, sondern der ganzen Welt. Unser Ziel ist weltweiter Frieden.

Alle sollt ihr schwören, von Haus zu Haus zu gehen, um den Bedürftigen zu helfen. Ihr müsst die Gleichgültigkeit ausrotten, die den Menschen zerstört. Untätigkeit und Faulheit sind die Haupthindernisse, die des Menschen Fortschritt behindern. Lerne richtig zu handeln und du wirst alles erreichen! Handlung ist Mahayoga... der höchste Yoga. Der Mensch ist zum Handeln bestimmt."

***

Am 23. September 1983 wurde ein schwarz-amerikanisches Ehepaar aus Milwaukee, Wisconsin, nach den vedischen Riten nochmals vor Babaji getraut. In dem darauffolgenden Darshan sprach Babaji wieder über "Menschlichkeit", Einheit und harte Arbeit.

"Doch jetzt wollen wir unsere Gedanken von dieser Hochzeit auf die ganze Welt lenken, die sich im Zustand großen Aufruhrs befindet. Sie leidet physisch, geistig und seelisch, und es gibt nur ein Heilmittel: das ist, der Unmenschlichkeit Herr zu werden. Ich habe euch schon öfters gesagt, dass es nur eine Menschheit gibt, und dass die Unterschiede der Herkunft, des Glaubens, der Hautfarbe und Nationalität von keinerlei Bedeutung sind - im Gegenteil, gemessen an der Menschheit als Ganzes sind sie völlig unreal.

Machtgierige, listige Menschen haben die Unterschiede ersonnen, um die Menschheit zu spalten und beherrschen zu können. Die Unterschiede beruhen auf selbstsüchtigen Motiven. Es gibt sogar Menschen, die sich freuen, wenn einem anderen das Haus abbrennt. Und dann gibt es Menschen, die bequem auf Kosten der Arbeit anderer leben möchten! Und das, wo es doch nur einen Gott gibt, der sich alle Menschen zum Bilde schuf! Deshalb müs-

sen wir daran arbeiten, dass es wieder menschlich wird in der Welt.

...Ich möchte den Menschen wieder Mut geben, denn die Schöpfung soll aus den Mutigen bestehen. Solche Menschen sind es auch, die hierherkommen können, wie überhaupt solche kritischen Zeiten nur mit Mut überlebt werden können.

...Ich möchte eine Schöpfung frei von Abhängigkeit jeder Art. Jeder sollte auf eigenen Füßen stehen können. Die Probleme aller Länder sind dadurch zu lösen, dass alle Menschen arbeitsam werden. Solange es noch Faulheit auf der Welt gibt, können die Menschen nicht glücklich werden.... Der Materialismus[5] fegt über die Welt hinweg wie ein großer Sturm, und wir müssen ihm standhalten können."

Einen Monat später antwortete der Gouverneur von Uttar Pradesh, Herr C. P. N Singh, auf Shri Babajis Willkommensrede und nahm bezug auf die Einheit, die Shri Babaji lehrte:

"...an diesem Ort gibt es dank des Erscheinens von Shankar Swayambhu (Shiva der Gnadenreiche, der sich selbst erschaffen hat) keine Unterschiede: Mohammedaner, Deutsche, Italiener, Reiche und Arme kommen alle zu den Füßen unseres Herrn.

...die degenerierte Menschheit erfährt automatisch ihre Reinigung zu Füßen des Herrn, um von hier aus die ganze Welt zu erreichen. Dies ist der einzige Grund, weswegen dieses vergessene, missachtete Land jetzt zu neuem Leben erwacht.

Die Arbeit, um die wir uns alle hier bemühen, ist, aus dem Menschen wieder ein wahres menschliches Wesen zu machen. Heute sind die Menschen zu Tieren geworden."

Um die Einheit zwischen denen, die bereit waren, für das Gemeinwohl der ganzen Welt zusammenzuarbeiten, zu nähren, und seine Botschaft der Menschlichkeit zu verbreiten, ermunterte Shri Babaji die Menschen, sich zusammenzutun, sich zu organisieren.

"Die hier erteilte Botschaft muss wie Elektrizität durch die Welt zünden. Verbreitet sie schnell! Wir müssen viele Einrichtungen gründen, wir müssen die Botschaft durch Ausschüsse bekanntgeben."

Babaji regte die Gründung von Treuhandgesellschaften und Ausschüssen an, um Material zu drucken, und er erlaubte und belebte die Haidakhan Samaj, eine in Indien registrierte Gesellschaft, die jetzt Niederlassungen in

Europa, Nordamerika, Afrika und Australien hat. Als die Jahresversammlung der Haidakhan Samaj im April 83 stattfand, ließ Shri Babaji Shri Vishnu Dutt Shastriji diese Worte für ihn aussprechen:

"Das Hauptziel der Haidakhandi Samaj ist der Dienst an der Menschheit als bester Weg der Gottesverehrung. Alle diejenigen von uns, die innerhalb der Samaj wirken, haben die Pflicht, denen den Weg zu zeigen, die Hilfe brauchen, sie zum Handeln zu inspirieren, ihnen zu helfen, die Trägheit zu überwinden, die der Grund für die Missstände dieser Welt ist. Deshalb muss ich die Trägheit erst in allen von euch beseitigen. Um nämlich in diesem Zeitalter stark und machtvoll zu sein, muss man hart arbeiten....

Jedesmal, wenn es in der Welt wahren Fortschritt gegeben hat, so verdankte man ihn der Unermüdlichkeit weniger Einzelner eines bestimmten Zeitalters. Es ist heute an uns, in die Häuser der Menschen zu gehen, für die Gerechtigkeit einzustehen und den Weg uneigennützigen Handelns vorzuleben. Die einzige Möglichkeit, wirklich wohlhabend zu werden, ist, ein arbeitsames Leben bis zum letzten Atemzug zu führen."

Um der Haidakhan Samaj einen Leiter zu geben, ernannte Shri Babaji anläßlich der Samaj Einweihungsfeier 1979 Shri Trilok Singh aus Haldwani zum Vorsitzenden. Babaji hatte Shri Trilok Singh den Namen "Muniraj" (König der Weisen) gegeben und ihn zum Meister vieler Ausländer benannt, die zu Babaji kamen. Über mehrere Jahre hinweg hat Shri Babaji seinen Schülern immer wieder gesagt, dass Muniraji eine Inkarnation von Lord Dattatreya ist, ein großer Lehrer des Sanatana Dharma, der, so wird gesagt, alle drei Hindugottheiten - Brahma, Vishnu, Shiva - verkörpert. Babaji hatte noch hinzugefügt, dass "seine Arbeit beginnt, wenn ich fortgehe."

Selbstloser Dienst als edelste Aufgabe

Shri Babaji betrachtete den Dienst am Nächsten als höchste Handlung, größer noch als Rituale für den Gottesdienst - und das Fehlen für das Gespür dafür als große Beeinträchtigung im Leben. Er ermunterte die Menschen immer, anderen zu dienen. Solche Arbeit ist ein nützlicher Beitrag zur Gesellschaft und der beste und höchste Weg für persönliches spirituelles Wachstum und Vollkommenheit. Es gibt keinen Dienst am Nächsten, der unter der Würde eines Menschen ist.

"Die Welt verlangt nach harter Arbeit und konstruktivem Handeln, deshalb müsst ihr euch ganz der Arbeit widmen. Lasst nicht

nach, sondern macht weiter. Jeder Schritt, den ihr unternehmt, wird der ganzen Welt zugute kommen.

...Eure Pflicht zu tun ist höchste Erfüllung - höher als andere Übungen, höher als Buße...

...Sich zu betätigen ist die Pflicht eines jeden, ob reich oder arm, hoch- oder niedrigstehend, alt oder jung, Mann oder Frau. Ihr solltet nicht zögern, selbst die niedrigste Arbeit zu verrichten, wenn erforderlich. Wenn ein Mensch in höchster Position bereit ist, jeden Dienst zu tun, sogar den niedrigsten, so setzt er für andere ein Beispiel.

...Durch harte Arbeit kann man Frieden finden in sich und in der Welt. Wenn jeder mit Fleiß und Liebe arbeitet, wird Frieden in der ganzen Welt herrschen."

***

Der Status eines "Kehrers", eines Straßenfegers und Toilettenreinigers ist in Indien einer der niedrigsten auf der ökonomischen und sozialen Gesellschaftsstufe. Obgleich "Unberührbarkeit" jetzt in Indien durch das Gesetz aufgehoben ist, werden diese Menschen und andere "Unberührbare" in manchen Teilen Indiens noch häufig diskriminiert. Die Abschaffung dieses Denkens macht auch weiterhin der Regierung und der Gesellschaft zu schaffen.

Neem Karoli Baba war ein großer Heiliger in der Kumaon Region, der 1973 seinen Körper verließ.[6] Er kannte den "Alten Haidakhan Baba" und hatte oft mit ihm gesprochen. Als Babaji in den Sechziger Jahren als Jüngling durch die Kumaon Berge wanderte, verbrachte er einige Monate in Neem Karolis Ashram. Dort fegte er den Ashram aus und diente anderen. Das Ausführen sogar der "niedrigsten Arbeiten" steht in Übereinstimmung mit Shri Babajis Lehren.

Neem Karoli Baba, von vielen Heiligen anerkannt, erzählte 1970 anscheinend kontroverse Geschichten über Babaji. Es scheint, als hätte er den vielen Menschen gesagt, dass dieser neue Haidakhan Baba ein Schwindler sei. (Aber kein Lehrer, der eine Meister-Schüler-Beziehung mit jemanden geschaffen hat, wird jemals den Schüler ermutigen, nach einem anderen Lehrer auf die Suche zu gehen). Ich erinnere mich daran, dass einige Schüler des Haidakhan Babas mir erzählten, sie wären zu Babaji bekommen, weil Neem Karoli Baba ihnen gesagt hätte, er wäre die Manifestation von Lord

Shiva persönlich und dass er sich nicht lange in dieser Gestalt aufhalten würde. "Gehe und diene ihm!" waren seine Worte gewesen.

Babaji betonte immer wieder die Notwendigkeit, in Einheit Dienstleistungen auszuführen, ohne jedoch darauf zu warten, dass andere mit der Arbeit beginnen: "Erfülle deine eigene Pflicht, setze ein Beispiel."

"Es sollte Menschlichkeit in dir sein. Menschen aller Länder sollten sich als Brüder miteinander vereinen. Alle sollten glücklich und gesund sein und die Freuden des Lebens schätzen...

...Entzündet das Licht der Gerechtigkeit in den Herzen der anderen. Lasst den Samen der menschlichen Liebe und der Menschlichkeit in euch aufgehen und Früchte tragen. Organisierte Kräfte sind stärker als individuelle...

...Entfernt Hass und Eifersucht aus den Herzen. Die gleichen Worte stehen in der Bibel. Jesus hat sie ausgesprochen. Denn, wo Eifersucht und Hass ist, gibt es keinen Glauben. Wäre Menschlichkeit in den Herzen der Menschen, gäbe es keine Atombombe, und die Kriegswaffen wären seit langem verbannt."

"Ich bin gegen "Gewaltlosigkeit", denn es macht den Menschen zum Feigling. Kämpfe für die Wahrheit!"

In diesem dunklen Zeitalter, dem Kali Yuga, in dem die Menschen so unbedacht und unmenschlich zueinander sind, war Shri Babaji nicht bereit, dem Kampflustigen oder dem Ausbeuter die andere Wange hinzuhalten. Er hatte nichts dagegen, seine Hand oder seinen Stock zu gebrauchen, wenn jemand nicht auf ein liebevolles Wort reagierte, denn er hatte keinen Nutzen von einem Feigling oder von jemandem, der eine schlechte Behandlung hinnahm und später überall damit hausieren ging.

"Die Theorie der Gewaltlosigkeit hat dem Verstand und dem Mut der Menschen geschadet. Ich bin für Kampf - Kampf gegen das Böse und gegen Kriminalität, welche nicht länger geduldet werden sollten! Ich möchte die Hinnahme von Gewalttätigkeit in der Welt ausrotten. Sie ist ein Grund für die herrschende Apathie und Trägheit. Diese Einstellung hat das Blut der Menschen abgekühlt und es ist wie kaltes Wasser geworden. Außerdem vermindert Gewaltlosigkeit die Unterscheidungskraft von Gut und Böse. Jeder sollte ein mutiges Leben führen. Ein Mensch ohne Mut ist wie ein Toter. Leben ohne Mut ist unfruchtbar.

...Zur Zeit werden viele Unmenschlichkeiten auf der Welt begangen. Niemand hat den Mut gehabt, gegen diese Unmenschlichkeiten aufzustehen. Aber jeder sollte mutig sein und

ihnen Einhalt gebieten. Jeder muss fest entschlossen sein und an
dem festhalten, an das er glaubt. Bleibt beständig und pflichter-
füllt."

Der Kampf für Gerechtigkeit kann ein Wachstumsprozess für jene sein, die der Unmenschlichkeit und Grausamkeit die Stirn bieten. Er erfordert Unterscheidungsvermögen und Wissen, wem man widersteht und wodurch, und welches Mittel in den verschiedensten Situationen eingesetzt wird. In schwierigen Situationen und wenn es darum geht, Mut aufzubauen, ist der Glaube an Gottes Unterstützung nötig. Das Wissen, wann und wie Widerstand geleistet werden kann, wird nur durch Übung erworben, denn Furcht ist nicht durch erfolgreiche mutige Taten zu besiegen. Einmal gab Shri Babaji Vishnu Dutt Shastriji ein, folgende Sätze, Satz für Satz, auszusprechen:

"Gewaltlosigkeit verseucht jetzt die Welt. Gewaltlosigkeit sollte
ausgerottet werden. Verbrecher müssen bestraft werden, um der
Sicherheit willen müssen wir Stärke zeigen. Babaji wünscht sich
einige gewalttätige Menschen, so dass andere in ihrer Weisheit
und Unterscheidungskraft wachsen und Entscheidungen treffen."

Obgleich viele Heilige und Wissende den Weg der Gewaltlosigkeit gingen, waren Mahatma Gandhi und Martin Luther King, in unserem Jahrhundert die berühmtesten Vertreter dieser Richtung. Ihre Gewaltlosigkeit war eine aktive, disziplinierte Waffe, welche, durch den Mut vieler Menschen erfolgreich benutzt, zur Unabhängigkeit von Indien führte und die jahrhunderte alten Muster der Rassendiskriminierung, Ausbeutung und Beherrschung der Schwarzen in Amerika brach. Die Revolution auf den Philippinen gegen Ferdinand Marcos beruhte auf diesen Erfahrungen und gewann durch sie an Kraft, obwohl sie viele Leben forderte unter den Menschen, die unbewaffnet der bewaffneten Regierungsmacht trotzten. Es gab nichts Halbherziges in ihrer Gewaltlosigkeit, es erforderte großen Mut, gegen die bewaffnete Macht des Britischen Weltreiches, des amerikanischen "Establishments" und Marcos Armee aufzustehen. Hunderte starben für die Veränderung ihrer Welt durch die Erprobung der Gewaltlosigkeit. Ihr Beispiel veränderte nicht nur ihre Länder, sondern inspirierte und setzte den Rahmen für die friedlichen Revolutionen in Osteuropa und China 1989.

In den letzten zwei oder drei Dekaden war Gewaltlosigkeit oft eine Entschuldigung für Verantwortungslosigkeit, eine Entschuldigung, unsere Augen zu schließen vor der Unmenschlichkeit, die täglich aus dem Fernseher und den Zeitungen zu hören und zu lesen ist, - ein Vorwand, die andere Straßenseite zu benutzen, wenn ein Fremder auf der Straße angegriffen, ausgeraubt oder misshandelt wird. Regierungen begehen Völkermord, große Genossenschaften haben die Interessen derer zerstört, die ihnen im Wege standen, Terroristen ziehen Unbeteiligte in ihre "Kriegsspiele" hinein, organisiertes Verbrechen setzt sich mit Gewalttätigkeit und Furcht durch. Überall, auf jedem Gebiet, gibt es Unmenschlichkeit, sie ist in uns selbst und reicht hinauf bis in internationale Ebenen, und immer im Namen der Gewaltlosigkeit, aber oft aus einfacher Gleichgültigkeit heraus oder Furcht. Wie wenig reagieren wir darauf. Die Einheit der ganzen Schöpfung, die der Lehre Shri Babajis zugrunde liegt, kommt hier nicht zum Tragen, und eine wirklich uneigennützige Erwiderung auf diese Situationen ist so selten, dass sie in den Schlagzeilen der Medien erscheint.

"Ich möchte aus allen, die hergekommen sind, wahre Bürger machen. Ich möchte nicht diese Art von Gewaltlosigkeit. Die Menschen reden darüber und machen Wasser aus ihrem Blut. Ich möchte das Gefühl für wahre Menschlichkeit erwecken. Nur unter großen Schwierigkeiten erhaltet ihr einen menschlichen Körper. Ich wünsche mir mutige und kühne Menschen. Ein Mann muss großen Mut haben.

...Ich möchte eine Schöpfung von kühnen, furchtlosen und mutigen Menschen. Ich wünsche mir Menschen mit einem starken revolutionären Verstand, die bereit sind, für die Wahrheit zu kämpfen. Ich möchte die gegenwärtige Gewaltlosigkeit aus der Welt entfernen, denn diese Art von Gewaltlosigkeit hat die Zunahme von Grausamkeit und Ungerechtigkeit in der Welt begünstigt. Ich möchte keine Welt, in der die Rechte der Menschen mit Füßen getreten werden wie es heute geschieht. Die Ausübung der Gewaltlosigkeit hat die Menschen in die Ignoranz geführt, anstatt zum Wissen. Durch die Gewaltlosigkeit ist der Mensch seiner Rechte beraubt worden und er fürchtet sich vor seinem eigenen Schatten. Ich wünsche mir eine Schöpfung kraftvoller Menschen."

Shri Babaji legte ebenfalls keinen Wert auf gedankenlose oder ausgedehnte Gewalt. "Es ist mein Wunsch, dass Harmonie das Universum regiert. - Mein Plan ist der der Liebe - einer, in dem der Löwe und die Ziege aus ein und demselben Brunnen trinken können." Und er sagte über die, die wirklich gewaltlos in ihren Herzen sind: "Das Konzept der Gewaltlosigkeit sollte wie folgt verstanden werden: Diejenigen, die gewaltlos sind, sollten keinen Anteil an der Gewalt haben."

Aber zu denjenigen, die den Mut dazu nicht aufbringen, sagte er: "Ich bin gegen die Gewaltlosigkeit, die einen Menschen zum Feigling macht. Kämpft für die Wahrheit! Um dem Leben ins Gesicht sehen zu können, müsst ihr täglich großen Mut haben."

Sucht Harmonie in all euren Handlungen

Babaji lehrte und lebte das Konzept, dass das gesamte Universum eine große, integrierte Manifestation der göttlichen Energie ist. Er wusste, dass die Gesetze, die das Universum regieren, in Harmonie operieren müssen, und zwar in dem Maße, dass, wenn ein einzelnes Teil der Schöpfung aus der Harmonie und seinem perfekten vorgeschriebenen Weg herausfällt, die ganze Schöpfung unter dieser Abweichung leidet. Gedanken, Handlungen und Bewegungen beeinflussen in Wirklichkeit nicht nur den Ort des Geschehens, sondern sind viel weitreichender und haben ähnliche Auswirkungen wie die sich ausdehnenden Wellen, die durch einen ins Wasser geworfenen Stein hervorgerufen werden. Die Handlungen einzelner Personen haben kleinere Auswirkungen auf das Universum als Ganzes, aber die geballte Gedankenkraft und die Handlungen von Milliarden von Menschen in jeder Minute auf unserer Welt haben sehr weitreichende Auswirkungen und Einflüsse auf künftiges Geschehen und künftige Verhaltensmuster. Zudem wird unsere Welt durch viele Geschehnisse im Verborgenen beeinflusst.

Die Menschen werden sich zunehmend ihrer Gedankenlosigkeit, ihrer egoistischen Handlungen bewusst, durch die sie die Luft, die wir zum Leben brauchen, verpesten und das Wasser vergiften, das wir und unsere Tiere trinken und womit wir unsere Felder bewässern. Die Menschen werden sich bald selbst vergiften und sich somit ihrer Existenzgrundlage berauben, wenn sie nicht lernen, verantwortungsbewusst mit "Mutter Erde" und "Vater Himmel" umzugehen. Es wird ernsthaft gefragt, ob die Menschheit überhaupt die Möglichkeit hat, auf diesem Planeten zu überleben, wenn wir versäumen, weitreichende Verbesserungen gegen die ausgedehnte Verschmutzung unseres Planeten zu treffen. Die Verschmutzung des menschlichen Geistes ist ebenfalls oder noch gefährlicher zu bewerten. Wenn wir versäumen, unseren Geist zu zügeln oder zu disziplinieren, ihn vor Neid, Eifersucht, Hass und Mangel an Respekt vor allen Lebewesen zu bewahren und nicht ein Gefühl für Liebe, Mitgefühl und Einheit aller Lebewesen entwickeln, sind wir imstande, uns schneller von der Erdoberfläche hinwegzubefördern, als Naturkatastrophen den homo sapiens ausrotten könnten. Unsere menschlichen Eigenschaften, Gedanken, Worte und Handlungen haben einen sehr bedeutenden Einfluss auf die Lebensqualität in unserem Universum. Leben in Wahrheit, Einfachheit und Liebe, wie von Shri Babaji gelehrt, tragen zur Heilung und Harmonie dieser Welt und des Universums bei.

Shri Babaji drängte alle Menschen dazu, innerlich friedfertig, ausgewogen und auf allen Existenzebenen harmonisch zu werden, das gilt für die Erde, auf der wir leben, für unsere Familien, Dörfer, Städte, Länder und die ganze Welt samt dem Universum um uns her. Nur dann kann jeder Einzelne oder alle zusammen wahren Frieden und Sicherheit erfahren. In dem

Maße, in dem wir der Disharmonie Ausdruck verleihen -, Furcht, Eifersüchteleien, Habgier und Hass, die Samen des Egoismus und der Anhaftung - säen wir schädliche und beunruhigende Ergebnisse, wie uns eigene Erfahrungen und die in der Welt lehren. Wenn die Menschen imstande sein werden, durch Selbstüberprüfung, Erkenntnis und Eigeninteresse sich über die "Feinde des Yoga" zu erheben, werden sie in Harmonie mit dem ganzen Universum schwingen und leben und von diesem Universum getragen werden.

Babaji arbeitete beständig und lange durch sein Beispiel und seine Worte daran, der Menschheit vergessenes Ziel - die Verbindung und Einheit alles Geschaffenen untereinander und mit dem Göttlichen im ganzen Universum -, wachzurufen. So sagte er bei einer Gelegenheit:

"Bist du in Frieden, bin ich in Frieden.

Hast du Probleme, so habe ich Probleme...

...Immer wird es Hügel und Berge geben, die zu überwinden sind auf dem Weg zu Gott. Sorgt euch nicht um den Berg, der hinunterfällt, es ist die Pflicht des Berges zu fallen...

...Ihr solltet Harmonie in allem suchen, was ihr tut. Ich bin Harmonie. Habt Dank für eure Liebe."

Anmerkungen

1 "Have Guru Darshan: Haidakhan Babaji," Video von David Berry, Musik von Turkantam. Erhältich durch Jai Vishwa Distribution. Route 1, Box 60, Malmo, Nebraska 68040

2-5 Babaji spricht: Prophezeiungen und Lehren, Reichel Verlag

6 Siehe „Miracle of Love", Baba Ram Dass, E. P. Dutton, New York 10016, ein Buch über Neem Karoli Baba.

Erinnere dich des Namens des Herrn und gebe dich ihm völlig hin. Er ist der Herr des Ostens und des Westens. Es gibt keinen Gott außer ihm. Nimm ihn als deinen Beschützer an.

Koran, "The Mantled One", 73

Hänge dein Herz an deine Arbeit, aber nie an ihre Belohnung. Arbeite nicht um der Belohnung willen, und höre nie mit deiner Arbeit auf. Arbeite im Frieden des Yogas und sei frei von selbstsüchtigen Wünschen. Sei unerschütterlich im Erfolg oder Mißerfolg. Yoga ist Ausgeglichenheit des Geistes, - ein immer gleichbleibender Frieden.

Arbeit, um der Belohnung willen verrichtet, ist geringer als Arbeit, getan im Yoga der Weisheit. Suche Befreiung in der Weisheit der Vernunft. Wie arm sind jene, die um der Belohnung willen arbeiten.

Bhagavad Gita, Kap. 2, Vers 47-49

Es liegt in der Natur edler Menschen, daß sie das Leid anderer Menschen nicht ertragen können. Die Not der Leidenden ist die ihre, und sie versuchen, sie zu beenden.

Shiva Purana, Bd. III, S.1350 u. 1351

Kapitel 11

Shri Babaji lehrt Japa und Karma-Yoga

Die Anwendung von Japa

Shri Babaji hielt seine erste formale Lehrrede auf dem Gipfel des Kailashberges im Kumanon-Gebirge. Er liegt auf der anderen Seite des Flusses, gegenüber dem Ashram und dem Tempel, den der "Alte Haidakhan Baba" erbaute. Es war im November 1970, als Babaji Menschen aus den umliegenden Dörfern des Tales, aus Nainital und Haldwani, einlud, zum Kailash zu kommen. Mehrere Hundert folgten dem Ruf und wagten den schwierigen Aufstieg. Die Botschaft, die sie vernahmen, hieß: "Wiederholt beständig das Mantra Om namah Shivay", übersetzt "Herr, Dein Wille geschehe" oder "Meine Zuflucht nehme ich zu Dir, o Shiva" (Shiva, das Göttliche in uns) und "Zu dir bete ich, o Herr". Dieses Mantra ist eine Erklärung der Hingabe an Gott, ein Gelübde, ihm unveränderlich den ersten Platz im Leben einzuräumen, eine Verpflichtung, den Weg der Gotterkenntnis zu gehen.

Dieses uralte Mantra ist so eng mit Shiva verbunden, dass es zu einem seiner Namen gezählt wird. Shri Babaji benutzte es als seine Unterschrift. Das Mantra wird in vielen verschiedenen Melodien als Kirtan gesungen, oder es kann laut oder leise wiederholt werden, während die Perlen der Mala durch die Finger gleiten - ähnlich dem katholischen Rosenkranz oder den moslemischen Gebetsperlen. Es kann während der täglichen Arbeit im Geiste rezitiert werden, beim Holzhacken, Autofahren, Abwaschen, Unkraut jäten. Da das Mantra als Name Shivas benutzt wird, fällt es in die Kategorie Nam Jap oder Nama Japa, also die ständige Wiederholung eines der Namen Gottes.

Fortwährendes Nama Japa soll den Geist auf das Göttliche richten und unnötige, zerstreuende Gedanken fernhalten. So hilft das Mantra dem Geist auf zweierlei Art: es führt ihn hin zum Göttlichen und weg vom "Abfall", der sich oft im Geist anhäuft und unsere mentale Computerdiskette verwirrt. Wen kümmert deine geistreiche Antwort letzte Nacht auf der Party, und wie lange erinnerst du dich deiner auf dem Weg zur Arbeit gesponnenen Tagträume? Wieviele Stunden am Tag sind unsere Gedanken mit diesem leeren "Geist-Geschwätz" beschäftigt?

Krishna sagt in der Bhagavad Gita zu Arjuna:... "Erinnere dich jederzeit an mich und erfülle deine Pflicht. Wenn dein Geist und Herz konstant auf mich gerichtet sind, wirst du mich erreichen. Zweifle niemals daran."[1] Isaiah kommentierte die Kraft der Konzentration auf das Göttliche mit folgenden Worten: "Jeder, dessen Geist auf dich gerichtet ist, erhält vollkommenen Frieden von dir, denn er glaubt an dich."[2]

Shri Babaji lehrte die Praxis von Japa oder Nama Japa allen, die ihn aufsuchten. Als Gaura Devi in den Ashram kam, um dort zu leben, fragte sie Babaji nach einem Sadhana (spirituelle Übung). Er antwortete, sie hätte jederzeit das Mantra Om namah Shivay zu wiederholen, innerlich oder laut, nur eine Mahlzeit am Tag zu essen und keinen Tee zu trinken. Er stellte einen Plan für ihre körperliche Arbeit auf (den Ashram fegen, Säubern der Töpfe und Pfannen aus der Küche), welcher es ihr erlaubte, das Mantra bei der Arbeit im Geist zu halten. Gaura erzählte, dass sie in den ersten vier Jahren mit Babaji das Mantra zwölf bis zwanzig Stunden am Tag im Geist behielt. Dann lehrte er sie eine andere Übung.

Nama Japa war ein häufiges Thema in Babajis Gesprächen oder öffentlichen Reden, es war eine seiner Grundlehren. Sein Wert liegt in den Bemühungen der Schüler, sich umzuorientieren und so eine grundlegende Änderung ihrer Lebensgewohnheiten einzuleiten. Unsere Gedanken sind buchstäblich mit allem beschäftigt. Was immer wir sehen, was immer die Aufmerksamkeit anzieht, nimmt unseren Geist für kurz oder lang gefangen. In Wirklichkeit sind wir Menschen Gefangene unseres Geistes, anstatt sein Meister.

Nama Japa ist das Werkzeug, das dem Individuum hilft, den Geist zu zähmen und schließlich zu meistern. Es ist der erste wichtige Schritt, den Geist zu zügeln. Das klingt einfach, aber für viele ist es das nicht. In Babajis Gegenwart fiel es leicht, still da zu sitzen und eine Stunde Om nahmah Shivay zu singen oder zu wiederholen, aber, nachdem er gegangen war, beschäftigte sich mein Geist - wenn immer ich mich zum Japa hinsetzte - schon bei der fünften Perle mit Arbeit, Familie oder "was auch immer". Babaji, der im 19. Jahrhundert vielen Menschen Kriya Yoga mit starker Betonung auf Meditation lehrte, sagte, dass fast niemand mehr meditieren kann wie die alten Weisen und Rishis. In dieser Manifestation lehrte er einen einfacheren Weg der Konzentration, nämlich die Wiederholung von Gottes Namen. Aber selbst Nama Japa ist anfangs schwierig für die meisten westlichen Menschen.

Nama Japa hat neben dem Abstellen unerwünschter, fruchtloser Gedanken noch einen anderen Wert. Das Haidakhan Arti, welches die traditionellen Gedanken des Sanatana Dharma reflektiert, legt in einer Aussage folgendes dar: "Durch das Trinken des Nektars, der im Namen Gottes ruht, erreicht man den heiligen unsterblichen Ort Gottes." Dies bezieht sich auf Nama Japa, wobei der Schüler "den Nektar trinkt", indem er den

Namen Gottes rezitiert. Es wird geglaubt, dass die auf Gott gerichtete Seele Gottes Wohnort erreicht.

Nama Japa erzielt aber noch ein schnelleres und praktischeres Ergebnis. Durch Konzentration auf eine bestimmte Form oder einen speziellen Aspekt des Göttlichen nimmt man Schritt für Schritt die Eigenschaften dieser Form an. Ein körperlich starker Mensch, der vollkommen in Gott aufgehen möchte, sollte sich auf Hanuman konzentrieren, bekannt für seine übermenschliche Stärke sowie für seine beständige Hingabe an Rama und seine Gemahlin Sita. Jemand, der Wohlstand sucht, sollte Lakshmi verehren, die Göttin des Wohlstands, der Schönheit und Harmonie. Durch die Wiederholung des Mantras Om namah Shivay und durch das Konzentrieren auf Shri Babaji neigt man dazu, mehr und mehr wie Babaji zu werden - übernimmt seine Fähigkeiten, um den Weg der Gottesverwirklichung zu gehen. Dies ist so normal und natürlich wie das Annehmen von Eigenschaften einer Idealperson oder eines Idols. Wir neigen dazu, so zu werden, wie unser bewundertes Vorbild, und vielleicht erreichen wir etwas Ähnliches wie einen Babaji-Zustand, bevor unsere Seelen den Körper verlassen.

Nama Japa unterbindet nicht nur träge, sinnlose Gedanken, sondern richtet uns auf das Göttliche aus. Gottes Namen zu wiederholen - es ist gleich, welcher Name benutzt wird - ist ein großer Schritt zur Veränderung unserer Lebensmuster. Daher drängte Babaji alle dazu, beständig Nama Japa zu praktizieren:

"Der Name Gottes ist wie göttlicher Nektar, wiederhole ihn immerfort... In diesem dunklen Zeitalter (Kali Yuga) ist der Geist des Menschen von Geburt an schwach und ruhelos. Deshalb ist niemand mehr fähig, wirklich zu meditieren, aber jeder kann beten und den Namen des Herrn wiederholen und singen, egal, welchen Namen seine Religion ihm lehrt... Singe immerfort den Namen Gottes. Durch das Singen des Mantras breiten sich seine Schwingungen um dich aus. Dann wirst du für dich und andere meditieren."

Babaji selbst verbrachte viel Zeit mit einem Mantra oder in tiefer Meditation. In den ersten Jahren in Haidakhan lebte er in einer offenen Hütte. Menschen schliefen rundherum um diese Hütte, und wann immer jemand nachts aufwachte, sah er Babaji in tiefer Meditation sitzen.

Sheila Devi lebte mehrere Monate im Jahr im Haidakhan Ashram, sie diente Babaji und verbrachte viele Stunden in seiner Gegenwart. Sie sagte, dass Babaji immer wieder Nama Japa in seinen Gesprächen mit ihr und anderen betonte. Japa sei das einzige, das einen Menschen "über den Ozean des Lebens" tragen kann, es sei sehr kraftvoll. Ferner wies er darauf hin, dass es gleich ist, welches Mantra wiederholt wird - benutze jeden geeigneten Namen Gottes. Wird ein Mantra ständig gebraucht, besser noch, läuft es von selbst unterbewusst weiter, dann wird es lebenslang in dir lebendig sein. Schläft man mit dem Mantra im Geist ein und wacht mit ihm auf, so hat man eine hohe Ebene des Yogas erreicht. Durch beständiges Rezitieren eines Mantras verschmelzen schließlich der Schüler und die Form Gottes, deren Name rezitiert wurde.

Obgleich man einen Zustand erreichen kann, in dem das Mantra unterbewusst, fast schon bewusst weiterläuft, sollte man sich, besonders in den frühen Stadien, auf die Worte, die Schwingung und Bedeutung des Mantras konzentrieren. Schüler saßen oft stundenlang in Shri Babajis Nähe, entweder das Mantra schweigend wiederholend, oder, was öfters geschah, laut Om namah Shivay in verschiedenen Melodien singend. Dieses nennt man Kirtan.

Dr. V. P. Tiwari (Mahent Baba) erzählte einmal vom Vrindabhan Ashram. Eine große Gruppe von Schülern saß vor Shri Babaji und sang Om namah Shivay. Nach einiger Zeit unterbrach er das Kirtansingen und sagte, alle sollten nun ihren Tee trinken gehen. Dr. Tiwari war verwirrt. Er kannte Babajis Verbot zur damaligen Zeit, im Haidakhan Ashram Tee zu trinken - später wurde es aufgehoben und Babaji gab dann selbst Tee-Parties. Babaji bemerkte Dr. Tiwaris Verwirrung und sagte zu ihm, als die Menschen zu ihrem Tee und ihren Keksen gingen: "Glaubst du wirklich, sie können sich auf das Mantra konzentrieren, wenn sie sich alle nach ihrem Morgentee sehnen?"

In den 1980er Jahren bat Babaji Vishnu Datt Shastriji, ein neuntes Kapitel seinem spirituellen Buch "Shri Sadashiv Charitamrit"[3] hinzuzufügen, um von Babajis Lehren und Aktivitäten in seiner jüngsten Manifestation zu berichten. Folgende Verse sind aus einer vorläufigen Übersetzung des 9. Kapitels entnommen und vermitteln einen Einblick in Shri Babajis Konzept von Nama Japa. Shastriji zitiert Babaji wie folgt:

"Der einzige Weg, seinen Geist erfolgreich zu kontrollieren, ist die Anbetung des Herrn und die ständige Erinnerung seines Namens. Die Kraft des Gottesnamens ist unergründlich. Mit dem Namen im Geiste wird jedes Hindernis auf dem Lebensweg überwunden. Betritt der Name des Herrn als seine höchste Kraft das Herz, wird es von Glück durchdrungen. Durch das Erinnern an seinen Namen kommt der Herr von selbst, um im Herzen zu wohnen. Und der Schüler erntet sofort alle Früchte seiner Bemühungen.

Das kleine Selbst des Menschen beginnt dann mit dem göttlichen Selbst zu verschmelzen, und der barmherzige Herr lässt ihm Furchtlosigkeit zuteil werden. Die immerwährende Erinnerung an den Herrn verwandelt das individuelle Selbst in das höchste Selbst... durch fortwährende Erinnerung an Gott wird das Selbst wie er."

Im November 1982 sagte Babaji in einem seiner Gespräche:

"Es ist von größter Wichtigkeit, täglich im wachsenden Maße den Namen Gottes zu wiederholen. Auf diese Weise werden dein Herz und Geist gereinigt, nur dann findest du Gott in dir selbst... Der Geist kann nur durch Japa gereinigt werden. Das ist die einzige Medizin für den kranken Geist. Wie kann Gott in deinem Herzen wohnen, wenn dein Herz und Geist unrein sind?... Das Wasser, um deinen Geist zu reinigen, ist der Name Gottes. Also lehrt jeden, den Namen Gottes zu wiederholen, wo immer er ist."

Shri Babaji sagte zu Gaura Devi:

"Wiederholung des Namens ist der kraftvollste Prozess, um den Geist zu reinigen - ihn von allen unnötigen Gedanken zu befreien, weil Meditation letztlich ein Reinigungsprozess ist. Die Wiederholung eines Mantras ist der erste Schritt einer jeden Meditation."

Die Wiederholung von Gottes Namen ist ein wesentlicher Bestandteil der Lehren Shri Babajis, aber nur selten wies er Menschen an, andere Aktivitäten zu unterlassen, um nur Japa zu tun oder zu meditieren.

"Ich will keine untätigen Menschen. Japa ersetzt Karma (Arbeit) nicht, Japa und Karma gehören zusammen. Ihr müsst aktiv beim Werke Gottes sein, wie König Janaka, der sein Königreich immer mit einem Mantra im Geist regierte. Arjuna kämpfte in der Mahabharata Schlacht mit ständiger Erinnerung an Gottes Namen...

Ich möchte nicht, dass Japa ein Vorwand für Untätigkeit wird. Praktiziere Japa mit deiner Arbeit und sei befreit. Ich möchte nicht, dass Gottes Name wie stehendes, schlammiges Wasser wird, sondern wie sprühendes strömendes Wasser. Arbeite und sei Licht! Wiederhole den Namen Gottes... wiederhole den Namen Gottes mit Konzentration und immerfort."

Karma Yoga - Selbstloser Dienst in Harmonie mit dem Göttlichen

Japa war zwar Shri Babajis erste öffentliche Botschaft, aber Karma Yoga war die Lehre, die er am häufigsten und eindringlichsten betonte. Karma Yoga ist Arbeit, Aktivität, verrichtet in Harmonie mit dem Schöpfer und seiner ganzen Schöpfung ohne selbstsüchtige Motive oder Ziele. Es ist die Aktivität, die man vollzieht als Ausdruck seiner Pflicht (Dharma) in der Welt. Jede Person hat ihre eigene Pflicht, ihr Ausgerichtetsein wie Lehren, Schreiben, Konstruieren, Heilen, Verwalten, Regieren etc. Wird die Aufgabe mit dem Ziel vollbracht, der Schöpfung zu helfen, harmonisch zu funktionieren, als Beitrag zum Wohle der Familie oder der Gemeinschaft, in Harmonie mit dem erkannten göttlichen Willen, - anstatt für selbstsüchtige, vom Ego inspirierte Gründe - dann ist diese Aktivität gleichzusetzen mit Karma Yoga. Aktivitäten, die motiviert sind durch Hass, Eifersucht, Gier, Wollust, Rache und ähnlichem, können nicht zu Karma Yoga gehörig gezählt werden.

Babajis tägliche Aktivität war ein beständiges Beispiel für Karma-Yoga. Das Hauptmerkmal des Tagesplan im Haidakhan Ashram lag auf Karma Yoga, und seine Reden handelten so häufig davon, dass er kurz vor dem Neujahrstag 1984 sagte: *"Shri Mahaprabhuji sagt, d. h. ich rede zu euch immer von harter Arbeit. Mein Kopf ist ganz heiß geworden von der immerwährenden Wiederholung derselben Sache."*

Wie Krishna in der Bhagavad Gita lehrte, so lehrte auch Shri Babaji, dass das menschliche Leben der Seele Gelegenheit bietet, spirituellen Fortschritt zu erzielen. Er wird durch Aktivität wirksamer erreicht, als durch Entsagung. Vollständiges Nichtstun ist sowieso körperlich unmöglich.

"Ihr seid auf diese Welt gekommen, um zu arbeiten. Ihr müsst immer darauf bedacht sein zu arbeiten. Jemand, der untätig ist, ist wie ein Toter. Ihr kommt auf die Welt, um zu leben, nicht um zu sterben.

...diese Erde ist ein Feld für Karma. Jeder Mensch muss aktiv sein, muss arbeiten. Die großen Persönlichkeiten, die in der Vergangenheit lebten, gediehen durch Karma Yoga, und auch heute sind die Menschen, die gedeihen, diejenigen, die fleißig arbeiten. Nur durch Karma Yoga kann man Fortschritt erreichen... Bis zu eurem letzten Atemzug sollt ihr Karma Yoga tun. Untätigkeit ist wie der Tod. Darum müsst ihr arbeiten, vorwärtsgehen und Fortschritte machen... Ich wünsche mir

sehr, dass jedermann mutig, aktiv und fleißig ist. Verliert niemals den Mut. Weil ihr diese Geburt angenommen habt, müsst ihr Vollendung suchen. Und um erfolgreich zu sein, müsst ihr hart arbeiten. Die Welt verlangt nach Tapferkeit. Werdet beherzt und führt andere zur Tapferkeit."

Shri Babaji beschrieb Karma Yoga als den wichtigsten Bestandteil in der Religion überhaupt. Die verschiedensten Riten der religiösen Anbetung sind zweitrangig. Die Satz "Arbeit ist Anbetung" kam häufig über seine Lippen.

"Fahrt fort zu arbeiten, während ihr Gottes Namen wiederholt. Man kann sich den höchsten Wert von Karma Yoga und gleichzeitiger Wiederholung des Namens Gottes nicht vorstellen... Der Geist des Menschen ist sehr schnell, schneller als der Wind. Durch Arbeit mit gleichzeitiger Wiederholung des Namens Gottes wird der Geist gereinigt von Gedanken, und nutzlose negative Gedanken können nicht in ihn eindringen. Um die Menschen zu erhöhen für den Fortschritt der gesamten Menschheit, ist Karma Yoga ein großes Sadhana... Ich sage all dieses zum Wohle der Menschheit. Zu arbeiten, gute Gedanken zu haben und sein Leben der Menschheit zu widmen ist das Beste. Das einzig Wichtige in diesem Zeitalter ist Karma Yoga. Jeder muss diese Botschaft verbreiten... In jedem Zeitalter erreichten Menschen Befreiung durch verschiedene Arten von Handlungen und Sadhana, aber in diesem Zeitalter kann man Befreiung nur durch harte Arbeit suchen. Ich möchte echte, praktische Menschen und nur der ist ein wirklicher Mensch, der entsprechend dieses Zeitalters lebt. Beachtet Religions- oder Kastenunterschiede nicht, arbeitet lieber fleißig. Die Probleme, die dieses Zeitalter bedrängen, können durch Karma Yoga gelöst werden. Ihr solltet Pioniere dieses Zeitalters sein und nach Wahrheit suchen. Ihr müsst kühn und wachsam werden, mit innerer Wahrheit, das ist wahrer Yoga."

Seit mehr als zwei Jahrtausenden kennt Indien verschiedene Formen von Yoga. Babaji stellte fest, dass Karma Yoga eine besondere Wichtigkeit für dieses Zeitalter hat.

"Ich habe euch bereits gesagt, dass es viele Arten von Yoga gibt, aber Karma Yoga ist von höchster Wichtigkeit. Karma Yoga muss an erster Stelle stehen, dann kann man andere Arten von Yoga hinzufügen... Karma Yoga ist die höchste religiöse Übung in dieser Zeit, und es wird euch befreien. Die

Schriften erklären, dass am Ende eines jeden Yugas euch nur Karma Yoga helfen wird... Nur durch Karma Yoga ist es möglich, die Ära zu verändern. Alle anderen Yoga-Arten sind unfähig, dies zu erreichen. Wann immer eine Ära wechselt, drückt sich Karma Yoga in wissenschaftlichem Fortschritt und anderen Entwicklungen als Früchte menschlicher Aktivität aus."

Die Gefahr der Bequemlichkeit

Shri Babaji sah Arbeit, Karma Yoga, nicht nur als Segen an, sondern als verpasste Gelegenheit, Fortschritte zu erzielen, wenn sie im menschlichen Leben fehlt. Trägheit schadet und ist eine Gefahr für die individuelle Seele und für die Gesellschaft.

"Lethargie darf keinen Platz in eurem Leben haben. Lethargie ist der schwächste Charakterzug im Menschen. An dem Tag, an dem die Menschheit fleißig arbeitet, wird es ihr an nichts mangeln. Ihr müsst leben und durch Arbeit Fortschritte machen. Arbeit ist die höchste Form der Anbetung. Man kann sich durch Arbeit in jeder Weise entfalten."

Obwohl Babaji die moderne Technologie sehr schätzte und oft seine große Achtung vor den Wissenschaftlern und Ingenieuren äußerte, die diese Wunder hervorbringen, war er doch bekümmert über die Auswirkung der Technologie auf die Menschen im allgemeinen.

"Die Wissenschaft hat einen großen Fortschritt in diese Welt gebracht. Wo man früher tausend Menschen für Arbeiten beschäftigte, vollbringt ein Bulldozer die Arbeit in Sekunden. Aber dies macht tausend Menschen nutzlos und arbeitslos. Weil die Arbeitslosigkeit ansteigt, haben die Menschen ihren geistigen Frieden verloren. Der Grund dafür ist, dass die Menschen aufgehört haben zu arbeiten. Durch diese Untätigkeit nehmen in der Welt alle Arten von Krankheiten und Schmerzen zu.

...Ich möchte, dass ihr die Kraft der Maschinen in euch aufnehmt und arbeitet wie sie!

...Bei aller Hochachtung: wenn man genau hinschaut, stellt man fest, dass die Errungenschaften der Wissenschaft den Menschen schwächen. Wie können Talente und Fähigkeiten erkannt werden, wenn man sie nicht benutzt? Nehmt zum

Beispiel einen Soldaten: wie kann er seine Stärke und Tapferkeit zeigen, wenn er nur eine Maschine benutzt?

...Wir müssen dem Weg folgen, der uns stärkt, also dürfen wir nicht von Maschinen abhängen. Wie kann das erreicht werden? Nur durch harte Arbeit, durch Aktivität... Jeder muss am Karma Yoga wachsen. Dies ist der unerschütterliche Weg... Alles Wissen, die gesamte Wissenschaft entstand durch harte Arbeit... Jeder, der ein aktiver, hart arbeitender Karma Yogi ist, kennt keine Probleme in dieser Welt. Karma aufgeben und untätig werden, ist das größte Problem und Unglück - und auch die größte Gefahr -, die in dein Leben treten kann... Seit der Zeit von Rama und Krishna sind viele Schriften entstanden. Sie alle beschreiben die Wichtigkeit von Karma Yoga und lehren seine Größe. Christus war ein Karma Yogi, und der Prophet Mohammed folgte dem Weg des Karma Yogas. Alle großen Menschen machten Fortschritte durch Karma-Yoga... Nur Karma Yoga ist fähig, die Welt zu verändern. Inaktivität ist die Ursache für Schmerz und allen Ärger... Im Namen des Herrn Rama, Karma Yoga zeigt sofortige Ergebnisse."

Karma Yoga als Grundlage für spirituelles Wachstum

Shri Babaji betonte nachdrücklich Karma Yoga als Dienst für Gott und für die Menschheit - denn Arbeit ausgeführt in Harmonie mit dem Universum als Ganzes, lässt einen Menschen spirituell wachsen.

"Diese Arbeit (das Karma-Yoga-Projekt seinerzeit war das Abtragen eines Steilhanges am Fuße des Berges Kailash, um eine Gartenfläche von der Größe eines Fußballplatzes zu schaffen) dient nicht nur einem Zweck. Die Arbeit wird euch begleiten, wo immer ihr hingeht. Selbst wenn ihr euren Körper verlasst und in eine andere Welt eingeht, wird diese Arbeit euch begleiten, ihr werdet Nutzen von ihr haben. Welche Art von Garten ihr auch immer hier anlegt und welchen Samen auch immer ihr hier sät, es wird dort von Nutzen sein... Dies ist eine spirituelle Arbeit, keine materielle. Dies ist nicht meine noch eure Arbeit, es ist die Arbeit des gesamten Universums, vielmehr des gesamten Kosmos. Versteht ihr das?... Es ist gut, dass ihr so viel Zeit wie möglich mit Arbeit verbringt, es wird euch in der Zukunft nutzen. Je mehr Zeit und Energie

ihr in sie hineinsteckt, desto nützlicher wird es für euch sein. Eure Gesundheit wird sich verbessern, die Verdauung und eurer Schlaf werden gut werden. Auch wird der Geist gereinigt... Seht die Ameise, wie klein sie ist und wie groß die Last, die sie trägt. Ihr sollt nicht niedergeschlagen oder entmutigt sein. Wenn wir wollen, können wir den gesamten Berg versetzen - wenn wir es wollen, wenn wir den Willen haben. Verliert nicht euer Herz, denn wenn ihr euren Mut verliert, ist es wie der Tod. Verliert nicht euren Mut. Ihr könnt den Berg versetzen... Yoga heißt mutig sein; niedergeschlagen sein oder den Mut verlieren ist kein Yoga...

...Erfülle deine Aufgabe und sei nicht untätig. Dies ist das Zeitalter des Handelns. Vollziehe dein Karma Yoga, zeigt der Welt vorbildliche Taten. Dienst an der Menschheit ist Dienst für und Anbetung von Gott.

...Babaji liebt die Menschen. Humanitäre Arbeit sollte von allen geleistet werden... Ein Mensch, der dies befolgt und immer humanitäre Regeln im Geist behält, wird von allen geliebt, er wird die kommende Zerstörung überleben und wird glücklich bleiben. Man soll versuchen, diese humanitären Ideen unter die Menschen zu bringen, die sie nicht verinnerlicht haben... Was ist mit humanitären Regeln gemeint, was mit Menschlichkeit? Man soll niemanden hassen, andere Menschen nicht fallenlassen, man soll ihnen helfen und versuchen, alle zu lieben."

Eines Tages rief Babaji nach Ila, einer Schülerin aus Bombay; sie sollte sich zu ihm setzen. Er hatte auf der Mauer an dem Portal, außerhalb seiner Räume, von wo aus er einen schmalen Fluss und die Rückseite des Ashrams überblicken konnte, Platz genommen. Ila saß zu seinen Füßen. Das "International Guesthouse" befand sich damals noch im Bau, und eine gemischte Gruppe aus bezahlten Arbeitern aus dem Dorf und Karma Yoga Schülern arbeitete dort am Platz. Es waren viele Ausländer, speziell aus Italien und Deutschland und einige indische Schüler im Ashram. Babaji sprach zu Ila über sein Karma Yoga.

"Ich mache all dieses Karma-Yoga. Aber welchen Nutzen habe ich? Hast du mich jemals untätig dasitzen sehen? Man sollte immer mit etwas beschäftigt sein. Ich mag Akarmayata, Untätigkeit, nicht. Schau dir die Ausländer an, wie hart sie arbeiten! Ich glaube, ich sollte ihnen alles übergeben und weggehen. Ich übergebe den Chilianaula Ashram dem Militär.

Die Inder halten nichts von Arbeit, sie reden nur. Sie sollten sich ein Beispiel an den Ausländern nehmen. "

Babaji übertrieb manchmal, um sich deutlich zu machen, aber es gab viele Anhänger - Inder wie Ausländer, die lieber redeten als arbeiteten. Die Ausländer kamen meist aus Ländern mit einer starken Ausrichtung auf Arbeit und jene, die sich dem Karma Yoga widersetzten, wurden weggeschickt. Aber mit allen Mitteln - durch Beispiele oder Anweisungen, Belohnung oder Strafe - drängte Shri Babaji seine Schüler dazu, "weniger zu reden und mehr zu arbeiten".

"Ich habe euch schon öfters gesagt, ihr müsst eure Pflicht immer vor Augen haben. Wir müssen alle einen Zweck erfüllen, nämlich uns für die Menschheit opfern. Wir müssen für die Menschheit leben und für sie sterben. Wir alle müssen unser Leben zum Wohle der Menschheit und ihrer Sicherheit geben. Dies muss unser Hauptziel sein, unsere Hymne. Das ist unser Bhajan, unser Kirtan, dies ist unsere Wiederholung der Gottesnamen. Dieses im Sinne tragend, sollten wir unseren Weg gehen.

...Karma ist das unumgängliche Gesetz von Ursache und Wirkung, durch das alle lebenden Wesen die Früchte ihrer Taten und Gedanken ernten. Jesus legte das Gesetz des Karmas in folgenden Worten dar: "So wie ihr sät, werdet ihr ernten". Das Gesetz des Karmas steht über allem - Karma beginnt, wenn Bewegung im Geist entsteht. Um Karma zu stoppen, müssen wir unseren Geist in einen Zustand der Ruhe und Leere bringen, hinter der Gott erkannt werden kann. Andererseits, so lange ein Mensch atmet, schafft er Karma. Keiner kann selbst für eine Minute ohne Handlung sein. Deshalb lernt, wie man jede Handlung dem Herrn weiht."

Im April 1973, als Gaura Devi begann, im Haidakhan Ashram zu wohnen, sagte Shri Babaji zu ihr: "Jetzt wirst du Shiva zwölf Jahre dienen, und nach dieser Zeit wirst du einen Teilbereich des Spirituellen erkennen." Karma Yoga ist keine beiläufige Zuneigung für Dienstleistungen, sondern eine Lebensart. Obwohl, wie Babaji sagte, die Ausübung von Karma Yoga unmittelbare und sichtbare Erfolge zeigt, braucht es in den meisten Fällen mehr als eine kurze Beschäftigung mit Karma Yoga, bevor es die gesellschaftlich anerzogenen und angeborenen Muster des Denkens und Arbeitens für persönlichen Gewinn und persönliche Ziele verdrängt. Karma Yoga erfordert eine starke Ausrichtung auf das Göttliche und eine stete und konsequente Praxis. Es erfordert Zeit, das Selbst im Karma Yoga zu festigen. Hat der Karma Yogi das Ego bezähmt, eröffnen sich ihm neue Ausblicke für spirituelles Wachstum. Der traditionelle Zeitraum einer Person, die wünscht, ein Yogi zu werden, beträgt zwölf Jahre.

"Jeder, der herkommt, sollte bereit sein, jede Art von Arbeit zu leisten. In diesem Zeitalter ist Arbeit die beste spirituelle Übung. Sie reinigt euch... Ihr müsst euren Mut und eure Begeisterung steigern. Ich möchte, dass jede Arbeit pünktlich und pflichtbewusst vollbracht wird. Ein Mehr an Arbeit brauche ich nicht, aber führt sie mit Konzentration und Zweckmäßigkeit aus. Jeder muss die Arbeit hier so gut wie seine eigene Arbeit ausführen. Ich wünsche mir, dass jeder fleißig ist. Aktivität - harte Arbeit - ist der einzige Weg, um neues Leben in euer Land zu bringen."

Schreitet voran mit Mut!

Babaji betonte die Notwendigkeit von Mut in der Ausübung von Karma Yoga und unterstrich, dass beherzte Handlungen den Mut des Arbeiters entwickeln und stärken.

"Ihr sollt eure Arbeit mit Mut ausführen. Karma Yoga wird euch stark wie Löwen machen... Enttäuscht Babaji nicht. Fürchtet euch nicht vor Tod noch vor dem Sturm von Wasser und Feuer. Das Leben selbst besteht aus Wasser und Feuer, versucht es nicht aufzuhalten, sondern werdet wie die Löwen...

In welcher Position, unter welchen Umständen auch immer du dich befindest, gehe einfach vorwärts. Gehe voran! Schreite mit Mut voran!"

Es liegt in der menschlichen Natur, nach Stabilität und Sicherheit zu suchen. Die Menschen suchen dieses Ziel zu verwirklichen durch Familiengründung, materiellen Wohlstand, durch starke Häuser und durch Regierungen, die diese Ziele im großen Ausmass erfüllen. Shri Babaji, der die Schöpfung auf lange Sicht betrachtete, sah alles im Zustand des Wandels. Die Pflanze oder der Baum wächst aus einem Samen, reift, trägt Früchte, stirbt und zerfällt. Gebäude zerfallen und zerbröckeln. Große Schicksale und Reiche entstanden und wurden zerstört oder zerstreut im Laufe der Zeit. Der Mensch wächst, wird stark, altert und stirbt. Selbst der mächtigste Berg zerfällt zu kleinen Hügeln. Aus seiner Sicht ist die gesamte Schöpfung vergänglich. Sie kommt in das Sein, wird für Millionen von Jahren erhalten, wechselt ständig ihr Gesicht und wird aufgelöst, um nach einiger Zeit wieder neu zu erstehen. Das menschliche Bemühen um eine friedliche Ordnung, einfachen Komfort und Stabilität nicht mindernd oder herabsetzend, sagte Shri Babaji, dass wirkliche Stabilität durch Karma Yoga entsteht.

"Die Welt ist vergänglich. Ihr werdet Stabilität nur durch den Weg des Karma Yogas finden. Nur der Weg der Arbeit führt zu Gott und kann Befreiung geben. Das Gesetz von Karma ist so tief, dass keine Worte groß genug sind, es zu beschreiben. Der Tag, an dem Karma auf dieser Erde aufhört, wird der Tag ihrer Auflösung sein.

... Ihr Mutigen, fahrt alle fort zu arbeiten. Allein durch Karma Yoga werdet ihr fähig sein, die Welt zu verändern. Es ist der einzige Weg...

Heute spielt die Welt mit dem Feuer. Wir müssen bereit sein, Feuer, Wasser und großen Stürmen ins Antlitz zu schauen und nicht durch sie erschüttert zu werden. Wir müssen jenseits von Hoffnung auf Leben und Furcht vor dem Tod gehen. Was immer passiert, wir müssen vorwärtsschreiten, nur so können wir der Welt nützen. Wir müssen den Weg des Karmas an das Licht bringen. Jetzt ist die Welt in tiefer Dunkelheit. Die Revolution, die um die ganze Welt zieht, kann nur durch Karma kontrolliert werden."

Shri Babaji lehrte durch Erfahrungen, dass Stabilität und Sicherheit innere Errungenschaften sind, und dass alles Äußere, das Materielle, dem Wandel und Verlust unterworfen ist. Sein Konzept von Stabilität scheint jene Ausgeglichenheit zu sein, die Krishna und zahllose andere lehrten: man erlangt unerschütterliche Ausgeglichenheit durch das Bezwingen seiner Begierden, d. h. ihrer Herr zu werden, weder von ihnen kontrolliert noch getrieben zu werden, gleichmütig Freude oder Leid im Leben hinzunehmen und wie ein unbeteiligter Beobachter oder Zeuge über den Dingen zu stehen. Wo Ausgeglichenheit ist, kann Wahrheit zwanglos handeln. "Geist, Sprache und Handlung bilden eine Einheit. „Wo Ärger, Hass, Gier, Begierde, Verwirrung oder Furcht unsere Ausgeglichenheit aus der Balance wirft, flieht die Wahrheit und die innere Harmonie, die Vorbedingung zu klaren, kraftvollen, zweckmäßigen und rechtschaffenen Handlungen. Stete Übung von Karma Yoga entwickelt und stärkt diese Stabilität, so dass der, der sie sein Eigen nennt, nicht durch die Stürme und Strudel des Lebens erschüttert wird.

Im Sommer 1983 schickte mich Babaji in das Ashram-Büro, wo ich schon öfters gearbeitet hatte, und nach und nach, als das andere "Büropersonal" den Ashram verließ, übergab er mir die Verantwortung für das Büro. Mein Beruf hatte hauptsächlich aus Büroarbeit, die mir gefiel, bestanden, und bald hielt ich das Büro länger offen als zuvor und wurde mit Arbeit überschwemmt. Mehr und mehr Menschen kamen, um mir im Büro zu helfen. Babaji besuchte gewöhnlich drei bis vier Mal die Woche das Büro und jedesmal waren es Augenblicke des Entzückens und des Segens. Bei manchen Anlässen aber kam er ärgerlich hereingestürzt, und zwar dann, wenn Kleinigkeiten anscheinend nicht zu seiner Zufriedenheit ausgeführt wurden. Da er normalerweise die Verkörperung von handelnder Liebe war und weil wir ihn sehr liebten, war sein augenscheinlicher Ärger verheerend für jene, auf die er sich richtete. Beim ersten Mal reagierte man fast immer mit Panik und Schuld. Aber jeder, der Babaji beobachte, erkannte, dass sein "Ärger" nur eine Maske war, eine Methode des Lehrens, um eingefleischte "bequeme" Reaktionen auf Situationen zu erschüttern. Er konnte jemanden zornig anschreien - selbst schlagen - und im Bruchteil einer Sekunde konnte er mit einem solchen Blick voll Liebe die nächste Person anschauen, dass einem das Herz schmolz. Nicht Ärger motivierte oder beherrscht ihn. Es dauerte nicht lange, bis die meisten Menschen dies erkannten, und die Panik, geboren aus Furcht, verwässerte sich oder wurde früher oder später aufgelöst.

Bei einem der ersten Anlässe reagierte ich aus innerem, unterdrückten Ärger auf Babaji und mit Selbstverteidigung. Ich dachte, warum kritisierst du so an mir herum? Ich tue doch meine Pflicht, so gut ich kann! Wieder und wieder kritisierte Babaji meine Leitung des Büros, bis ich lernte, mit Ruhe darauf einzugehen und zustimmte, die mir vorgeworfene Angelegenheit sogleich zu klären. Meine letzte Lehre in dieser Angelegenheit bekam ich in der Woche vor Weihnachten 1983. Babaji hatte Lok Nath und mir die Hauptverantwortung übertragen, den Ashram für die große Weihnachtsfeier vorzubereiten. Eines, an das er uns erinnerte, war, Neuankömmlinge unten bei den 108 Stufen zu empfangen, sie die polizeilichen Anmeldungsformulare ausfüllen zu lassen und ihnen Räume zuzuteilen. Alles klappte gut.

Am 17. Dezember um 18.00 Uhr, als es schon ganz dunkel war, entschieden diejenigen, die unten an der Treppe standen, ihre Arbeit zu beenden. Es würde niemand mehr in dieser Nacht ankommen, und so verließen sie ihre Posten. Eine Viertelstunde später ratterte Amar Singhs Lastwagen mit einer Gruppe von achtzehn Italienern die Talstraße herauf. Sie erklommen die Stufen und fanden Babaji oberhalb der Treppe auf einer Bank sitzend. Sie machten ihre Pranams, und Filippo fragte Babaji, wo sie unterkommen würden. Babaji rief nach Lok Nath und Radhe Shyam. Jemand rannte zum Büro und sagte, wir sollten schnell zu Babaji kommen, er sei sehr zornig. Lok Nath ist jünger und schneller als ich, und als ich Babaji erreichte, beschimpfte er ihn mit solch starken Worten, dass ich vor Scham fast in den Erdboden gesunken wäre. Selbst Om Shantis

Übersetzung konnte nicht die Schärfe aus Babajis Worten nehmen. Dann wandte sich Babaji mir zu. "Kannst du überhaupt nichts handhaben? Sogar wenn ich dir sage, was zu tun ist... Es war niemand zum Empfang da! Wohin sollen sie jetzt gehen? Warum kümmerst du dich nicht um diese Dinge?" schrie er mir zu. Nach einer Sekunde reiner Panik sagte ich mir: "Dies ist eine Prüfung. Keine Panik!" Und dann, als die stechenden Worte Babajis und des Übersetzers weiter auf mich einhämmerten, erinnerte ich mich, dass wir ein gut funktionierendes System entwickelt hatten, bei dem jemand aus der Begrüßertruppe in dem Teeladen saß, an dem die Lastwagen nach 18 Uhr hielten.

Während sich mein Geist auf dieses Problem richtete, erschien plötzlich ein warmes anerkennendes Lächeln auf Babajis Gesicht, und er begann "Budhe Radhe Shyam, Budhe Radhe Shyam" zu singen. "Budhe" heißt im allgemeinen "alt" und "gereift", aber mir wurde gesagt, dass so auch ein Lernender genannt wird. Babaji las meine Gedanken und gratulierte mir für das Erreichen einer neuen Ebene der Ausgeglichenheit - Stabilität unter Beschuss! Er segnete mich dafür, dass ich ohne Furcht und Wut vor meinem zornigen Meister stehen konnte. Dies ist die Eigenschaft, die auf einer noch höheren Ebene und nach längerer Übung den Karma Yogi befähigt, ruhig, leidenschaftslos, schnell und intelligent angesichts einer Katastrophe zu reagieren. Es ist die lange, beständige Praxis von Karma Yoga, die Mut, Festigkeit und Furchtlosigkeit entwickelt, so dringend benötigt in dieser Zeit des Wandels und der Zerstörung. Shri Babaji sagte uns oft, er wünsche sich praktische Menschen, und hob hervor, wie geeignet Karma Yoga ist.

"Jedes materielle Bedürfnis, das du vielleicht hast, kann durch Karma Yoga erfüllt werden. Karma Yoga ist der höchste Yoga. Rama und Krishna lehrten dieses ebenfalls. Sie lehrten es nicht nur, sondern praktizierten es auch erfolgreich... Karma Yoga ist die einzige Art von Yoga, die sofortige Ergebnisse erzielt. Was immer du am Morgen tust, du siehst die Ergebnisse am Abend vor dir stehend wie ein Bild. Die Samen, die am Morgen gesät werden, sprießen am Abend. Der Farmer erntet den Erfolg seines Karma Yoga nach sechs Monaten. Jeder macht Karma Yoga auf natürliche Art, niemand kann ohne ihn existieren. Wir müssen zum Wohle aller Handlungen ausführen, nicht nur zum Wohle eines Einzelnen, sondern für die ganze Schöpfung...

Es ist sinnlos, Millionen von Schafen zu gebären. Ein hart arbeitender Mensch ist genug, um die Welt zu retten. Wir müssen alle lernen, fleißig zu arbeiten und es die kommenden Generationen lehren. Alle anderen Formen von Yoga sind zweitrangig, denn die ganze Welt wird nur durch Karma Yoga erhalten. Also praktiziert Karma Yoga und schreitet voran.

...Heutzutage sind die Menschen in der Welt sehr feige geworden. Darum müssen wir mutig und kühn werden... Wenn du damit beschäftigt bist, Gutes zu tun und fortfährst, positiv zu handeln, wirst du einen guten Schlaf haben, einen gesegneten Appetit und keine schlechte Gedanken. Bei Inaktivität wird dein Geist immer damit beschäftigt sein, kritisch über andere zu denken. Karma - Aktivität - ist das Einzige, das alles Übel vertreiben kann."

Im späten 19. Jahrhundert konzentrierte Mahavatar Babaji seine Lehren meistens auf Kriya Yoga. Im November 1983 hatte Babaji folgendes über Kriya Yoga und Karma Yoga, das er in dieser Manifestation besonders betonte, zu sagen:

"Jede Handlung in dieser Welt einschließlich Essen und Trinken ist Kriya Yoga. Der Verdauungsvorgang in deinem Körper ist Kriya. Der Prozess der Vereinigung von zwei oder mehreren jedweder Dinge ist Kriya Yoga. Nur was Friede, Glück und Nutzen für die Menschen bringt, ist Kriya Yoga. Anbetung einer beliebigen Gottheit ist Kriya Yoga.

...Ihr müsst allen Menschen dienen. Das ist Kriya Yoga. Die Zeit verlangt dies von euch in dieser Welt."

Karma Yoga kann alle Arten von Kunst und Wissenschaft einschließen, all die Fertigkeiten, die die Menschheit entwickelt hat. Babaji suchte nicht nach geistlosen, schwerfälligen "Dienern". Das Leben wird zum Zweck des Wachstums durch Erfahrung gegeben, und es wird von uns erwartet, es zu gebrauchen und unsere Talente vollständig zu entwickeln. Oft schickte Babaji junge Menschen zurück in ihre Heimat, um ihre verschiedenen Fertigkeiten zu entwickeln und ein nützliches "praktisches" Leben zu führen, so dass sie der "gesamten Schöpfung" durch höchstmögliche Kenntnisse nützen können. Er erwartete von jedem, zu lernen und zu wachsen.

Babaji versuchte durchweg, die Menschen wachsam und sich dessen bewusst zu machen, was um sie herum vorgeht. Während der letzten Jahre seines Erdaufenthaltes hatte er oft eine Gruppe von jungen Männern, meist westliche Anhänger, um sich, die ihn auf den "zeremoniellen" Gängen im Ashram begleiteten, so zum Beispiel, wenn Babaji von seinem Raum durch den Ashram-Garten zur Kirtanhalle ging, um dort seinen Darshan nach dem Abend-Arti zu geben. Bei dieser Gelegenheit pflegten die jungen Männer, die vor und hinter ihm gingen, "Hoshyar! Savadhan!

Shri Shri Mahaprabhuji pedar rahe hai!" (Seid wachsam! Seid auf der Hut! Der verehrte Herr geht hier!) auszurufen.

Dieser Brauch entstand vermutlich durch das Bedürfnis der Schüler, dem Herrn seinen gebührenden Respekt zu erweisen, während er unter die Menschen ging, von denen viele von ihnen ihn nicht erkannten. Aber Babaji verlor niemals seinen Sinn für Humor - selbst nicht vor dem Lächerlichsten - und er versäumte nie, seine Schüler zu belehren. Eines Abends während der Dämmerung ging er mit sechs oder acht kräftigen jungen Männern, die "Seid wachsam! Seid auf der Hut" riefen und so den Weg freimachten für den Herrn, durch den Tempelgarten, um in der Kirtanhalle Darshan zu geben, als Babaji plötzlich vom Gehweg, auf dem sie alle liefen, in den Garten sprang. Er hob seinen Stab und schlug kräftig in eine Pflanze, etwa 1,20 m vom Weg entfernt. Die überraschten Männer folgten Babaji in den Garten, um zu sehen, was passiert war. Als Babaji sich zum Tempel abwendete, sahen sie eine zerschlagene, hochgiftige Eidechse tot in der Ecke des Garten liegen. Babaji zeigte am Beispiel: anderen zuzurufen, wachsam zu sein, genügt nicht. HALTE DEINE AUGEN OFFEN, BEOBACHTE IMMER, WAS UM DICH HERUM GESCHIEHT!

Veränderung der Natur durch Karma Yoga

Karma Yoga und Japa, zusammen angewandt, sind kraftvolle Werkzeuge für den Wandel. Babaji brachte alle, die zu ihm kamen, auf diesen Weg mit der Absicht, ihre Lebensmuster zu ändern und ihre Ausrichtung auf das Göttliche wieder herzustellen. Mit diesen "Werkzeugen" erarbeitete er Veränderungen in der Natur und im Menschen.

1981 ließ Babaji die Karma Yogis an dem Aufbau eines Gartens arbeiten, der aus einem Teil des Flussbettes, etwas erhöht in einer Biegung gelegen, entstand. Manchmal wurde dieses Gebiet ein wenig vom Monsunregen überflutet, doch war es die meiste Zeit des Jahres trokken. Babaji ließ Gruppen von Schülern große Steine aus dem etwa vier Morgen großen Stück Land bewegen und sie am Rand dieses Platzes aufschichten. Felsbrocken wurden von kräftigen Männern ausgegraben und zum vorgesehen Platz gerollt, kleinere Steine und Kiesel aufgehoben und in Körben von Frauen, Kindern und alten Männern zum Steinhaufen am Rand getragen. Während sie arbeiteten, wiederholten alle ihre Mantras. Nachdem diese Arbeit eine Zeitlang erfolgt war, sahen die Steinhaufen am Rand des Platzes wie eine Mauer aus oder wie ein Schutzdamm gegen die Monsunfluten. Als Sita Rami und ich im Juli nach Nepal fuhren, um Langzeit-Visas zu erhalten, sah diese Arbeit bereits recht beeindruckend aus. Als wir nach dem Monsun nach Haidakhan zurückkehrten, arbeiteten die Menschen wieder an dieser Mauer und bewegten Steine. Die Monsunfluten hatten große Teile herausgewaschen, das ganze Gebiet überschwemmt und neue Steine und Felsbrocken angeschwemmt.

Im Jahre 1982 hielt die Mauer, breiter und höher als zuvor, mit größeren Felsbrocken als Sockel gegen die Monsunfluten. Gaurhari, der junge Priester der neun Tempel, brachte die Ashram Ochsen zum Pflügen an diese Stelle und im Winter und Frühjahr wurde Getreide gesät. Während des Frühjahrs und Sommers 1983 pflanzten Karma Yogis einen Blumengarten und einige Bäume am Fuß der Stufen, die vom Ashram zum Fluss führen, und Babaji selbst überwachte sorgfältig den Bau von großen Betonblöcken stromaufwärts, um den neuen Garten vor dem Fluss zu schützen. Babaji überwachte außerdem den Bau eines neuen Dhunis über der heiligen Feuerstelle.

All diese Arbeiten, die etwa drei Jahre dauerten - das Bewegen der Steine, das Bauen der Mauer, das Pflügen und Pflanzen und der Bau des neuen Dhunis - wurden durch die Arbeit von Hunderten von Karma Yogis, die buchstäblich Millionen von Mantras während der Arbeit rezitierten, ausgeführt.

Im August 1983 wurde das neu gebaute Moksha Dham Dhuni[4] von Shri Babaji inmitten des neu entstandenen und bepflanzten "Company Garden" eingeweiht. Babaji sprach über die Vollendung dieser Arbeit:

"Im Namen Lord Ramas, die Weisen dieses Zeitalters haben ein großes Selbstopfer gebracht, um diesen Platz zu bauen. Im Namen Ramas, so wie "Pramodavan", der schöne Garten von Rama in Ayodhya war, so ist dies der schöne Garten von Shiva. Sein Name ist "Nandan Van". Diese göttliche Manifestation, dieser Garten ist nicht von gewöhnlicher Art, er entstand durch Schweiß und Blut aller Schüler. Darum ist er so schön...

Ich habe euch gesagt, dass ich den Himmel auf Erden bringen werde, und heute seid ihr alle Augenzeugen dieser Tatsache. Im Namen Ramas, ich habe Har Govind häufig gesagt, dass ich die Schweiz und Schweden hierherbringen werde. Im Namen Ramas, nun könnt ihr das Grün überall sehen. Dieser Platz ist das, was ihr jetzt vor Augen habt, durch jene Menschen entstanden, die hier Buße getan haben...

Im Namen Ramas, was ihr hier seht, ist das Ergebnis eurer harten Arbeit, eures Sadhanas, eures Sieges, die Natur ist bezwungen worden. Ihr habt die Natur besiegt und diesen schönen Garten geschaffen.

WENN KARMA YOGA EINE SO HOHE SCHULE IST, WARUM MACHT IHR
SIE NICHT ZU EURER TÄGLICHEN PRAXIS?"

Anmerkungen:

1 Bhagavad Gita
2 Isaiah 26:3
3 "Shri Sadashiv Charitamrit" von Vishnu Dutt Mishra, Kapitel 9, Vers 468-470
4 Moskha Dam heißt "Ort der Befreiung".

Wir zerstörten viele Generationen vor der eurigen, als sie fehlgingen und die wahren Zeichen verneinten, die ihre Apostel ihnen gaben. Schuldige werden so belohnt. Dann setzten wir euch zu ihren Nachfolgern in dem Lande ein, um zu beobachten, wie ihr euch verhalten werdet.

Koran

Sähet Ihr ein "Gefäß mit Asche" am Himmel, dann wisset, daß die Große Reinigung nahe ist.

Alte Hopi Prophezeiung

Shri Mahaprabhuji wünscht, daß wir alle zum Wohle des Universums arbeiten. Was immer wir tun - was wir tun *wollen* - muß auf das universelle Wohl gegründet sein. Ich sage euch, daß es erforderlich ist, eure ganze Zeit und eure ganze Energie auf das Wohl des gesamten Universums zu richten. Nur so könnt ihr davon profitieren.

Shri Babaji, 17. Dez. 1983

Kapitel 12

Babajis Prophezeiungen

Hinweise über die "Revolution" und Zerstörung

Shri Babaji lehrt, dass die Schöpfung "eins" ist - dass alles aus der gleichen Energie und dem gleichen Stoff besteht und in Harmonie mit den kosmischen Gesetzen funktionieren muss. Sowohl die trägen und leblosen Formen als auch die nichtmenschlichen Lebewesen der Erde scheinen - sich selbst überlassen - in enger Übereinstimmung mit den Naturgesetzen zu handeln, aber der Menschheit mit ihrem aktiven, unabhängigen Verstand fällt es schwer, sich einer übergeordneten Macht unterzuordnen, die sie als "außerhalb" oder jenseits ihrer selbst gelegen empfindet. Babaji warnte vor den Folgen, wenn die Menschen es versäumen, sich nach dem Sanatana Dharma oder den Naturgesetzen zu richten.

Unsere Gedanken und Handlungen bringen eindeutig Resultate hervor. Wir ernten, was wir säen; und was die Welt allgemein in den letzten Jahrzehnten gesät hat, trägt jetzt eine schlechte Ernte. Babaji sprach über die Notwendigkeit einer "Revolution" - er benutzte das Hindiwort "Mahakranti" im Sinne von "großer Aufstand" oder "großer Revolution" - in der Welt, um die Menschheit vom Kurs der Selbstvernichtung abzuhalten.

Während seines Daseins, besonders aber in der letzten Hälfte, machte Babaji Voraussagen über Kriege, Zerstörungen durch Naturgewalten und kriegerische Auseinandersetzungen in den achtziger Jahren und kommentierte sie in vielen Reden. Einige seiner Aussagen scheinen sinnbildlich, andere wörtlich gemeint zu sein. Etliche der Prophezeiungen traten ein, andere noch nicht. Sie müssen sich auch nicht erfüllen oder zumindest nicht innerhalb der angegebenen Frist. Die Vergangenheit ist in den Tiefen des Universums niedergeschrieben und kann von Heiligen und Sehern gelesen werden, aber die Zukunft der Menschheit - dem menschlichen Willen unterworfen - kann nicht hundertprozentig im Detail vorausgesagt werden, auch nicht vom Göttlichen. Babaji riet uns ständig dazu, aufmerksam zu sein und hart an der Veränderung des menschlichen und natürlichen Geschehens zu arbeiten. Seine ganze Mission konzentrierte sich darauf, den Menschen zu zeigen, wie sie sich auf das Göttliche ausrichten und mit ihm in Harmonie und seiner ganzen Schöpfung leben können, um dadurch die disharmonischen Muster mit ihren zerstörerischen Folgen zu durchbrechen.

Rückblickend sprach Babaji nicht ausdrücklich über zweierlei "Revolutionen", die er beide Mahakranti nannte, aber er scheint doch zwei gemeint zu haben. Meiner Ansicht nach sagte Babaji einen physischen, gewalttätigen Aufruhr in der materiellen Welt voraus - oder zumindest betrachtete er ihn als möglich und nötig - als Ergebnis der immer schwerer werdenden karmischen Last, die die Welt trägt und die die Menschen sich und der Erde in immer kürzerer Zeit aufladen. Die andere Revolution - welche er entfachte, leitete und unterstützte -, ist geistiger Art. Babaji sagte über beide Revolutionen:

"Schreckliches Unheil und schreckliche Kriege kommen auf die Welt zu. Nach der Zerstörung wird es ein neues Goldenes Zeitalter geben. Ich selbst bin gekommen, um die Welt auf das neue Königreich vorzubereiten."

Mit Sicherheit hat Shri Babaji Anfang 1971 vor seiner ersten Reise von Haidakhan nach Vrindaban die Menschen auf die kommende Zerstörung und den Verlust von vielen Menschenleben hingewiesen. Das geht aus dem Handzettel hervor, der vor seinem Besuch in Bandikui gedruckt wurde. [1]

Eine weitere frühe Aussage über die Voraussagen Babajis habe ich in einer Aufzeichnung von Dr. V.V.S. Rao über einen Vorfall, der sich am 15. März 1976 in Jaipur, im Hause von Herrn Jain, während eines Besuches von Babaji dort zutrug, entnommen. Am Morgen dieses Tages wurden zwei geschmückte Sitzplätze in einem Zimmer des Hauses von Herrn Jain hergerichtet, in dem Shri Babaji Darshan geben sollte. Babaji kam um 9 Uhr früh herein und setzte sich. Dann wurde Herr Jain auf Babajis Anweisung mit Blumen bekränzt und auf den anderen Asan gesetzt. Babaji fiel in eine Meditation und versetzte Herrn Jain offensichtlich in Trance. Herr Jain begann langsam zu sprechen.(siehe Foto Seite 175.)

Herr Jain gab Shri Babajis Voraussage im Detail wieder. Er sagte, dass das vorherrschende Unrecht, das Böse und die Gewalt auf der Welt zunehmen und alle "Lebewesen" durch eine furchtbare Zeit gehen würden. Die Weltsituation würde sich weiter verschlechtern. Ab 1979 würde eine sehr schlimme Zeit beginnen, gefolgt von einer zehnjährigen weltweiten Zerstörung, bis schließlich 1989 nur etwa ein Viertel der gegenwärtigen Weltbevölkerung übrigbliebe.

Während dieser Epoche der Zerstörung sollte jeder Gott in Übereinstimmung mit seinem Glauben verehren. In den Familien, in denen Gott regelmäßig verehrt wird und wo seine Namen rezitiert und gesungen werden, werden keine größeren Probleme auftreten. In anderen Familien wird es furchtbare Zerstörungen geben. Herr Jain sagte, dass irgendwann nach 1989, wenn die Weltbevölkerung stark dezimiert ist, ein Satyayuga (Zeitalter der Wahrheit) kommen wird.

Um neun Uhr fünfundzwanzig beendete Herr Jain seine Aussage, Babaji öffnete die Augen und Arti wurde vor ihm - und Herrn Jain -zelebriert. Herr Jain war durch diese kurze Durchsage völlig erschöpft.[2]

Am 26. und 28. Juli 1979 machte Babaji selbst zwei Voraussagen für die Achtziger Jahre. Jemand schrieb eine Zusammenfassung nieder. Am 26. Juli sagte er:

"Die gegenwärtige Zeit ist voller Aufruhr. Es wird eine große Veränderung stattfinden, und zwar durch eine blutige Revolution. Frieden wird erst einkehren, wenn die Revolution ihren Höhepunkt überschritten hat. Am Ende der alles zerstörenden Revolution wird kein Land, sei es groß oder klein, verschont geblieben sein. Einige Länder werden vollkommen ausgelöscht, es bleibt kein Zeichen ihrer früheren Existenz. In anderen Ländern werden 3 - 5 Prozent, maximal 25 Prozent der Bevölkerung übrigbleiben und überleben.

Die Vernichtung wird durch Erdbeben, Überschwemmungen, Unfälle, Konflikte und Kriege herbeigeführt. Die zerstörerischen Elemente, die von Shri Babaji in Schach gehalten wurden, sind nun entfesselt worden. Diejenigen, die den Gott ihrer Religion verehren, werden verschont bleiben.

Zwei Tage später fügte Babaji folgenden Kommentar hinzu:

Die Menschheit der Gegenwart ist von Leid und Elend gezeichnet. Nicht nur die Armen, die Reichen, alle Menschen sind gleichermaßen betroffen. Die Politiker aller Länder verteidigen eifrig ihre Positionen und vergessen darüber die Nöte und Bedürfnisse ihres Volkes. Menschen mit Einfluss führen die Öffentlichkeit in die Irre. Es gibt keinerlei Sicherheit - weder für den Einzelnen noch für das Eigentum. Überall herrscht Unsicherheit. Eine neue Führerschaft wird bereits geschult und darauf vorbereitet, die Positionen der korrupten Führer zu übernehmen, um wieder Gerechtigkeit, wahre Ordnung und Frieden herbeizuführen. Heutzutage wird die Menschheit von dämonischen Kräften beherrscht: die Menschen bekämpfen und vernichten sich.

Zuerst wird die Zerstörung stattfinden, gefolgt von einer Ruhepause. Schließlich wird Frieden herrschen. Einige Länder werden vollkommen vernichtet. Das Gebet wird die einzige Rettung, der einzige Schutz sein. Vergesst Vergangenheit und Zukunft, löscht alle anderen Gedanken und betet mit tiefer Konzentration des Geistes und der Seele! Habt Vertrauen in

Gott. Betet das Mantra OM NAMAH SHIVAY, und ihr könnt sogar den Tod überwinden. Sorgt euch weder um Leben noch Tod. Nichts kann euch etwas anhaben, wenn ihr mit reinem Herzen und lauterem Geiste, mit tiefem Vertrauen und ganzer Konzentration betet.³

Nach dieser Vorausschau der Jahre 1976 und 1979 bestanden die meisten nun folgenden Bemerkungen über das Mahakranti aus Erweiterungen oder Kommentaren über die "Revolution".

"Das Problem hat Auswirkungen auf das ganze Universum. Es ist nicht das Problem eines Einzelnen oder einer Rasse, sondern das aller Lebewesen dieser Schöpfung. Es ist das Problem aller 8.400.000 Arten fühlender Wesen. Im Namen Ramas, es ist nicht nur das Problem aller fühlenden, sondern auch aller nichtfühlenden Wesen. Die vor mir liegende Aufgabe ist, die Ziege und den Löwen gemeinsam aus der gleichen Wasserquelle trinken zu lassen."

Warum die Zerstörung kommen muss

Babaji sprach einige Male über die Notwendigkeit der Zerstörung und die Gründe, warum sie kommen muss.

"Ich wünsche mir mutige Menschen auf der Welt. Ich möchte die Gewalt auf dieser Erde ausrotten und Faulheit ausmerzen. ...Es gibt bestimmte Elemente, die die Schöpfung zerstören, aber sie selber werden zerstört werden... Mut ist erforderlich. Ich will Trägheit ausrotten und eine Welt mit mutigen, intelligenten Wesen schaffen."

Babajis Schüler fragten sich untereinander, ob er sinnbildlich oder wörtlich über das Mahakranti sprach. Würde tatsächlich eine so schreckliche Zerstörung kommen oder drohte Babaji nur der Menschheit, wie ein Vater seinen unartigen Kindern? Wenn er wirklich weltweite Zerstörungen in der Zukunft voraussah, konnte man dann die Daten wortwörtlich nehmen? Vielleicht haben alle Weisen, die die Vergangenheit, Gegenwart und Zukunft mit einem Blick erfassen können, ein anderes Zeitverständnis? Auch sind einige prophezeite Ereignisse nicht "zeitgemäß" eingetroffen...

Es gab sicherlich Anzeichen, dass Babajis Voraussagen, wenn auch nicht zeitlich, so doch buchstäblich genommen werden mussten.

"Seid stark in der Zeit der kommenden großen Revolution. Niemand kann das Feuer aufhalten, das jetzt in die Welt kommt. Die Glocken der großen Revolution läuten schon."

...Tatsache ist, dass das Feuer der Sünde und des Leids über die Welt zieht. Jeder Lebende geht und arbeitet sich durch dieses "Feuer". Die Menschen sind entmutigt; der Tod tanzt vor jedermanns Augen. Jeder macht diese Erfahrung.

...Zur Zeit ist nicht nur die Menschheit in Gefahr, sondern auch alle fühlenden und nicht-fühlenden Wesen des Universums. Ich muss nicht nur die Menschen mit einbeziehen, ich muss die ganze Schöpfung retten. Wie ist das möglich? (Eine lange Pause) Es ist ganz unmöglich. Das kommende Unheil ist unvermeidbar. Nur der, der den starken Willen hat, Gutes zu tun und der Gott vollkommen ergeben ist, kann die Zerstörung überleben."

Unsere Wissenschaftler sind es, die uns auf den von Menschen hervorgerufenen - lebensbedrohenden Schaden der Erde und ihrer Atmosphäre aufmerksam machen. Sie zeigen uns angehäufte Belege - zusätzlich zu den massiven Erdbebenvoraussagen durch Kontinentalverschiebung und einer möglichen Erdachsenverlagerung - dass wir unsere Atemluft verpesten, unser Trinkwasser und unsere uns ernährende Erde verseuchen. Wir zerstören die Lebensformen, die bisher unsere Atmosphäre reinigten - die großen tropischen Regenwälder und die Lebensformen in unserem Frisch- und Salzwasser und in unserem Boden. Die sofortige Befriedigung unserer flüchtigen und sich vermehrenden Wünsche verwüstet unsere Erde und bedeckt sie mit dem verseuchten Abfall unseres immer anspruchsvoller werdenden Lebensstils; all dies hat voraussehbare und schwerwiegende Konsequenzen für die menschliche Existenz. Ändern wir nicht konsequent unsere Lebensmuster, wird sich die Menschheit größtenteils selbst und auch die Erde vergiften. Auch besteht noch immer die Möglichkeit, dass - ohne Umkehr - in der Art wie die Nationen und Menschen miteinander umgehen, sich die Menschheit selbst in die Luft jagen wird.

Die Ausgabe der Newsweek vom 22. Januar 1990 enthält eine Reihe von Feststellungen und Kommentaren, die sich auf die menschliche Zerstörung einer ausgewogenen Weltökologie beziehen. Einer dieser Kommentare lautet:

"Heute gibt es 5 Milliarden Menschen, zweimal so viele, wie 1950. Im Jahre 2000 wird die Anzahl auf 10 Milliarden gestiegen sein. Innerhalb eines Jahrzehntes werden jeweils 23 Städte zusätzlich mehr als 10 Billionen Einwohner haben. Diese keimende Bevölkerungsexplosion allein ist die größte Gefahr für

die Gesundheit unseres Planeten: der Bedarf an Nahrungsmitteln und Energie führt zur Abholzung und zur Ausbreitung von Wüsten; Überbevölkerung verschmutzt die Luft und das Wasser, Megastädte sind eine Brutstätte für Krankheiten..."

Versäumen die Menschen es, ihre destruktiven Lebensmuster zu ändern, muss die Natur drastische Schritte einleiten, um das störende menschliche Element in seine Schranken zu verweisen. Wie die Dinosaurier in der Geschichte der Erde, so kann auch die Menschheit von der Liste der gefährdeten oder ausgerotteten Arten gestrichen werden.

Für die, die glauben, dass Wissenschaft und Technik Waffen zum Schutz ihrer Länder vor der Kriegszerstörung entwickeln können, gab Babaji diesen Kommentar:

"Die Länder, die glauben, sich durch neu erfundene Waffen retten zu können, werden dazu nicht imstande sein. Betrachtet die Entwicklung im Iran (1983): bis vor kurzem kannte niemand den Namen Khomeini, doch dann übernahm er schlagartig alles.

...Die Flammen der Revolution verbreiten sich in der Welt. Es gibt keine Macht, die das Feuer aufhalten und die Hitze mildern kann. Supermächte wie Russland und Amerika werden nicht fähig sein, "dem Feuer" mit ihren neuen Waffen Einhalt zu gebieten. Nichts, das sie erfunden haben, wird von Wert sein. Alles kann zerstört werden."

Wir müssen lernen, Verantwortung zu tragen für ein harmonisches Zusammenleben mit anderen Lebensformen dieser Erde und mit der göttlichen Ordnung der Schöpfung. Individuen, Gruppen, Regierungen und internationale Organisationen sehen langsam ein, wie wichtig es ist, in Harmonie mit der Natur zu leben. Auch muss sich die Erkenntnis durchsetzten, dass menschliche Gedanken und Handlungen andere Schöpfungselemente beeinflussen und berühren.

Wie können wir den Schaden mindern?

Im September 1981 wurde Shri Babaji gefragt, wie seine Schüler anderen Menschen in der Periode des Aufruhrs und der Veränderung helfen können. Babaji erwiderte, dass seine Schüler seine Gegenwart und seine Lehren verbreiten sollen, es wäre ihre erste Pflicht, der Welt seine Botschaft zu überbringen. Aufhorchende und gewarnt Menschen sind imstande, den nötigen Mut aufzubringen, Vertrauen, Loslösung, Liebe und Respekt für das Göttliche und seine Schöpfung zu entwikkeln. Sie werden gewillt sein, anderen zu helfen und zu dienen. Diese Einstellung kann eine weitreichende Zerstörung vermeiden und ist nötig für das Überleben und Wachsen danach.

Babaji sagt, dass Heilige immer nur dann in der Welt erscheinen, wenn es die Weltsituation verlangt, und, dass gegenwärtig viele Gottesmänner anwesend sind, weil ein großer Bedarf nach ihnen besteht.

Am Abend des 8. Januar 1984, umriss Amar Singh in einer von Shri Babaji inspirierten Rede, wie Babaji die große Revolution "dirigieren" wird.

"Babaji wird seine Arbeit vollenden. Er wird an jedem Ort einen seiner Schüler stellen, ihn mit seiner Energie erfüllen und durch ihn - als Instrument Gottes - dem ganzen Gebiet nützlich sein. So wird die Welt gerettet werden.

...Er setzt seine Repräsentanten überall ein und wird durch sie seinen Plan erfüllen ohne selbst irgendwo hingehen zu müssen.

...Zur Zeit des Mahabharata Krieges, eines Krieges zwischen Familien und zwei Brüdern,- den Kauravas und den Pandavas - schien es ein Kampf zwischen Familien zu sein, aber in Wirklichkeit war es ein Kampf zwischen Gerechtigkeit und Ungerechtigkeit (Dharma und Adharma). Zu jener Zeit nahm Gott die Gestalt Krishnas an und rettete die Welt. Er war Arjunas Wagenlenker und wurde gesehen als der, der Arjunas Kampfwagen führte. In Wirklichkeit aber lenkte er den Kampf und inspirierte alle Krieger (auf beiden Seiten). Auf die gleiche Art leitet Shri Mahaprabhuji seine Energien in und durch seine Schüler, denn er sitzt in den Herzen seiner ausgesuchten Schüler und führt sie für das Wohl der ganzen Welt.

Diese Schüler können wir mit Arjuna vergleichen. Baba tut alles. Er macht seine Schüler zu seinen Instrumenten, die zum Wohle der ganzen Welt arbeiten."

Lassen die Menschen blindlings eine weltweite, grausame Zerstörung zu, werden in einer Welt, die von "unten nach oben gekehrt" ist, in der "nichts mehr gleich sein wird", die Überlebenden besondere Talente und Fertigkeiten besitzen müssen, um zu überleben, zu wachsen und auf einer höheren Bewusstseinsebene eine Gesellschaft und Kultur aufzubauen. Hierzu sagte Babaji:

"Nur diejenigen werden überleben, die das Wagnis in ihren Herzen tragen, diejenigen, die mit der Wahrheit verheiratet sind.

Ihr solltet alle mit Mut und Wagnis im Herzen voranschreiten. Deshalb solltet ihr eure Pflicht stets im Geiste vergegenwärtigen... Karma Yoga auszuführen ist der wahre Pfad, und nur in ihm liegen Glück und Frieden.

...Wo immer ihr lebt, seid bereit, der Revolution ins Auge zu schauen. Welche Aufgabe auch immer ihr habt, beteiligt euch an der Revolution... Nur derjenige kann teilnehmen, der bereit ist, dem Tode ins Antlitz zu sehen, der bereit ist, augenblicklich zu sterben. Nur der, der wagt und Mut hat, ist bereit, um der Gerechtigkeit willen zu sterben, und ist für die Revolution gemacht.

...Dies ist keine Zeit für den Schlaf. Erweckt Familien, Freunde und das Land! Erwachet!... Jeder Mann und jede Frau in dieser Welt müssen leben. Seid aufmerksam und nicht träge wie der Tod. Arbeitet so viel wie möglich und seid niemals faul. Ihr alle müsst kraftvoll und energiegeladen sein und andere dazu bringen, es ebenfalls zu sein."

Die spirituelle Revolution

In den zeitlich auseinanderliegenden Reden und Kommentaren über den physischen Aufstand in der stofflichen, materiellen Welt gab es Hinweise und Erklärungen bezüglich der geistigen Revolution, die Babaji nährte und leitete.

Bei einer Gelegenheit gab Shri Babaji Vishnu Dutt Shastriji folgende Rede ein:

"Um des Friedens willen haben bis zur heutigen Zeit viele Inkarnationen Gottes auf der Erde Krieg und Gewalt gesät. Nun bereitet Babaji eure Herzen für die kommende Revolution vor, so dass ihr dieser friedlich ins Auge schauen könnt. Er vertraut keiner bestimmten Armee; jeder Mensch ist Teil "seiner Armee", und er wird den Atombomben und Waffen mit dem Wort Gottes gegenübertreten. Auf der einen Seite sind bestimmte Länder dabei, fleißig Waffen herzustellen, auf der anderen Seite aber werden sie durch Menschen zunichte gemacht, die laut das Wort Gottes verkünden und so eine spirituelle Veränderung hervorrufen.

In den Augen Gottes ist niemand groß oder klein. In jedem Herzen ist das Bewusstsein die Reflexion Gottes. In Kürze wird er die schlechten Elemente zerstören und dann die Revolution in Frieden umwandeln. "[4]

Nochmals von Babaji suggeriert, fuhr Shastriji fort, über Shri Babajis Mission zu sprechen:

*"Babaji ist in diese Welt gekommen, um sie zu verändern - nicht durch Kampf oder Waffen. Er wandelt die Menschenherzen durch eine einfache Methode - durch die Wiederholung von Gottes heiligem Namen. Die Schwingung dieses Namens wird die Welt verändern. Es wird **ein** Verstehen, **eine** Nation, **eine** Familie geben. Dieses ist Babajis Absicht, und es wird bald so geschehen.*

...Gewaltige Waffen sind geschaffen worden, um die Menschheit und fast die ganze Welt zu zerstören. Aber vor uns sitzt ein mächtiger Schirmherr. Er hat uns Mittel zum Schutz gegeben, die größer als Atombomben sind. Diejenigen, die töten wollen, werden selbst getötet. Ihr müsst euch auf den Namen Gottes konzentrieren und auf die Anweisungen, die Babaji euch gegeben hat. Wiederholt "Om Namah Shivay", und ihr werdet Babajis Segen erhalten. "[5]

Shri Babaji betonte die Notwendigkeit einer revolutionären geistigen Wandlung, um eine Welt des Friedens zu schaffen - Frieden im Inneren des Menschen und innerhalb der Gesellschaft. Die Alternative zu diesem Frieden ist Gewalt.

"In der heutigen Welt bricht Feuer auf der einen Seite aus, auf der anderen strömt Nektar hervor. Ihr müsst euch entscheiden, ob ihr Feuer oder Nektar wollt. Während sich die Flammen ausbreiten, ist es an euch, euch und andere zu retten. Wir müssen aufpassen.

Im Augenblick springen die Menschen aus Unwissenheit in das Feuer. Wir müssen diese Menschen retten und wir können es nur, wenn wir großen Mut haben. Wir sollten diesen Mut an andere weitergeben, da nichts ohne Mut erreicht werden kann. Mut ist das wichtigste. Shri Mahaprabhuji hat euch oft ermuntert, aufzuwachen. Erwachet und erwecket die anderen. Bezwingt euren Geist und seid fest entschlossen.

Ihr alle müsst für die Revolution bereit sein... Ob jung oder alt, privat oder öffentlich, ob ihr arbeitet oder nicht - alle müsst ihr teilnehmen. Es ist eure Hingabe, eure Liebe und euer Yoga, diese Welt zu retten und an der Revolution teilzunehmen. Die Flammen werden kühl sein für wahre Schüler Babajis. Seht dem

Feuer ins Gesicht, und es wird zu Eis werden. Dies erfordert Geisteskontrolle und feste Entschlossenheit.

Da die Menschen ihre eigenen Wege gehen und sich untereinander streiten, scheint es, dass die große Krise sehr nahe ist. Die Welt muss von den Wurzeln auf gewandelt werden. Oh, meine Kinder! Jugend der Welt! Seid mutig und kühn und seid bereit, das Leben zu nehmen, wie es kommt, denn so lange es keine fundamentale Wandlung bis zur Wurzel gibt, kann keine Besserung eintreten...

Ihr müsst stark und fähig sein, diesen schweren Zeiten entgegenzusehen. Oh Jugend! Entfernt alle trennenden Gedanken aus eurem Geist und vereint euch zu einer großen Kette. Wir müssen Gutes tun, nicht Schlechtes, zum Wohle der ganzen Welt. Ihr müsst euren Mut sammeln, Todesfurcht hinter euch lassen, um einem Leben mit Hoffnung und Mut entgegenzusehen. Vergesst Gewinn und Verlust, beschäftigt euch nicht mit Lob oder Beschimpfung. Marschiert voran. Ihr werdet durch loderndes Feuer gehen, nur dann kann die Welt gerettet werden.

Es gibt nur einen Weg für die Menschheit, gerettet zu werden, und das ist die Wandlung aller Menschenherzen. Shri Mahaprabhuji wird euch seine ganze spirituelle Kraft dafür geben, aber jeder Mann und jede Frau muss ihr Bestes tun für dieses Ziel. Solange sich die Herzen der Menschen nicht gewandelt haben, so lange besteht große Gefahr."

Obgleich Shri Babaji verdeutlichte, dass diese Wandlung in jedem Individuum stattfinden muss und dass die Entscheidungen und Kämpfe - und die Revolution selbst - innere Handlungen im Herzen und Geist sind, werden diese individuellen Wandlungen und Beweise in den Zwischenbeziehungen mit dem Rest der Schöpfung - besonders in unserer Beziehung zur "Mutter Erde" und mit unseren Mitmenschen reflektiert. Babaji drängte seine Schüler dazu, in Einheit und Harmonie mit anderen im großen Maße zu arbeiten.

"Erwachet! Erhebet euch! Jeder muss einen festen Entschluss fassen. Männer und Frauen auf der ganzen Welt müssen sich beteiligen. In anderen Zeitaltern haben nur die Männer an Revolutionen und Kriegen teilgenommen, aber jetzt streben die Frauen vorwärts, und nun müssen auch sie an der Revolution teilnehmen. Jeder muss Kontakte nach allen Seiten der Welt aufnehmen und sich vereinen.

Ihr müsst alle zusammenkommen um große internationale Organisationen zu bilden - größer als alles, was je in der Weltgeschichte bestand. Ich möchte nicht, dass ihr alle ruiniert oder vernichtet werdet. Eine große Revolution wird stattfinden, so groß wie nie zuvor. Die Herzen der Menschen werden schmelzen, wenn sie von dieser Revolution hören oder lesen. Dies ist eine Epoche der Zerstörung, keine Zeit kann mit ihr verglichen werden. Die Revolution wird nicht Minuten, sondern nur einige Sekunden dauern. Die Länder, die diese zerstörerischen Waffen erfunden haben, werden selbst zerstört, sie sollten sich nicht in Sicherheit wiegen. Nur der, der sich vollkommen Gott übergeben hat, ist sicher."

Einige Bemerkungen zur Zeit nach der Revolution

Im Frühling 1982 ging ich zu Shri Babaji und bat darum, seine Prophezeiungen zu verstehen und sie richtig auszulegen. Er sagte mir, ich solle Vishnu Dutt Shastriji darüber befragen. In der Mehrzahl stimmten Shastrijis Angaben, die er mit seinen Aufzeichnungen in einem dafür angelegten Notizbuch verglich, mit den obigen Zitaten überein. Er wies mit Nachdruck darauf hin, dass er (Shastriji) den Aufruhr für die Zeit nach 1988[6] erwartet, gefolgt von einer "Ruhepause", in der der Frieden sich ausbreiten würde.

Ich befragte Shastriji über die Voraussagen nach der "Revolution". Er sagte, dass nach der Säuberung von falschen, verlogenen, unersättlichen und aggressiven Elementen der Menschheit der verbleibende Rest sich durch die Herausforderungen und Prüfungen des Mahakrantis zu geistig höheren Menschen entwickelt haben wird. Diese Menschen werden in einer Weltgesellschaft leben, in der liebevolle, wahrhaftige Gedanken und Taten nicht durch die Schwingungen und Handlungen von Gier, Angst, Hass, Lust und anderen Wünschen und Bindung an die niedere menschliche Natur beeinträchtigt werden. In dieser Umwelt wird spirituelles Wachstum leichter sein, und immer mehr Menschen werden diese Ebene erreichen, die heutzutage nur von einzelnen, spirituellen Menschen erreicht wird: die Kraft des Heilens, Gedankenlesen, die Gestalt zu verändern, in mehr als einem Körper gleichzeitig an verschiedenen Orten zu sein, Objekte zu materialisieren, Allwissenheit, und viele andere "Kräfte" mehr. Die Menschen werden noch immer den freien Willen haben, "armselige" oder "gute" Wahlen und Entscheidungen zu treffen, aber die Kultur und die Gesellschaft um sie herum wird geistiges Wachstum fördern und die Menschen über sich hinaus erheben, anstatt die niedere Natur des Menschen zu nähren.

Irgendwann um 1990 (Babaji gab kein Datum an), nach Beendigung der Kriege, so sagte Shastriji, wird laut Babaji ein Avatar erscheinen - oder als solcher erkannt werden. Dieser Avatar wird ein vielgesichtiges Wesen sein mit Kenntnis aller Lebensgebiete, eine hochgeistige Wesenheit und zugleich weltlicher Herrscher. In der Tradition der alten Schriften und in der Mythologie wird der Avatar über die ganze Erde - als eine Nation - herrschen und Frieden, Harmonie, Rechtschaffenheit, Gerechtigkeit und Freude jenseits aller Vorstellungskraft wieder herstellen. Wie König Janaka würde er - seinen Geist auf Gott und seine Pflicht gerichtet - regieren. Die Geschäftswelt und die Industrie wird auf einer kooperativen Basis gegründet sein, die Menschen werden frei ermutigt sein, ihre geistigen, intellektuellen und schöpferischen Fähigkeiten vollauf zu entwickeln.

Mir wurde gesagt, dass Shri Babaji in menschlicher Gestalt in einer unbekannten, aber nahen Zukunft zurückkehren würde (mit seinem Weggang wurde in den Achtziger Jahren gerechnet) als der geistige Berater der Welt. Shri Babaji erwähnte kaum das Zeitalter der Wahrheit (Satya Yuga), welches der großen Zerstörung folgt, sein Hauptanliegen war die Mission seiner Lehre, aber er sagte zu Mahendra Maharaj, Shastriji und anderen, dass er in physischer Gestalt anwesend sein wird, um das Goldene Zeitalter einzuweihen.

Shri Babaji bezog sich nur einmal, im August 1983, auf die Zukunft in seinen Reden:

"Die Natur und die Elemente sind uns nun günstig gesinnt. Wann immer ihr einer Herausforderung begegnet, werdet ihr siegen. Bereits jetzt können die Siegesposaunen gehört werden.

Das kommende Königreich wird ein religiöses Reich sein mit hoher Moral. Glocken werden an jeder Wegeskreuzung aufgehängt sein, und jeder, der Schwierigkeiten hat, kann sie läuten und wird Gerechtigkeit erhalten.

...Ich werde alle Ängste von der Welt nehmen. Ich werde allen das Geschenk der Furchtlosigkeit gewähren. Ich werde den Gebrauch von Waffen untersagen. Die Entwaffnungskampagne wird stark unterstützt werden. Die Führer dieser Welt reden nur über dieses Thema, aber ich werde die Entwaffnung in die Praxis umsetzen... Im Namen des Herren, schreitet voran!

Die Revolution als Kraft der Reinigung, der Wandlung und des Wachstums

Shri Babaji sprach oft über seinen Wunsch, eine Welt praktisch veranlagter Menschen zu schaffen - intelligent, vernünftig, geistig hoch entwickelt - und nicht durch ihre niedere Natur versklavt. Sein Konzept der "Revolution" und der Wandlung wird "praktische" und vernünftige Menschen hervorbringen.

Obgleich das Mahakranti nicht in den achtziger Jahren stattfand, so wie von Babaji vorausgesagt, braucht man kein Seher oder intellektueller Riese zu sein, um vorauszusagen, wohin uns die gegenwärtigen Wünsche nach materiellem Gewinn und Reichtum und die darauf gegründete nationale Politik führen wird. Waffen werden nicht fabriziert, um ungenutzt zu rosten, und selbst innerhalb der großen Militärbündnisse und in der nicht angeschlossenen "Dritten Welt" können die Konkurrenzkämpfe und die Uneinheit jederzeit zum "Mahakranti" führen. Seit Jahrzehnten hat die politische und ökonomische Welt die Saat des Konkurrenzkampfes, der Macht, der Eifersucht, des Hasses, der Uneinheit gesät und die Welt um uns vergiftet und zerstört. Unsere Gesellschaften nähren die Erwartungen, alle menschlichen Wünsche auf dem materiellen Gebiet zu erfüllen, unsere Ökonomien blühen nur, indem sie neue, unerfüllte Wünsche unter den Menschen anheizen. Es gibt keine Möglichkeit, alle diese Wünsche zu befriedigen, denn materielle Wünsche bringen in einem endlosen Prozess noch mehr materielle Wünsche hervor. Bis vor kurzem gab es wenig Verständnis auf kooperativer, staatlicher Basis oder gar auf privater Ebene für die Belange der "Mutter Erde" und für das empfindliche Gleichgewicht der Natur. Die rastlose Suche nach "mehr und besser" führt zur Gier, zum Hass, zur Konkurrenz, zu Aggression und zur Verschmutzung und Zerstörung der Erde und ihrer Atmosphäre.

Geschieht dies auf weltweiter Ebene, folgt das Mahakranti. Früher oder später wird die Mehrheit der Menschheit - unter ihnen die Verletzten, Ausgebeuteten, Unterdrückten und Verfolgten, die Hilflosen, die wehrlosen Opfer des ökonomischen und militärischen Krieges - ein System beenden, das weitverbreiteten Schaden, Ungerechtigkeit, Unehrlichkeit schafft und unterstützt. Ebenso können die Kräfte der Uneinheit und Aggression, durch Ausbeuter und Unterdrücker in Bewegung gesetzt, außer Kontrolle geraten. Dies ist bereits in Osteuropa und anderswo geschehen. Auf jeden Fall - gleich wie - sah Shri Babaji als Herr der Veränderung oder der Zerstörung voraus, dass das gegenwärtige System fallen wird und muss, um den Weg für Veränderungen freizumachen.

Kommt die Veränderung mit Gewalt, so wie Shri Babaji es voraussagte, müssen die Überlebenden der Zerstörung die Qualitäten entwickeln, die

Babaji für ein spirituelles Wachstum hervorhob. Die materiellen Objekte, auf die die heutige Gesellschaft sich stützt und zentriert, werden größtenteils zerstört werden. Wie können die Menschen an Objekten hängen, die sie nicht länger besitzen oder erwerben können? Die Produktion von Nahrung und die Wiederherstellung der Wasserversorgung, der Transport- und Nachrichtenmittel wird Einheit und Kooperation zu einem uns unbekannten Ausmass erfordern. Wenn die Menschen nicht lernen, beherzt zu leben und gemeinsam zu arbeiten in Wahrheit, Einfachheit und Liebe, dann werden sie nicht überleben können.

Das Mahakranti enthält alle Lehrstücke Babajis. Gott hat der Menschheit unzählige Lehren und Beispiele gegeben, wie man glücklich und harmonisch auf dieser Erde leben kann. Versäumen wir es, aus unseren von Gott gegebenen Lektionen und Erfahrungen zu lernen, werden uns schwierigere Lernsituationen gegeben, und weigern wir uns, Fortschritte zu machen, werden wir den Stock fühlen. Das Mahakranti mag als Gottes Stockschläge für die Welt angesehen werden, die so wenig aus seinen Lektionen lernt, oder als Unerbittlichkeit des Karma-Gesetzes auf weltweiter Ebene.

Im August 1983 sagte Babaji zu einem amerikanischen Reporter:

"Meine Botschaft wird bis in die Tiefen der See reichen und bis in die Höhen des Himmels. Alle modernen Waffen, Atombomben und andere Bomben sind nutzlos gegen Mahaprabhujis Botschaft und Macht. Die Botschaft, die aus einer Höhle des Himalaja drang, ist nun weit in der Welt verbreitet worden."

Einen Monat später sprach er über die Aussendung seiner Botschaft:

"Es ist wahr, dass unsere Radioausstrahlung schwach ist. Der Ton ist leise. Das "Radio" muss an viele Orte senden und die Übermittlung ist schwer; die "Radios" empfangen nicht in ihrer vollsten Stärke, denn heute muss die Nachricht durch das ganze Universum gesandt werden. Die Übermittlung geht an jedes einzelne Wesen in der Schöpfung - zu jedem der 8.400.000 existierenden Arten. Weil die Radiowellen jede entfernte Ecke des Universums erreichen müssen, ist der Empfang schwach.

Nicht nur der Mensch ist in Gefahr, sondern jede der 8.400.000 Arten, und der Ton des "Radios" muss jede Einzelne von ihnen erreichen.

Hier endet die heutige Durchsage. Sabka Kalyan ho! Mögen alle Lebewesen befreit werden!"

In seiner Zärtlichkeit und Liebe für die Menschheit gab Babaji - der das physische Mahakranti in dem Wissen vorausgesagt zu haben scheint, dass es das Ergebnis der Ernte des augenblicklich schweren Karmas ist - einen letzten Hinweis, dass sogar dieses Schicksal abgeschwächt oder abgewendet werden kann. In seinen letzten Worten an seine Schüler in Haidakhan am 4. Februar 1984 sagte er:

"All die großen Weisen, Heiligen, Yogis und Sanyasins, die die Welt gesehen hat, und alle Botschafter Gottes haben nur durch harte Arbeit und Karma Yoga ihre Ziele erreicht. Durch Karma Yoga haben sie selbst die Natur verändert. Seid deshalb nicht enttäuscht im Leben und erinnert euch daran, dass das, was Gott nicht erreichen kann, ihr durch harte Arbeit erreichen könnt. Karma Yoga ist das Mittel, das selbst den von Gott vorgeschriebenen Pfad verändern kann.

Der Botschafter der Revolution ist gekommen!"

Anmerkungen

1 Siehe Seite 136.

2 Babaji, Dr. V.V.S. Seiten 67 und 68, oder K.L. Jand, Seiten 112 und 113

3 Zum Vergleich und eines detaillierten Bildes des Mahakrantis lies das Buch von Mary Summer Rain "Spirit Song: The Visionary Wisdom of No-Eyes."

4 Babaji spricht; Prophezeiungen und Lehren

5 ebenda

6 Ein junger Italiener namens Ram Lota erzählte mir, dass eines Tages im Jahre 1982, als er mit Babaji und Gaura Devi zusammensaß, Babaji ihm sagte, dass das Mahakranti beginnen würde, wenn Indien und Pakistan sich bekriegten.

Durch mich könnt ihr wählen zwischen Leben und Tod,
Segen und Fluch;
wählt das Leben, damit Ihr und Eure Nachkommen leben möget.

Deuteronomy: 30:19

Gehe durch die schmale Pforte, denn breit und weit ist die Straße, die ins
Verderben führt. Viele wandeln darauf. Schmal hingegen ist die Pforte und
eng die Straße, die ins Leben führt. Nur wenige finden sie.

Jesus: Matthäus 7:14 und 14

Kann derjenige, der den Weisungen des Herrn folgt, verglichen werden mit
dem, der von seinen Gelüsten getrieben und dessen verruchte Taten ihm
gerecht erscheinen?

Koran

Kapitel 13

Babaji zeigt den Pfad zur Gottesverwirklichung

Babajis Auftrag

In Mahendra Maharajs Schriften, die er vor mehr als zehn Jahren vor Shri Babajis Rückkehr in den Haidakhan Ashram verfaßte, erklärt Babaji seine Manifestation mit folgenden Worten:

"Ich habe mich entschlossen, in die menschliche Welt hinabzusteigen. Dort werde ich jeden Einzelnen von den Fesseln des Leidens befreien. Ich will die Menschen lehren, wie sie, obwohl sie im täglichen Leben stehen, losgelöst, vollkommen losgelöst sein können.

...Das grundlegende Werk wird die Veränderung der Herzen sein, nur so können alle Lebewesen Glück erlangen. Deshalb wird es meine wichtigste Aufgabe sein, die Herzen und das Denken der Menschen zu wandeln."[1]

Babajis Arbeit und seine mündlichen Belehrungen während seiner dreizehnjährigen Mission bestätigen diese Voraussagen. Sein Beispiel und seine Unterweisungen in der Ausübung von Yagya, Karma Yoga, Andacht und Selbstdisziplin halfen, Liebe in den Herzen der Menschen und ein Gefühl für Harmonie und Einheit durch den Dienst an anderen Lebewesen zu entwickeln. Sie sind Mittel, um den Grundcharakter der Menschheit zu wandeln und zu veredeln. Die Veränderung im Herzen und Denken der Menschen geschieht durch langsames, stetiges Wachstum, das die eingefleischten Muster von Denken und Handeln überwindet. Durch unermüdliche Bemühung entwickelt man ein geistiges Bewusstsein oder Charaktereigenschaften, die spontan harmonisch auf Situationen reagieren und in Übereinstimmung mit dem göttlichen Willen und der ganzen Schöpfung stehen. Babaji lehrte viele Methoden der Selbstdisziplin, die diese Geisteshaltung unterstützten und entwickelten.

"In der heutigen Zeit fühlt sich jeder unsicher. Ich möchte den Charakter der Menschen so veredeln, dass selbst so unterschiedliche Naturen wie Löwe und Ziege zusammenleben können, nicht in Eifersucht oder Hass - sondern in Liebe."

...Entzünde das Licht in dir selbst, dann entzünde es in anderen, eins nach dem anderen. Genauso wie die Lampe Öl ver-

brennt, so verbrennt dieses Licht Untätigkeit, Trägheit und Hab-
gier."

...Es ist eure Pflicht, meine Botschaft zu verbreiten und die
Menschen auf die Stufe der Menschlichkeit zu bringen, anstatt
dass sie auf einer Ebene verharren, die der der Tiere gleicht."

...Wie man Licht verbreitet, indem man in einem Raum eine
Kerze nach der anderen anzündet, so sollten wir Liebe verbreiten
von Herz zu Herz."[2]

Vishnu Dutt Shastriji äußerte einmal: "Zwei Verhaltensweisen, die Shri Babaji bei den Menschen nicht mag, sind erstens: wie Schafe zu sein, die blind einer hinter dem anderen herrennen, und zweitens: Falschheit oder Verschlagenheit." Beides widerspricht der Wahrheit, die Babaji und Mahendra Baba lehrten und die sie als Beispiel benutzten. Shastriji gab durch Shri Babaji den Rat zweier alter Mantren wieder, die ein Gegenmittel zu diesen zerstörerischen Verhaltensweisen sind. "Wer Kontrolle über sich selbst hat, wird Erfolg im Leben haben." Dies ist die Methode, mit der man ein erfülltes Leben leben und den Weg zur Gotterfüllung finden kann. Und wie lässt sich dies finden? "Erwache, stehe auf! Geh zu den Weisen und lerne von ihnen!"

Nichts kann ohne Disziplin erreicht werden

Babaji legte großen Wert auf Selbstkontrolle und Disziplin.

"Du musst vollkommene Kontrolle über dich selber haben und
eine feste Zielsetzung. Du darfst von deinem Ziel nicht abweichen,
auch nicht zur Zeit völliger Zerstörung der Welt. Jemand, der
stark in seiner Zielsetzung verharrt, kann die ganze Welt verän-
dern."

..."Nichts kann ohne Disziplin erreicht werden. Du solltest die
strenge Disziplin eines Soldaten haben. Sei ein Soldat Gottes und
handle mit Mut und Disziplin."

Disziplin und Mut sind wesentlich für diesen Prozess, denn es ist sehr schwer, diesem Pfad zu folgen. Das moderne Leben bietet viel mehr Verlockungen, den Pfad zu verlassen, als ihm zu folgen. Babaji beschrieb die Stärke, die für diese Reise erforderlich ist:

"...du musst in deinem Herzen den Entschluss fassen, fleißig
und mutig zu sein. Solche, die stark wie Eisen sind, sind entwick-
lungsfähig. Stark sein heißt nicht, hart und herzlos zu sein, stark

zu werden bedeutet, jenseits von Freude und Schmerz zu gelan-
gen, jenseits von Hitze und Kälte."

Die Stärke, die Shri Babaji zu lehren suchte, war die Charakterstärke, die in allen alten Schriften gerühmt wurde - eine tiefe Bereitschaft, die Wahrheit zu erkennen, innere Disziplin, Willensstärke, die nicht von Freude und Schmerz erschüttert wird, die nicht vom Weg abweicht durch Verlangen oder Furcht. Um die Stärke zu üben und zu entwickeln, wies Babaji die Schüler an: "Lerne, keine Pläne zu machen, und phantasiere nicht über die Zukunft. Vergiss die Vergangenheit und alte Gewohnheiten. Lerne, dich auf das Göttliche zu konzentrieren, hier und jetzt!"

Es war bekannt, dass Babaji materielle Wünsche erfüllte, seine Lehre je-doch war - durch sein Beispiel, seine Worte, sein Einwirken auf die Men-schen und durch das tägliche Ashramleben - Disziplin und "Reinigung", oder eine Stärkung von Körper, Herz und Geist. Der Körper wurde diszipliniert und gestärkt durch frühes Aufstehen und indem er lernte, das kalte Winter-morgenbad im Fluss zu ertragen und die Hitze beim Arbeiten in der Sonne, Hunger und Durst überwindend. Wünsche sollten kontrolliert und physische Freuden und Schmerzen mit Gleichmut getragen werden. Der Geist wurde geübt in Selbstkontrolle durch Gebet, Singen, Japa, (entweder im Stillen oder im gemeinsamen Gesang), durch Meditation und durch aufrüttelnde Erfah-rungen, wenn immer ein Schüler steckenblieb in Ängsten, Wünschen oder Selbstzufriedenheit. Das Herz wurde gereinigt durch Verehrung, Dienst am Nächsten, Hingabe und Liebe zu Gott in vielen Formen, aber besonders für die lebende Manifestation Gottes in "Babaji", auf die wir uns beziehen konn-ten.

Zu viele Wünsche

Diese Lehren stehen im Einklang mit den alten Schriften Indiens, aber Babaji bedachte die Situation des modernen Menschen und vermittelte einen Weg, der von den alten Lehren leicht abwich.

> *"In diesem Zeitalter ist es unmöglich, der Welt zu entsagen.*
> *Die einzige Form der Entsagung besteht darin, jede Arbeit und*
> *jede Aktivität Gott zu weihen. Wenn du Gott willst, sei bereit, ihm*
> *alles zu übergeben."*

Babaji übermittelte den Menschen diese Lehre auf verschiedene Weise. Die Psychologin Dr. Shdema Goodman, Amerikanerin israelischer Abstam-mung, die im Ashram unter dem Namen Shivani bekannt war, beschrieb folgende Erfahrung mit Babaji:

"Es war auch während dieses Besuches, dass ich plötzlich an meinem Verstand zweifelte. Was brachte mich dazu, hier zu sein, so weit weg von zu Hause, von meinem Mann, meinem Sohn, meiner Arbeit, meinem Lebensstil? Meine augenblicklichen Gefährten waren Schlangen im Dschungel und Würmer im Stuhl. Nächtelang wurde ich von Insekten gestochen. Dazu kam die Hitze. War ich ein Masochist? Wozu brauchte ich diese Erfahrung? Meine Unsicherheit und Zweifel veranlassten mich, Babaji genauestens zu befragen, was er mir eigentlich beibringen wolle. Könne er mich Teleportation lehren, dann wäre es der Mühe wert, diese Unannehmlichkeiten auf sich zu nehmen. Mir war empfohlen worden, Babaji niemals nach seinen Beweggründen zu fragen, er wisse genau, was ich brauche. Folglich würde er mir die geeigneten Lehren zur rechten Zeit verpassen. Dennoch nahm ich eines Tages meinen ganzen Mut zusammen und fragte ihn: "Was ist es, das du mich lehren kannst? Kannst du mir die Teleportation beibringen?" "Ich kann dich lehren, stille zu sein und meine Anweisungen zu befolgen. Außerdem redest du zu viel. Ich mag keine geschwätzigen Leute. Morgen kannst du gehen..."

So musste ich also am nächsten Tag fortgehen. Meine Empfindungen waren zwiespältig. Ein Teil von mir stimmte zu, der andere wollte länger bleiben. Kurz entschlossen packte ich meine Sachen und war bereit, abzureisen. Als ich auf den Ashramstufen saß und auf mein Pferd wartete, ging ich in mich und schloss die Augen. "Wo bin ich vom spirituellen Weg abgekommen?" Im Geiste stellte ich Babaji diese Frage und wiederholte nochmals: "Was habe ich falsch gemacht? Worin liegt mein Fehler? Alles, was ich wissen wollte, war, ob du mir Teleportation beibringen kannst." Die Antwort, die ich im Geiste hörte, lautete: „Du hast zu viele Wünsche!" "Aha", dachte ich, "das war es also. So muss ich denn alle meine Wünsche loslassen." Ich stellte mich auf mein Inneres ein, um festzustellen, ob ich es mit dieser Äußerung ernst meinte. Ein paar Wünsche tauchten dann auch hier und da auf, von denen ich meinte, nicht lassen zu können. Um auch sie loszuwerden, wiederholte ich die Affirmation "Ich bin jetzt wahrhaftig bereit, alle meine Wünsche aufzugeben". Zur Bekräftigung wiederholte ich diesen Wortlaut noch einmal mit meinem Namen: "Ich, Shdema, Shivani bin bereit, meine Wünsche aufzugeben." Dabei entspannte ich mich und ging in den wollenden Teil hinein und ließ alle Spannungen und alles Festhaltenwollen in meinem Körper los. Ich fühlte meine Aufrichtigkeit in diesem Augenblick. Irgend etwas zwang mich, meine Augen zu öffnen, und ich erblickte Babaji ganz in meiner Nähe. "Du kannst bleiben!" sagte er. Ich lächelte erleichtert und brachte mein Gepäck zurück auf mein Zimmer.[3]"

Verschwende nichts

Babaji mochte ebenso wenig überflüssige Reden wie jede Form von Trägheit. "Rede weniger, arbeite mehr", war einer seiner Wahlsprüche. Ein andermal drückte er es so aus: "Sprich so wenig wie möglich. Vergeude deine Zeit nicht. Sei alle Zeit auf den Namen Gottes konzentriert."

Er war gegen Verschwendung jeder Art. "Konzentriert Energie und bewahrt sie! Verschwendet nichts, benutzt es nur, wenn es gebraucht wird!"

Babaji setzte sich sehr dafür ein, Elektrizität in das Tal und das Dorf und den Ashram zu bringen. Als dies 1983 geschah, installierte er Licht auf vielen offenen Plätzen, wo sich Treppen oder einzelne Stufen in öffentlichen Zonen des Ashrams befanden. Sie brannten aus Sicherheitsgründen die ganze Nacht. Nach der Feuerzeremonie in der Morgendämmerung saß Babaji oft allein draußen auf der Terrasse vor seinem Badezimmer, von wo aus er einen großen Teil des Ashrams überblicken konnte. Wenn das Morgenlicht heller wurde, rief er laut den Vorbeigehenden zu, das Licht zu löschen. Er mochte es nicht, wenn die Wasserhähne liefen und schimpfte mit den Anwesenden, die zu viel Essen auf ihre Teller luden und es später wegwarfen. Vergeudung jeder Art war Babaji zutiefst zuwider.

Eine andere Verschwendung, gegen die Babaji sich wendete, war der Gebrauch von Drogen. "Drogen sind schädlich und nutzlos für jede spirituelle Praxis." Eines Abends sprach er speziell zu den anwesenden italienischen Schülern, aber die Botschaft galt für alle:

> *"Nehmt keine berauschenden Drogen, sondern lernt von Gaura Devis Hingabe und Reinheit. Warum kommt ihr so weit hergereist, ist es, um euch an Drogen zu verlieren? Es ist streng verboten, Drogen zu nehmen, und jeder, der Drogen zu sich nimmt, muss gehen, denn so gibt es keinen Fortschritt und ihr bleibt wer ihr seid."*

Die Menschen lernen ebenso durch physische wie emotionale Schmerzen und Leid wie durch Freude und Erfolg, aber wir lernen am meisten durch die Konfrontation mit Widerständen und Herausforderungen. Wenn Nerven, Gefühlsregungen und Gehirn abgestumpft sind durch Drogen oder Alkohol, ist es schwierig, Problemen zu begegnen und leicht, ihnen auszuweichen; wer Drogen nimmt, hat wenig oder keine Disziplin. Zeit und Leben werden verschwendet.

Nachdem Babaji wieder einmal gemahnt hatte, keine Drogen zu nehmen, sagte er zum Schluss:

"Jeder hier ist ein Soldat von Haidakhan. Seid pflichtbewusst um der Pflicht willen. Seid für Opfer bereit. Fürchtet nicht die Fluten und Flammen des Lebens. Seid wachsam und vorbereitet, Veränderungen zu begegnen... Die Zeit ist gekommen. Versteht ihr? Seid wachsam!"

Trotz seiner strengen Anweisungen gegen den Gebrauch von Drogen und trotz der auf Babajis Anweisungen gedruckten Ashramregeln, die den Erwerb, Verkauf und Besitz oder Gebrauch von Charas, der ortsüblichen Art von Marihuana, verboten, kaufte Babaji selbst ein Kilo, ein halbes, oder ein Stück von den Bewohnern des Tales und gab es den Schülern, die es wünschten. Schließlich ist er Lord Shiva, der die Wünsche seiner Anhänger erfüllt, und als Sadguru (Wahrer Meister) trägt er die Verantwortung dafür, die Menschen auf ihre Probleme und Fehler aufmerksam zu machen und ihnen durch die Konfrontation mit der Wahrheit zu helfen. Verständlicherweise jedoch gab es Verwirrung darüber, was Babaji wirklich meinte.

Als Shri Babaji einmal auf Reisen war, rief er in einem relativ ruhigen Augenblick zwei ausländische Schüler in sein Zimmer, die, wie er wusste, Charas rauchten. Babaji ließ seine Worte übersetzen und sprach zu ihnen wie ein Vater zu seinen Söhnen. Er sagte den jungen Männern, dass sie vielen Versuchungen in ihrem Leben ausgesetzt sein würden und dass ein Mensch erst dann ein wahrer Mensch wird, wenn er die Versuchungen erkennen und ihnen aus dem Weg gehen kann. Er fragte sie, ob sie Charas rauchten, und sie gaben zu, es "gelegentlich" zu tun. Babaji erklärte ihnen, dass dies eine sehr schlechte Gewohnheit sei, der sie abschwören sollten. Er betonte, er erwarte von ihnen, es aufzugeben. Sie antworteten: "Ja, ja."

Am Nachmittag saßen die beiden jungen Männer außerhalb von Babajis Raum und redeten über die Morgenunterhaltung. Sie baten den Übersetzer nochmals, den Sinn der Worte zu erklären. Er wiederholte, was Babaji gesagt hatte, und sie meinten, dies sei wieder eines von Babajis "Lilas". Er verbietet Charas, aber gibt sie uns.

Nach dem Abendarti und dem Darshan sprach Babaji wieder mit den jungen Männern. Er sagte ihnen, dass er es nicht mochte, wenn jemand irgend eine Art von berauschenden Drogen nehme. "Ich mag keine Süchtigen. Selbst wenn ich euch Drogen gebe, solltet ihr sie nicht nehmen." Der Übersetzer berichtete Babaji, dass die jungen Männer verwirrt waren, weil er ihnen selbst Drogen gab. Babajis Antwort lautete: "Dies ist eine Prüfung. Selbst wenn ich sie ihnen gebe, sollten sie sie nicht nehmen."

Am nächsten Tag schenkte Babaji ihnen ein halbes Kilo Charas und sagte: "Raucht es." Und sie nahmen es an und rauchten es.

Ein anderer unvernünftiger Akt, der Babaji schmerzlich war, war Selbstmord, die Absicht, sich das Leben aus Zukunftsangst zu nehmen. Das Sanatana Dharma besagt, dass es nicht einfach ist, ein menschliches Leben anzunehmen und dass es nur zu Wachstumszwecken der Seele gewährt wird. Der Anfang und das Ende menschlichen Daseins liegt in Gottes Hand. Ein gottgegebenes Leben vorzeitig zu beenden, heißt Gott zu spotten und alle Lernmöglichkeiten des Lebens zu vergeuden. Dies heißt nicht, dass ein Mensch nicht sein Leben riskieren oder es hergeben soll für die Rettung eines anderen. Babaji sagte oft: "Geht jenseits der Angst des Todes und der Hoffnung des Lebens." Aber bewusst sein Leben aus Angst oder Mangel an Mut zu beenden ist unwürdig.

Verwandlung der Herzen durch Erfahrungen

Babaji setzte die Menschen jenen Erfahrungen aus, die sie zur Problembewältigung, zu innerem Wachstum an Disziplin benötigten. Er brachte wütende Menschen miteinander in Berührung, ließ sie in ihrer gegenseitigen Raserei explodieren. Falls sie versagten, ihre Temperamente in diesem Stadium zu zügeln, ließ er sie seinen Unwillen fühlen und ihre Wut richtete sich nun auf ihn. Menschen mit überstarken oder unkontrollierten Wünschen nach Drogen, Alkohol, Sex, Geld usw. konnte er entweder nachsichtig bis zu dem Punkt behandeln, an dem sie selbst wünschten, ihren Drang zu kontrollieren oder er konfrontierte sie mit Situationen, wo sie außerstande waren, ihre Wünsche zu befriedigen und sie deshalb lernen mussten, sie zu beherrschen.

Als göttlich inspirierter Psychologe rührte Babaji immer wieder in den Schwächen und Verfehlungen seiner Schüler und bohrte immer wieder darin herum, bis sie sie nicht länger ignorieren konnten. Er arbeitete ohne Unterlass daran, dass die Menschen sich selbst bloßstellten und sich von ihren falschen, begrenzten, unnötigen Identifikationen lösten. Er hatte Mahendra Maharaj erklärt, dass er kommen würde, um die Menschheit von den "schmerzlichen Bindungen" zu erlösen, die Sorgen, Schmerzen und Leid verursachen. Dieses Versprechen hielt er, indem er den Menschen half, über ihren sie fesselnden Wünschen und Ängsten zu stehen, die sie der Freiheit, des Friedens und Glückes berauben, die die Menschheit erreichen und genießen soll.

Babaji opferte sich für diesen Weg auf. Seine fortwährenden Dienstleistungen waren auch eine physische Anstrengung für seinen menschlichen Körper. Von seinen Schülern übernahm er viel schweres Karma, auch handelte er für sie, und das brachte ihm oftmals Kritik ein. Dennoch gab er sich kaum Mühe, seine Handlungen und seinen Ruf zu verteidigen. Er behielt seinen Gleichmut in Situationen, die die meisten Menschen in Wut oder Abscheu versetzt hätten. Für seine Schüler - in einer Welt, in der die Moral und die spirituelle Ebene der Menschen tief gesunken sind - stieg er herab und hinein in den Strudel der Emotionen und Aktivitäten, um den Menschen ihren eigenen Spiegel vorzuhalten. Es gibt einige Schüler, die meinen, dass dieser "Abstieg" Shri Babaji einige seiner "Siddhi"- Kräfte gekostet habe, oder gar das Ende seines "Lebens" in dieser Manifestation. Was immer ihm sein Dienst für andere einbrachte, er ersparte sich keine Mühe für seine Schüler, die aufrichtig seine Führung und sein Schulung auf dem Weg zur Gotterkenntnis suchten.

"Dies", so sagte er, "ist mehr denn je das Zeitalter der Zerstörung. Der Mensch ist von seiner niederen Natur versklavt worden. Ich gehöre keinem bestimmten Glauben an, sondern achte alle Religionen. Mein Ziel ist die Erhöhung der Menschheit. Das höhere Selbst muss in den Menschen entwickelt, die niedere Natur unterjocht und ausgerottet werden. Es wird in all den Ländern der Erde zerstört werden, indem sich das Herz der Menschen wandelt. Versteht ihr? Nun da ihr versteht, lebt in Wahrheit, Einfachheit und Liebe und verbreitet diese Botschaft in der Welt."

Über Sex und Heirat

Da Sex und seine Freuden die Menschheit so stark anziehen und schwer zu kontrollieren sind, spielte dieses Thema eine große Rolle in Shri Babajis Lehren - nicht so sehr in seinen Reden, sondern in den Erfahrungen seiner Schüler, die er ihnen zukommen ließ, - denn deren Gedanken kreisten, wie bei anderen Durchschnittsmenschen, häufig um Sex, Wünsche und Handlungen auf der einen oder anderen Ebene. Eine seiner wenigen diesbezüglichen Aussagen lautete:

"In diesem Kali Yuga (dunklen Zeitalter) hat kaum jemand die Kraft, im Zölibat zu leben. Obgleich dies das beste wäre, ist die Ehe unkontrollierten Beziehungen vorzuziehen. Die liebevolle Vereinigung zwischen Mann und Frau kann Frieden bringen und eine Hilfe bei spirituellen Übungen sein."

Vishnu Dutt Shastriji, der für Babaji einmal vor einer Vermählung in Haidakhan sprach, sagte: "Die Ehe ist von großer Wichtigkeit im Leben eines jeden. Diese Verbindung mag Jahrhunderte überdauern. In der Ehe treffen zwei Seelen von verschiedenen Orten aufeinander und vereinen sich durch innere Eingebung."[4] Die Ehe bietet die Möglichkeit, in Einheit und Harmonie zusammenzuwachsen und Pflichtgefühl und Dienst am anderen zu entwickeln. Dies ist die Basis der Menschlichkeit, die Babaji lehrte. Ein Ehepaar kann sich durch sexuelle Wünsche hindurcharbeiten, ein oder zwei Kinder aufziehen, als sorgende, anteilnehmende Freunde zusammenleben, dem anderen helfen, kreativ und spirituell zu wachsen und die niedere menschliche Natur überwinden. Ferner gibt sie die "Möglichkeit", tief in die "Anhaftung" zu fallen, und dies mag der Grund für Babajis (und die des Apostel Paulus) Bemerkung sein, dass das Zölibat für den Gottessucher besser sei als die Ehe. Seit seiner letzten Manifestation 1861, als er Shri Lahiri Mahasaya in Kriya Yoga einweihte, hat sich Shri Babajis Lehre auf Angehörige des Ehestandes konzentriert - Verheiratete mit Familie und beruflicher Verantwortung. Lahiri Mahasaya, Vater mehrerer Kinder, wurde ein großer Heiliger und gelangte in den Besitz von vielen "Siddhis" (spirituellen Kräften), aber in seiner Ehe, nach seiner Einweihung, lernte er das Zölibat.[5] Babaji, in Übereinstimmung und Harmonie mit den alten Lehren und Traditionen, ermutigte die Menschen zu heiraten, Kinder zu bekommen, sie zu erziehen und zu versorgen, um durch diesen Prozess zu lernen, sich von sexuellen Wünschen zu lösen; dies als erster Schritt der Wunschkontrolle und des Erhabenseins über alle Wünsche, eine Vorbedingung zur höheren Erfahrung des Göttlichen. Es gibt eine starke Tradition innerhalb des Sanatana Dharma, die besagt, dass ein Heiliger oder ein Erleuchteter, der den Weg des Familienlebens gegangen ist und alle Wünsche des normalen Lebens erfahren hat und beherrscht, auf seinem Wege zur Gotterfahrung mehr als ein "Entsagender" geleistet hat, der diese Lebenswünsche in einer Höhle des Himalajas, fernab von der "materiellen Welt", meistert. Die alten Rishis (die Weisen der Meister) hatten oft mehr als eine Frau und viele Kinder. Beide Wege haben die Menschen zur Erleuchtung geführt und beide sind sehr schwierig, denn sie erfordern eine starke innere Disziplin.

Gaura Devi befragte einmal Shri Babaji nach tantrischen Lehren und Übungen bezüglich Sex, welche - zumindest in der Theorie - den Sex benutzen, um von sexuellen Vergnügungen Abstand zu gewinnen. Er sagte, dass diese sexuellen Praktiken nur eine niedrige Form der Verführung auf diesem Weg seien, dass Anhaftung an Sex, egal unter welchem Namen, ein Haupthindernis auf dem Weg zur Erleuchtung sei. Es ist schwieriger, als man glaubt, sich während sexueller Spiele oder Phantasien auf das Göttliche zu konzentrieren. Waren die Menschen noch nicht fürs Zölibat bereit und waren sie noch in sexuellen Wünschen verfangen, stellte Babaji sie in Situationen, in denen sie ihre Wünsche befriedigen konnten. Obgleich er, so weit ich weiß, diese Praxis nicht verkündete, schien er (in einigen Fällen forderte er es sogar) die meisten Menschen zu drängen, ihre Hauptwünsche auszuleben, bevor sie danach trachteten, sich von ihren Wünschen zu lösen. Es gibt nur wenige, die ohne die Erfahrung der Befriedigung lernen, einen Wunsch zu kontrollieren oder über ihm zu stehen.

Einmal fragte jemand Babaji: "Wie kann ich meine Liebe zu meiner Freundin mit der für Gott vereinbaren?" Babajis Antwort lautete: "Konzentriere dich zuerst auf die Liebe für deine Freundin und dann, wenn du befriedigt bist, komme zu Gott."

Die alten indischen Schriften sind nicht "antifeminin" eingestellt. Sie beschreiben den absoluten Gott als formlos und geschlechtslos, und unter den "körperlichen" Manifestationen sind die weiblichen Formen genauso machtvoll und wichtig wie die männlichen. Der weibliche Aspekt Gottes und der Götter ist der aktive, erschaffende Teil, ohne den der "männliche" Aspekt leblos, nutzlos ist. Die göttliche Mutter wird in vielen Heiligen Schriften und Kulturen in den verschiedensten Formen verehrt. Die Frauen, über die in den Heiligen Schriften geschrieben wurde, waren keineswegs den Männern untergeordnet.

Die westlichen "emanzipierten" Frauen, die in den Ashram kamen, waren oftmals erschüttert von dem, was sie von der Situation der Landfrauen in Uttar Pradesh sahen. Vielen erschienen gewisse Gebräuche unangemessen und diskriminierend, wenn sie in den Ashram kamen, besonders das Erfordernis, einen Sari (ein wirklich wunderschönes Kleidungsstück, wenn richtig angezogen) zu tragen und sich nach der uralten Sitte, während der Menstruation der Küche, dem Tempel und Heiligen Männern (einschließlich Babaji) fernzuhalten. Einige westliche Frauen, die die feinen unterschwelligen kulturellen Hintergründe für diese Erfordernisse (wie den schwer arbeitenden Frauen drei oder vier Tage im Monat Ruhe zu gönnen) nicht verstanden, betrachteten den Ashram in der ersten Zeit als eine Männer-orientierte Gesellschaft.

Einmal fragte eine junge Amerikanerin Babaji: "Welcher Unterschied besteht zwischen Männern und Frauen?" "Es gibt keinen Unterschied!" antwortete Babaji. Er erklärte, dass beide, Männer und Frauen, ihre eigenen "Energien" hätten, nur die Gestalt ist verschieden, es gibt keinen genetischen Unterschied, der den einen über den anderen stellt. Beide sind - in seiner Sicht - aus der gleichen Substanz und Energie Gottes geschaffen, in beiden wohnt eine Seele, die eins mit Gott ist. Jede hat seine Pflicht gegenüber der Gesellschaft, der Zivilisation und des Fortbestandes des Lebens.

Obgleich Babaji die Gedanken der Menschen lesen konnte, manipulierte er sie nicht. Er stellte die Anwesenden in Situationen, aber es war an dem Schüler, die Lektionen aus Erfahrungen zu lernen. Eine Ashramregel war das Zölibat, aber Babaji führte viele zu der sexuellen Erfahrung, die sie wünschten oder benötigten, offensichtlich in der Hoffnung, dass sie erkannten, wie flüchtig und unbeständig das sexuelle Vergnügen ist und nicht wert, hieran zu hängen, versklavt oder süchtig danach zu werden. Fast alle Menschen, die in einem dieser sexuellen "Lilas" verwickelt waren, diskutierten dieses Spiel mit anderen und kamen zu dem Ergebnis, dass Shri Babaji sie lehrte, über sexuellen Wünschen zu stehen (notwendigerweise aber nicht auf Sex zur Fortpflanzung zu verzichten oder als Ausdruck gegenseitiger Liebe in der Ehe), so dass sie von der starken Anziehung der niederen Natur befreit wurden, die ein Hindernis auf dem Weg zur Gotteserkenntnis ist.

Ein junger Mann, nicht reif zum Zölibat, wurde von Babaji auf eine Geschäftsreise nach Bangkok gesandt. Als er aus Thailand wiederkehrte, besuchte er Babaji, der wegen eines Festes in Vrindaban weilte. Nach den Feierlichkeiten sagte Babaji, er solle mit ihm nach Haidakhan zurückkehren. Der junge Mann erzählte Babaji zögernd und scheu, dass er nach Delhi reisen müsste, um sich einer medikamentösen Behandlung zu unterziehen, denn er hätte sich in Bangkok eine "Kavaliers"- Krankheit eingefangen. Babaji lachte und sagte: "Dein Problem gefällt mir! Fahre nicht nach Delhi, komme mit mir nach Haidakhan, deine Gesundheit wird sich wieder einstellen." Der junge Mann fuhr mit einigen Bedenken mit Babajis Begleitern nach Haidakhan und innerhalb weniger Tage waren die Symptome verschwunden. Auf diese Weise hatte er eine gewünschte Erfahrung, deren mögliche Problematik voraussehbar war, gemacht und seinen Teil daraus gelernt. Schritt für Schritt lernte er weiter aus seinen Erfahrungen.

Babaji fuhr fort, den Menschen Rippenstöße auf ihrem Weg nach oben zu versetzen. Für die "Yogis" (Entsagende, die Gotterkenntnis in "diesem" Leben suchen) aus dem Ausland war es schwer, sich über die Sexualität zu erheben. Einige von ihnen wie auch einige andere Schüler wurden auf Babajis Anweisung verheiratet und waren erstaunt, Druck von Babaji zu erfahren, als er ihnen Entsagung und Nichtanhaftung lehrte. Die Ehe ist gut für den "Haushaltsvorstand", aber Yogis sind nach alter Tradition jene, die alle Wünsche und Anhaftungen hinter sich lassen.

In einem Fall sprach er ganz privat nach einem Monat der Ehe zu einem verheirateten Yogi-Paar, er schimpfte sie sacht aus und wies sie an, nicht weiter zusammenzuleben. Er sagte: "Wenn ich in diese Welt komme, dann gebe ich Nektar, aber die Menschen wählen immer das Gift." Als der verdutzte Ehemann mit den Worten protestierte, dass es ja Babaji war, der sie verheiratet hätte, antwortete er: "Ja, aber das war meine Prüfung!"

Zu einer früheren Gelegenheit hatte Babaji gesagt: "Wenn Du Gott möchtest, dann sei bereit, alles Gott zu übergeben," und das ist der Standard für einen Yogi und eine Yogini. Derjenige, der Einheit sucht mit Gott, muss alles Persönliche, Physische, alle egoistischen Wünsche hinter sich lassen, alles Gott überantworten und ihm durch alle Gottesgeschöpfe dienen. Wünsche gerichtet auf Wohlstand, Sex, Erfolg, materielle Objekte, selbst der Wunsch nach Gotterkenntnis, lenken von dem Ziel der Gottesverwirklichung ab, jeder Wunsch ist ein Hindernis zwischen dem Schüler und Gott.

Im Laufe einer spirituellen Diskussion stellte jemand Vishnu Dutt Shastriji eine Frage über Entsagung. "Ich hörte, dass Shiva ein leicht zufriedenzustellender Gott sei, dennoch soll er sehr streng sein. Wie sehen Sie das?" Shastriji antwortete:

> *"Shiva ist wahrlich ein Gott, der leicht mit seinen Schülern zufrieden ist, auf der anderen Seite will er, dass diejenigen, die seine Schüler werden möchten, alles aufgeben, genauso, wie er es getan hat. Dies ist nötig, wenn wir wie der Meister werden wollen, den wir uns erwählten.*

> *Alles aufzugeben ist nicht so leicht, denn es sind nicht nur materielle Dinge, von denen wir lassen müssen. Das Ego soll aufgegeben werden und das "Ich", das jede unserer Tätigkeiten bestimmt."* [6]

Eines Tages sang Babaji für Gaura Devi außerhalb seines Raumes ein ländliches Lied: "Ich gab den höchsten Pfad, den Pfad des Yoga. Schaue nicht zurück, schaue nicht umher. Sieh nicht, was die Männer und Frauen treiben, das ist der Weg, der in die Hölle führt."

Shri Babaji war besorgt über die heutige Orientierung auf Sex als "Freizeitvergnügen", als Ziel in sich selbst, als ein übermächtiger Wunsch und Ablenkung der Gesellschaft. Während der letzten Wochen seiner Mission sagte Babaji in seinen ruhigen Gemächern, dass besonders die westliche Welt lernen müsste, sexuelle Wünsche, Impulse und Aktivitäten zu kontrollieren. Etwa in der gleichen Zeit bemerkte er bitter zu Gaura Devi und benutzte dabei den kernigen ländlichen Dialekt: "Sie sind alle Hurenböcke! Nur hierfür und dazu sind sie zu gebrauchen!"

Das Ashramleben als Chance der Veränderung und des Wachstums

Tagesablauf und Lebensstil im Haidakhan Ashram wurde von Babaji so ausgerichtet und festgelegt, um den Menschen zu helfen, mit ihren alten Lebensmustern zu brechen, sich auf das Göttliche zu konzentrieren und neue Muster zu bilden, die die Selbstdisziplin und das spirituelle Wachstum derer fördern, die Gotterkenntnis oder ein Leben in vollkommener Harmonie und Einheit mit dem Göttlichen suchen. Diese Art von Leben auf Dauer ist nicht für jeden bestimmt und Babaji (wie Krishna in der Bhagavad Gita) ließ durchblicken, dass vielleicht nur einer aus einer Million Menschen dazu befähigt ist. Aber die Lebensart und die Regeln im Ashram bieten einige Richtlinien oder Vorschläge, wie man als Haushaltsvorstand die eingefleischten Muster durchbrechen kann, um sein Leben in größere Harmonie mit der göttlichen Schöpfungsordnung zu bringen. Ein Ashram kann als "Einsiedelei" eine gute Hilfe sein für den, der Erfahrungen mit diesem Lebensstil sammeln möchte.

Die erste Regel im Ashram war, früh aufzustehen, ein Bad im Fluss zu nehmen und vor Beginn des Artis, das vor Sonnenaufgang begann, fertig angezogen zu sein. Hatte jemand ein persönliches Meditations- oder Yoga-Asana-Programm, so musste dieses ebenfalls vor Artibeginn beendet sein. Babaji sagte, dass die beste Zeit zur Meditation zwischen zwei und vier Uhr morgens sei. Das frühe Aufstehen bekämpfte die Faulheit oder Trägheit, die Babaji so zuwider war, und die "Bademöglichkeiten" und die im Ashram getragene einfache Kleidung gaben der Einfachheit Nachdruck, die Babaji seinen Schülern für ihr Leben ans Herz legte. Nach dem Arti war Zeit für ein schnelles, einfaches Frühstück oder für einen Snack aus den dörflichen Teehäusern für alle, die meinten, dass ein Morgenmahl angebracht sei. Anschließend ging jedermann an die Arbeit, an Karma Yoga, entweder an eine vorher abgesprochene Pflicht wie die Vorbereitungen für das Ashram-Mittagessen, Büroarbeit oder das Tageshauptprojekt. Dieses bestand entweder darin, einen Hügel abzutragen, um Platz für einen Garten bei den neun Tempel zu schaffen, oder den "Company Garden" zu Füßen der 108 Ashramtreppen zu gestalten. Es wurden ferner Stein- und Baumstammbrücken über den Fluss errichtet, der durch das weite Tal in der trockenen Saison floss oder andere Arbeiten verrichtet, die Babaji als Tageswerk für nötig erachtete. Die Arbeit war ein nutzbringender Beitrag zu den Tätigkeiten oder Einrichtungen des Ashrams; sie wurde mit dem Mantra auf den Lippen oder im Geiste ausgeführt.

Wir unterbrachen unsere Arbeit vor dem Mittag, um uns zu waschen und uns zum gemeinsamen vegetarischen Mahl, das zuerst dem Göttlichen im Tempel dargeboten worden war, zusammenzufinden. Das Essen wurde von den Ashramhelfern aus großen Eimern auf einen Teller gehäuft (entweder einer Platte aus rostfreiem Stahl oder aus großen Blättern zusammengeheftet) und niemand aß, bevor nicht allen serviert worden war. Man konnte so viel essen, wie man mochte, aber es wurde erwartet, dass man seinen Teller leerte; Babaji verabscheute Essensüberreste. War die Mahlzeit beendet, wurden die Blatt-Teller dorthin geworfen, wo das Vieh sie fressen konnte, die Metallteller wurden von den Benutzern gesäubert und sofort zurückgebracht. Anschließend fand eine Pause statt, welche in der Sommerhitze bis um 2.30 Uhr oder 3 Uhr nachmittags ausgedehnt wurde, wonach wieder die Arbeit begann. Die meisten Leute benutzten diese Zeit, um ihr Nachmittagsbad zu nehmen - eine Notwendigkeit vor dem Abendarti - oder wuschen ihre Kleider und trockneten sie auf den Felsen in der heißen Sonne.

Die Nachmittagsarbeit dauerte bis kurz vor Sonnenuntergang, wo man sich vor dem Abendarti, das etwa bei Sonnenuntergang stattfand, säuberte. Sehr selten, wie bei Zementierungsarbeiten, dauerten die Arbeiten bis 22.30 oder 23 Uhr. Das Arti selbst nahm eine Stunde Zeit in Anspruch. Kurz vor Ende der Andacht kam Babaji in die Kirtanhalle, um Darshan zu geben. Babaji blieb dann eine Stunde oder zwei sitzen, ordnete das Singen von Kirtans und Bhajans an, ließ andere kleine Reden halten und Obststückchen oder Süßigkeiten verteilen. Manchmal unterhielt sich Babaji privat mit einigen Anwesenden, während die Gruppe sang. Es war eine informelle, lebhafte und glückliche Zusammenkunft in Gegenwart des Göttlichen. Es war auch eine ereignisreiche Zeit auf inneren Ebenen. Viele Menschen hatten in Babajis Gegenwart kraftvolle innere spirituelle Erfahrungen. Wenn Babaji von seinem Asan aufstand und die Kirtanhalle verließ, folgten ihm einige wenige Schüler bis zu seiner Tür außerhalb seines Quartiers, dort wurden sie gesegnet und dann gingen alle in ihre Zimmer für die Nacht, oder um vor ihren Zimmern den Sternenhimmel zu beobachten (und manchmal die heiligen Lichter auf dem Kailashberg[7]) und dabei vor der Nachtruhe ein wenig miteinander zu reden.

Der Tagesablauf und die tägliche Ashram-Disziplin unterstützten die Eigenschaften, welche Babaji zur spirituellen Entwicklung seiner Schüler fördern wollte. Karma Yoga, verrichtet unter dem Rezitieren von Mantren, war die Haupttätigkeit des Tages, die Arbeit galt nicht einer Person, sondern wurde zum Allgemeinwohl verrichtet. Japa und die vielen Stunden in Babajis Gegenwart richteten den Geist auf das Göttliche. Die Ashramregeln schrieben Sauberkeit der Person und ihres Eigentums vor (die Räume mussten täglich gesäubert werden, und Babaji kam des öfteren unerwartet hinein, um nachzuschauen). Der einfache Lebensstil und das Zölibat (während man dort länger wohnte) hielten den Geist und den Körper von der niederen Natur ab und richteten ihn auf das Göttliche. Der Tagesablauf und das in dieser Atmosphäre geführte Leben veränderten das Leben, und der Ashram hatte eine ihm eigene Kraft und Ausstrahlung. Eines Morgens, beim Darshan, sagte Babaji über diesen Zustand:

"Ihr seid wegen des spirituellen Wachstums hergekommen. Versucht deshalb, spirituellen Fortschritt zu erreichen. Verbringt eure Zeit mit Bhajans, Meditation, Kirtans und Dienst am anderen.

...Die friedvolle Atmosphäre muss erhalten bleiben in Haidakhan. Zerstört nicht die friedvollen Schwingungen des Ashrams durch falsche Handlungen. Mahaprabhuji ist sehr genau darin.

Diejenigen, die den Frieden des Ashrams stören, müssen ihn ver-
lassen.

...Diejenigen, die nach Haidakhan kommen, müssen mithelfen,
die Harmonie des Ashrams zu erhalten. Sie müssen am Arti und
an allen anderen Aktivitäten teilnehmen."

Babaji überwachte und unterstützte den Bau von verschiedenen Ashrams in Indien und ermutigte ausländische Schüler, in ihren eigenen Ländern Ashrams zu gründen. Im Januar 1984 sagte er: "Ihr alle werdet in der nahen Zukunft Ashrams und Zentren auf der ganzen Welt gründen, Karma Yoga dort ausführen und die gleichen Schwingungen verbreiten, wohin auch immer ihr geht." Und er fügte hinzu: "In diesem Ashram und in den ausländischen Ashrams ist Disziplin das oberste Gebot. Das Leben im Ausland sollte das gleiche sein wie in Haidakhan."

Ashrams sind Plätze für diejenigen, die sich ganz und gar der Gotteserfahrung hingeben, die ein mönchsähnliches Leben im Dienste anderer führen möchten und für jene, die gelegentlich in dieser Atmosphäre ihre Gedanken und ihr Leben zurechtrücken, Gleichgewicht, inneren Frieden und Mut für die "normale", "reale" Welt finden möchten und dennoch einen Blick auf das Göttliche richten. Die Ashrams in Indien haben Tausende von Jahren diesem doppelten Zweck gedient - als Schulen, um die jungen Menschen zu lehren, als Zentren der "Abgeschiedenheit" für aktive Haushaltsvorstände und als Platz für das spirituelle Wachstum derer, die Kinder großgezogen, sie verheiratet und in einen Beruf gestellt haben.

Losgelöstheit und Entsagung

In der einen oder anderen Art hat Shri Babaji die Menschen gelehrt, nicht an materiellen Dingen, den Objekten menschlicher Wünsche, zu hängen. Das bedeutet aber nicht, dass man keinen materiellen Besitz haben oder erwerben soll, sondern dass man ganz einfach nicht mehr von den Wünschen gezwungen wird, Erfahrungen zu machen oder Objekte zu kaufen und festzuhalten; man wird nicht mehr von vorübergehenden Vergnügungen oder Schmerzen gefesselt. Alle Objekte sind "vergänglich", ebenfalls alle Erfahrungen, sie können nicht festgehalten und gegen Verlust oder Veränderung versichert werden. An diesen Dingen zu hängen, von dem Wunsch nach ihnen getrieben zu werden, begrenzt die menschliche Freiheit und lässt die Menschen in Konkurrenz zueinander stehen, sie habsüchtig, angstvoll und eifersüchtig auf andere sein, und lässt sie fortwährend ihre eigenen Interessen verteidigen oder mehr zu verlangen. In Shri Babajis Philosophie beginnt die wahre Freiheit, wenn ein Mensch sich über den Wunsch und über die Anhaftung nach diesen Sinnesobjekten erhebt, denn dann ist ein Mensch nicht mehr aus dem "Gleichgewicht" zu bringen, weder durch Freude oder Schmerz, "Gewinn " oder "Verlust". Mit dieser Lebenshaltung kann man anderen dienen und Zufriedenheit, Glück und Seelenheil in diesem Leben finden. Er oder sie mag ebenfalls Reichtum und "Macht" oder große Talente, die durch hinge-bungsvollen Dienst aus einer friedvollen, ausgewogenen inneren Mitte ent-stehen, in sich selbst entdecken.

Nicht jeder ist bereit oder imstande, diese Lebensbedingung zu sichern, denn unsere augenblickliche Gesellschaft ist auf dem Gegensatz dieser Prin-zipien aufgebaut. Aber lediglich das Akzeptieren dieser Grundeinstellung als zukünftiges Lebensziel löst den Würgegriff unserer Wünsche auf unser Le-ben und ermöglicht ein ausgewogenes, befreites Lebenskonzept. Außer, wenn ein Mensch nach der "augenblicklichen Erlösung" schreit, in welchem Fall Disziplin und "Reinigung" ein Mittel zum Zweck sind, schadet es nicht, Freude und Schmerz zu erfahren, Wünsche zu befriedigen, vorausgesetzt, man kann diese Dinge annehmen, ohne ihnen zu verfallen und am Ende von den Wünschen versklavt zu werden.

Eines Abends sagte Babaji:

> *"Ihr mögt von Shirdi Maulana gehört haben. Er lebte wäh-rend der muselmanischen Herrschaft in Indien. Jetzt macht er überall seine Runden, geht hier- und dorthin, um der Menschheit zu helfen. Nun ist er hier und spricht durch Shri Mahaprabhuji. Er sagte, dass das Denken von "Ich" und "Mein" einen Schleier über die Herzen der Menschen gelegt habe. Die Menschen sind egoistisch und selbstbezogen geworden. Wie kann es Frieden ge-ben, wenn der Geist voll von Egoismus und Selbstsucht ist? Wer ist in der Welt groß genug, sich für den universellen Dienst und für die Liebe zu opfern? Die Menschen sind zu dem Punkt dege-neriert, dass sie aus eigennützigen Motiven bereit sind, andere zu töten oder ihnen zu schaden.*
>
> *Ihr müsst alle bereit sein, die korrupten Gesetze zu zerstören und das wahre Gesetz in der Welt aufzurichten."*

An einem anderen Abend sagte Babaji:

> *"Ihr alle müsst bereit sein, eurer Land als Himmel zu be-trachten und das "Ich" und "Mein" aus dem Geist zu streichen. Legt eure ganze Kraft in den Dienst an eurem Land und an der Menschheit."*

Er versuchte fortwährend die menschlichen Ziele zu erhöhen, und die Aufmerksamkeit von der Jagd nach persönlichen Vergnügungen und Gewinn, auf selbstlosen Dienst für andere zu richten. Die unausgewogene Gier und Ausrichtung nach persönlicher Befriedigung und Gewinn nährt den Konkurrenzkampf, die Habsucht, Eifersucht, Aggression und kräftigt das Ego und die Anhaftung an die materielle Welt - die alle in den Heiligen Schriften (als Ergebnis der Erfahrungen von Weisen) unter dem Namen "die Hauptfeinde des Yoga" (der Einheit) bekannt sind. Ist ein Mensch imstande, über sich hinauszuwachsen und seine Aufmerksamkeit auf selbstlosen Dienst zu richten, schwächen diese Aktivitäten und Gedanken die negativen Züge ab und verstärken die guten Eigenschaften wie Liebe, selbstlosen Dienst, inneren Frieden, Harmonie und Einheit mit der ganzen Schöpfung. Dieses sind die Eigenschaften, die die Seele auf ihrer Suche nach Selbsterkenntnis unterstützen.

"Es gibt keinen Grund für die Angst: die Menschen müssen angstlos in der Welt arbeiten. Maharshi Markandeya hat gesagt, dass wir furchtlos sein müssen. Wenn ein Mann angstlos ist, kann in einem Kampf kein Mensch gegen ihn bestehen - weder in dem materiellen Kampf des Lebens noch im spirituellen Leben, er ist siegreich in allen Lebenskämpfen.

...Jetzt schlägt Babaji noch einen anderen Punkt vor - wir müssen die Gefühle des "Ich- und Mein-Seins" aus unseren Gehirnen streichen. Wie ein Soldat, so müsst ihr vorwärtsmarschieren, pflichtbewusst und mutig. Das, was den Menschen zu Fall bringt, ist seine Anhaftung an die Familie und an die Verwandten. Wenn ihr alle dem Universum angehört, wie kann man dann an "Ich" und "Mein" denken? Wir müssen uns alle zu einer universellen Familie vereinen und in Einheit vorwärtsmarschieren. Nur durch diese Aktion profitiert die Welt. Dies geht nicht nur ein Individuum an, sondern die ganze Welt. Der wahre Mensch ist der, der "Menschlichkeit" ausübt. Jeder muss die Eigenschaften der "Menschlichkeit" ausüben: dies ist der einzige Weg zum Erfolg im Leben."

***

Gaura Devi berichtet, dass Shri Babaji ihr oft sagte, dass Entsagung der einzige Weg sei für den, der den spirituellen Weg gehen möchte, und dass der Erfolg von der Kraft abhängt, die aus der Entsagung entspringt. Er ermutigte seine Schüler (diejenigen, die besonders an spirituellem Wachstum und

Fortschritt interessiert waren), sich von jeder Anhaftung des Lebens zu lösen, sogar wenn sie aktiv im materiellen Leben standen. Er sagte zu Gaura: "Der Körper wird eines Tages sterben und zu Asche verbrannt werden. Wie kann man deshalb an ihm hängen?"

1983 gab mir Shri Babaji viele Erfahrungen im Loslassen. (Nicht nur mir, viele Menschen erhielten diese Lektionen, als sie auf dem spirituellen Pfad voranschritten und er uns für seinen physischen Weggang vorbereitete). Meine Anstrengungen, "Loslösung" zu praktizieren und mein Pflichtgefühl meiner Frau gegenüber, meiner Familie, Freunden, dem Ashram, der Gesellschaft als Ganzes und dem "Universum" zu verbinden, verwirrten mich.

Zu dieser Zeit war Sita Rami (Margaret) überzeugt, dass ihr Babaji im Ashram durch innere Erfahrungen zu verstehen gab, sie solle Haidakhan verlassen und der göttlichen Mutter anderswo dienen. Sie verließ den Ashram nach beträchtlicher Verwirrung und flog kurz in die Vereinigten Staaten, um dort Geld für ein Projekt aufzubringen, das sie unterstützen wollte. Als das nicht klappte, kehrte sie nach Haidakhan zurück. Babaji begrüßte Sita Rami mit einem ärgerlichen: "Hoffnungsloses Weib", aber als sie sich vor ihm verneigte, bekränzte er sie mit Blumen und schaute sie liebevoll an.

Im Juni fühlte sie abermals Druck von Babaji, den Ashram zu verlassen, und fuhr eines Morgens fort, ohne Babajis Erlaubnis einzuholen. Dieses Mal jedoch war sie sich unsicher, sie wusste nicht, ob sie recht gehandelt hatte. Sie zögerte, Indien zu verlassen und fürchtete sich, wegen ihrer Unsicherheit und eines möglichen Missfallens Babajis, nach Haidakhan zurückzukehren. Sita Rami und ich unterhielten einen regen Postverkehr, indem wir uns gegenseitig unterstützten und ermutigten, aber wenn immer ich Babajis Erlaubnis haben wollte, den Ashram zu verlassen, um Sita Rami zu sehen, machte er mir deutlich, dass meine Abreise ohne Erlaubnis erfolgen würde. Bei einer Gelegenheit ließ er mich wissen, wenn ich fortginge, dann könne ich reisen, wohin ich wolle, nur dürfe ich niemals wieder den Ashram betreten. Im November 1982 waren ich, Sita Rami und viele andere zum Yogi initiiert worden, und ich glaubte mich gut auf diesem Weg eingelebt zu haben. Nun gab uns Babaji einen schwierigen Test, der unsere Glaubwürdigkeit prüfte: Welche Verpflichtung war stärker? Wir fühlten uns beide bei dieser Prüfung unwohl. Das war nicht ganz das, was wir erwartet hatten, als wir 1981 um Erlaubnis baten, Neujahr nach Haidakhan zurückzukehren, oder als wir 1982 eifrig sein Angebot, uns zu initiieren, annahmen.

Eines Abends im August, als ich lange nachgedacht hatte, ging ich während des Darshans zu Babaji und stellte ihm drei Fragen über das "Losgelöstsein". Was ist die Definition von Losgelöstheit? Wozu dient sie und wohin führt sie? Und, wenn man sie noch nicht erreicht hat, wie kann man sie üben? Babaji, der stark gehustet hatte, sagte mir, ich solle morgen nochmals fragen. Und so ging ich an meinen Platz zurück.

Etwas später kam Vishnu Dutt Shastriji aus Swamijis Zimmer und ging auf Babaji zu, um seine Füße zu berühren. Als Shastriji sich aufgerichtet hatte und an Babajis Seite stand, rief mich Babaji und sagte, ich solle Shastriji meine Fragen stellen. So wiederholte ich die Fragen und Shastriji antwortete, dass Ablösung das Wissen um die Illusion der Welt sei. Dies bedeutete mir nicht viel, sondern ich wurde noch verwirrter und war enttäuscht. Augenblicklich lehnte sich Babaji vor und mischte sich in die Unterhaltung ein. Er sagte, dass es viele Arten von Loslösung gäbe, so waren zum Beispiel die Männer, die die Atombombe erfanden, "losgelöst". Sie richteten alle ihre Aufmerksamkeit auf das eine Problem und vergaßen alles andere um sich herum. Das Wichtigste, so sagte er, ist die Aufmerksamkeit vollständig und konzentriert auf das eine Ziel zu richten, was immer es auch sein mag, und alle anderen Dinge zu vergessen. Das ist Entsagung, sie führt zur Gotteserkenntnis.

Babaji erklärte ferner, dass Ausgerichtetsein auf einen Punkt "Vairagya" ist. Er sagte mir, dass ich "befreit" sei, dass ich "sehr losgelöst" sei. Ich fühlte mich weder verhaftet noch befreit, aber ich berührte Shri Babajis Füße und machte mich auf den Weg zu meinem Platz. Babaji - wissend, dass ich seine ganze Antwort nicht verstanden hatte -, rief mich zurück. Er verstärkte seine Worte und sagte, dass jedwede Entscheidung, die eine Person fällt, oder jedes gesetzte Ziel mit großem Vertrauen und festem Vorsatz angegangen werden muss und mit großer Aufmerksamkeit. Babaji sagte, dass man keine Loslösung erlangt, indem man seinen Kopf schert oder eine orangefarbene Kutte anlegt. Man muss eine felsenfeste Überzeugung besitzen, einen starken Willen und vollkommene Konzentration. Ich berührte abermals Babajis Füße, denn ich dachte, dass nun die Unterhaltung beendet sei.

Shastriji jedoch sagte, ich solle aufstehen, und erzählte mir, dass Shukadeva die gleichen drei Fragen an seinen Vater Vyasa[8] gerichtet hätte. Vyasa schickte Shukadeva zum König Janaka, damit er diesem diese Fragen stelle. Als König Janaka seine Fragen hörte, wies er Shukadeva an, die Stadt Mithila mit einer Schale voll Milch zu umschreiten. Shukadeva wurde von zwei Wächtern mit gezückten blanken Schwertern begleitet, die den Auftrag hatten, ihm den Kopf abzuschlagen, sollte er auch nur einen Tropfen Milch verschütten.

Shukadeva wurde auf den Weg geschickt und er hielt sehr sorgfältig seine Schale Milch in den Händen. Später, als er wieder bei König Janaka war, fragte dieser, was er von der Stadt gesehen hätte. Shukadeva antwortete, er hätte überhaupt nichts von der Stadt wahrgenommen, denn er hatte sich - in Gedanken an die Todesschwerter - vollkommen darauf konzentriert, keinen

Tropfen Milch zu verschütten. König Janaka erklärte dann, dass dies der Weg sei, sich auf ein Ziel zu konzentrierten - mit vollster Konzentration.

Ich dankte Shastriji und berührte abermals - mit Dankbarkeit -Shri Babajis Füße. Darauf unterbrach Babaji eine andere Konversation, drehte sich zu mir hin und fragte. "Was war deine dritte Frage?" "Wie kann man Ablösung üben, wenn man sie nicht besitzt?"

Shastriji antwortete: "Dhire, dhire" (langsam, langsam), und ich lachte. Shri Babaji lehnte sich vor und sagte, indem er mit dem Finger auf mich zeigte: "Mit ganzer Konzentration, großem Vertrauen und Entschiedenheit. Konzentriere dich auf dein Ziel, und alles andere verschwindet aus dem Blickkreis. Dann hast du Loslösung erlangt."

Endlich hatte ich eine ziemlich klare Vorstellung vom Konzept der "Entsagung" und "Losgelöstheit", das uns Babaji ständig ans Herz legte. Aber geistige Konzeptionen waren nur der erste kleine Schritt von Babajis Lehrmethode. Die Erfahrungen, die zur reinen Ablösung führen, setzten sich endlos fort, denn unsere Anhaftungen an diese "Scheinwelt" scheinen niemals aufzuhören.

Ich möchte das Wohl der ganzen Menschheit

Die religiösen Konzepte, die Babaji seinen Schülern auslegte, bezogen sich hauptsächlich auf aktive Handlungen innerhalb dieser Welt, ohne ihr "Gefangener" zu sein. Obgleich er die Rituale der Andacht ehrte und manchmal einige Ausländer anwies, die traditionellen "Hindu"- Methoden des Gottesdienstes auszuüben, legte er deutlich Nachdruck auf die Entwicklung des inneren spirituellen Lebens eines Schülers, damit dieser "losgelöst", "rein", "Eins mit Gott" in der materiellen Welt allen Lebewesen diese "Einheit mit Gott" vermitteln könne, und zwar durch liebevollen, selbstlosen Dienst. Babaji nannte dieses Konzept "Menschlichkeit".

Je mehr Fortschritte auf dem Weg zur Gotterkenntnis erzielt werden, umso größer wird die ausgeübte Menschlichkeit. Aus diesem Grunde riet Babaji allen zu diesem Weg. Selbst wenn jemand nicht bereit ist, "alles zu geben", um Gott noch in diesem Leben zu erreichen, ist eine humanitäre Einstellung mit einer bewussten Wunschkontrolle nach weltlichen Vergnügungen nutzbringend für das Allgemeinwohl. Auch bringt sie innere Zufriedenheit und Ausgeglichenheit, Anerkennung in der Familie, bei Freunden und Nachbarn. Sie schafft Befriedigung in der Arbeit, gibt guten Schlaf und Gesundheit, bringt materiellen Lohn in dieser stofflichen Welt und fördert das gesuchte Glück. Selbst ohne bewusste Anstrengung entsteht letztendlich ein engerer harmonischer Kontakt mit der liebevollen schaffenden Kraft, welche Gott in

Aktion ist. Das ganze Universum ist Gottes Manifestation, und lebt man in Harmonie mit dem Rest der Schöpfung, entsteht Frieden, Ausgeglichenheit und Glück innerlich und äußerlich.

Babaji kommentierte:

> *"Alle auf der Welt erschienen großen Heiligen und spirituellen Lehrer kamen, um der Menschheit als Ganzes Weltfrieden und Einheit zu bringen. Eifersucht und Hass sind es, die die Menschheit zu Fall bringen. Diese beiden Süchte sollten keinen Platz in deinem Leben haben."*

Vishnu Dutt Shastriji rundete diese Aussage mit den Worten ab:

> *"Wenn das Göttliche sich manifestiert und die Bühne des Lebens betritt, fangen die Schiffe aller Weltreligionen an, auf den Meeren zu segeln. Bücher, geschrieben vor Tausenden von Jahren, erläutern, dass Gott zum Wohle der Schüler aller Religionsrichtungen erscheint, und, indem er diese Welt betritt, vereint er die verschiedenen Pfade."[9]*

> *Am Neujahrstag 1984 schloss Shri Babaji seine Neujahrswünsche mit einem neuen Leitwort: "Jai Vishwa![10] Es gibt einen indischen Ausruf 'Jai Hind!'. Er bedeutet 'Für Indien den Sieg'. Ich aber möchte das Wohl des ganzen Universums, darum gebe ich ein neues Leitwort: 'Jai Vishwa' (Heil und Sieg dem Universum)."*

Wir ehren das Universum, wenn wir es respektieren und bewusst in Harmonie mit ihm und seinem Schöpfer leben. Indem wir Selbstdisziplin und innere Ausgewogenheit erlernen, die mit einem bestimmten Grad der Loslösung von der Faszination der "richtigen Welt" einhergeht, können wir langsam, durch Versuche und Erfahrung, neue Muster im Denken und im Handeln entwickeln und harmonisch mit unserer Umwelt leben.

"Suchet Harmonie in allen euren Tätigkeiten!"

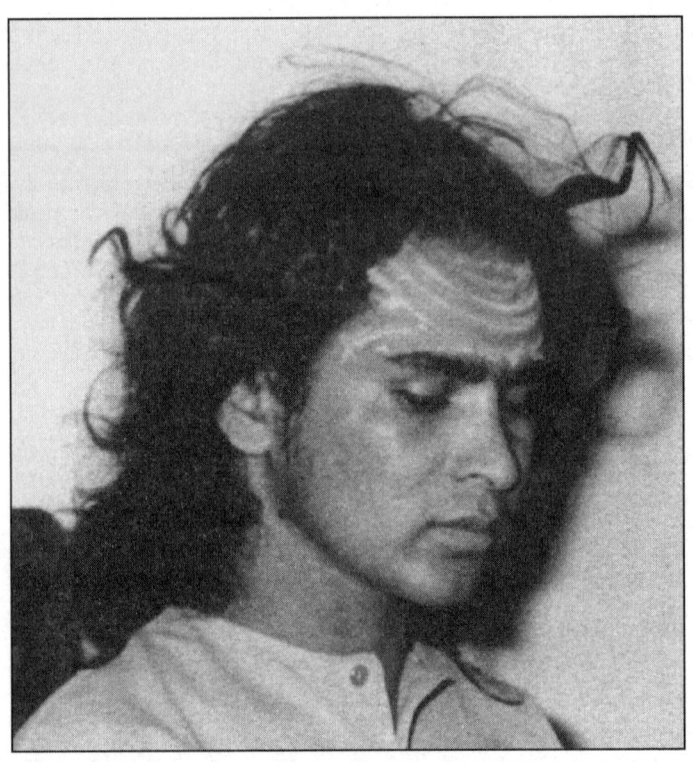

Anmerkungen

1 "Babaji" von Dr. V.V.S. Rao, Seite 15, übersetzt aus Mahendra Maharajs "Divya Dathamrit".

2 " Babaji spricht: Prophezeiungen und Lehren", 1988

3 " Am Quell der Wahrheit", Shdema Goodman, S. 60-61

4 " Babaji spricht: Prophezeiungen und Lehren", 1988

5 "Autobiographie eines Yogi", P. Yogananda

6 Aus "The Eternal Way"

7 Die Menschen sahen oftmals unerklärliche Lichter, die sich um den Kailash Berg herum bewegten und an unzugänglichen Stellen - zu schnell für menschliche Bewegungen. Babaji sagte, es wären die Lichtgestalten von Gottheiten.

8 Vyasa ist ein Heiliger, ein Weiser, der das Ramayana, das Mahabharata, die Srimad Bhagavatam und andere frühe große heilige Bücher geschrieben haben soll. Aus "The Eternal Way", May 1989, Seite 5

9 "Babaji spricht: Prophezeiungen und Lehren", 1988

10 Vishwa bedeutet Universum.

Kapitel 14

Babaji lehrt: Die Bedeutung von Religion und von Haidakhan

Einige religiöse Grundkonzepte

Ein Schüler aus New Delhi, der Babaji in den frühen siebziger Jahren begegnete, schildert seine erste Unterhaltung mit Babaji:

Er fragte Babaji: "Was ist Wahrheit?"

Babaji antwortete: "Die Stimme deines Atma (Seele, Höheres Selbst oder Bewusstheit)."

"Welcher Religion sollte man folgen?"

"Menschlichkeit ist das wahre Dharma (Religion, Pflicht)".

Einfacher läßt sich Shri Babajis Religionskonzept nicht auszudrükken. Wenn alles Geschaffene die Manifestationen der "Substanz" und Energie des Absoluten, der körperlosen Seele sind, dann ist alles Geschaffene wahrhaftig Eins, und folglich sollten alle Teile dieses Einen harmonisch zusammenleben und wirken. Für den Menschen muss Religion - alle Formen des Glaubens an das Absolute und seine Schöpfung - größtenteils durch "menschliche" Gedanken, Worte und Taten zum Ausdruck kommen. Shri Babaji fasste "Menschlichkeit" kurz in diesen Worten zusammen: "Die Schöpfung ist unermeßlich groß, und es gibt viele Doktrinen. Haltet Euch an ein Prinzip - das von Wahrheit, Einfachheit und Liebe. Lebt in Wahrheit, Einfachheit und Liebe und führt Karma Yoga aus."

Babaji lehrte über die Unbeständigkeit geschaffener Dinge auf unterschiedlichste Weise. Bewegung, Aktivität und Wechsel sind ein Grundgesetz des Universums. Menschliches Unglück, Sorge, Ärger und Hass entstehen durch das Anhaften an Dinge, Menschen und Situation und von dem konstanten Bemühen, Dinge, an denen wir "hängen", festhalten, kontrollieren und behalten zu wollen. In einem Universum, wo alles vergänglich und ständigem Wandel unterworfen ist, versuchen die Menschen immer, flussaufwärts zu schwimmen in dem Versuch, Dinge festzuhalten, die - gemäß den Naturgesetzen - an ihnen vorbeigleiten.

Babaji erwähnte oft ein altes Sprichwort: "Pinda Kacha, Shabda Sacha." "Der Körper ist vergänglich; das Wort ist ewig." Er sprach häufig über dieses Thema.

"Tatsache ist... alles in dieser Welt ist... vergänglich. Es hat keine "Realität". Wirkliche Realität besteht darin, auf dem Pfad der Wahrheit voranzuschreiten, die Gesellschaft von Heiligen zu suchen und den Menschen zu dienen.

Schreite voran, die Angst vor dem Tode und die Hoffnung auf das Leben hinter dir lassend. Fürchte weder Wasser noch Feuer. Wenn die Zeit es erfordert, müssen wir in den Ozean und in das Feuer springen. Seid deshalb alle so stark wie der Berg Meru."[1]

Doch die Vergänglichkeit des Körpers ist noch lange kein Grund, ihn mit Verachtung zu strafen. Babaji bemerkte wiederholt, dass es schwierig für die Seele sei, einen menschlichen Körper zu bekommen. Deshalb sollten alle Menschen diese Gelegenheit für Fortschritte auf dem spirituellen Weg nutzen. Es ist also wichtig, den Körper sauber und bei guter Gesundheit zu erhalten.

"Ihr müsst alle voranschreiten und sorgfältig auf eure Gesundheit achten. Nur indem ihr gut auf eure Gesundheit achtet, könnt ihr erfolgreich sein. Denn, wenn eure Gesundheit angegriffen ist, wie könnt ihr dann dienen? Auf eure Gesundheit zu achten ist genauso wichtig wie all die anderen Pflichten in eurem Leben. Es ist eure Pflicht gegen euren Körper. Wenn euer Körper nicht funktioniert, wie wollt ihr dann funktionieren und voranschreiten?

...Shri Mahaprabhuji möchte uns allen einprägen, dass es sehr wichtig ist, reinlich zu sein. Sauberkeit kommt gleich nach Göttlichkeit. Shri Mahaprabhuji sagt, dass Gott nur da wohnen kann, wo es rein ist. Wenn in dir Unreinheit ist, wie kann Gott in deinem Herzen wohnen? Die Beachtung ständiger Reinlichkeit ist also eine der wichtigsten Handlungen in deinem Leben, um Gott zu erfahren.

...Diejenigen, die in Haidakhan leben - und besonders die Fakire von Haidakhan - müssen sehr reinlich sein. Sie müssen täglich baden, ihre Kleidung waschen und überall Ordnung und Sauberkeit halten. Alles muss in Ordnung gehalten werden. Sauberkeit ist der erste Schritt, um Gott zu erreichen."

Ein wichtiger Lehrsatz des Sanatana Dharma ist, dass die individuelle Seele als ein Teil der höchsten Seele (der formlose Gott) in diesem geschaffenen Universum manifestiert ist. Die individuelle Seele (Jivatma) war viele Leben in physischen Formen verkörpert und hat, durch die Identifikation mit diesen physischen Formen, ihre wahre Identität und Wirklichkeit vergessen, nämlich ihre ursprüngliche Einheit mit der Allseele, deren Teil sie auf Erden ist. Die Seele ist die wirkliche Kraft im menschlichen Körper; sie ist der Teil, der Erfahrungen macht, der göttliche Funke, der die formlose Seele verlässt, um sich durch unzählige Arten und Weisen zu erfahren. Die menschliche Form ist wie ein Kleidungsstück, das die Seele bedeckt und welches sie beim "Tod" abstreift, bzw. wieder neu anzieht, wenn sie eine andere menschliche Form annimmt. Die Seele ist unsterblich, der Körper vergänglich. Die individuelle Seele behält ein allgemeines Wissen aus ihren Erfahrungen von einem Leben zum anderen; ihre gesammelten Erfahrungen aller früheren Leben in physischer Form bedingen die Reaktionen des Menschen auf Situationen in seinem jetzigen Leben. Jede neue Lebenserfahrung ermöglicht es auch, sich der höheren Natur des Menschseins anzunähern - oder ihrer niederen Natur: die Entscheidungen treffen wir, und sie werden stark beeinflusst - aber nicht unwiderruflich festgelegt - durch die gesammelte Erfahrung und Weisheit der Seele. Es wurde vorausgesetzt, dass alle, die nach Haidakhan kamen, das Konzept der Reinkarnation verstanden. Zwar diskutierte Shri Babaji diese Anschauung nicht in Einzelheiten, aber er bezog sich oft darauf.

"Der Rhythmus ist, dass alle, die geboren wurden, sterben und diejenigen, welche sterben, geboren werden müssen.

...Ihr seid alle Rishis aus alten Zeiten, Bewohner dieses göttlichen Ortes. Ihr alle kennt euch selbst nicht. Ihr erkennt eure eigene Größe nicht - wie Hanuman (im Ramayana-Epos), der daran erinnert werden musste."

Das menschliche Leben, welches in Täuschung über die Dauer und "Wirklichkeit" des physischen Universums gelebt wird und welches "haftet" an materiellen Dingen und Wünschen, an den Freuden und Sorgen der Sinne, ist der Grund für den fast nie endenden Kreislauf von Geburt und Tod. Die Anhaftung an Materielles bringt die Seele zurück in das stoffliche Leben und dessen "harter Schule der Schicksalsschläge". Nur wer sich über die Wünsche des physischen Körpers erhebt und sich innerlich von der physischen Welt löst, kann das Göttliche im Universum beständig erfahren werden. Erlangt man Kontrolle über den Verstand und die Sinne, öffnet man sich dem Göttlichen, so führt das zur wahren Einheit mit Gott - zur Erfahrung des Einsseins der Individualseele mit der Allseele. Es genügt nicht, diese Wahrheit intellektuell zu erfassen. Das Erreichen der Einheit muss immer wieder neu erfahren, durch ständige Übungen in vielen Leben gestärkt werden, bis sie zur grundlegenden Lebenswahrheit wird.

Babaji hieß Vishnu Dutt Shastriji oft ein vedisches Mantram rezitieren, dessen Übersetzung so lautet:

"Nur wer in vielen Leben strenges Sadhana geübt hat, kann zur höchsten Wohnstatt Gottes aufsteigen, d.h. Befreiung erlangen von dem Geburt/Tod-Zyklus durch "Wiedervereinigung" mit Gott."

Das von Shri Babaji gelehrte Sadhana beinhaltete religiöse Verehrung, jedoch nicht in erster Linie oder ausschließlich. Die Formen der Gottesverehrung waren ein wertvolles Mittel zur Vorbereitung des Herzens auf dem Pfad zur Selbstverwirklichung, jedoch nicht Selbstzweck. Als ich das erste Mal nach Haidakhan kam und mich abmühte, das Singen des fast einstündigen Artis zu erlernen, fragte ich, warum wir es morgens und abends sängen. Sita Rami, die diese Frage bereits gestellt hatte, antwortete, dass Babaji gesagt habe, das Arti werde zum Wohle des Schülers durchgeführt: "Ich brauche die Verehrung nicht, die Wohltat daraus empfängt der Schüler." Und wenn der Gläubige beim Verlassen des Tempels nicht den Geist der Verehrung und des selbstlosen Dienstes während des ganzen Arbeitstages in sich trägt, dann hat er nicht den vollen Nutzen daraus gezogen. "Arbeit ist Gottesdienst."

Ein Schüler erzählte, dass er eines Tages bei Shri Babaji saß, als ein anderer Schüler von weither zum Ashram kam. Der Neuankömmling machte sein Pranam vor Babaji und zählte ihm in allen Einzelheiten auf, wie er seine Verehrungsrituale zu Hause durchführte. Dann fragte er, was er noch tun oder unterlassen solle. Er machte große Worte über seine Handlungen und über die Größe seiner Hingabe. Schließlich unterbrach Babaji stirnrunzelnd den Wortschwall: "Was erzählst du da eigentlich? Dein Herz sei dein Tempel!"

Shri Babaji machte deutlich, dass er, als eine Manifestation des Göttlichen, es nicht nötig hat, verehrt zu werden. Das Göttliche ist vollkommen in sich selbst. Formale Religion - Verehrungsrituale, Glaubenssysteme, die Götter, die sie umgebenden Fakten und Mythen, welche die Menschen erfahren - sind eine wesentliche Hilfe und Führung, doch Gottes Existenz und sein Wirken in der Schöpfung sind unabhängig von dem Ritual oder dem Glauben der Menschheit. Der begrenzte menschliche Verstand kann das Unbegrenzte, Unendliche weder ganz verstehen noch ausdrücken. Alle Religionen beruhen auf Wahrheit und jede bietet ein verlässliches, erprobtes System, um das Göttliche zu erfahren. Große Heilige und Meister hat es in allen Hauptreligionen gegeben, doch keine Religion besitzt die ganze Wahrheit, denn Gott wird von vielen Suchern auf unendlich verschiedenen Wegen gefunden und erfahren. Letztlich können Rituale und Schriften aller Religionen dem Sucher aufgrund sprachlicher Begrenzungen und der Vielfalt spiritueller Erfahrung nur bis zu einem bestimmten Punkt den Weg weisen. Die letzten Schritte zur Einheit mit Gott sind nirgendwo verzeichnet und spielen sich allein zwischen dem Sucher und Gott ab.

Babaji lebte in einem "Hindu"-Ashram. Die Grundstruktur des Ashrams entsprach der alten Hindu-Tradition, doch er zwang den Menschen anderer Glaubensrichtungen nicht die Hindu Rituale auf. Bat jemand um Unterweisung darin oder in der Hindu-Doktrin, schickte Babaji ihn zum Lernen gewöhnlich zu jemand anderem, obwohl er manchmal auch den Fragenden eine bestimmte Antwort gab. Von sich selbst sagte er: "Ich bin gekommen, um die Menschheit auf eine höhere Ebene zu führen. Ich gehöre keiner besonderen Religion an. Ich achte alle Religionen. Ich erstrebe die Erhebung der ganzen Menschheit."

Er mochte keinen religiösen Bekehrungseifer, egal, wer wen zu bekehren versuchte. "Folge der Religion deines Herzens" sagte Babaji. Er betonte hingegen das Sanatana Dharma - nicht als Religion, sondern als Lebensstil. Wenn das Leben in Harmonie mit Gott und der ganzen Schöpfung gelebt wird, dann bleiben die Religionsformen und Religionsgrundsätze, durch welche die Harmonie erfahren wird, eine ganz persönliche Angelegenheit.

Die Glaubenskriege im Nahen Osten und in Nordirland sind schreckliche Beispiele dafür, was geschehen kann, wenn die Menschen auf ihre kultischen Formen und Dogmen fixiert sind, dass sie dadurch die Gültigkeit und die Wahrheit anderer Glaubenssysteme nicht erkennen können. Babaji sagte, wo Hass ist, ist keine Religion. Diese Kriege haben wenig mit Spiritualität oder Glauben zu tun, sie sind Kämpfe um Macht und Herrschaft über andere Menschen. Sich seinen eigenen Glauben zu sichern ist eine Seite, aber der Versuch, andere zu zwingen, die eigenen Glaubenssätze anzunehmen, ist verwerflich.

Eine Form der Verehrung, an der Babaji aktiv teilnahm, war die Feuerzeremonie - das Havan oder das Yagya. Eine Schülerin erzählt, dass sie Babaji sagen hörte: "Wenn du Gott verehren willst, verehre das Feuer."

Als 1983 in Haidakhan ein vorweihnachtliches Havan vorbereitet wurde, unterbrach Babaji die Zeremonie, um es einem anderen ausländischen Schüler zu ermöglichen, daran teilzunehmen; und dann sprach er einige Worte über die Bedeutung des Havan:

> ..."Es ist das Havan, welches den Regen bringt, und welcher das Korn wachsen lässt. Aus dem Havan ist die Schöpfung entstanden. (In einer anderen Rede hatte er erzählt, dass die ersten Menschen Havan-Zeremonien durchführten und die Schöpfung "erweiterten" - durch Fortpflanzung und durch die Entwicklung von Geräten, Landwirtschaft, Gesellschaft, Kultur etc.) Das Havan ist die wahre Form der Götter: was immer wir dem Havan opfern, geht direkt zu den angerufenen Göttern. Indem Menschen ein Havan zelebrieren, gewinnen sie Glück und alle Freuden des Lebens; sie alle haben gute Gedanken und Liebe füreinander.

Durch den Rauch des Havan werden die schädlichen Bakterien in
der Atmosphäre zerstört und die guten, dem Leben nützlichen
Bakterien wachsen. Dies vermehrt die Fülle und den Reichtum
der Welt. "

Die Zeremonie des Havan gibt den Menschen auch einen Rahmen, in
dem sie ihre Rolle bei der Erhaltung, Ausdehnung und Fortdauer der Schöpfung symbolisch darstellen können. So wie das Göttliche aus sich hervorst-
römt, um die Schöpfung zu manifestieren, so geben die Teilnehmer dankend
dem Göttlichen einen kleinen Teil der Erdengaben zurück. Das Feuer, welches seit uralten Zeiten als eine Form des Göttlichen verehrt wird, transformiert die Gaben und gibt ihre Essenz den Göttern, die durch die rezitierten
Mantren angerufen werden. So erhalten die Teilnehmer an der Zeremonie das
Gefühl, Teil des Schöpfungszyklus zu sein.

Einer der frühen Namen für die vedische Menschenrasse lautete "die
Menschen der Opferung". Sie versuchten, den Geist des Opfers von der
Feuerzeremonie in und durch ihre Tagesaktivitäten zu bewahren. Das "Opfer" wurde nicht mit dem Verlassen des Tempelbezirkes beendet. Es war
offensichtlich dieser Geist des Opfers im täglichen Leben, der Babaji dazu
führte zu sagen, er sei gekommen, um die Yagya Zeremonie in der modernen
Gesellschaft und religiösen Praxis wiederaufzurichten.

Unabhängig davon, welche Form der Gottesverehrung gewählt wird - um
die Individualseele auf das Absolute, den formlosen Gott vorzubereiten -,
zeigten die Erfahrungen von Heiligen und Weisen der Vergangenheit und
Gegenwart auf, dass man immer von der Form zum Formlosen geht. Es ist
leichter, sich auf eine Form Gottes auszurichten, als sich auf die Suche nach
dem formlosen, eigenschaftslosen Gott zu begeben. Durch Verehrung, Hingabe und Dienst an einer Form Gottes (Statue, Gemälde oder Photo, oder ein
Meister) bereitet man sich allmählich darauf vor, den formlosen Gott zu
erfahren - "jenseits von Name und Form". Wenn der Schüler etwas von dem
Formlosen erkennt und erfährt, dann verlieren die Riten viel von ihrer Bedeutung: erfährt man Gott innerlich und in allem - jenseits der menschlichen
Form, dann geht der Reiz des Rituals sowie der aller Verehrungsformen
verloren. Traditionsgemäß beteiligt sich der Yogi oder die Yogini nicht an
der rituellen Verehrung, es sei denn, es geschieht als Beispiel für andere in
ihrem Dienst an der Menschheit. Obwohl Babaji wie eine Murti (Statue oder
Idol) dasaß, wenn ihm das Arti dargeboten wurde, führte er die Arti-
Zeremonie nicht selbst aus (außer ein- oder zweimal zu Ehren der Göttlichen
Mutter). Da er aber anscheinend die Verehrung durch das Havan ermutigen
wollte, vollzog er fast täglich ein Havan, und manchmal sogar zwei- oder
dreimal am Tag.

Das Göttliche nimmt menschliche Gestalt an, um der Menschheit zu helfen.

Ganz in Übereinstimmung mit den Lehren der Schriften, machte Vishnu Dutt Shastriji folgende Bemerkungen über Gottes Erscheinung in menschlicher Form und die Einheit der Religionen:

"Seit der Erschaffung der Erde ist Gott immer gekommen, um seinen kosmischen Garten zu betrachten und zu schützen. Er erscheint daher von Zeit zu Zeit, um das Unkraut zu jäten und die Schüler und alle guten Menschen wieder auf den rechten Weg zu führen."[2] "Immer wenn die Welt in ernsthaften Schwierigkeiten steckt, nimmt der Herr menschliche Form an und erfüllt die Bedürfnisse und Wünsche der Menschheit. Aber nur wenige erkennen den Herrn, wenn er in menschlicher Form auftritt. So war es mit Rama und Krishna, Christus und Mohammed. Nur diejenigen, denen der Herr sich offenbaren möchte, erkennen, dass er wirklich mehr als nur ein gewöhnlicher Mensch ist. Er wird Argwohn in unseren Kopf und unser Herz pflanzen, und wir haben die Pflicht, zu ihm zu beten, dass er uns die Weisheit gibt, ihn zu erkennen.

Ohne Babajis Segen wird man nur sein Spiel auf menschlicher Ebene sehen, so wie das von Krishna mit den Gopis (die Mädchen, die das Vieh mit ihm in seiner Jugend beaufsichtigten).[3] Immer, wenn Gott in menschlicher Form inkarniert ist, taucht die Frage nach Kaste oder Glauben nicht auf... Dies ist das wahre Zeichen Gottes: wenn immer er erscheint, vereint er alle Religionen der Welt zu einer Religion."[4]

Am Weihnachtsabend 1981 gab Shri Babaji durch Shastriji seine Botschaft an alle, die zu der Feier nach Haidakhan gekommen waren:

"Dies ist die Botschaft für alle: Das Wichtigste in der Welt ist Menschenfreundlichkeit oder Menschlichkeit. Opfert dafür alle Bequemlichkeit. Denkt nicht an euch selbst oder eure Bequemlichkeit, sondern denkt an die anderen. Dies ist das große humanitäre Prinzip.

In jeder Stadt gibt es immer einen Hauptplatz; alle Straßen innerhalb und außerhalb der Stadt münden in diesen Platz. In ähnlicher Weise führen alle Religionen zu einem Punkt, und das ist Gott selbst. Aus diesem Grund werdet ihr, wenn ihr irgendeiner Religion folgt, letztendlich zu Gott gelangen."[5]

Es gab wenig Neues in den religiösen Ideen, die Shri Babaji aussprach; wahrscheinlich findet sich jedes von ihm gelehrte Konzept in den alten Schriften von mehr als einer Religion klar ausgedrückt. Er erklärte den Menschen dieses Zeitalters die uralten, ewigen Wahrheiten in einer ihnen verständlichen Sprache, mit Betonung auf den Problemen unserer Tage.

Wiederum erhellen Shastrijis Worte dieses Konzept:

"Sein Prinzip ist der Dienst an der Menschheit ohne Erwartung eines Lohnes... Er lehrt uns, mit Allen gleichermaßen zu teilen, was immer wir auch besitzen. Alles, was zur Schöpfung des Herrn gehört, gehört keiner bestimmten Person, sondern allen.

Er predigt keinen neuen Glauben. Er ist gekommen, um die Religion aufzuzeigen, die es zur Zeit der Schöpfung gab, und das ist das Sanatan Dharma - die ewige Religion. Er ist erschienen, nur um das Sanatana Dharma zu predigen."[6]

Babaji als Manifestation des Göttlichen

Für seine Anhänger war Shri Babaji eine Form des formlosen Gottes - eine physische, menschliche Manifestation des Absoluten. Die alten Schriften und religiösen Kommentare Indiens beschreiben den Schöpfungsprozess als ein allmähliches Absinken aus der subtilen, formlosen höchsten Seele durch verschiedene unbegrenzte, wechselhafte, gelegentlich sichtbare Formen Gottes, durch die gröbere, begrenzte Gestalt des Menschen, hin zu Tieren und anderen bewussten Geschöpfen und bis zu den noch gröberen, fast unbelebten Formen von Fels, Erde etc. Je gröber die Form, desto begrenzter ist ihr Gewahrsein des universellen Bewusstseins, und desto größer ihre Selbstignoranz. Der Mensch - in der Mitte dieses Prozesses - ist fähig, aus dieser "Ignoranz" auszubrechen, doch nur mit großer Anstrengung, Demut und göttlicher Gnade. In der shivaistischen Tradition war Ishwara die erste "Form", die der formlose Gott für sich schuf. Aus Ishwara kam die identifizierbarere Form von Sambasadashiva, die göttliche Mutter (Amba) und der ewige Shiva. All diese Namen und andere wurden Shri Babaji von Mahendra Baba gegeben, als er das Haidakhan-Gottesdienst-Ritual erstellte. Babaji wurde manchmal mit diesen Namen angesprochen, und gelegentlich, wenn die Menschen ihn fragten, wer er sei, gab er einen dieser Namen an.

Manchmal spielte er "Babaji" oder "Bhole Baba" (der einfache Vater) den einfachen, guten Freund von jedermann. Manchmal wurde er als Haidakhandeshwari Ma verehrt (der weibliche Aspekt - die Shakti-Energie - des Herrn von Haidakhan); es gab viele, deren vorherrschender Eindruck von ihm der der Göttlichen Mutter war. Ein andermal war er Bhagwan Haidakhan (der

Herr von Haidakhan). Manchmal gab er sich als "Mahavatar Babaji" zu erkennen. Eines der für ihn gesungenen Lieder besteht aus den 108 Namen des Gottes Shiva. All diese Namen bezeichnen verschiedene Aspekte des einen, höchsten Gottes.

Doch die wichtigsten und zutreffendsten Beschreibungen der uns bekannten Manifestation Shri Babajis waren vielleicht folgende zwei Aussagen, die Babaji über sich selbst machte:

> *"Ich bin Bhole Baba. Ich bin Niemand und Nichts. Ich bin nur wie ein Spiegel, in dem du dich sehen kannst.*
>
> *Ich bin wie Feuer. Bleibe nicht zu weit weg, sonst verspürst du nicht die Wärme. Komme aber nicht zu nahe, um dich nicht zu verbrennen. Lerne die richtige Distanz... Mein Name ist Mahaprabhuji (der Große Herr)."*

In seinen Reden und Unterhaltungen bezeichnete sich Babaji oft als "Mahaprabhuji". Und er führte ein "Leben", das diesem Konzept entsprach.

Gebildete, erfahrene, skeptische und praktische Menschen erfuhren ihn nachdrücklich und eindeutig als eine Manifestation Gottes. Der Gouverneur von Uttar Pradesh, Sir C.P.N. Singh, der in seinen etwa 80 Jahren viel Zeit mit mächtigen indischen Heiligen und Avataren verbracht hatte, sagte über Shri Babaji:

> *Es gibt keinen Zweifel über seine Inkarnation, deren bedeutsamster Zweck das Eindringen in das Tiefenbewusstsein des Menschen ist - den Menschen aufzuwecken. Das hätte ohne diese Inkarnation nicht erreicht werden können. Diese Inkarnation findet nur statt, wenn die Menschen nicht so rechtschaffen handeln, wie es die absolute Wahrheit von ihnen fordert...*
>
> *Für diesen Zweck allein musste er kommen, um das Ideal zu manifestieren. Er musste eine menschliche Form annehmen, um anzuleiten und das Ideal aufzuzeigen, nicht um zu reden, sondern um es zu leben."*[7]

Babaji hatte folgendes über "Mahaprabhuji" zu sagen:

> *"Von seinem Platz hier in Haidakhan aus kontrolliert Mahaprabhuji das kleinste Teilchen der Schöpfung durch die bloße Kraft seines Wunsches, durch jeden seiner Gedanken ...Mahaprabhuji hat Kontrolle über die Elemente, die spirituelle Welt, von der Welt der Menschen ganz zu schweigen. Er ist Schöpfer, Erhalter und Zerstörer der Welt. Nicht ein einziger Grashalm könnte wachsen, wenn er es nicht wollte. Er hat einen*

menschlichen Körper angenommen zum Wohle der Menschheit.
Sein einziges Begehren ist, es der ganzen Welt zu ermöglichen,
sich zu befreien. Er wird sein Äußerstes geben, um die Befreiung
der ganzen Welt zu erreichen."

Es gibt Anzeichen, dass Shri Babaji in einigen früheren Manifestationen eine große Anzahl "Wunder" zeigte, die seinen physischen Körper betrafen. "Der Alte Haidakhan Baba" z.b. saß stundenlang inmitten lodernder Feuer; es gibt ein paar Menschen, die ihn sterben sahen, seinen Leichnam verbrannten - und ihn dann wiederfanden, wie er Leute in einer anderen Stadt belehrte.

Shri Babajis Wunder in dieser Manifestation waren nicht von dieser spektakulären Art. Jahre vor Babajis Erscheinen in Haidakhan schrieb Mahendra Maharaj, dass Babaji kommen würde, um den Menschen zu zeigen, wie sie leben sollten - wie sie im alltäglichen Leben frei bleiben konnten. In dieser Verkörperung lebte er größtenteils wie ein "normaler Mensch", um den Menschen zu zeigen, was sie erreichen können, wenn sie sich auf das Göttliche ausrichten. Die meisten seiner Wunder können durch einen zielgerichteten und hingebungsvollen Menschen bewirkt werden.

Einige Male betonte Babaji die menschlichen Eigenschaften seines Körpers (nicht seines Atman, seiner Seele). An einem Wintertag 1976 sagte Shri Babaji zu Sheila (die damals im Ashram "Doktor spielte"), sie möge ihre Arzneien holen, er habe Fieber. Sie lachte und dachte, er mache Witze. Baba streckte seine Hand aus und bat sie, seinen Puls zu fühlen. Sie weigerte sich lachend, noch immer in dem Glauben, er scherze: "Wer bin ich, deinen Puls zu fühlen? Du bist Gott!" Babaji erwiderte: "Dieses hier ist ein menschlicher Körper. Er muss sein Karma abarbeiten". Er bestand darauf, die passenden Tabletten zu nehmen, und später am Tag waren seine Beschwerden und Schmerzen verschwunden und sein Puls wieder normal. Im Laufe der Jahre behandelte ihn Sheila mehrmals wegen Erkältungen und Fieber. Auch andere Schüler wurden wegen Behandlungen und Arzneimitteln gerufen.

Babaji spielte oft den Spiegel. Wenn Kinder glücklich und zum Spaßen aufgelegt zu ihm kamen, dann spielte er während des Darshans mit ihnen auf seinem Schoß; kamen sie weinend oder jammernd, dann imitierte er ihr Schreien und Weinen, bis sie genug davon hatten und entweder anfingen, mit ihm zu spielen, ruhig wurden oder in seinen Armen einschliefen. Er lachte und scherzte mit Schülern, sprach ernst und nüchtern mit denen, die nachdenklich oder pedantisch waren; manchmal schrie er die Ärgerlichen an und konnte im nächsten Moment die Liebe und Hingabe einer anderen Person spiegeln.

Einmal nahm er eine große Gruppe Schüler mit auf eine Wanderung zu einem Shiva Tempel auf der "Rückseite" des Kailash. Nach einer Mahlzeit nahm Babaji Platz, um allen Darshan zu geben. Während der Stunde, die er dort saß, rief er einige ausländische Schüler, sie sollten für ein Photo mit einer Polaroid-Kamera zu seinen Füßen sitzen. Wir alle saßen mit dem Rücken zu Baba und mit dem Gesicht zur Kamera gewandt. Als die Photos später herumgezeigt wurden, bemerkten einige Leute, dass Babajis Antlitz das Gesicht des vor ihm Sitzenden reflektierte. Lächelte der Schüler, zeigte Baba ein breites Lächeln; wenn aber das Gesicht des Schülers streng oder nachdenklich ausschaute, dann war Babas Antlitz genauso. Sein "Spiegel-Spiel" schuf oft Verwirrung unter denen, die versuchten, Babaji zu analysieren und nach Strukturen suchten, die sie begreifen konnten.

Im Januar 1983, ungefähr ein Jahr, bevor er ging, machte Babaji folgende Aussage zu Gaura Devi, als sie einmal ruhig in seinem Zimmer saßen:

"Ich bin nichts. Bhole Baba ist nichts. Nur der Wille (Adesh - Gottes Wille) existiert. "In der ganzen Welt - im ganzen Universum - existiert nur der Wille, und nur der Wille wird von nun an wirken. Kein Baba; kein Baba; nur der Wille...

Ich weine niemals, denn nichts in dieser Welt berührt mich mehr. Wer auch kommt oder geht, geboren wird oder stirbt ohne jegliche Anhaftung, der ist in Mir. "Doch wer fragt denn überhaupt nach meinem Schmerz?"[8]

Haidakhan ist ein ganz besonderer Ort

Zweimal in den letzten zwei Jahrhunderten erschien Shri Babaji in der Nähe des kleinen Dorfes Haidakhan und machte es lange genug zu seinem "Stammsitz", so dass er den Namen - einer unter seinen vielen Namen - "Haidakhan Baba" erhielt. Im Laufe der Jahre seiner letzten Manifestation verwies Babaji häufig auf "Haidakhan Vishwa Mahadham" - Haidakhan, der bedeutendste Platz im Universum. Das war kein leeres Gerede. Er betrachtete ihn als den heiligsten Platz auf Erden und behandelte ihn mit dem Respekt, der einem solchen Platz gebührt.

Er sprach vom "Kurmanchal Kailash", auf der anderen Seite des Flusses vom Hauptashram, als dem ursprünglichen Berg Kailash. (Es gibt in Tibet einen großen Berg, der als Kailash oder Meru bekannt ist. Er ist ein Heiligtum des Gottes Shiva und seit Jahrtausenden das Ziel von Pilgern.) Shri Babaji sagte, dass, als die Berge sich zuerst aus den Meeren erhoben, bevor die Schöpfung des Landes "vollständig" war, der Kumaon Kailash der irdische Sitz von Gott Shiva (in physischer Form) war. Shiva, mit den geringeren Göttern als seine Höflinge, führte hier jahrtausendelang Tapas (spirituelle und körperliche Askese) zum Wohle der Menschheit aus. Es sei diese "Buße", die der Gegend ihre besondere, heilige Qualität gegeben habe.

Babaji bemerkte: "Ihr müsst nicht denken, dass die Schöpfung immer so war, wir ihr sie jetzt seht. Es hat viele Veränderungen gegeben." Als die Zivilisation durch die Wälder in dieses Gebiet drang, zogen Gott Shiva und sein göttlicher "Hofstaat" gen Norden zu dem tibetischen Berg Kailash. Babaji sagte, dass er nach Haidakhan und den Kumaon-Bergen zurückgekehrt sei, um diesem alten, sehr heiligen Platz neues Leben zu geben. Haidakhan Vishwa Mahadham war wieder das Zentrum, das Heim der Götter.

"Immer", so sagte er, "sind alle göttlichen Wesen - die Götter und Göttinnen - hier anwesend. Sie kommen und gehen. Sie baden im Gautam Ganga. Viele Gottheiten sind ständig anwesend und möchten diesen Platz nicht verlassen.

Ihr seid alle gesegnet, dass ihr in diesem großen Pilgerzentrum sein könnt, am Hof des wirklichen Kailash Mahadham. Hier können nur die leben, die in dieser Welt sehr viel Glück haben. Wie können glücklose Menschen hier leben? Nicht einmal der Schatten jener, die noch Unreinheiten in sich haben, kann in die Nähe dieses Platzes gelangen, denn dies ist ein heiliges, göttliches Zentrum. Hier können sich nur göttliche Wesen aufhalten."

Die Menschen sahen und hörten die Devas (Götter). Sie haben - gemeinsam mit anderen - des nachts "Jyotis" gesehen, (meist blau-weiße Lichter, als natürliche Phänomene vollkommen unerklärlich), die am Berg Kailash und Gautama Ganga Flussbett spielten. Selten kamen sie den beobachtenden Menschen näher - zarte, schwebende Lichtformen. Vor 1978 waren sie häufige Besucher, und wurden weniger oft gesehen, als die Bevölkerung des Ashrams zunahm; doch sogar seit Babaji Haidakhan verlassen hat, wurde von ihrem Erscheinen berichtet.

Prem Lal, eine moderne, gebildete Dame aus Delhi, berichtet, wie sie eines Nachts im Mai 1975 in Haidakhan von dem Klang von "Om Namah Shivay" aufwachte, das von einem Chor tiefer Männerstimmen gesungen wurde. Sie traute ihren Ohren nicht, und um sich ihrer Wachheit zu vergewissern, stand sie auf und ging zur Zimmertür - und war von dem Klang umgeben. Er kam von den Bäumen, dem Strom, dem Fluss, von überall. Sie bedeckte ihre Ohren und verschloss sich dem Ton, doch als sie wieder lauschte, war der Ton immer noch klar - "Om Namah Shivay". Sie versuchte, sich davon zu überzeugen, dass es ihre Einbildung war; sie ging zurück ins Bett, bedeckte wieder ihre Ohren und lauschte dann erneut. Der Ton erklang immer noch. Am nächsten Morgen erinnerte sich Prem, dass Babaji kürzlich einer Gruppe Leute gesagt hatte: "Wenn ihr lauscht, könnt ihr die Heiligen und Rishis "Om Namah Shivay" singen hören.

Babaji sagte über Haidakhan:

"Für die, die den Darshan (Segen) dieses Ortes erhalten, gehen alle Wünsche in Erfüllung. Wer hier einige Zeit lebt, erhält automatisch diverse yogische Kräfte. Wenn wir diesen Ort einen Himmel auf Erden nennen, so ist das keine Übertreibung."

Shri Babaji erlaubte noch lange nicht jedem den Zutritt zu seinem heiligen Ort und traf eine sorgfältige Auswahl. Viele Leute fragten schriftlich an, ob sie nach Haidakhan kommen könnten: gewöhnlich erhielten sie eine zustimmende Antwort, doch gelegentlich schlug er die Bitte auch ab. _Oft kamen Leute, ohne vorher geschrieben zu haben, meist wurden sie willkommen geheißen, doch manchmal empfing Babaji Neuankömmlinge am Flussbett und befahl ihnen mit scharfer Stimme, kehrt zu machen und zurückzugehen - bevor sie Gelegenheit hatten, auch nur ein Wort zu sagen.

Er äußerte sich nicht zu Einzelfällen, doch manchmal machte Babaji Bemerkungen, die eine Erklärung für seine Auswahl bieten können.

"Wenn sich das schlechte Karma eines Menschen seinem Ende nähert, dann wird er ganz natürlich von einem heiligen Ort und der Gesellschaft guter Menschen angezogen.

...Nur der kann hierher kommen, der in seinem Leben einen Wendepunkt erreicht hat, wenn die spirituelle Energie nach oben steigt. _Nur der kann hierher kommen, dessen Sünden gebüßt wurden. Lord Rama sagt, dass nur der hierher kommen kann, der in seinen früheren Leben große Buße getan hat."

Babaji sagte durch Shastriji, dass "die aus dem Westen Heilige in ihren früheren Leben waren und in technologisch hochentwickelten Kulturen geboren wurden, um karmische Wünsche zu erfüllen, aber von Shri Babaji angezogen werden, wenn dieses Karma nahezu gestillt ist."[9]

Im August 1983 sagte Shri Babaji:

"Eine neue Welt wird hier erschaffen. Die neue Schöpfung beginnt hier. Was ihr hier seht, sind bereits die Anfänge der neuen Welt. _Hier in Haidakhan wurde die alte Welt zerstört. Ich lehre euch dies: DIE NEUE WELT NIMMT HIER IHREN ANFANG! Ich möchte, dass ihr glücklich und in Frieden seid."

Obwohl Shri Babaji eindeutig der Herr des Haidakhan Ashrams war, behandelte er ihn nicht als sein Eigentum. Er erzählte uns oft, wenn er den Ashram wie ein Inspektor abschritt, dass dieser Ashram allen gehöre. Wir lachten dann größtenteils in uns hinein, da die Leute umhereilten, um die Befehle von Bhagwan Haidakhan auszuführen. Doch Babaji meinte, was er sagte. Eines Tages, als das letzte Gebäude bezugsfertig war, verließ er uns und hinterließ den Ashram den Händen seiner Schüler. Er hatte gesagt:

> *"Der Ashram gehört euch. Lernt die Regeln und befolgt die Disziplin, während ihr hier seid. Dann, wo ihr auch seid, lehrt andere dieselbe Disziplin. Werdet kraftvoll und helft anderen, dasselbe zu tun. Seid sehr aufmerksam und wach und bereitet euch darauf vor, dem Leben in den kommenden Zeiten ins Gesicht zu sehen.*

> *...Haidakhan Vishwa Mahadham ist nicht der Besitz einer Person; es ist der Besitz der ganzen Menschheit. In Haidakhan Vishwa Mahadham gemachte Fortschritte kommen dem _Universum zugute. Ihr seid vom Glück begünstigt, in Haidakhan zu sein, denn selbst die Götter sehnen sich danach."*

> *...In Haidakhan wird niemand auf nur eine Art von Anbetung oder Wissen festgelegt. Alle haben ein Anrecht auf ihre Art, Gott anzubeten.*

> *...Es gibt viele heilige Orte, die nur für eine bestimmte Religion zugelassen sind. Es gab und gibt viele Tempel, Kirchen und religiöse Zentren; doch dies ist das einzige universelle Pilgerzentrum. Das gibt diesem Ort seine große Bedeutung."*

Neben den wichtigsten religiösen Hindu-Festivals wurden andere religiöse Feste gefeiert, so auch Weihnachten. Es war ein wichtiges Fest in Haidakhan. Die Sikh-Gemeinschaft hielt unter Shri Babajis Schülern 48stündige, pausenlose Lesungen aus dem Guru Granth Sahib, den heiligen Schriften der Sikhs, ab. Nach einer dieser Rezitationen des Guru Granth Sahib bemerkte Vishnu Dutt Shastriji:

> *"Wenn solche Lesungen an heiligen Orten durchgeführt werden, lädt es sie mit göttlicher Energie auf und, vergleichbar mit den Strömungen des Ganges, kommen sie der ganze Welt zugute. Immer wenn Rezitationen solch heiliger Schriften stattfinden, gehen die Schwingungen durch die drei Welten - Erde, Atmosphäre und die Himmel."[10]*

Moksha Dham Dhuni, das Heiligtum der Befreiung

Während seines Aufenthaltes in Haidakhan baute Shri Babaji neun kleine Tempel für Hindu-Gottheiten auf der "Höhlenseite" des Ashrams. Er sprach zu mehreren Leuten über Pläne für drei weitere Tempel - ein Sikh Tempel, ein christlicher Tempel und ein moslemischer Schrein. Sie würden benötigt, um Vishwa Mahadham einen klareren universellen Charakter zu geben. Aber Babaji ging, bevor diese Tempel in Angriff genommen werden konnten; er überließ die Ausführung seinen Schülern.

Der letzte Schrein, den Shri Babaji in Haidakhan baute, war das "Moksha Dham Dhuni" im Ashram-Garten, am Fuß der 108 Stufen. Der Garten selbst war in drei Jahren Karma-Yoga aus dem breiten Flussbett gewonnen worden. Im dritten Jahr errichtete Shri Babaji mit eigenen Händen ein Dhuni - eine heilige Feuerstelle - und half dann beim Bau eines temporären Gebäudes über und um das Dhuni.

Während des Monsuns 1963 baute er ein "permanentes" Gebäude aus Stein und Zement um das erste herum, entfernte dann das temporäre Gebäude und weihte das Moksha Dham Dhuni am 17. August 1966 mit einem großen, mächtig lodernden Feuer ein.

Am Vorabend der Einweihung, nach dem Arti, sprach Shri Babaji über das Dhuni:

"Das Dhuni dort unten hat ein lebendiges Bewusstsein. Im Namen Ramas, Göttliches Licht ist ständig in ihm gegenwärtig. Das Dhuni ist eines der Weltwunder! Ihr mögt viele Arten von Dhunis sehen, z.B. Parsi Dhunis, doch nirgends sonst werdet ihr ein achteckiges Dhuni finden.

Die acht Seiten symbolisieren die acht Arme von Jagadamba, der Mutter des Universums. Im Namen Ramas, so lange es eine Schöpfung gibt, so lange wird das Dhuni mit dem lebendigen Bewusstsein bestehen. Diesem Dhuni wurde ein Segen zuteil: jeder, der dort zum Darshan kommt, dort meditiert und Puja macht, wird von all seinen Beschwerden erlöst, mögen sie körperlicher, geistiger oder spiritueller Natur sein."

Ein anderer Name Shri Babajis für dieses Dhuni ist "Maha Shakti Dhuni". "Maha" bedeutet "groß" und "Shakti" hat viele Bedeutungen und Anwendung, die für dieses Dhuni zutreffen. Eine wörtliche Übersetzung ist "Energie" oder "Kraft". Das Dhuni ist eine starke Quelle für Gottes Energie. "Shakti" wird im Sanskrit auch dazu benutzt, den weiblichen Aspekt Gottes oder der Götter zu bezeichnen. Wie bereits erwähnt, hat im "Hindu-Pantheon" jeder wichtige Gott einen weiblichen Aspekt. Es ist die tätige, schöpferische, bewegliche "Energie" dieses Gottes. Gott (oder die geringere Gottheit) ist reiner, eigenschaftsloser Natur, und "Shakti" repräsentiert diese tätige Schaffenskraft in der Schöpfung. Das "Maha Shakti Dhuni" symbolisiert daher Babajis in der Schöpfung tätige Kraft; und die "Shakti" Gottes wird immer als göttliche Mutter (Jagadamba) verehrt, die liebende, sorgende, schöpferische, nährende, unterstützende, beschützende, zärtliche Seite Gottes.

Shri Babaji erwähnte oft, dass er nach seinem Fortgehen Haidakhandeshwari Ma zurücklassen würde, um seinen Schülern Anleitung, Trost, Unterstützung und Energie für ihre Arbeit zu geben. Sie wird in diesem Dhuni verehrt (ihr Arti wird morgens und abends gesungen), und das achteckige Dhuni wird als ihre lebendige Form gepflegt. Ihre Gegenwart wird von vielen, die dort meditieren oder verehren, stark empfunden, und ihre Form wurde mehr als einmal gesehen. Als der Ashram einmal leer war wegen einer Feier zu Ehren der göttlichen Mutter an einem anderen Ort, konzentrierte Ram Dass seine Verehrung auf sie. Eines Abends, als er das Mutter-Arti darbrachte, erfuhr er ein reines, weißes Licht - groß, wie eine menschliche Form, jedoch ohne wahrnehmbare Züge außer den acht ausgestreckten Armen - das aus dem Dhuni-Feuer emporstieg und ihn in einer achtarmigen Umarmung umfing, die ihn in einem Zustand reiner Wonne zurückließ. Die Erfahrung der Göttlichen Mutter ist gegenwärtig im Dhuni für diejenigen, die sie mit Glauben, Entschlossenheit und Hingabe suchen.

Als das Dhuni-Gebäude fast fertig war, bemerkte Babaji dazu:

"Die Tür und die Fenster des Dhuni-Gebäudes, welches den neuen heiligen Sitz beherbergt, wurden offen gelassen. Das bedeutet, dass das Heiligtum allen offensteht, wer immer sie sind und wo sie auch herkommen. Für jeden, der hierherkommt und spirituell weiterkommen möchte, ist es absolut wichtig, den Darshan des Dhuni zu haben.

Dieses Dhuni ist nicht neu, obwohl es kürzlich ein neues Gebäude bekommen hat. Es ist ein uraltes Dhuni. Mahaprabhuji machte nicht nur dieses Dhuni mit seinen eigenen Händen, sondern er selbst beaufsichtigte und leitete die Arbeit in allen Einzelheiten.

Mahaprabhuji hat diesem Platz seinen besonderen Segen gegeben: jeder, der das heilige Wasser von Ram-Dhara (die Quelle unter dem Dhuni) trinkt, und jeder der um Darshan zum Dhuni kommt, um Vibhuti (heilige Asche vom Feuer) zu nehmen, um irgendeine spirituelle Übung hier zu machen, der wird die Garantie haben, erlöst zu werden... Das sagt euch Mahaprabhuji.

Deshalb wird es "Moksha Dham" genannt - Heiligtum der Befreiung. Es ist eine Manifestation von Lord Rama und ein Pilgerzentrum. Es ist die Eingangstür zum Herrn."

Haidakhan als Modell der Einheit mit dem Göttlichen

Haidakhan ist, laut Shri Babaji, das Zentrum des Universums und etwas ganz Besonderes aus verschiedenen Gründen. Babaji sagt, dass es für Millionen von Jahren ein heiliger Sitz war - ein Brennpunkt göttlicher Energie in dieser Welt, ein Platz, an dem eine physische Form von Gott Shiva jahrhundertelang spirituelle Übungen zum Wohle der Menschheit ausführte und so bei der Entwicklung menschlicher Formen half, angefangen bei den niedrigsten, frühen Stufen bis zur gegenwärtigen Stufe der Menschheit. Durch die Anwesenheit der Energie und Form von Lord Shiva wurden andere Formen göttlicher Wesen und alte Rishis und Weise von diesem Gebiet angezogen. Und sogar in unserer Zeit fühlte Babaji beständig die Gegenwart anderer göttlicher Wesen in Haidakhan. Er sagte, dass sie im Fluss badeten, am Berg und im Flussbett tanzten, manchmal sprachen sie durch ihn. Und es gibt viele _Leute - Inder wie auch Menschen aus dem Westen - die einige dieser Formen in verschiedener für sie sehr realer Weise erfuhren.

Es war auch außergewöhnlich, dass Haidakhan als spirituelles Zentrum Menschen aller spirituellen Richtungen willkommen hieß. Babaji bemühte sich nicht, sie zu irgendeiner Religion zu bekehren, doch er versuchte, das Gespür aller Menschen für das Göttliche und die göttliche Harmonie des Universums wieder zu beleben. Was immer die Menschen auch für einen religiösen, spirituellen oder philosophischen Hintergrund haben mochten, Babaji versuchte alles Mögliche, sie die Einheit der Schöpfung erfahren zu lassen und ihnen das Gefühl von Schönheit, Harmonie, Glückseligkeit und Kraft zu vermitteln, das sich einstellen kann, wenn man ein Leben in Wahrheit, Einfachheit und Liebe mit allem Erschaffenen führt.

Vielleicht bestand die größte Bedeutung Haidakhans unter Babajis Führung darin, ein Modell für das Neue Zeitalter zu sein, oder für die Neue Welt, die er ermutigen und formen wollte. Die Revolution, die er gekommen war zu leiten und zu inspirieren, nahm in dem winzigen, fernen Bergnest und Ashram von Haidakhan Gestalt an, während der "Sturm aus Wasser und Feuer" jenseits des Tales an Stärke zunahm. Babaji zeigte den Menschen, die in den Ashram kamen, wie man ein aktives, nützliches, kreatives Leben führt, in Harmonie mit der Erde und mit anderen Menschen, und sogar, wie man Schwingungen harmonischer Energie in das Universum jenseits der Erdatmosphäre schickt. "EINE NEUE WELT WIRD HIER ERSCHAFFEN... DIE NEUE WELT BEGINNT HIER!"

Dreizehneinhalb Jahre lang gab Babaji seine ganze Energie dafür, den Menschen ein höheres, friedlicheres, schöpferisches, liebevolles Leben zu zeigen. In den letzten Jahren, und besonders in den letzten Monaten seines Lebens, drängte Babaji seine Anhänger, in ihre Heimatländer zurückzukehren und Ashrams zu gründen, die auf dem Modell basierten, das er ihnen in Haidakhan zeigte. Babaji schien diesen alten, heiligen Platz in ein Eden für die neue Welt gemacht zu haben.

Anmerkungen

1 Mount Meru (Sanskrit) ist auch als Mount Kailash (Hindi) bekannt und als Berg Tisi bei den Buddhisten. Es wird von den Buddhisten und Hindus als das Zentrum oder die feste Basis der Erde betrachtet.

2 Babaji spricht: Prophezeiungen und Lehren, Ausgabe 1988

3-7 ebenfalls

8 Aus Gaura Devis unveröffentlichten Notizen

9-10 Babaji spricht: Prophezeiungen und Lehren, Ausgabe 1988.

Kapitel 15

Mahasamadhi

Hinweise auf seinen Weggang

Das Lila, das Spiel der Manifestation Shri Babajis, nahm ein überraschendes Ende. Aus Liebe, Sehnsucht und Abhängigkeit von Shri Babajis körperlicher Anwesenheit glaubte jeder Shastrijis Aussage, dass Babaji bis etwa 1988 unter uns weilen würde. Auch dachten viele, er würde sich zum Zeitpunkt seines Wegganges, wie der "Alte Haidakhan Baba", in einem Lichtball auflösen. Man munkelte sogar, dass er elf seiner Schüler mit sich nehmen würde, falls er sich dematerialisierte.

Babaji spielte mit Tausenden seiner Schüler und wandte die gleiche Verschleierungstaktik an, wie der "Alte Haidakhan Baba" es mit dem jungen Mann getan hatte, der die Narbe auf Babajis Kopf sehen wollte, die vom Kampf in Kurukshetra herrührte: Er gab genügend Hinweise auf das zu Erwartende, aber keiner verstand sie oder erwartete seinen Mahasamadhi.[1]

Nachdem er seinen Körper verlassen hatte, wurden seine Hinweise verstanden. Bemerkungen von Heiligen und Erinnerungen seiner Schüler brachten Klarheit darüber, dass sein Weggang von langer Hand geplant worden war, den er manchmal neckend aufdeckte und wieder durch sein illusorisches Spiel verschleierte.

1971 erklärte Shri Nantin Baba, ein bekannter Heiliger Nordindiens, öffentlich, dass Babaji eine Manifestation Shivas sei, und er fügte noch hinzu, dass er, sobald er seine besondere Mission erfüllt habe, nach ein paar Jahren "verschwinden" würde, um erneut wiederzukehren.

Im Februar 1973 bestätigte Shri Gangotri Baba Shri Nantin Babas Aussagen und fügte noch hinzu, dass er voraussichtlich in den kommenden sieben oder acht Jahren die Erde verlassen würde, es sei denn, es käme ein besonderer Schüler, um dessen willen er seinen Aufenthalt für einige Jahre verlängern würde.

Nicht bevor Shri Babaji seinen Körper verlassen hatte, erfuhren wir, dass er Herrn Ram Singh aus Okaldunga bereits 1970 seinen Weggang im Jahre 1984 angekündigt hatte. Ram Singh, der den Ashram in Haidakhan einmal jährlich drei bis sechs Monate besuchte, kam im Jahre 1984 regelmäßig jede Woche, um Shri Babajis Darshan zu erhalten.

Gaura Devi traf Shri Babaji im Februar 1972. Als sie ein Jahr später in den Haidakhan Ashram zog, sagte ihr Babaji, dass sie ihm zwölf Jahre dienen würde. Sie wunderte sich über diesen Hinweis und fragte sich, ob er sie nach Ablauf dieser Frist wegschicken würde, niemals jedoch hätte sie daran gedacht, dass er es sei, der fortgehen könnte.

Eines Tages im Jahre 1980, als Shri Babaji mit einer Gruppe von Menschen auf Pilgerfahrt ging, saß Herr Hem Chand Bhatt mit Shri Babaji allein in seinem Zimmer. Während sie sich miteinander unterhielten, erwähnte Shri Babaji, dass er Haidakhan 1984 verlassen würde. Herr Batt glaubte, dass er des "Alten Haidakhan Babas" Gewohnheit, öfters in die Himalaja Berge zu gehen, aufnehmen würde, und fragte so nebenbei, wann denn Babaji wiederkehre, und erhielt die Antwort, er käme nur zurück, wenn ein Schüler wie Mahendra Maharaj ihn auf die Erde ziehen würde.

Eine Krankheit im Jahre 1983

Am 8. Juni 1983 wurde Shri Babaji sehr krank. Er schien sich eine Sommer-Erkältung zugezogen zu haben, welche sich zu einer schweren Lungenembolie entwickelte. Er sah schlecht aus und fühlte sich wohl ebenso in seinem Körper. Am Morgen erfolgte sein Darshan sehr spät, und die Besucher fanden Shri Babaji in eine Decke gehüllt auf einem Stuhle kauernd. Er saß im Durchgang seines "Ankleidezimmers" außerhalb des Bades und hatte solch starke Schmerzen, dass er kaum aufrecht sitzen konnte. So verneigten sich die Menschen schnell vor ihm, berührten hastig seine Füße und legten ihre Gaben neben ihn, anstatt ihn zu bitten, ihre Gaben anzunehmen. Sie setzten sich vor den Raum und sangen leise Kirtans, und viele weinten wegen seiner offensichtlichen Schmerzen. Während dieser Krankheit sah Ram Dass Shri Babaji einmal seinen Kopf gegen eine Mauer hämmern, um sein Bewusstsein von den Schmerzen der Krankheit abzulenken.

Damals wurden Pläne für den Besuch des Chilianaula-Ashrams geschmiedet, der Gouverneur von Uttar Pradesh sollte dort Darshan erhalten, und gleichzeitig sollten die neuen Tore für den Ashram in einer Zeremonie übergeben werden. Als der Gouverneur, Herr Singh, von Shri Babajis Krankheit erfuhr, sandte er ihm sofort seinen Leibarzt aus Nainital, der Sommerresidenz, um Babaji zu behandeln. Ein junger deutscher Internist, der im Haidakhan Ashram weilte, hatte unterdessen Shri Babajis Krankheit als ausgesprochen schwere Lungenembolie diagnostiziert und ihm eine Reihe von Antibiotika verordnet. Der Leibarzt des Gouverneurs bestätigte diese Diagnose und die Verordnung, reduzierte die Medikamente allerdings auf die Hälfte mit der Begründung, Inder wären im Gegensatz zu Menschen aus dem Westen nicht an so hohe Antibiotikadosen gewöhnt. Der Arzt gab Babaji den

Rat, sich vier oder fünf Tage auszuruhen und die Fahrt nach Chilianaula zu vergessen, welche am folgenden Tag stattfinden sollte. Babaji versprach, sich zu schonen, worauf der Arzt seine Rückreise nach Nainital antrat.

Der Arzt hatte kaum die "108 Stufen", die zum Ashram führen, hinter sich gelassen, als Babaji jemanden ins Büro zum Telefonieren schickte: Amar Singhs Lastwagen aus Haldwani solle morgen früh bereitstehen, um Shri Babaji und sein Gefolge nach Haldwani zu bringen, der ersten Teilstrecke nach Chilianaula.

Gleichzeitig waren am 8. Juni zwei Autoladungen von Schülern auf dem Wege von Zuhause nach Haidakhan. In einem der Autos saß Shri "Nandi Baba", Herr Sib Narayan Nandi, von Kalkutta und seine Familienmitglieder. Östlich von Benares, in der Nähe einer Brücke, versagten die Bremsen, und das Auto raste einen Abhang von sechs Metern hinunter, wo es sich dreimal überschlug. In ihrer Angst riefen alle im Auto nach Babaji und hörten zu ihrem Erstaunen die Worte :"Daro math!", habt keine Angst! Das Auto zerschmetterte, die Insassen wurden verletzt, aber keiner schwer.

Das andere Auto fuhr in Richtung Delhi und stieß auf der Straße gegen ein Weghindernis. Es überschlug sich, und alle - bis auf Herrn Manherlal K. Vora aus Bombay - wurden aus dem Auto geschleudert. Herr Vora, damals siebzig Jahre alt, saß Kopf unter mit Zerrungen im Rücken in dem auf dem Dach liegenden Auto, und einer der anderen Insassen, Arun Vora, hatte eine Verletzung am Ringfinger.

Als die Nachricht von den beiden Unfällen den Ashram in Haidakhan ein paar Tage später erreichte, sagte Shri Babaji, er hätte das Karma der beiden Autoladungen von Schülern übernommen, sie wurden dadurch vom Tode oder von schweren Verletzungen verschont, aber einer muss die Ernte des gesäten Karmas tragen. Als ihr Meister hätte er ihr Karma übernommen. Nach Eintreffen der Nachricht, dass alle wohlbehalten seien, aß Babaji zum erstenmal wieder seit drei Tagen und machte dann rapide Fortschritte in seiner Gesundung. Er fuhr plan- und zeitgerecht nach Chilianaula, verbrachte dort drei Tage und schonte sich kaum. Als er dann am 16. Juni zurück nach Haidakhan fuhr, war von seiner Krankheit nichts mehr zu bemerken.

Ein Jahr vor dieser Krankheit hatte Shri Babaji oftmals erwähnt, dass er seines Körpers müde sei und ihn verlassen wolle. Während seiner kurzen Reden machte er Andeutungen wie: "Meine Arbeit hier ist halbwegs vollbracht", und dann: "sie ist zu dreiviertel getan". Er stieg die "108 Stufen" langsam empor und stützte sich manchmal schwer auf andere, und manchmal hatte er Mühe zu atmen, während er die Treppen erklomm.

Im Spätfrühling 1983, als Frau Maria Elena Martinez und ihre Töchter, Debbi und Laura Herring, Shri Babaji in Haidakhan besuchten, wurde Maria

Elena gesagt, dass Babaji erwähnt hätte, dass er seines Körpers müde geworden sei und ihn bald verlassen wolle. Aber, "aus Liebe zu seinen Schülern" würde er ein halbes Jahr länger verweilen.

Während des Monsuns 1983, wenn Babaji jemanden bat, zu den beim Darshan versammelten Anwesenden zu sprechen, sagte er "rona" (weine) anstatt "sprich".

Während des Augustmonats, bevor der Gautama Ganga durch den Monsunregen anschwoll, nahm Shri Babaji täglich sein Bad in dem Fluss, nachdem er die Arbeitstruppe fortgeschickt hatte, die an einer Zementbefestigung des Flusses arbeitete. Eines Tages, als nur Ram Dass anwesend war, sagte Shri Babaji zu ihm: "In sechs Monaten werde ich in den Samadhi gehen". Nach einer kurzen Zeit fügte er noch hinzu: "In sechs Monaten werde ich im Samadhi sein!" Verwundert wiederholte Ram Dass mir gegenüber diese Worte und ich erinnere mich, dass wir diese sechs Monate errechneten und auf ein Datum im Februar 1984 kamen. Ich erwiderte Ram Dass, dass Shastriji - auf Babajis Anweisung - mir von der Prophezeiung erzählt hatte und glaubte, dass Babaji bis 1988 bei uns bleiben würde. Ich konnte keinen Sinn in Shri Babajis Bemerkung finden, sie blieb etwa einen Monat in meinem Gedächtnis haften und war dann vergessen. Ram Dass sagte mir später, er hätte aus Babajis Bemerkung geschlossen, dass er für sechs Monate auf die Spitze des Siddeshwar Berges gehen würde, um im Samadhi seine Gesundheit wieder herzustellen.

Ende August, während des Monsuns, kam eine Gruppe aus Italien. Sie brachten einen Vorschlag für die Herstellung eines Kalenders mit und hatten zehn oder zwölf Farbfotos von Babaji dabei und zwei oder drei Schwarz-Weiß-Fotos. Sie erbaten Babajis Rat und Hinweise, bevor der Kalender gedruckt werden sollte. Alle waren wir an schöne Buntfotos gewöhnt, doch diesmal sagte er den Italienern, sie sollten den ganzen Kalender schwarz und weiß drucken. Sogar die Buntfotos sollten als Schwarz-Weiß-Fotos erscheinen. Das Photo für den Monat März stellte den Haidakhan Ashram dar und nicht Shri Babaji. Alle dachten: "Was für ein langweiliger Kalender!", bis sich im Februar des nächsten Jahres der Kalender für ein Trauerjahr geeignet zeigte.

Im Februar 1983 hatte Shri Babaji Herrn Yogendra Madhavlal, den Vorsitzenden der Treuhandgesellschaft des Ashrams in Vapi, im Staate Gujarati, angewiesen, einen Tempel auf der "Manda Farm", außerhalb von Vapi zeitlich so zu errichten, dass Metallstatuen von Mahakali, Kalbhairav und Shri Ganesh während Babajis Besuch in Vapi beim Herbst-Navratrifest (zu Ehren der göttlichen Mutter) installiert werden könnten. Der Monsun ist für Bauvorhaben keine geeignete Zeit, denn das ganze Gebiet wird durch den Regen zu Morast. Ein ausführlicher Briefwechsel fand zwischen Bombay und Haidakhan statt, um sich der rechtzeitigen Fertigstellung des Tempels zu versichern. Nicht nur der Tempel, sondern auch das Gästehaus wurden gebaut und Babaji drängte die Treuhänder aus Vapi zur Fertigstellung. Die abschließenden Arbeiten wurden tatsächlich bei nicht saisonüblichem Regen fertig, gerade als Babaji die Farm besuchte. Er war sehr erfreut über das ganze Projekt: es war seine letzte Reise nach Vapi.

Spät im November machte sich Shri Babaji mit einer großen Anzahl von Begleitpersonen aus dem Haidakhan Ashram auf den Weg, um das Haus des bereits verstorbenen "Pujari Baba", Herrn Prahalad M. Vyas, in Jadar, Gujerat, zu besuchen, um dort eine Feuerzeremonie mit Lesung aus den Heiligen Schriften und Darshan abzuhalten. Beim Verlassen des Ashrams ritt Shri Babaji die vier oder fünf Kilometer zur "Dam Site" gewöhnlich auf einem der Ashrampferde. An diesem Morgen jedoch waren die Pferde noch nicht bereit, und nachdem Shri Babaji einige Minuten gewartet hatte, machte er sich zu Fuß auf den Weg - begleitet von denen, die mit ihm fuhren und von vielen Anwesenden aus dem Ashram. Nachdem er eine Weile gegangen war, begann Babaji zu singen und lehrte alle ein neues Lied, indem er die Weise Ram Dass vorsang, der sie laut wiederholte. Die Worte des Liedes waren: "Sita Ram, Sita Ram bol pyaare, Radhe Shyam, Radhe Shyam bol pyaare." Übersetzt lauten die Worte etwa: "Singe den geliebten Namen von Sita Ram (Gott Rama und seiner Gemahlin Sita), singe den geliebten Namen von Radhe Shyam" (Gott Krishna und seiner meist geliebten Schülerin). Als Ram Dass das Lied beherrschte, schickte Baba alle, die im Ashram blieben, flussaufwärts zurück, bestieg das nun gesattelte Pferd und ritt durch das Tal.

Babaji lehrte dieses Lied während der Reise nach Jadar ebenfalls seinen Ganas (Diener Lord Shivas). Noch im Dezember, Januar und bis in den Februar hinein wurde dieses Lied oft gesungen. Oftmals stimmte Babaji dieses Lied an, wenn ich zu ihm zum Pranam ging und viele dachten, dass Shri Babaji mit mir und Sita Ramiji, die zu dieser Zeit in Amerika weilte, spielte. Erst kurz nach Babajis Mahasamadhi erfuhren wir Ausländer, dass der Name Ramas von Trauernden gesungen wird, die einen Leichnam zur Verbrennungsstätte tragen.

Während der Winterperiode sagte Shri Babaji oftmals in der Öffentlichkeit: "Mein Körper ist hier, aber ich gehe fort ins Ausland". Einige der Anwesenden waren begeistert von dem Gedanken, mit Babaji durch Europa und Nordamerika zu reisen.

Als im Herbst die Abende kühl wurden, nahm Babaji sein Bad in seinem Badezimmer. Es lag dicht bei seinem kleinen Raum, in dem er sich aufhielt und schlief. Eine feste Gruppe von Begleitern - und gelegentlich auch Besucher - verbrachten am Nachmittag etwa eine Stunde vor und während des Bades mit ihm. Manchmal meditierten diese Begleiter in Babajis Gegenwart, manchmal sprach er zu ihnen, aber häufiger bat Babaji sie, das Radio anzuschalten oder eine Tonbandkassette mit besonderen, frommen Liedern einzulegen, zu der er dann in eine tiefe Meditation ging.

Obgleich einige Vorab-Kopien von Vishnu Dutt Shastrijis Buch über Babaji "Shrisadashiv Charitamrit" mit dem neunten Kapitel über die Manifestation "unseres" Babajis für das Guru Purnima Fest (Vollmondfest zu Ehren des Meisters) im Juli 1983 hergestellt worden waren, wurde es Dezember, bevor das Buch gedruckt und gebunden werden konnte. Als die fertigen Exemplare in Haidakhan zur Verfügung standen, drängte Babaji jeden, es zu kaufen, selbst wenn sie Hindi nicht verstehen konnten. Babaji schrieb in viele Bücher sein Autogramm in Hindi Schriftzeichen: "Om namah Shivay". Zu dieser Zeit, fragten sich einige Schüler, als sie das "Spiel" seines Lebens gedruckt sahen, ob dieses "Spiel" nun wirklich zu Ende gehen würde.

Im Dezember 1983 floss eine Träne aus dem linken Auge der Mamorstatue des "Alten Haidakhan Babas", die in dem kleinen Ashram Tempel steht, den der alte Haidakhan Baba gebaut hatte. Mehrere Monate lang - zwei Monate vor Babajis Mahasamadhi und noch einige Monate später - war die Träne sichtbar, heute aber nicht mehr.

Shri Babaji hatte einen Dauerhusten während des Winters 1983/84, und es gab Gerüchte über schwarze Hustenauswürfe in seiner Toilette. Sein Körper litt offensichtlich, aber seine Energie war stark wie zuvor. Er hielt sich an seinen disziplinierten Tagesablauf. Man Singh, der Babaji zehn Jahren lang täglich umsorgte, weckte ihn zwischen 3.30 Uhr oder 4 Uhr und gab ihm ein Bad. Anschließend trug Babaji seinen Schülern Chandan in seinem kleinen Raum auf, gefolgt von einer Havan-Zeremonie am Dhuni außerhalb seines Raumes. Bis auf die letzten drei oder vier Tage hielt sich Babaji an diesen Rhythmus, egal wie er sich körperlich fühlte. Während der Weihnachtsfeierlichkeiten 1983 machten sich nur wenige Menschen Sorgen um Babajis Gesundheitszustand, außer dass sie bemerkten, wie fest der Husten in seiner Brust saß. Während des Herbstes und des Winters kamen viele neue Menschen zu Babaji; alle waren von seiner Schönheit und der Kraft seiner Gegenwart beeindruckt.

Vielleicht gab uns Babaji einen anderen Hinweis am Weihnachtsabend 1983, als er nach dem üblichen Weihnachtsspiel für die Ashrambesucher und die Bewohner des Tales lange Darshan gab. Die Menschen überreichten ihm ihre Gaben, die er wieder an andere, die seinen Segen erbaten, verteilte. Bevor er die überfüllte Zelthalle verließ, sagte er:

"Es verbleibt nunmehr eine halbe Stunde bis Mitternacht. Steht nicht auf und stört den Rhythmus dieser heiligen Zeit... Es gibt ein Sprichwort auf Hindi, in dem der Held zur Heldin sagt: "Das Spiel ist zum größten Teil beendet, nur wenig verbleibt, und

dieses Wenige ist bereits am Verschwinden. Bitte stört nicht den Rhythmus der Musik für diese kurze verbleibende Zeit. Bleibt also sitzen und fahrt fort, Kirtans und Bhajans bis Mitternacht zu singen. Was auch immer für Kirtans, Bhajans und Gebete ihr heute singt und sprecht, Christus wird sie hören. Singt Kirtans, singt Halleluja."

Babaji beschreibt seine Beerdigung

Der 8. Januar 1984 war mein 56. Geburtstag und ich bat um Erlaubnis, Aarti vor Babaji beim Abenddarshan zu zelebrieren. Sie wurde mir gewährt; einige ausländische und indische Freunde und ich zündeten Weihrauch an, badeten zeremoniell Babajis Füße, trugen Chandan und Kum Kum auf seine Zehen auf und legten Blumen auf jeden Fuß. Dann hängten wir Babaji eine Sandelholz-Mala, eine heilige Schnur und eine Blumengirlande um den Hals und bedeckten sein Haupt mit einem Baumwolltuch. Wir boten ihm Früchte, Nüsse, Süßigkeiten an und zelebrierten vor ihm die Lichtzeremonie mit einem Butterdocht-Lämpchen. Es ist eine wundervolle Erfahrung, den Herrn so zu ehren. Manchmal saß Babaji bei dieser Zeremonie still wie eine Steinstatue, andere Male nahm er aktiv an dem Arti teil, indem er den Ungeschickten half, den Faden der heiligen Schnur zu entwirren, mal winkelte er einen Fuß ein, so dass nur einer gesalbt zu werden brauchte, ein andermal griff er entgegen der Reihenfolge mit zwinkernden Augen und einem breiten Lächeln nach einem der Artikel, um unseren "Verwirrungsquotienten" zu testen oder um uns daran zu erinnern, dass die sorgfältig erlernte Reihenfolge der Zeremonie weniger wichtig ist als die Liebe, Hingabe und Reinheit im Herzen der Schüler.

Nach dem Arti, während die Leckereien, die Babaji angeboten worden waren, in der Kirtanhalle verteilt wurden, rief Shri Babaji Amar Singh und verleitete ihn zum Sprechen, wobei er das Gesagte inspirierte, Wort für Wort. Er machte einige zusätzliche Bemerkungen über mich und fügte hinzu, wie Babaji seine Arbeit in der Welt durch seine Schüler fortsetzen würde.

Am folgenden Abend witzelte Babaji, der am 8. Januar gesagt hatte, er könne mich in einen Neunjährigen verwandeln, dass er mich mit Leichtigkeit 159 Jahre alt machen könnte. Diese Rede wurde zu dieser Zeit nicht offiziell aufgezeichnet und auch nicht vollständig auf Englisch übersetzt, ich habe sie aber mit Hilfe aus den Erinnerungen von drei oder vier Anwesenden vervollkommnet.

Babaji fuhr lachend fort zu sagen, dass Radhe Shyam in Haidakhan sterben würde. Er sagte, dass mein Körper verbrannt werden würde - nach einer kurzen Pause korrigierte er sich: "Nein, Radhe Shyam ist Christ, er wird hier begraben werden." Dann fuhr er fort zu sagen, mein Körper würde für drei Tage auf ein Bett aus Eis gelegt, um den Menschen einen letzten Darshan zu gewähren. Dann würde mein mit Parfümölen eingeriebener Körper begraben, mit Blumen, Weihrauch, getrockneten Früchten und Nüssen bedeckt, dann mit Salz und schließlich mit Erde. Über dem Grab würde ein Tempel stehen mit einer Statue des "Alten Radhe Shyam." Er sagte zu Nagini, einer Amerikanerin, die viele wunderschöne Bilder von den göttlichen Wesenheiten in Haidakhan gemalt hat, sie solle Skizzen von mir und einem geeigneten Tempel anfertigen.

Zu jener Zeit dachte ich, dass Shri Babaji mit seinen Übertreibungen zu weit ging. Fünf Wochen später stellte sich heraus, dass er nur meinen Namen benutzt hatte, um das zu beschreiben, was mit seinem Körper geschehen würde. Alles, was er über meinen Leichnam gesagt hatte, traf auf seinen Körper zu. Und alle Entscheidungen, die nach seinem Mahasamadhi getroffen wurden, wurden von Menschen gemacht, die damals am 9. Januar nicht in der Kirtanhalle anwesend waren.

Babajis letzte Reise

Ende Januar machte Shri Babaji seine letzte Reise. Um der Bitte von Gouverneur Singh nachzukommen, wohnte er mit seinen Begleitern drei Tage im Palast des Gouverneurs in Lucknow. Es machte ihm viel Freude, durch den Garten zu gehen, und er saß oft unter einem viereckigen, von zwölf Säulen getragenen Schutzdach. Mehrere Male erwähnte er Dr. Rao gegenüber, dass ihm diese Architektur gefalle. Im Februar wurde der Grundriss dieses Gebäudes für den Samadhi Tempel konzipiert und über Shri Babajis Grab errichtet.

Babaji fuhr von Lucknow nach Allahabad. Mehrere Monate hatte der Bau eines Kali Ma Tempels die Banerjee Familie in Anspruch genommen (Seit 108 Jahren wird Kali Ma von dieser Familie durch tägliche Andacht verehrt). Zimmer für Shri Babaji und seine Begleiter, eine Küche, um Gäste bewirten zu können, waren errichtet worden. Als Babaji in Lucknow eintraf, waren die Gebäude in Allahabad noch unfertig, und er lehnte aus diesem Grunde eine Reise dorthin ab. Die Bauanstrengungen wurden wegen der Absage verdoppelt und die Familie hörte nicht auf, Babaji zu einem Besuch zu drängen, um den Tempel einzuweihen und der Statue "Leben" einzuhauchen. Babaji sagte schließlich zu, und der Bau wurde rechtzeitig zu seinem Besuch beendet.

Mir wurde gesagt, dass Shri Vishnu Dutt Shastri über die Einweihungen der Kali Tempel in Manda und Allahabad beunruhigt war. Kali symbolisiert

Zeit, Raum, Tod - die Endlichkeit des manifestierten Universums, die "letzten" Aspekte, bevor die Schöpfung in die Formlosigkeit eingeht. Shastriji - so wird gesagt - dachte, es sei nicht gut für Babaji, dass er so viel Gewicht auf diesen Aspekt Gottes lege, aber Babaji meinte, es sei alles in bester Ordnung und weihte diese beiden Kali Tempel während der letzten vier Monate seines Daseins ein.

Am Tage der "Lebensgebung-Zeremonie" im Allahabad Tempel, als die Tempeltore geöffnet wurden, sahen die Schüler Shri Babaji auf dem Platz sitzen, auf dem die Statue installiert werden sollte. Babaji hatte einen Baumwollschal über sein Haupt gelegt und sah sehr weiblich aus. Frau Prem Lal, die Babaji immer als "Ma", "die göttliche Mutter" angesehen hatte, brach in Tränen aus und weinte laut bei seinem Anblick, einmal, weil er so müde und verbraucht aussah, und zum anderen, weil er einen so "weit entfernten" Ausdruck hatte, der in ihr die Ahnung seines baldigen Wegganges aufsteigen ließ. Babaji riss sich zusammen und scheuchte Frau Prem Lal barsch hinweg. Er duldete keine Tränen.

Während der Zeremonie des "Lebengebens" streichelte Shri Babaji die Statue liebevoll, flüsterte ihr das Kali Ma Mantra ins Ohr und gab ihr Energie, Leben. Sobald die Feier beendet war, stand er wortlos auf und setzte sich in ein wartendes Auto.

Frau Prem Lal lief weniger schnell als er und ging durch das Haus anstatt rundherum, und als sie den Eingang erreichte, saß Babaji im Auto, bereit abzufahren. Er drehte sich nach ihr um, und seine Haut schimmerte von Licht. "Nie habe ich ihn so strahlend gesehen", berichtete Frau Lal. Er floss über vor Liebe und überschüttete sie damit. Als das Auto anfuhr, rief Babaji ihr zu: "Sei glücklich! Sei glücklich!" Das war der letzte Blick, den Frau Prem Lal auf Babaji warf, bis sie ihn in Haidakhan beerdigten.

Auf dem Rückweg nach Haidakhan kam Babaji der Bitte von Herrn Saubhagya Chandra und Shri Himatlal Parikh nach, ihre Familien in Kampur, einer bedeutenden Industriestadt im Südwesten von Uttar Pradesh, zu besuchen. In dem Hause von Familie Parikh und bei Aufenthalten auf dem Rückweg nach Haldwani, sagte Babaji zu den Anwesenden, sie sollten immer ein Gewehr im Hause haben, denn "jetzt käme das Mahakranti".

In Haidakhan sagte Babaji zu Swami Fakiranand: "Ich nahm die Zeremonie in Allahabad vor, denn zu einem späteren Zeitpunkt wäre sie unmöglich gewesen!"

Letzte Vorbereitungen

Am 4. Februar erreichten Anton und Marlis Waelti, ein Schweizer Ehepaar, Haidakhan. Am nächsten Morgen überreichten sie beim Darshan Babaji zwanzig Abzüge von je 16 Fotografien, die sie während ihrer letzten Aufenthalte gemacht hatten. Ich stand hinter ihnen in der Darshan-Schlange und musste für Babaji je eine Kopie aussortieren. Diesen Stoß von Fotografien überreichte er Gaura Devi mit den Worten, sie solle sie in ein Album stecken und es Gouverneur Singh geben, "wenn er kommt." Dann schickte Babaji Gayatridevi (Stacey Mc Cullough) in das Büro, um nochmals je einen Abzug der Bilder zu holen, um sie dem Album für den Gouverneur hinzuzufügen. Gaura Devi wunderte sich, warum Babaji sie anwies, dieses Album dem Gouverneur zu überreichen. Er war doch selbst da, um ihm dieses Geschenk zu machen. Gaura legte alle Fotos in Babajis Ankleidezimmer und vergaß sie. Als Babaji am Abend den Raum betrat, um sein Bad zu nehmen, fand er die Fotos und beschimpfte Gaura Devi, dass sie die Bilder nicht in ihren Raum getragen hatte, wie beauftragt. Dann wiederholte er, dass sie die Bilder dem Gouverneur geben solle.

Kurz nach seiner Rückkehr nach Haidakhan ließ Shri Babaji an Makhan Singh Baba, einen Priester, der den Tempel in Babajis Ashram in dem Städtchen Madhuban, im Mathura Distrikt von Uttar Pradesh, unterhält, einen Brief schicken. Das Dhuni jenes Ortes, welches zusammen mit alten zeremoniellen Werkzeugen zu der Zeit von Mahendra Baba ausgegraben wurde, ist nach Aussagen von Shri Babaji Tausende von Jahren alt - der älteste bestehende Ort, an dem Feuerzeremonien abgehalten wurden. Babaji ließ ihm sagen, er solle schnell nach Haidakhan kommen, und er traf am 9. Februar ein. Makhan Singh berichtet, dass ihm Babaji gleich nach seiner Ankunft in Haidakhan mitteilte, dass er am Morgen des 14. Februar seinen Körper verlassen würde. Er wies ihn jedoch an, zu niemandem darüber zu sprechen.

Zu etwa der gleichen Zeit sprach Babaji mit Guiseppe D'Allessio, einem Italiener, dem Babaji den Namen Kali und Shani Maharaj gegeben hatte und den Babaji zum "König der Italiener" machte, von denen viele im Ashram waren. Babaji sagte zu Kali: "Mein Sohn, nun ist der Moment gekommen, das Rückgrat aufrecht zu halten, nun ist die Zeit gekommen, vorwärts zu schreiten. Für dein Bestes, für das Beste der ganzen Welt, für das Beste aller, ist es nötig, das Rückgrat aufrecht zu halten. Die Zeit ist gekommen!"

Die letzte Krankheit

Am 10. Februar fand das Morgen-Darshan zu später Stunde statt. Ich ging zur Arbeit, anstatt in der Reihe vor Babajis geschlossener Gartentür zu warten. Darshan begann gegen 10 Uhr, und die Anwesenden fanden Babaji auf einem Stuhl vor seinem Eingang sitzend. Er war in Pullover, Schals und eine Wolldecke eingehüllt. Bald verbreitete sich die Nachricht, dass Babaji sehr krank sei. Als ich gegen 10.30 Uhr zu ihm ging, um ihm meine Aufwartung zu machen, überraschte mich seine Schwere und die Aufgedunsenheit seines Gesichtes. Geistlos fragte ich, wie es ihm ginge. Mit einer Grimasse und seiner Hand am Herzen erwiderte er auf Hindi: "Meine Gesundheit ist aufgefressen worden!" Als Gaura diese Worte für mich übersetzte, dachte ich, dass Baba ein wenig übertreibe. Ich wusste nicht, was ich mit dieser Bemerkung anfangen sollte, die mit solch einem Gesichtsausdruck gegeben worden war, und so lächelte ich zurück und ging wieder an meine Arbeit.

Andere fragten Babaji ebenfalls nach seiner Gesundheit. Vielen antwortete er, mit der Hand auf der linken Seite der Brust: "Tausend Messer zerfleischen mein Herz," und während er seine Hand auf die Mitte der Brust zum Herzchakra gleiten ließ: "und dieses Herz hier durchstoßen Millionen Messer." Nach der Tradition des Sanatana Dharma nimmt ein wahrer Guru sprichwörtlich die Karmas seiner Schüler, die er annimmt, auf sich: während seines dreizehnjährigen Amtes hat Shri Babaji eine ungeheure Last von Karma übernommen.

Später am Morgen durchstreifte Babaji langsam den oberen Teil des Ashrams, setzte sich und ruhte ganz erschöpft aus. Am Nachmittag kam er die Treppen seines Wohntraktes hoch und setzte sich oberhalb der 108 Stufen auf eine Bank. Er ging nicht wieder zum Fluss hinunter oder hinüber zur Höhle und zu den neun Tempeln am Fuße des Kailash Berges.

Am Abend kam Babaji nach dem Aarti zum Darshan und schien sich zu erholen. Er sprach matt mit den Anwesenden, lachte, sang ein wenig und rief mich zu sich. Ich hatte einen Termin mit Shri N. D. Tiwari, dem Minister für Wirtschaft und Industrie, - er stammte aus der Kumaon Region und hatte Babajis Darshan - für den 18. Februar arrangiert. Babaji ließ Gaura Devi übersetzen und sagte mir: Wenn du am 19. aus Delhi zurückkehrst, dann übernachte bei Amar Singh und besuche am 20. anstatt meiner die Hochzeit von Shri Munirajis Sohn. Weder Gaura noch ich begriffen, warum Babaji bei einer solch wichtigen Angelegenheit nicht anwesend sein wollte, bisher hatte Babaji immer Haidakhan verlassen, um in Shri Trilok Singhs Familie bei wichtigen Anlässen anwesend zu sein. Er schien nicht krank genug, um nicht in acht Tagen wieder vollständig hergestellt zu sein. Aber, wie so viele andere, fragten wir nicht nach dem Grund dieser Anweisung.

Am Morgen des 11. Februar war Babaji wie üblich um 4 Uhr in der Früh auf, um Chandan in seinem Raum zu geben. An diesem Morgen hatte er nur acht Anwesenden die Erlaubnis für diese Zeremonie gegeben. Nachdem er ihnen Chandan auf die Stirn aufgetragen hatte, schickte er sie alle zum

Moksha Dham Dhuni für die Morgenandacht. Er sagte, dass von nun an das Dhuni das "Mahashakti" Dhuni sei (das Dhuni der Großen Göttlichen Energie oder Kraft), und nicht nur die Göttliche Mutter, (die achtarmige Jagadamba), sondern Shiva und Shakti in Einheit repräsentiere.

Beim Morgendarshan, der an diesem Tage nicht so spät stattfand, gab Babaji bekannt, dass der Vorsitzende Andropov in der Sowjetunion gestorben sei und ließ zu seinem Gedenken eine Schweigeminute einlegen. Jemand überreichte Babaji ein Bilderbuch über die Zerstörung von Hiroshima durch die Atombombe und ein anderer gab Babaji einige Orangen, die in einer Weltkarte eingewickelt waren. Babaji verbrachte viele Minuten damit, sich das Buch und die Karte anzuschauen. Dabei sah er nachdenklich und etwas traurig aus.

Es war an diesem Morgen, dass Babaji seinen letzten Spaziergang durch den Ashram machte. Mit zwei oder drei indischen Mitgliedern des Ashrams ging Babaji zum Haus des alten Baij Singh Sammal, dessen Haus an den Ashram grenzt. Shri Baij Singh war zu diesem Zeitpunkt 83 oder 84 Jahre alt. Als junger Mann hatte er den "Alten Haidakhan Baba" gekannt und als alter Mann hatte er dem "jetzigen Babaji" seine Ehrerbietung bezeugt. Babaji schaute des öfteren bei Baij Singh zu einem Schwatz vorbei und trank dort ein Glas Tee. Er hatte die Söhne von Baij Singh dazu ermuntert, einen Teeladen zu eröffnen, und hatte dem ältesten Sohn Prem Singh geholfen, die ersten seiner sieben Töchter zu verheiraten.

An diesem Tage begrüßte Babaji Baij Sing mit den Worten: "Wie geht es Dir, alter Mann?" Baij Singh antwortete, dass es ihm nicht gut ginge, worauf Babaji sich an dessen Söhne wandte: "Er ist ein alter Mann. Ihr solltet euch alle gut um ihn kümmern." Und mit einem Lächeln fügte er noch hinzu: "Wenn ihr ihn nicht nett umsorgt, solltet ihr ihn totschlagen, damit er nicht unter eurer Nachlässigkeit leidet." Dann drehte er sich abermals zu Baij Singh um und fragte: "Bist du krank? Vielleicht musst du sterben. Und wenn du stirbst, dann werde ich nicht anwesend sein (Babaji hatte den Schülern aus Bombay gesagt, er würde Anfang März nach Bombay kommen), deshalb werde ich jetzt um dich weinen." Babaji schnitt eine Grimasse und gab Töne der Trauer von sich. Dann verließ er den alten Nachbarn.

Den Rest des Tages verbrachte Babaji in seinem Quartier - er ging in seinen Raum hinein und wieder hinaus, legte sich auf sein Bett und verließ es wieder, durchschritt seine Tür und trat wieder hinein. Am Nachmittag rief er nach seinen "Ganas", (Bedienste von Shiva) Gaura Devi, Har Govind, Kali, Ram Dass, Khurak Singh, Lok Nath und Raghuvir, um mit ihnen während des Nachmittagsbades die Zeit zu verbringen. Diesmal jedoch nahm er kein Vollbad, er wusch sich nur die Hände und das Gesicht. Babaji sprach kaum mit ihnen, und es herrschte tiefe Stille. Am Abend ging er wieder zum Darshan, gab allen seinen Segen und sprach charmant mit den Anwesenden, aber er war offensichtlich vollkommen erschöpft und zog sich früher als üblich zurück.

Am Morgen des 12. Februar fiel die Chandan- Zeremonie aus. Khurak ging um 5 Uhr früh in Babajis Zimmer und blieb schweigend bei ihm sitzen. Die anderen "Ganas" kamen hinzu und blieben bis zum Morgendarshan, das eine Stunde später als gewöhnlich stattfand und nur eine halbe Stunde währte. Am 12. Februar war Gayatridevis Geburtstag und da sie unbedingt Arti vor Babaji zelebrieren wollte, bat sie ihn um Erlaubnis dafür. Nach einer kurzen Pause gab Babaji sein Einverständnis dafür.

Behandlung der Krankheit

Nach dem Morgendarshan kamen ein Arzt und ein Hauptmann der indischen Armee aus Haldwani, um Babaji zu besuchen. Babaji ließ vom Arzt seine Gesundheit überprüfen und sprach während der Untersuchung mit dem Hauptmann, der, wie er sagte, sich seit langem ein Gespräch von einer halbe Stunde mit Shri Babaji wünschte. Babaji sprach mit ihm über spirituelle Angelegenheiten, während der Arzt seine Kunst an Babaji versuchte. In der Unterhaltung sagte Babaji zu dem Hauptmann: "Die Zeit der Weltzerstörung ist nun gekommen, denn die Menschen denken nur an "Ich" und "Mein"; und weil jeder groß sein möchte und nicht klein sein kann."

Nach der kurzen Untersuchung berichtete der Doktor einigen von uns, die er im Ashram traf, dass Babaji eine Lungenentzündung hätte. Er hätte ihm die richtige Medizin gegeben, und Babaji würde in zwei oder drei Tagen gesund sein. "Macht euch keine Gedanken!"

Diejenigen, die bei Babaji waren, erzählten, dass er in sich hineinlachte, als sie ihn baten, die verschriebene Medizin gegen Lungenentzündung und Bronchitis einzunehmen. Er nahm sie auch zu sich und klagte, dass er nicht atmen, seine Lungen nicht mit Luft füllen könne.

An diesem Nachmittag blieben seine Helfer bei ihm. Manchmal stöhnte Babaji und verzog schmerzhaft sein Gesicht, andere Male sprach er mit seinen Ganas und sang sogar mit ihnen. Er bat Khurak ein Shri Yantra (ein spirituelles, symbolisches Zeichen, hier auf Messing angebracht) an sein Herz zu halten, während er Liebeslieder an Lord Krishna von Meera, einer hingebungsvollen Schülerin Krishnas, sang. Meera war eine Königin im 16. Jahrhundert, die ihren Palast und ihre Familie wegen ihrer Verehrung für Krishna verließ. Ihre Lieder der Hingabe werden heute noch verbreitet in Indien gesungen. Gaura Devi musste diese Lieder für die Gruppe übersetzen.

Es war wohl an diesem Nachmittag, als er seine Hände im Badezimmer wusch, dass Ram Dass sich im Stillen wunderte, warum Babaji diese Schmerzen erlitt, als Babaji zu stöhnen aufhörte, seinen Rücken aufrichtete, mit seinem Gesicht nahe an das von Ram Dass herankam und ihm einen "bühnenreifen Hinweis" gab. Dann beugte er sich wieder hinunter, stöhnte und betrat das Ankleidezimmer, in dem die anderen warteten. Es war nicht leicht, Babajis Erkrankungsgrad einzuschätzen. Mehrere Anwesende fragten sich in diesen Tagen, ob Babaji seinen Körper verlassen wolle. Sie erinnerten sich jedoch an Shastrijis Voraussagen für das Jahr 1988 und an die Genesung von seiner Krankheit im Juni und hofften auf Besserung. Während wir auf die Gesundung warteten, sagte Shri Babaji zu Gaura Devi: "Mein Herz ist gebrochen, es ist verwundet von tausend Messern. Mein Körper hat tausend Wunden, und es ist niemand da, mich zu heilen. Warum, oh, warum? Mond, Sonne und Sterne sind alle in mir, und ich trage die ganze Last des Universums."

An diesem Abend kam Shri Babaji nicht in die Kirtanhalle zum Darshan. Als sich dies herausstellte, wurde ein Paar von Shri Babajis Sandalen auf seinen Asan gestellt und Gayatri Devi und andere zelebrierten das Arti vor den Sandalen. Diese Art der Verehrung geht auf eine Tradition seit den Tagen Ramas zurück, als Ramas jüngerer Bruder das Königreich im Namen von Rama - durch das Symbol von Rams Sandalen - regierte, während Rama, Sita und Ramas Bruder Lakshman vierzehn Jahre im Exil verbrachten.

Als das Arti beendet war, schickte Babaji nach einigen der Ganas. Sie eilten an sein Lager und hielten wiederum das metallene Shri Yantra an Shri Babajis Körper, um die Schmerzen zu lindern, die Babaji dazu brachten, sich auf seinem Bett hin- und herzuwälzen.

Als Ram Dass das Shri Yantra benutzte, "massierte" er Babas Körper damit. Babaji rollte sich auf seinen Bauch und, nachdem Ram Dass das Shri Yantra einmal über Rücken und Beine geführt hatte, deutete Baba auf eine kleine Stelle und bat Ram Dass, dort das Shri Yantra darüberzuhalten. Ram Dass stand ganz nahe am Bett, beugte sich nieder und hielt das Shri Yantra mit beiden Händen leicht in Position, während er leise ein Heilmantra rezitierte. Babajis rastlose Bewegungen hörten auf und sein Atem wurde langsamer. Da Ram Dass das Shri Yantra an Babajis Körper hielt, fiel er in den gleichen Atemrhythmus wie Shri Babaji. Als dieser langsamer und tiefer wurde, atmete Ram Dass synchron mit ihm. Etwa zwei Minuten atmeten sie im gleichen Rhythmus.

Mit seinen geschlossenen Augen und dem Mantra, das seinen Kopf ausfüllte, nahm Ram Dass plötzlich innere Vibrationen wahr. Er verspürte Licht und dann das Gefühl des Emporgehobenwerdens, ein Vorwärtsdrängen. Sein innerer Blick richtete sich von Babajis Körper nach oben und er "sah" einen schwarzen Raum. Aus diesem "schwarzen Raum" tauchten winzige Lichtpartikel auf, wie ein Lichtschimmer in einer dunklen Nacht. Sie formierten sich am Rande von Ram Dass's Vision und verdichteten sich in der Mitte. Das ziehende, hinausdrängende Gefühl wurde stärker, und plötzlich überflutete ihn aus dem All eine Vielzahl von Yantras (religiösen Symbolen), eins nach dem andern, wie Bilder in einem Film. Er erinnert sich an sieben verschiedene Formen, glaubt aber, dass es neun gewesen sind. Eines blieb lang genug in seiner Sicht, um sich deutlich daran zu erinnern... schließlich explodierte es, so als würde ein Spiegel mit einem Hammer zertrümmert.

Ram Dass hatte das Gefühl, er werde in das dunkle All geschleudert. In der Schwärze des Alls erschien ein sehr reines, weißes Licht, dessen Äußeres in einem weichen hellen Licht erstrahlte. "Dies ist die Befreiung!" wusste er und dann: "So verläßt die Seele den Körper!" Zu diesem Zeitpunkt öffnete Ram Dass seine Augen und bemerkte, dass er noch immer das Shri Yantra über Shri Babajis Rücken hielt. Noch immer lehrte Shri Babaji, noch immer gab er, sogar, als er krank auf seinem Lager lag.

Das letzte Darshan

Am Morgen des 13. Februar fiel die Chandan Zeremonie aus, es gab kein Havan und kein Morgendarshan. Die Anwesenden wurden gebeten, still zur Arbeit zu gehen und Babaji ruhen zu lassen. Seine Ganas saßen wortlos bei ihm, bereit zu jedem Dienst.

Als jemand kam, um Babajis Zimmer zu säubern, beschloss er im "Sheesh Mahal", in dem Raum, in dem er oft Gäste empfing, zu sitzen. Es ist ein Raum mit Spiegeln an beiden Seiten und liegt etwa fünfzehn Meter von seinem Zimmer entfernt. Er stützte sich schwer auf Kali und Har Govind, als er sehr langsam, sein Gesicht grau vor Schmerzen verzerrt, in den Sheesh Mahal ging. Dort setzte er sich nieder und nahm abermals das Buch über Hiroshima in die Hand. Als er die Seiten umblätterte, sagte er leise: "Ich habe zu viele Krankheiten gegessen, und jetzt muss ich meine eigene Krankheit essen."

Kurz vor Mittag verließ Babaji sein Bett und ging nach draußen vor seinen Raum. Sichtbar nahm er alle Kräfte zusammen und sagte zu den Anwesenden, er würde zur Kirtanhalle gehen, um Darshan zu geben und sie sollten alle herbeirufen. Trotz des Protestes, er solle seine Kräfte sparen, nicht die Treppen erklimmen und sich dadurch übernehmen, bestand er auf seinem Vorhaben. Er legte die Arme um Makhan Singh Babas Schultern und kämpfte sich den ersten Absatz der Stufen hinauf, dann den nächsten zur Ebene des Tempelgartens.

Durch Zufall ging ich gerade durch den Garten, als Babaji die Treppen erklomm. So folgte ich ihm und den Ganas in die Kirtanhalle. Es war üblich, dass er am Tempel Halt machte, um einen Blick auf die Statue vom "Alten Haidakhan Baba" zu werfen, aber diesmal hielt er nicht an, sondern steuerte direkt auf seinen Asan zu, wo er sich langsam und ein wenig schwerfällig setzte und seine Beine im "Halb-Lotus" verschränkte.

Als die Leute herbeiströmten, um Pranam zu machen, hatte er ein Wort oder eine Geste des Segens für jeden von ihnen. Als ich mich vor ihm verneigte, begann er "Bhudhe Radhe Shyam, Bhudhe Radhe Shyam" zu singen. Einige Minuten lang glaubten einige von uns, Babaji sei über dem Berg und würde genesen. Nach etwa zehn Minuten, als alle Anwesenden Pranam gemacht, sich hingesetzt hatten und leise Om namah Shivay sangen, bat Babaji Gaura Devi, Kissen zu seiner Rechten aufzutürmen. Er stützte sich schwer auf sie, atmete unter großen Schwierigkeiten und stöhnte leise bei jedem Atemzug. Es war herzzerbrechend, sein Leid zu sehen.

Nach zwei oder drei Minuten fragte Babaji: Wo ist Hauptmann Sharma?" "Bhoopie" war ein Major der indischen Armee im Ruhestand. Kurz vor seiner Pensionierung hatte Bhoopie angefangen, mit Morphium herumzuspielen und war dann im Ruhestand abhängig von dieser Droge geworden. Vier Jahre hatte er das schreckliche Leben eines Abhängigen geführt - er hatte auf den Straßen Delhis gelebt, nachdem er seine Nebenarbeit, die er im Ruhestand verrichtete, verloren hatte - bis ihn Schweizer Freunde und seine Tante Ende Oktober 1983 nach Haidakhan brachten. Babaji hatte Bhoopie rigoros entwöhnt, fast hätte es ihm das Leben gekostet, aber er überlebte und nahm langsam an Stärke und Gewicht zu. Bhoopie, ein Starathlet in der Armee und aussichtsreicher Gewinner bei Spielen für Indien, ein Mann, der riesige Steinquader für die Mauer unterhalb der neun Tempel in Haidakhan bewegt hatte, konnte in der ersten Zeit seines Karma Yoga nur Steinchen von einem Steinhaufen zum anderen werfen. Zu Weihnachten hatte Bhoopie in Babajis Augen und in denen seiner Freunde alles wieder gutgemacht und war mit Arbeitsprojekten im ganzen Ashram beschäftigt. Im Februar leitete er die Klinik, die am Rande des Ashramgeländes liegt, und die Nachricht von Babajis Darshan hatte weder ihn noch eine Krankenschwester aus dem Westen erreicht. All diese Monate hatte Babaji Bhoopie "Major Sharma" gerufen, um ihm zu zeigen, dass er nicht Hauptmann in Babas "Armee" sei. Aber an diesem Tag schickte Babaji jemanden in die Klinik mit der Aufforderung, Hauptmann Sharma zum Darshan zu holen.

Als Bhoopie und die Krankenschwester ihre Pranams gemacht hatten, bedeutete Baba Bhoopie, an seine Seite zu treten. Zusätzlich zu seinen vielen anderen Pflichten hatte Bhoopie den Fortschritt der Karma-Yoga-Arbeiten im Ashram zu überwachen, und Babaji fragte, ob die Steinarbeiten - die Errichtung einer Dämm-Mauer auf der Kailash-Flussseite - beendet seien.

Bhoopie musste dies verneinen, worauf Babaji ein wenig aufbrauste: "Muss ich, verdammt noch mal sterben, bevor die Arbeiten beendet sind?" Bhoopie antwortete, dass dies ein großes Projekt sei, die Leute arbeiteten gut, dennoch würde die Fertigstellung noch zwei oder drei Tage in Anspruch nehmen. Ruhig, aber mit Nachdruck und Anteilnahme erwiderte Babaji: "Die Arbeit muss weitergeführt werden!"

Zu diesem Zeitpunkt bat Om Shanti ihn, die üblicherweise für Babaji übersetzte und ihm viel zu Diensten war, sich in sein Zimmer zurückzuziehen und sich auszuruhen. Langsam stand er auf und ging aus der Kirtanhalle hinaus, indem er sich auf Makhan Singhs Schulter stützte, wiederum ohne die Murti zu beachten. Bhoopie und Amar Singh, die Babaji folgten, bemerkten, dass die Statue leblos aussah und fragten sich laut, ob Babaji wohl fortgehen würde.

Während des Nachmittages stand Shri Babaji mehrmals von seinem Bett auf und ging zu den Ganas, die auf der Terrasse warteten. Er ließ die Männer sich in einem Kreis aufstellen und stellte sich in die Mitte. Dann ließ er sie ihre Arme ausstrecken, so dass sie ihn berührten. Einige der Ganas fühlten, dass zur Abwechslung es einmal Shri Babaji war, der von seinen Begleitern Energie abzog, sonst hatte er ihnen immer Energie gegeben.

Am Abend ging es Shri Babaji sehr schlecht, und es wurde die Nachricht in die Tempelhalle geschickt, dass das übliche Glockengeläute von acht bis zehn Minuten ausfallen solle und ebenfalls das Blasen auf der Conch (Muschel), welches die Andacht begleitet. Babaji benötige Ruhe. Das Arti war gedämpft und die Menschen verhielten sich ruhig. Alle waren besorgt über Babajis Unwohlsein und die Schmerzen, die er durchmachte. Dennoch waren es wenige, die daran dachten, sein Körper könne sterben.

Am gleichen Abend rief Babaji Swami Fakiranand an seine Seite und sagte zu ihm: "Ich habe den Weg gezeigt; nun rufe schnell den Gouverneur." Swamiji fragte zurück: "So wirst du uns also verlassen?" Babaji gab keine Antwort darauf.

Shri Trilok Singh - Muniraji - war am Nachmittag eingetroffen, und er und Ramesh Bhatt und Gaurhari, der junge Tempelpriester, kümmerten sich die ganze Nacht um Babaji. Spät am Abend hatte Babaji solch starke Schmerzen, dass Amar Singh mit seinem Lastwagen nach Haldwani fuhr und einen Arzt aus dem Bett holte. Gegen Mitternacht erreichten sie Haidakhan. Der Arzt untersuchte Babaji und stellte fest, dass er doch keine Lungenembolie hatte, sondern ein Herzproblem. Er gab ihm die wirksamste Medizin, die er bei sich hatte, einen Schuss Morphium, um die Schmerzen zu betäuben und ihm ruhen zu helfen. Er versicherte Baba und seinen Begleitern, dass, wenn Babaji nur zwei oder drei Tage ruhte, er genesen würde. Der Arzt blieb noch eine Stunde bei Baba, und dann brachte Amar Singh ihn wieder nach

Haldwani. Babaji hatte noch immer Schwierigkeiten mit der Atmung und bat jemanden, eine Sauerstoff-Flasche zu besorgen, aber es gab keine im Ashram.

Am Morgen des 14. Februar lag Babaji ganz still auf seinem Bett, er bewegte sich kaum. Ein oder zweimal bat er darum, aufgerichtet zu werden, und er erbrach eine schwarze Substanz, Phlegma in seinem Rachen erschwerte die Atmung.

Gegen 7 Uhr in der Früh, als zaghaft die ersten Glocken im Tempel ertönten, kam Om Shanti wiederum in den Tempel und sagte, die Glocken sollen nicht geläutet werden. Babaji hätte die ganze Nacht nicht geschlafen und er brauche Ruhe. Aus diesem Grunde solle kein Lärm im Tempelgarten gemacht werden. Sie sagte, dass Babaji so weit in Ordnung wäre, aber er brauche vollkommene Ruhe. So hielten wir eine sehr stille Andacht, nahmen unser Frühstück ein und gingen an die Arbeit.

Gegen 9.15 Uhr waren sechs Menschen im Zimmer mit Babaji. Khurak Singh saß in der Kirtan Halle, weil er meinte, der Raum sei bereits übervölkert. Auf einmal fühlte er einen starken Drang, in Babas Raum zu kommen, und eilte hinunter.

Etwa zwischen 9.15 Uhr und 9.25 Uhr flüsterte Babaji: "Hebt mich hoch, setzt mich auf," und Ramesh Bhatt und Gaurhari, die am Kopfende des Bettes standen, setzten Babaji hoch. Babaji hustete halb, schnappte nach Luft, blies die Luft wieder aus seinen Lungen heraus und fiel in Ramesh und Gaurharis Arme. Sie legten ihn auf sein Bett und Tränen strömten aus Ramesh's Augen. Gaurhari fragte Ramesh, warum er weine, und Ramesh antwortete: "Babaji hat seinen Körper verlassen!"

Ironischerweise verließ Babaji, der auf die Welt gekommen war, um die Herzen der Menschen zu wandeln, seinen physischen Körper mit großen Schmerzen am Sankt Valentinstag, an dem Tag, an dem die Menschen diesen christlichen Heiligen durch Überbringung von Liebesbotschaften ehren. Babaji gab, nachdem er seine Aufgabe erfüllt hatte, seinen letzten "Besitz", um in der Welt die Botschaft der Liebe zu verbreiten.

Anmerkungen

1 Mahasamadhi ist die bewusste Loslösung der Seele eines Heiligen.

Mahasamadhi, Februar 1984

Die ersten zwei Haidakhan Tempel während der Bauzeit im April 1979.
Rechts unter dem Häuschen ist der gemauerte Eingang der Höhle
zu erkennen, in der Babaji erstmals gefunden wurde.

Der heilige Shiva wohnt in deinem Herzen,
Suche ihn dort, laß Unwissenheit und Enttäuschung hinter dir.

Haidakhan Arti

OM. Dieses ist unbegrenzt, jenes ist unbegrenzt,
Aus Unbegrenztheit kommt Unbegrenztheit.
Nimm Unbegrenztheit von Unbegrenztheit
Unbegrenztheit bleibt zurück.

Haidakhan Arti

Dann wurde (Gott) sich bewußt: ich bin die Schöpfung, denn ich habe mich
in ihr verströmt. So wurde er zu dieser Schöpfung. Wahrlich, wer dieses
erkennt, wird zum Schöpfer in dieser Schöpfung.

Upanishaden

Kapitel 16

Danach

Mahasamadhi als Teil der Lehre Babajis

Jahre vor Shri Babajis Manifestation in Haidakhan war Babaji vor Mahendra Maharaj erschienen und hatte ihm seine Wiederkehr und deren Zweck verkündet. Diese Voraussagen wurden in den Fünfziger Jahren von Mahendra Baba veröffentlicht. Babaji erschien in der Gestalt und zu der Zeit, wie Mahendra Maharaj es prophezeit hatte, und er lebte seine Botschaft und gab allen, die zu ihm kamen, die Erfahrungen im Rahmen dessen, was er lehrte. Er sprach in den letzten Jahren über seinen Auftrag, dieser wurde veröffentlicht, und als dies geschehen war, ging er wieder fort.

Es gab Menschen, die glaubten, Babaji sei verrückt, andere meinten, er sei ein kluger Jüngling aus den nepalesischen Bergen, der eine ehrwürdige Tradition vortäuschte, um durch Verdummung vieler Menschen in Komfort leben zu können. Einige dachten, er sei ein fortgeschrittener "Siddha" - ein Jüngling, der "Siddhis" erlangt habe und sie benutzte, um andere Menschen zu beeindrucken und zu lehren und der auf seinem Wege ein wenig abgekommen war. Erstaunlich aber war seine an die Menschen gerichtete Lehre: sie enthielt über dreizehneinhalb Jahre hinweg eine kontinuierliche Beharrlichkeit, Übereinstimmung, starke Kraft, Klarheit und Zweckgebundenheit. Es gibt viele Menschen, deren Transformation und veredeltes Leben ein Beweis sind für die Weisheit und Kraft seines Lebens und seiner Lehren. Sein Leben war beispielhaft, durchdrungen von selbstlosem Dienst, und stand in harmonischem Einklang mit dem Göttlichen und der ganzen Schöpfung. Er zeigte, wie man losgelöst, ohne Anhaftung an Gegenstände, Menschen, Ängste oder Wünsche liebevoll inmitten eines Lebens voller Aktivität steht. Während seines ganzen "Daseins" offenbarte Babaji stilles Wissen und Kraft, die über dem Maß der sterblichen Menschen standen. Er zeigte sich denen, die offen und bereit waren für diese Erfahrung, denn meistens bedeckte er seine Göttlichkeit mit einem Schleier, mit "Maya" - Illusion -, wie es all die großen Wissenden notwendigerweise getan haben, wenn sie die Menschen wandeln und veredeln wollten, anstatt sie durch Wunderkräfte im großen Gefolge um sich zu scharren.

Als er in der Gestalt von "Babaji" verkörpert war, kamen seine Schüler mit ihren Problemen, Ängsten und Hoffnungen zu ihm. Mit großer Geduld führte er sie von einer Lernkrise in die andere und Schritt für Schritt dem

Pfad der Selbsterkenntnis zu. Wie langsam, ermüdend, voreingenommen, ungeschickt und wichtigtuerisch wir waren! Einmal sprach Babaji darüber zu einem neben ihm stehenden Schüler: "Vishnu bekommt die Creme der Schüler; aber sieh, was mir bleibt!" Langsam - durch eine unendliche Vielzahl von Methoden und Mitteln, die sich alle den sich wechselnden Bedürfnissen der Schüler anpassten -, vermittelte Babaji denen, die bei ihm blieben, seine Lehre. Dreizehn Jahre lang säte Babaji seine Samen, doch zum Zeitpunkt seines Wegganges war die Ernte spärlich. Große und kleine Entscheidungen in unserem Leben wurden ihm mit der Bitte zu Füßen gelegt, sie für uns zu treffen. Babaji aber kam, um der Menschheit das Leben zu lehren, nicht, wie man abhängig wird - von ihm oder von jemand anderem. Er sagte zu Mahendra Maharaj: "Ich muss die Menschen lehren, ein tagtägliches Leben ohne Anhaftung zu führen." Dreizehn Jahre lang lehrte er das, was wir wissen mussten, aber seine Lehrmethode beinhaltete, dass die Menschen die Lektionen in ihr Leben integrierten und gestärkt wurden durch ihre eigenen Erfahrungen und Übungen. Einige seiner Bemerkungen offenbaren den Wunsch, dass die Menschen es lernten, zu handeln und zu leben ohne an seine physische Form gebunden zu sein:

"Ich habe euch gesagt,... dass ich mir aktive, hart arbeitende Menschen wünsche. Ich möchte nicht in einer Welt der Inaktivität leben...

Ihr müsst etwas Praktisches, etwas Nützliches anfangen. Babaji sagt, dass ihr hart arbeiten und Dinge in die Praxis umsetzen müsst... Zuerst inspiriert euch selbst, dann inspiriert andere mit dieser Botschaft des Karma.

...Jeder muss seinen gesunden Menschenverstand benutzen, er sollte seine Pflicht tun, ohne dass man ihn darauf hinweist. Arbeit ist die größte Andacht, die größte Hingabe und Buße.

Es ist nicht nötig, dass ihr alle wieder und wieder hierhergerannt kommt. Ihr solltet vielmehr eure eigene Arbeit ausführen, und indem ihr das tut, tragt ihr zum Allgemeinwohl bei. Geht und bleibt auf euren Plätzen. Mir gefallen keine Menschen, die wie Hunde umherstreunen. Wenn ihr irgendwohin gehen müsst, dann geht nur mit einem Zweck. Wenn ihr handelt, dann tut es für einen guten Zweck. Benutzt die Zeit, die ihr mit der Hin- und Rückreise verschwenden würdet, dafür, einem Menschen, irgend einem lebenden Wesen, Gutes zu tun!"

Shri Babajis Mahasamadhi - das bewusste, geplante Verlassen der Seele aus seinem menschlichen Körper, war eine andere Methode, ein anderer Versuch zu lehren. Ohne seine Gestalt, an die wir uns wenden können, ohne seine menschliche Stimme, die unsere menschlichen Ohren hören können, sind Babajis Schüler gezwungen, sich auf seine Lehren zu konzentrieren und ihn innerlich zu suchen, im Herzen, wozu das Sanatana Dharma der Menschheit immer geraten hat. Seine Lehrmethode war praktisch, so wie alles, was er während seiner Mission tat: hörte jemand Babaji zu oder beobachtete seine Handlungen, so konnte er sich beträchtliches Wissen über das Leben und seinen Sinn aneignen, aber nur durch die Anwendung seiner Lehren im täglichen Leben zog ein Schüler vollen Nutzen aus dem, wozu Babaji gekommen war. Sein physischer Körper, zu dem wir alle rannten, war Teil seiner Maya, der Illusion der "Schöpfung", wie auch andere geschaffene Formen des Universums. Bei manchen Gelegenheiten, so wird erzählt, deutete er auf sich und sagte: "Dieser Körper ist "Dreck" (Erde). Oft sagte er: "Dieser Körper ist vergänglich, aber das Wort ist ewiglich." Er verließ seinen physischen Körper, damit seine Schüler ihr Leben auf die Wahrheit richteten, und um es denjenigen zu ermöglichen, die der Idee eines lebenden Meisters gegenüber nicht aufgeschlossen sind.

Sein Weggang machte einen anderen wichtigen Aspekt seiner Lehre deutlich. Obgleich er politische und soziale Unruhen weltweit voraussagte und die Menschen anwies, aktive Rollen in der "Revolution" zu spielen, suchte er keinerlei politische Macht, was manche Menschen befürchteten oder hofften. Shri Babajis Botschaft war spirituell, tief spirituell - eine praktische Botschaft für die Menschen dieses Zeitalters, eine Ermutigung für die besten, höchsten Erwartungen der individuellen Seele, die in jedem menschlichen Körper wohnt.

In der Tradition des Sanatana Dharma führt der Meister seine Schüler zu Gott; der formlose, absolute Schöpfer kann durch viele Formen Gottes gefunden werden. Shri Babaji spielte seine Rolle als Meister und Gott, und als dieser Akt beendet war, - als die Form im Weg des Formlosen stand - trat er von der Bühne ab.

Aber das "Lila" seines Lebens war nicht einfach ein Bühnenstück. Babaji lebte in der menschlichen Gestalt, die er angenommen hatte. Er spürte und erhob sich über Hunger, Durst, Ärger, Freude, Schmerz, Krankheit, anscheinende Fehlschläge oder Niederlagen, Schmeicheleien - den ganzen Bereich menschlichen Leids und menschlicher Freuden - um der Menschheit zu zeigen, wie man lebt. Sein schmerzvoller "Tod", stoisch und furchtlos angenommen, war ebenfalls eine Lehre für die Menschheit. Sogar Babaji zahlte den Preis dafür, dass er ein menschliches Leben angenommen hatte. Er willigte liebevoll darin ein und trug die Konsequenzen, aber sein Körper stand nicht "über dem Gesetz", wie wir das auch von Rama, Krishna, Buddha, Christus, Mohammed und anderen Inkarnationen wissen. Auch Shri Babaji musste sich durch das Karma seines Körpers hindurcharbeiten.

Anzeichen vom Weggang Shri Babajis

In Brüssel, Belgien, als Nicole DeClerck am 11. Februar 1984 aufwachte, sagte sie zu ihrem Mann und ihren Kindern: " Heute traf ich Babaji im Schlaf. Ich fühlte ihn sehr stark, und er sagte deutlich auf Englisch zu mir: "Ich muss jetzt allein sein, ich werde zurückgehen, ich werde diese Welt verlassen." Am 14. Februar verbrachte Nicole den Valentinstag mit ihrem Mann und wurde sehr krank. Sie sagte zu ihm: "Das Einzige, was ich jetzt möchte, ist, bei Babaji zu sein." Niemals zuvor hatte sie ähnliches gesagt. Dann wurde sie tagsüber so krank, dass sie ihrem Mann zuflüsterte, sie fürchte, sie müsse sterben. Nicole schlief während der Nacht und als sie am Morgen des 15. aufwachte, teilte man ihr mit, dass Babaji am Valentinstag seinen Körper verlassen habe.

Am 12. Februar 1984 hatte Herr Balbir Singh Sethi in Ahmedabad, Gujarat, einen lebhaften Traum von Shri Babaji. Balbir Singh, auch unter dem Namen "Sardarji" bekannt, ist ein Industrieller der Sikh-Glaubensgemeinschaft, der sich großzügig zeigte und zwei Reisen Babajis nach Bombay finanzierte und organisierte und auch zwei oder mehr Lesungen der Heiligen Schrift der Sikhs "Guru Granth Sahib" in Haidakhan. In seinem Traum wies Shri Babaji "Sardarji" an, eine Lesung des Guru Granth Sahib abzuhalten. Die Anweisung war so dringend und die Erinnerung daran so lebhaft, als er erwachte, dass "Sardarji" sofort in Ahmedabad Vorbereitungen für die Lesung der Priester und für Festlichkeiten während dieser drei Tage traf. Ohne Kenntnis, was in Haidakhan vor sich ging, begann die Lesung kurz nach neun Uhr dreißig am 14. Februar und wurde kurz nach elf Uhr dreißig am 16. Februar beendet - zu der Zeit, als Babajis Körper in das Grab hinabgelassen wurde.

Am 14. Februar in der Stadt Gwalior, am Tage, bevor die Nachricht von Babajis Mahasamadhi die Stadt erreichte, erzählte ein dreieinhalbjähriger Junge, der klare Erinnerungen an sein Leben als tibetischer Heiliger im 19. Jahrhundert hat, seiner Tante und anderen Familienmitgliedern: "Gott hat seinen Tempel verlassen. Die Sonne ist verschwunden, nun umgibt uns nur noch Dunkelheit, nur noch Dunkelheit."

In Haidakhan

Am 14. Februar herrschte in Haidakhan große Verwirrung. Es gab keine offizielle Bekanntmachung von Babajis Mahasamadhi, viele der

Anwesenden waren mit ihrem Karma Yoga beschäftigt und hörten die Nachricht erst spät zur Mittagszeit.

Um 9.35 Uhr kam Nagini ins Büro und sagte, dass Babaji mich sehen wollte. Ich schloss das Büro ab und eilte, verwundert, was er wohl von mir wünsche, in Babajis Zimmer. Als ich den Patio außerhalb von Babajis Zimmer erreichte, stand Ramesh Batt allein davor und ich fragte: "Glaubst du wirklich, dass Babaji, obwohl er so krank ist, mich sehen will?" Die Tränen quollen aus den Augen von Ramesh und wortlos führte er mich in Babajis Zimmer an sein Bett. Obgleich sich sieben oder acht still weinende Menschen in dem kleinen Zimmer befanden, fand ich meinen Weg zu Babajis Füßen, verneigte mich und schaute ihm ins Gesicht, um seine Anweisungen zu erhalten. Erst dann hob Ramesh die Decke hoch, um Babajis schmerzliches, lebloses Antlitz zu enthüllen, und ich erkannte, dass Babaji seinen "Körper" verlassen hatte. Überwältigt suchte ich einen Platz, um mich zum Meditieren hinzusetzen, aber bevor ich einen gefunden hatte, kam Swami Fakiranand herein, führte mich aus dem Raum und sagte, ich müsse nach Lucknow fahren, um den Gouverneur, Herrn Singh, zu bitten, nach Haidakhan zu kommen. Wie üblich funktionierte das Telefon nicht, und die Botschaft musste überbracht werden.

Um 10.30 Uhr hatte ich meine Sachen gepackt und kurz darauf befand ich mich auf dem Weg durch das Flusstal mit der Anweisung, ich könne den Gouverneur mittels eines "Blitztelefonats" ab Haldwani informieren, anstatt mit dem Nachtzug nach Lucknow zu fahren. Ich folgte zwei indischen Schülern im Abstand von zehn Minuten, die auf dem Weg nach Delhi waren, um Dr. Rao, den Sekretär der Haidakhan Samaj zu informieren und ihn zu bitten, Vishnu Dutt Shastriji von seinem Haus, 110 Kilometer südlich von Delhi entfernt, nach Haidakhan zu bringen. Als wir drei in Haldwani in Shri Munirajis Geschäft kamen, schrien einige Menschen die Nachricht von Shri Babajis Ableben ins Telefon. Das Haidakhan-Telefon funktionierte wieder, und Bhoopie hatte das Unmögliche fertig gebracht, er hatte mit der schwachen Ashram-Telefonverbindung nicht nur Haldwani erreicht, sondern auch Lucknow und Delhi.

Ich kehrte spät am Nachmittag mit Munirajis Lastwagen, der eine Ladung Eisblöcke, und traurige, weinende Familienmitglieder transportierte, in den Ashram zurück. Die Menschen im Ashram befanden sich immer noch in einem Schockzustand, in Verwirrung und Ungewissheit - einige waren durch Babajis Geist und Energie in freudevoller Ekstase, andere, die den großen Verlust verspürten, in Tränen. Viele Menschen erwarteten halb, dass Babaji aus seiner tiefen Meditation "erwachte", uns auslachte und in die Kirtanhalle spazieren würde, um an diesem Abend Darshan zu geben. Später erfuhr ich, dass Chandramani, der im Jahre 1970 Babaji in der Haidakhan Höhle gefunden hatte, einen jungen Schamanen (Geistheiler und Hexer) mitgebracht hatte, der Babajis Körper einer Aura-Reinigungs-Zeremonie (Jhara) unterzog, ihm Vibhuti auf die Stirn auftrug und zuversichtlich verkündete, Babajis Puls würde innerhalb von drei Stunden wieder anfangen zu schlagen. Da Babaji für andere Wunder vollbracht hatte und man um die Überlieferung wusste, dass der "Alte Haidakhan Baba" gestorben und verbrannt worden war und dennoch seinen physischen Körper behalten hatte, war es leicht, diese Hoffnung im Geiste zu nähren. Aber nach dem Abend-Arti war noch immer kein Puls zu spüren, und bald erkannten auch die Hoffnungsvollsten unter uns, dass unser dreizehnjähriges Darshan beendet worden war.

Am nächsten Morgen wurde Babajis Körper wieder gewaschen und außerhalb seines Raumes - unter dem Pipal Baum, unter dem er so oft gesessen und mit seinen Schülern geredet hatte,- auf einem Bett, das mit Eis und Decken bedeckt war, aufgebahrt. Die Menschen begannen, in den Ashram zu strömen - sie kamen aus den Tälern, aus Haldwani und aus Nainital. Die Regierungsbeamten trafen ein, um den im Helikopter anreisenden Gouverneur zu begrüßen und behilflich zu sein. Bald war Babajis Körper fast gänzlich von kostbaren Seiden, wollenen Decken, Schals, Ketten aus Rudraskh-Perlen, Blumengirlanden und Rupienscheinen bedeckt. Seine Hände und Füße wurden von den hereinströmenden Menschen, die ein letztes Darshan erhalten wollten, mit Duftölen eingerieben, um ihm letzte Ehre zu erweisen. Das Schmerzliche war aus Babajis Gesicht gewichen und eine Zeitlang erhellte ein friedliches Lächeln seine Züge.

Mittags um 1.30 Uhr landete der Helikopter mit dem Gouverneur und zur gleichen Zeit fuhr Amar Singhs Lastwagen mit Shastriji, Dr. Rao und Dutzenden von Schülern aus Delhi und Bombay ins Flusstal hinein. Sie trafen sich alle um zwei Uhr am Tor und gingen gemeinsam zum Darshan unter den Pipal Baum.

Während des Morgens waren Fragen, was mit Shri Babajis Körper geschehen solle, aufgeworfen worden. Einige dachten, dass sein Körper verbrannt werden sollte, andere meinten, er solle beerdigt werden. Für jeden vorgebrachten Vorschlag schien es überlieferte Lösungen zu geben und jede Lösung schien wiederum den überlieferten Vorschlägen zu widersprechen. So einigte man sich darauf, auf "Shastriji" zu warten, aber letztendlich war es der Gouverneur, Herr Singh, der die Entscheidung fällte. Nachdem er Shri Babajis Darshan unter dem Pipal Baum erhalten hatte, ging er in die Kirtanhalle und sprach mit Dr. Rao über die Errichtung eines "Samadhi Tempels", der über Shri Babajis Grab gebaut werden sollte. Von diesem Zeitpunkt an erwähnte niemand mehr eine Verbrennung.

Vishnu Dutt Shastriji und "Bihar Shastriji" vertieften sich in ihre astrologischen Berechnungen und fanden heraus, dass der geeignetste Zeitpunkt für eine Beerdigung der 16. Februar um sieben Uhr morgens sei, aber am Abend zweifelte man daran, dass die Zeremonien wirklich um sieben Uhr stattfinden würden. Am nächsten Morgen hörten wir, dass die Zeremonie wohl erst um elf Uhr beginnen würde. Dann teilte man uns mit, dass am 15. Februar eine politische Organisation in Haldwani, - die Shri Babaji ablehnend gegenüberstand und versucht hatte, seinen Ruf während seiner Erdenmission zu schädigen,- eine schriftliche Beschwerde bei der Polizei eingereicht hatte, die besagte, dass Shri Babaji durch "eigenartige Umstände" gestorben sei und dass hunderttausende von Rupies in der Verwirrung seines Todes verschwunden wären. Scheinbar hatte Shri Nantin Baba am 14. Februar, als er von Shri Babajis Ableben hörte, zu jemanden gesagt, Babajis sei von einem ausländischen Schüler vergiftet worden. Ob Nantin Baba diese Bemerkung buchstäblich meinte, sinnbildlich oder ernsthaft, ist niemals festgestellt[2] worden. Es gibt aber eine althergebrachte Überlieferung, dass ein Heiliger die Menschen verwirrt, die Tatsachen erfahren wollen, und gemäß dieser Tradition hat Nantin Baba den Menschen die unterschiedlichsten Dinge erzählt.

Ob die Beschwerde eingereicht wurde, um die Verwirrung im Ashram und in der Samaj zu erhöhen (der Hauptkommissar sagte, er hätte eine Gruppe aus Haldwani fortgeschickt, die gekommen war, um den "Ashram zu übernehmen"), oder um den Gouverneur eines Staates, der für seine turbulente Politik bekannt ist, in Verlegenheit zu bringen oder aus anderen Gründen, auf jeden Fall sorgte die Beschwerde dafür, dass eine Untersuchung und Lösung des Problems von seiten der Regierung notwendig wurde, bevor die Beerdigung stattfinden konnte. Staatliche Mediziner und Polizisten leiteten eine Untersuchung ein und befragten viele Menschen im Ashram, die Babaji umsorgt und beobachtet hatten. Sie mögen eine Autopsie gewünscht haben, aber um die Mittagszeit herum gab es mehr als eintausend bestürzte Menschen im Ashram (einschließlich der aus Europa angereisten), und auch nur der Versuch, eine Autopsie zu machen, hätte einen Aufstand hervorgerufen. Nachdem sie die Situation so gründlich wie möglich untersucht hatten, bewilligten die staatlichen Autoritäten eine von den indischen und ausländischen Schülern eingereichte Petition, so dass die Beerdigung ihren Gang nehmen könnte.

Um 11.30 Uhr begannen die Feierlichkeiten. Babajis Terrasse war noch immer von Menschen überfüllt, die nicht von seiner Seite weichen wollten. Sein Körper war noch immer überhäuft von Schals, Ketten, Blumengirlanden. Doch nun umspielte ein zynisches Lächeln seine Züge, so als ob er sich innerlich über die verzwickte Situation amüsierte -

Lerngelegenheiten, die er durch seinen plötzlichen Weggang hervorgerufen hatte.

Einmal bemerkte Babaji zu Gaura Devi: "Die Menschen kritisieren mich, weil ich schöne Kleidung trage, aber sie selbst geben sie mir. Ich kam "unbekleidet"[3] und ich werde unbekleidet gehen." Die vielen Tücher und die Ketten wurden ihm genommen, sein Körper bis auf den Lendenschurz entblößt und auf die Schultern einer gemischten Gruppe von indischen Grabtuchträgern gehievt, - sie alle waren langjährige Schüler und neuere ausländische Gefährten. Sie mussten ihren Weg durch eine Menge bahnen, die Babajis Körper nur zögernd freigaben - so wie immer, wenn Shri Babaji einen Ort verließ.

Ein tiefes und breites Grab war im Tempelgarten neben der Kirtanhalle ausgehoben worden, und Sadhu Singh Baba (Dr. V.V.S. Rao) hatte aus Decken ein Bett errichtet, auf dem Babajis Körper mit dem Gesicht zum Kailashberg gerichtet, liegen konnte. Sadhu Singh Baba und Gaurhari, der junge Tempelpriester, standen im Grab, um den Körper in Empfang zu nehmen, und andere sprangen hinein, um Baba auf sein Bett hinabzulassen. Einer von ihnen war der volluniformierte Polizeihauptman aus Haldwani, Herr M. K. Tyagi, der oft als Eskorte in den Ashram mit anderen Polizisten kam, ein geübter Beobachter, der dankbar annahm, was Babaji im Ashram und durch seine Lehren vollbracht hatte. Der Gouverneur, Herr Singh, Vishnu Dutt Shastriji, Muniraji und viele andere helfende Hände vollzogen die Puja. Zu der festgesetzten Zeit wurde Shri Babajis Körper nochmals mit frischen Seiden- Baumwoll- und Wolltüchern und Schals bedeckt, es folgten Rudraksh-Ketten, Blumengirlanden und verschiedene Geldnoten; unzählige Fläschchen mit Duftölen wurden ausgeleert, um den Körper wurden viele Kilos Weihrauch und Reis gepackt, gefolgt von noch mehr Kilos von getrockneten Früchten und Nüssen. Als der Körper vollends bedeckt war, wurden fünfhundert Kilo Salz auf ihn geschichtet und das Grab mit Erde bedeckt. Dieser ganze Vorgang war, wie bereits erwähnt, von Shri Babaji am 9. Januar beschrieben worden.

Es gab einige "normalerweise zuverlässige Zeugen", die darauf schwören, die Statue des "Alten Haidakhan Baba" im Tempel während der Zeremonie aus beiden Augen weinen gesehen zu haben.

Später, als die Menschen sich an diese Begebenheit erinnerten, war es interessant zu bemerken, wie viele von den Anwesenden in die Tätigkeiten verstrickt waren, die sie seit langem für Shri Babaji ausgeführt hatten. Gouverneur Singh, Vishnu Dutt Shastriji und Muniraji (Herr Trilok Singh) führten die Riten aus und übernahmen eine führende Rolle in einer sehr kritischen und schmerzlichen Zeit. Sadhu Singh Baba diente Babaji im Grab und überwachte die ehrfurchtsvolle und korrekte Ausführung der Riten.

Ramesh Batt, Gaurhari, Navin Joshi und die Ganas, alle jene, die Babaji mit Liebe und Hingabe während seines Lebens umsorgt hatten, standen im Grab und führten den letzten Liebesdienst am Körper aus. Bhoopie, der für andere - als Dienst an Babaji - dagewesen war, wurde bei Beginn der Zeremonien in die Ashramklinik gerufen; er versäumte die halben Feierlichkeiten und sah das Verbleibende nur aus der Entfernung. Als Babajis Körper über die Treppen zum Grab getragen wurde, wurde ich zu einer gerade vergessenen, aber unaufschiebbaren Tätigkeit ins Büro gerufen, und so sah auch ich nur vieles aus der Entfernung. Ram Dass, dem Babaji Pflichten im Company Garten, nahe beim Flussbett, zugewiesen hatte kam nicht hoch zu der Beerdigung, sondern stand im Flussbett und warf die größten Steine, die er bewältigen konnte, auf eine Mauer zum Schutz gegen den Fluss. Er schwört, dass er Babajis glückliches Lachen hörte, als er arbeitete. Als der Kanadier Khurak Singh im Grab stand und Babajis Gesicht mit Früchten und Nüssen bedeckte, erkannte er, dass Babaji oft wie eine religiöse Statue behandelt worden war. Ihm war ein Zeremonienbad gegeben worden, man hatte ihn angezogen, mit Ketten und Blumengirlanden geschmückt, seine Hände und Füße mit Duftölen gesalbt, das Arti wurde vor ihm zelebriert und ihm waren Nahrung und Geschenke angeboten worden. Durch sein ganzes menschliches Leben hindurch war Babaji beides, ein wahres menschliches Wesen, ein wahres Symbol und eine Manifestation Gottes.

Als Khurak Singh aus dem Grab kletterte, überwältigte ihn Traurigkeit und Schmerz, als er zum letzten Mal Babajis Gestalt sah, der er so viele Jahre gedient hatte - besonders vor seinem Weggang. Khurak Singh ging in sein Zimmer und weinte und schrie. Plötzlich ertönte aus seiner Armbanduhr ein "piep, piep" und ließ sich nicht abstellen. Eine Stunde lang gab sie Pieptöne von sich, dann wechselten die Stunden bei jedem Schritt des Sekundenzeigers. Trotz seiner Tränen hörte Khurak die Botschaft: "Schlag Alarm! Die Zeit läuft aus!"

Eine offizielle Bestandsaufnahme

Nachmittags am 16. Februar, nachdem der Gouverneur und viele Menschen den Ashram verlassen hatten, machten die Staatsbeamten, die Babaji kannten und oft sein Darshan erhalten hatten, eine Bestandsaufnahme von den Wertsachen des Ashrams, um den Ashram und die Samaj gegen die Anklage des Diebstahls und der Unterschlagung zu schützen. Ein Komitee, vom Gouverneur ernannt und bestehend aus den Staatsbeamten, der Samaj und den Ashramangehörigen, gingen durch den gesamten Ashram und verschlossen die Türen der Räumlichkeiten, in denen Wertsachen vermutet wurden. Der Schlüssel wurde dem Polizeirichter des Bezirkes übergeben, und anschließend gingen die Staatsbeamten für die Nacht nach Haldwani.

Am Morgen des 17. Februars kamen der Bevollmächtigte des Kumaon Bezirkes, Herr A.K. Das, der Bezirkspolizeirichter und der Unter-Bezirkspolizeirichter aus Haldwani und andere, um an der "Schatzsuche" und der Bestandsaufnahme teilzunehmen. Sieben Stunden lang, manchmal lachend oder weinend, als die Erinnerungen an Babaji hochkamen, gingen etwa ein Dutzend von uns von Zimmer zu Zimmer und schauten in Schränke, Kisten, Portemonnaies, aller Arten von Behältern und identifizierten wahre Wertsachen, damit sie in einen Wertsachenbehälter geschlossen werden konnten. Wir zogen Geldnoten und Kleingeld aus Portemonnaies und Taschen und aus den Räumen von Gaura Devi und Man Singh, - zwei Personen, die Babaji täglich umsorgten und denen Babaji das Geld anvertraute, das ihm gegeben worden war - das Geld, das noch nicht an die anderen Ashrams geschickt worden war oder das für einen Notfall im Ashram oder in der Samaj aufbewahrt oder vergessen worden war. Als ein Bankangestellter das Geld der Schatzkasse von Haldwani am 18. Februar einzahlte, waren es ganze 194.000 Rupies oder etwa 21.000 DM.

Der 18. Februar war ebenfalls der Tag, an dem ich mit dem Minister, Herrn Tiwari, in Delhi zusammentreffen sollte, und der Tag, an dem der älteste Sohn von Muniraji heiraten sollte. Nachdem das Geld auf dem Konto der Samaj eingezahlt worden war, besuchte ich die Hochzeitsfeier und kehrte dann nach Haidakhan zurück.

In den nächsten zwei Tagen fiel ein für die Jahreszeit unüblich starker Regen. (Babaji hatte es oft nach großen Versammlungen in Haidakhan regnen lassen, um das Tal zu reinigen). Babaji hatte mir vor zehn Tagen aufgetragen, an seiner Stelle an der Hochzeit des zweitältesten Sohnes von Muniraji teilzunehmen, die am 20. stattfand. Der Gautama Ganga Fluss war aber durch den Regen so angeschwollen, dass ich nicht den Weg entlang des Flusses nehmen konnte. Der Pfad über die Hügel war ebenfalls ausgewaschen, und so musste ich der Feier fernbleiben.

Einer von Amar Singhs Lastwagen saß ebenfalls in Haidakhan fest. Er war mit ihm am 18. Februar nach Haidakhan gekommen, um ihm Babajis "Darshan zu geben". Am 13. Februar, als er Muniraji und andere nach Haidakhan brachte, hatte er seinen anderen Lastwagen mit 100 Liter Diesel gefüllt und war in den folgenden Tagen damit oft hin- und hergefahren. Am 17. Februar, als er auftanken wollte, maß er nach, wieviel Diesel sich noch im Tank befand, und stellte fest, dass er keinen einzigen Tropfen verbraucht hatte, die 100 Liter Diesel befanden sich noch immer im Tank! Amar Singh war deshalb am 18. mit seinem anderen Lastwagen nach Haidakhan gefahren, um ihm "Darshan" zu ermöglichen.

Erfahrungen mit Babaji in Haidakhan

Nach hinduistischer Sitte wird am zwölften Tag nach dem Tod für die Seele eine "Shradh"-Zeremonie abgehalten - um sie von ihrem angehäuften Karma zu entbinden, die sie an den Zyklus von Tod und Wiedergeburt kettet. Diese Zeremonie wird von den Söhnen der Verstorbenen abgehalten. Wir wussten, dass Babaji diese Zeremonie nicht benötigt, sie wurde aber aus der Tradition heraus trotzdem ausgeführt.

Am 25. Februar kämpften etwa fünfzig bis sechzig Personen bei der Flussüberquerung mit dem Hochwasser des angeschwollenen Gautama Ganga (das brusthohe Wasser schwemmte Munirajis Mutter beim Überqueren fort), um die Feierlichkeiten mit den Bewohnern des Ashrams zu begehen.

Bhoopie (Colonel Sharma), der Shri Babaji als seinen Vater betrachtete, hatte sich den ganzen Tag des 24. Februars um die Shradh Zeremonie gekümmert. Er hatte versucht, sich selbst zu überzeugen, dass sein "Vater" nicht gestorben war, warum also sollte er an der Shradh Zeremonie teilnehmen? Aber Bhoopie war unsicher, und so bat er beim Einschlafen in der Nacht: "Bitte, Baba, schenke mir Klarheit."

Morgens um 3.45 Uhr hatte Bhoopie einen kristallklaren Traum. Shri Babaji spazierte in sein Zimmer hinein, worauf Bhoopie aus dem Bett sprang und sich vor ihm verneigte. Babaji setzte sich auf die Bettkante und Bhoopie, ziemlich verlegen, entschuldigte sich dafür, dass er keinen Asan für Babaji vorbereitet hatte, aber vielleicht könne Babaji vorlieb mit seinem Bett nehmen? Babaji lachte und sagte: "Aber, mein Sohn, auf dem Bett ist kein Platz." Als Bhoopie daraufhin auf sein Lager schaute, sah er seinen eigenen schlafenden Körper darauf liegen.

Bevor Bhoopie vor Überraschung seinen Mund auftun konnte, dass sein Körper auf dem Bett lag, während ein anderer Teil von ihm wach und aufmerksam vor Babaji stand, überschüttete Babaji ihn mit Fragen: "Was macht deine Arbeit? Warum dauert es so lange, bis sie beendet ist? Wie geht es Jamwant, wie Khimanand, wie Jaimal?" Bhoopie stotterte einige kurze Antworten, aber bevor er seine Fragen stellen konnte, stürmte Babaji wie ein "Tornado" hinaus."

Der Traum endete mit Babajis Weggang, und Bhoopie erwachte. Er versuchte die Grenzen zwischen Traum- und Wachbewusstsein zu ziehen und bemerkte dann, dass die Tür zu seinem Zimmer, die er immer vor dem Zubettgehen verschloss, weit offen stand.

Nach diesem Erlebnis glaubte Bhoopie, die Antwort auf seine Frage erhalten zu haben: sein Vater war gewiss nicht tot und es bestand keine Notwendigkeit, an der Shradh Zeremonie teilzunehmen.

Aber Babaji hatte Bhoopie noch über etwas anderes aufgeklärt: er hatte Bhoopie einen Beweis von seinem eigenen aktiven, vitalen Selbst gegeben, denn, als Bhoopie vor ihm stand, lag sein physischer Körper auf dem Bett. Ob dies nun eine bewusste oder unbewusste Erfahrung war, es gab Bhoopie eine klare Vorstellung von der Abspaltung der Seele vom Körper, und diese Erkenntnis half ihm über eine sechsmonatige Krebserkrankung hinweg, nach der seine Seele ihren Körper verließ.

Bhoopie war auch derjenige, der bemerkte, wie nachts die Ashram Hunde Babajis Darshan erhielten. Babaji hatte sich immer um die Ashram Hunde gekümmert und dafür gesorgt, dass sie regelmäßig gebadet wurden. Oft hielt er sie während des Darshans auf dem Schoß und oft stieg er selbst in den Fluss, um sie zu baden.

Eines Nachts, als Bhoopie nur leicht schlief, hörte er die Hunde bellend im Ashram herumlaufen. Neugierig folgte er ihnen, um zu sehen, was sie so aufregte. Sie führten Bhoopie durch den Tempelgarten, die 108 Stufen hinunter zum Flussbett. Dort wurde das Gebell noch aufgeregter und schriller. Bhoopie setzte sich auf eine Bank vor einem Teehaus und sah, wie die drei Hunde mit ihren Schwänzen wedelten, glücklich winselten und ihre Köpfe an "jemanden" rieben, der sie offensichtlich streichelte. Nach etwa einer Minute bellten die Hunde erfreut und liefen fort.

Am nächsten Morgen erzählte Bhoopie diese Begebenheit in Hiras Teeshop. Eine junge Deutsche protestierte und sagte, er solle keine Märchen herum erzählen - sie seien unnötig und könnten nicht bewiesen werden. Daraufhin hielt Bhoopie an diesem Tag seinen Mund. Aber in derselben Nacht machte er die gleiche Erfahrung.

In der dritten Nacht wurde im Moksha Dham Dhuni die ganze Nacht durchgesungen. Bhoopie und die deutsche Frau nahmen ebenfalls daran teil. Gegen zwei Uhr in der Nacht gingen sie zu einem Teeshop am Flussbett, sie weckten Chandan Singh auf und baten um Tee. Als sie an ihrem heißen Getränk nippten, kamen die Ashram-Hunde über das Flussbett gerannt, sie jagten eine Katze, fingen sie und töteten sie nur einige Meter von den beiden Teetrinkern entfernt. Bhoopie rettete die Reste der toten Katze, grub ein Loch in den Sand und beerdigte sie unter einem großen Stein.

Als er sich setzte, fingen die Hunde wieder freudig zu winseln an und tanzten um "jemanden" herum, der sie streichelte. Wiederum wedelten sie mit dem Schwanz und streckten ihre Hälse jemandem entgegen, um gestreichelt zu werden. Doch das Besondere in dieser Nacht war, dass Janki

Prasads Kopf, der Anführer der Ashram Hunde, von einer Aura blauen Lichtes umhüllt war.

Nach Beendigung der "Vorführung" sprangen die Hunde fort. Bhoopie drehte sich zu der deutschen Frau um und fragte: "Nun, hast du das gesehen?" Aber er brauchte gar nichts zu fragen; ihr Mund stand weit offen, die Augen traten hervor und sie zitterte vor Angst und Aufregung. [4]

Es schien, als hätten alle Erfahrungen mit Babaji, außer Gaura Devi. Sie war traurig, denn nach zwölf Jahren, in denen sie Babaji diente, schien er sie verlassen zu haben. Eines Morgens, als sie ein wenig ärgerlich darüber war, ging Gaura in Babajis Raum und ließ vier Bananen als Opfergabe mit den Worten zurück: "Wenn du noch immer hier sein solltest, wie die anderen behaupten, dann iss diese Bananen und zeige mir deine Gegenwart." Darauf ging sie hinaus, schloss das Zimmer ab und machte sich an ihre Arbeit.

Damals gab es nur einen Schlüssel für das Schloss an Babajis Tür und Gaura trug ihn den ganzen Tag mit sich herum. Man Singh, der sich ebenfalls um Babajis Raum kümmerte, fragte an diesem Tage nicht nach dem Schlüssel. Am Abend ging Gaura wieder in Babajis Zimmer, um dort Arti zu zelebrieren. Die Früchte waren längst vergessen. Als sie die Tür öffnete, fiel ihr Blick auf die Bananen, aber es waren nur noch drei.

Erfahrungen außerhalb des Ashrams

David Davis und Lorraine Fox hatten Babaji 1979 in Haidakhan besucht. Damals hatte Babaji ihnen geraten, dass, wenn sie sich für eine größere Arbeit verpflichteten, sie zuerst die Regeln und den "Preis" für die Zusammenarbeit mit einer Gruppe kennenlernen sollten. Bei ihrer Rückkehr in die USA begannen sie mit eingeborenen Amerikanern zu arbeiten. Lorraine ist Indianerin aus dem Blackfoot-Cree Stamm.

Am 14. Februar 1984 hatten David und Lorraine Fox ein Problem in ihrer Arbeit mit den Eingeborenen. Sie beschlossen, einen Ausflug zu dem großen Sand Dunes Nationalmuseum zu machen, das nicht weit von ihrem Heim in Crestone, Colorado, entfernt liegt. Sie wollten in den Dünen spazierengehen, sich leermachen und sich an ihre Lektionen, die sie von Babaji bekommen hatten, erinnern, um sie vielleicht bei dem Problem, das sie beschäftigte, anwenden zu können.

Als sie zwischen den Dünen herumschlenderten und über Babaji sprachen, "sah" David plötzlich einen starken rosa Lichtstrahl hinter seinem Kopf - es war ein Lichtblitz mit einem langen Schweif, "wie ein Meteor". Er kam von hinten, zischte durch beide hindurch, grub sich in die Düne, die sie gerade erklommen, und verschwand darin völlig. David war erstaunt über seinen Glanz. Lorraine sah ihn nicht, spürte aber seine Energie. Sie meinten, Babaji hätte etwas getan, wussten aber nicht was.

Als sie am Abend mit einer Antwort auf ihr indianisches Problem nach Hause zurückkehrten, befand sich eine Botschaft auf ihrem Anrufbeantworter: Babaji hat seinen Körper verlassen.

Die Menschen erfahren immer wieder, dass Babaji mit seinem Mahasamadhi nicht aufhörte zu existieren. Im Gegenteil. Durch das Abstreifen des menschlichen Körpers scheinen alle menschlichen Grenzen und Fesseln fortzufallen. Überall auf der Welt haben sie weiterhin Erlebnisse mit Babaji. Er erscheint in Träumen, Visionen und manchmal gar in physischer Gestalt. Viele fühlen, dass er sie durch Erfahrungen wachsen lässt, und sie spüren seine göttliche, manchmal wunderbare Unterstützung im täglichen Leben. Ich bin immer wieder erstaunt über die große Anzahl derer, die, obwohl sie niemals in Indien gewesen sind, lebhafte Erfahrungen mit Babaji machen, die ihr Leben und ihre Suche nach mehr Wissen nach ihm ausrichten.

Im späten Juni 1984 trafen sich die Mitglieder der amerikanischen Haidakhan Samaj (Gesellschaft), um Zukunftspläne zu schmieden und Wahlen abzuhalten. Die Anzahl der Mitglieder war sehr klein im Vergleich zu den Amerikanern, die Babaji in Haidakhan besucht hatten, und es gab keine Klarheit darüber, wie oder ob man die Amerikanische Samaj zu einem effektiven Kanal zur Verbreitung von Babajis Botschaft machen sollte.

Am Morgen vor der Samaj Versammlung wurde ein Yagya, eine Feuerzeremonie, zelebriert. Als das Feuer aufloderte, sprang ein großes Stück glühende Kohle aus dem Feuer, flog am Ohr einer Frau vorbei und landete unbemerkt unter dem Knie von Morgan Bates. Nach wenigen Minuten veranlasste die ungewohnte Hitze Morgan nach der Ursache zu suchen. Sie blickte auf ihren Dhoti, den sie von Shri Babaji anlässlich ihrer Einweihung zur Yogini erhalten hatte, und sah zwei Löcher, die die glühende Kohle hineingebrannt hatte. Das eine Loch war deutlich wie ein Herz geformt und das andere ähnelte einem geöffneten Mund.

Als Morgan sich am Yagya beteiligte, spürte sie, dass Babaji für alle eine Botschaft sandte, dass er im Herzen des Feuers und in den Herzen aller Menschen wohnt und dass wir immer mit Liebe über den Platz sprechen sollen, in dem er innerlich in uns wohnt.

Diese Erfahrung inspirierte sie und andere, während der Versammlung liebevoll über die Wahrheit zu sprechen. Deborah Wood (Ramloti) wurde zur Präsidentin der Amerikanischen Samaj gewählt, und es wurden Entscheidungen getroffen, die schläfrige Samaj zu einem aktiven, nützlichen

Organ zu machen, die Babajis Botschaft verbreitet - so, wie er seine Schüler angewiesen hatte.

Babajis Rückkehr wird erwartet

Babajis Schüler erwarten Babajis Rückkehr in menschlicher Gestalt. Über den Zeitpunkt allerdings bestehen Differenzen, aber keiner zweifelt an seiner Wiederkehr. Die Tradition seines Kommens und Gehens in menschlicher Gestalt ist bezeugt. Einige Menschen erlebten auf diese oder jene Art, dass der "Alte Haidakhan Baba" und der jetzige Babaji identisch im Geiste waren oder sogar identisch im Geist und Körper. Es gibt ferner eine Reihe von Voraussagen und "Hinweise", welche von seiner Wiederkehr in naher Zukunft sprechen.

Shri Nantin Baba erwähnte 1971 ebenfalls, als er Shri Babaji als Shiva Manifestation identifizierte, dass er nach wenigen Jahren fortgehen würde, um als Knabe wiederzukehren.

Babaji sagte 1980 zu Hem Chand Bhatt, er würde 1984 seinen Körper verlassen, und fügte dem Gespräch hinzu, dass er wiederkehren würde, wenn ihn jemand wie Mahendra Maharaj riefe.

Babaji kündigte Mahendra Maharaj und Shri Vishnu Dutt Shastriji an, er werde kommen, "um die Welt zu regieren" oder um der geistige Führer des Goldenen Zeitalters zu sein. Auch sprach er mehr als einmal darüber zu seinen Ganas, die ihm beim Baden assistierten. Solche Äußerungen waren nicht Teil seiner "Babaji-Lilas", und deshalb erwarten die Menschen von Babaji die Einlösung seiner Worte für die Zeit nach der "Großen Revolution".

Babaji sagte zu vielen: "Wenn ich wiederkomme, werde ich dich bei deinem Namen rufen." Hiermit bezog er sich auf die indischen Namen, die er den Menschen gab. Ferner überreichte er Einzelnen Gegenstände, die sie für ihn aufbewahren sollten, so wie der "Alte Haidakhan Baba" Gangotri Baba seine Rudraskha-Mala gab, was als Wiedererkennungszeichen für jene Schüler dienen kann.

Babajis Weggehen ist ein wichtiger Aspekt seines Auftrages

In den Augen vieler seiner Schüler musste Shri Babaji fortgehen, damit seine Lehren Wurzeln fassten. Auch gab er ihnen dadurch die Möglichkeit, seine Lehren in ihr Leben zu integrieren. Seine Lehre der "Revolution" ist eine innere Revolution, die selbst er nicht für die individuelle Seele herbeiführen kann, denn jeder Mensch muss seine eigenen freien Entscheidungen und Verpflichtungen treffen. Gott kann die Schüler zu den benötigten Erfahrungen führen, "Er" kann sie anregen, nach höheren Dingen zu streben, aber alle Entscheidungen werden durch den freien Willen gefällt. Es ist ein langsamer Prozess, wenn frei entscheidende Menschen ihre Lebensmuster nach dem, was er lehrte, ausrichten. Babaji musste genügend Zeit gewähren für wiederholte Erfahrungen in einem Leben - ein Leben ausgerichtet nach dem Lichte seiner Lehren -, um "das Licht zuerst in dir, und dann in anderen zu entzünden". Wie Krishna, so "verschwand" auch Babaji, damit seine Anhänger an nichts anderes als an ihn und seine Lehre denken konnten.

Dies ist auch eine Zeit der Prüfungen - die des Mahakranti. Sie gibt uns die Möglichkeit zu wachsen, und der Einzelne wächst nicht, indem er blindlings die Befehle eines anderen befolgt: wir müssen lernen, die Antworten, die im Inneren verborgen liegen, in der göttlichen Stille und Ruhe zu finden.

In einer Rede sagte Shri Babaji: "Nun erblickt ihr einen sanften Gott, aber in der Zukunft wird er ein grimmiger Gott sein." Während des Mahakranti spielt Gott die Rolle des Nataraj, des göttlichen Tänzers, dessen grimmiger Tanz Zerstörung oder Veränderung und Reinigung bringt. Zerstörung und Veränderung sind notwendige Teile der Schöpfung, das Goldene Zeitalter kann nur nach der Revolution Einzug halten. Die Rolle des "Bhole Baba", des einfachen Vaters, der seine Kinder schützt und die Wünsche seiner Schüler erfüllt, ist schwierig, wenn der Tanz der Zerstörung begonnen hat. Shri Babaji sagte, er würde die göttliche Mutter - den Geist der Liebe und der göttlichen Energie, welche auf der inneren Ebene der Menschheit handelt -, als Beschützerin während der großen Revolution zurücklassen.

Shri Babaji hat seine Rolle als Sadguru, als göttlicher Lehrer, gespielt. Jetzt ist die Zeit der Prüfungen gekommen, und der Lehrer kann nicht die Prüfungsfragen für seine Studenten beantworten, jeder trägt seine individuelle Verantwortung.

Gayatridevi, eine junge Amerikanerin, drückte die Kraft und die Bedeutung von Babajis Mahasamadhi in einem Gedicht aus:

"Mein Gott, warum weinen sie? Es ist doch so einfach und wahr.

Können sie nicht sehen, dass alles nur Illusion ist, und was wir fühlen, nur Anhaftung an die Illusion?

Du bist lebendiger als je zuvor in diesem Herzen, welches vor Frieden überfließt.

Durch Gnade bin ich innerlich erwacht für die Wunder der Liebe der ewigen Einheit.

Für dein Kommen und Gehen sei Dank. In deiner scheinbaren Abwesenheit bin ich zur Kenntnis meiner Selbst gelangt."[5]

Transformation

Es war eine unschätzbare Gnade, in Babajis Gegenwart zu weilen, und seine Liebe und seine Fürsorge um alles Geschaffene zu erleben. Aber diese Gnade verflüchtigt sich wie der Rauch eines Räucherstäbchens, wenn sie nicht aufgenommen wird von den Schwingungen unserer Körper und Seelen. Babaji erscheint in menschlicher Form, um die Menschheit zu erhöhen, er transformiert die Herzen der Menschen, ihren Geist und ihren Körper, um die tierische Natur des Menschen zu transzendieren.

Campell beschreibt in seinem Buch "Die Macht des Mythos" die Transzendenz mit folgenden Worten: "... dann folgt eine ganz andere Art von Leben, in dem man sich dem anderen hingeben muss, auf welche Art auch immer. Diese neue Art zu leben bewirkt die Öffnung des Herzens.[6] ...Es ist eine essentielle Erfahrung der mystischen Verwirklichung. Man stirbt im Fleische und wird im Geiste wiedergeboren. Man identifiziert sich mit der Bewusstheit und dem ewigen Leben, von dem das jetzige Leben nur das Vehikel ist. Das Vehikel stirbt und man identifiziert sich im Bewusstsein mit dem, von dem das Vehikel der Träger ist. Das ist Gott."[7]

Mahendra Baba lehrte, dass der menschliche Körper und der unendliche Brahman (das formlose Göttliche) gleiche "Strukturen" haben und aus den gleichen Bausteinen bestehen, nämlich aus der göttlichen Energie in subatomaren Partikeln. Das kleine menschliche Selbst ist eine Manifestation des göttlichen Selbst oder der Allseele, so wie jedes andere geschaffene Element im Universum. Das Haidakhan Arti beschreibt das Göttliche als "die Gestalt alles Geschaffenen und die Basis von allem, was existiert." und dies ist der Glaube von Hundert Millionen Hindus, Buddhisten, eingeborenen Amerikaner und vielen anderen.

Menschen sind nicht nur "Abbilder" Gottes, sondern Mitgestalter des Göttlichen. Die Menschen sind nicht die Ursache der Schöpfung oder schaffen die Gesetze, welche die Ausdehnung und Entfaltung der Schöpfung leiten, sie schaffen aber materielle Gegenstände und ihre eigenen Welten. Wir schaffen und formen ständig unsere nähere Umgebung und beeinflussen das Geschehen des Univerums durch die Schwingung unserer Gedanken und Taten. Freundliche Worte und ein froher Geist am Morgen können den ganzen Familientag erfreulich gestalten und ein gereizter Beginn kann ein freudigst erwartetes Ereignis zunichte machen. Reiche können besorgt und unglücklich sein, Bettler friedvoll und zufrieden. Wir schaffen unsere Einstellungen und unsere Atmosphäre.

Die Menschen schaffen ebenfalls die physischen Bedingungen ihrer Umwelt - oder wir schaffen sie neu durch unsere Gegenwart. Wir legen Parks an, Farmen, Waldgebiete, Städte, Elendsviertel und Mülldeponien. Obgleich die Dänen Land für fruchtbare Gärten und Farmen dem Meer abgerungen haben, ist es für viele Menschen einfacher, die Wälder abzuholzen und dadurch Wüstenlandschaften zu hinterlassen, als neues, anbaufähiges Ackerland zu schaffen oder eine blühende Wildnis. Wir sind Schöpfer, diese Tatsache lässt sich nicht leugnen.

Menschen sind die geschicktesten und intelligentesten aller Lebewesen, die die Erde bevölkern. Wir haben die Kraft zu denken, zu überlegen, zu richten und zu bestimmen, was die vernünftigste und beste Handlung ist. Wir besitzen ebenfalls den freien Willen, emotional zu handeln, unklug, verrückt und zerstörerisch.

Lange haben unsere westlichen Kulturen uns gelehrt, alles Erreichbare an uns zu reißen, die "Erde samt ihren Tieren" uns Untertan zu machen und alles für unseren sofortigen Vorteil und unsere Bereicherung zu nutzen. Wir entführen unseren Kindern die Erde und es ist uns egal.

Diese Einstellung und die daraus gewonnene Handlungsweise haben uns an den beängstigenden Punkt gebracht, an dem Wissenschaftler auf allen Gebieten vor Veränderungen des Wetters, der Atmosphäre, des Landes und des Wassers warnen, die die Erde für uns Menschen unbewohnbar machen. Eine der wahrscheinlichsten und in Kürze spürbaren Veränderung wird das Wetter sein, das unsere fruchtbaren Landstriche, genutzt für Nahrungsanbau, in Wüsten oder Brachland verwandelt. Ist ein momentaner Gewinn wirklich wichtiger als zukünftige Verwüstung und Hungertod? Was kostet es, damit der Einzelne, die Wirtschaft und die Regierungen aufwachen und effektive Maßnahmen für das Wohlergehen der Menschheit und ihre Existenz ergreifen und menschliche Handlungen bekämpfen, die das Leben gefährden? Unsere Regierungen verhaften Einzelne, die das Leben auf ihren Straßen gefährden, aber sie subventionieren Unternehmen, die die Erde vergewaltigen und verschmutzen.

Vor Tausenden von Jahren, bevor die Menschen schreiben konnten, erließen die Verfasser der Veden - die Heiligen Schriften, die, wie Babaji sagte, seine einzige Quelle des Wissens waren - das Gebot: "Verletze kein Lebewesen auf Erden, in der Luft und im Wasser." In einer späteren Schrift steht geschrieben: "Was immer ich der Erde entreiße, möge es ein schnelles Wachstum erfahren. Oh, Reiniger, mögen wir nicht deine Lebenskraft oder dein Herz verletzen". Wie weit haben wir uns heute von diesem Standpunkt entfernt!

Das buddhistische Tibet hat Ahimsa, die Nichtverletzung aller Lebewesen, viele Jahrhunderte praktiziert. Fast gänzlich von seinen Nachbarn abgeschnitten, war es diesem Lande vergönnt, seine Religion auszuüben und seine Kultur bis Mitte dieses Jahrhunderts zu erhalten. Es "hatte das erfolgreichste Umweltschutzsystem" von allen bewohnten Regionen der modernen Welt. Es gab keine Wildtier-Reservate im westlichen Sinne. Formaler Schutz der wildlebenden Tiere und des wilden Landes war unnötig in einem Land, in dem das hingebungsvolle buddhistische Mitgefühl für alle Kreatur vorherrscht.

Im Jahre 1940, nach einem Aufenthalt in Lhasa, schrieb der Konsul der britischen Handelsgesellschaft, Hugh Richardson: "Das tibetische System hat ein Volk hervorgebracht, das in den oberen Schichten selbst-discipliniert, intelligent, oft sehr gelehrt, fähig, schlicht, würdevoll, menschlich und freundlich ist. Die Mehrheit der Bevölkerung bemüht sich soweit wie möglich, mit der Natur zu leben und nicht gegen sie."[7]

Westliche Besucher in der ersten Hälfte dieses Jahrhunderts in Tibet waren erstaunt über das reiche Wildleben. Einer schrieb sogar: "Dies muss eines der letzten unberührten Naturparadiese sein."

1950 fielen die chinesischen Kommunisten in Tibet ein, im Jahre 1959 folgte ein Programm der Ausbeutung und Zerstörung. In knapp dreißig Jahren sind die Wildtiere fast ausgerottet, die Wälder abgeholzt, die tibetische Bevölkerung um ein Fünftel dezimiert. Nachdem die Chinesen die Oberfläche dieses einstmals exquisiten Landes vergewaltigt haben, sind sie nun dabei, Stollen in die Berge zu treiben und in Tibet Nuklearabfall einzulagern.

Im Westen, wo mehr und mehr Menschen ihre Stimmen gegen die Verschmutzung der Luft, des Landes und des Wassers erheben, halten die Regierungen Konferenzen ab, um den "Treibhauseffekt" und andere Verschmutzungsprobleme zu studieren. Trotzdem und im Gegensatz dazu untersuchen einige der führenden Teilnehmer an diesen Konferenzen die Möglichkeiten, den unangetasteten mineralischen Reichtum der Antarktis zu heben, trotz der Warnungen von Wissenschaftlern und anderen Fachleuten, dass die Verschmutzung durch Bergbau und die Zerstörung des Lebens in der Antarktis ungeheure zerstörerische Folgen für die ganze Welt haben könnte. Hier entstehende Wetterlagen würden andere Wege nehmen, Fische und hier brütende Vögel würden wegen der Verschmutzung umkommen oder getötet werden, und wenn die großen Eismassen anfingen zu schmelzen, würden Küstenstädte auf der ganzen Welt untergehen.

Es gibt gewiss kein Tier auf dieser Erde, das gieriger oder zerstörerischer ist als der Mensch.

Es ist an der Zeit, dass wir die nötige Einheit und Heiligkeit der ganzen Schöpfung erkennen. Wir können nicht im erhöhten Maße die Luft unserer Städte verpesten, unsere Wälder abbrennen und abholzen, die unsere Luft verbessern, und gleichzeitig reine Luft zum Atmen haben wollen. Wir können nicht unsere Ströme, Flüsse, Seen und Ozeane verschmutzen und gleichzeitig reines Trinkwasser oder reines Wasser für die Felder fordern. Wir können nicht fortfahren, andere Menschen zu beherrschen und auszunutzen und gleichzeitig Frieden und persönliche Sicherheit über den ganzen Erdball fordern. Wir können nicht Privatbesitz oder gemeinsames Landeigentum als Entschuldigung zur Ausbeutung der Erde gelten lassen; private und soziale Gründe und ökologisches Überleben müssen in Übereinstimmung gebracht werden. Wir müssen uns und unsere Gesellschaft transformieren und lernen, in Harmonie miteinander, mit dem Göttlichen und mit allen Elementen der Schöpfung zu leben.

Lass' jeden seinen spirituellen Weg gehen - aber befolge ihn! Sogar innerhalb der breiten Ströme eines der großen spirituellen Wege gibt es Raum für individuelle Erfahrungen. Jeder Mensch hat seinen Weg im Leben, den Schöpfer dieser Erde, der dieses Universum geschaffen hat, zu erfahren. Daher ist Gedankenkonformität unnötig. Die Taten der Menschen sollten beweisen, dass sie das Konzept des Lebens begriffen haben und dass sie harmonisch und im Einklang mit Gott und seiner Schöpfung leben können.

In ihrer Unterhaltung im Buch "Die Macht des Mythos" teilen Bill Moyers und Joseph Campell diese Meinung, und zwar im Bezug auf den Transformationsprozess des Einzelnen:

"Moyers: 'In unserer Kultur der einfachen Religion, die so leichtfertig hervorgebracht wird, scheinen wir vergessen zu haben, dass in allen großen Religionen die Versuchungen, die auf der Reise des Helden an ihn herantreten, ein wichtiger Bestandteil des Lebens sind,... dass es keinen Lohn ohne Entsagung gibt,... ohne den Preis dafür zu zahlen.'

Campbell: 'Wenn man das wahre Problem erkennt, nämlich sich an das höhere Ziel oder an etwas Ähnliches zu verlieren, sich ihm hinzugeben - erkennt man, dass dieses die letzte Prüfung des Helden ist. Wenn wir aufhören, unablässig an uns selbst zu denken und an unsere Selbsterhaltung, dann findet eine wirkliche heroische Transformation unseres Bewusstseins statt.

Alle Mythen beziehen sich auf Bewusstseins-Transformationen in der einen oder anderen Form. Das Denken ging in eine bestimmte Richtung, und nun muss man umdenken.'"[9]

Babajis Auftrag ist, die Menschen ein Leben in Harmonie mit Gott und der ganzen Schöpfung zu lehren. Er lebte und lehrte aus dem Bewusstsein heraus, dass alle Formen der formlosen göttlichen Energie entspringen. Wir sind als Einheit geschaffen und können nur in großer Harmonie glücklich und zufrieden leben. Das Fehlen von Einheit und Einklang fördert Spannung, Aggression, Hass, Gewalt und Mangel.

Frieden und Harmonie sind nicht leicht zu erreichen in einer Welt, in der die Menschen das Ego und das Selbstinteresse an die erste Stelle setzen. Es erfordert Selbstdisziplin, die eigenen Ansichten zu verändern und in Einklang mit anderen zum Allgemeinwohl zu arbeiten. Babaji zeigte in Haidakhan, welche Früchte Arbeit hervorbringen kann, getan in Frieden und Harmonie. Er lehrte Methoden des Wachstums, die durch gemeinsame Arbeit und Ausgerichtetsein auf die menschliche höhere Natur zum Allgemeinwohl hervorgebracht werden. Es ist möglich, die menschliche Natur und die Gesellschaft zu transformieren - wenn wir den Willen dazu haben. Wenn wir uns bemühen und unseren von Gott gegebenen Verstand einsetzen, können wir das menschliche Leben auf der bedrohten Erde retten - sogar Heilenergien in das weite Universum schicken.

Babaji bezog sich einmal auf die Armee von Affen und Bären, welche der weise hingebungsvolle Affe Hanuman aufbrachte, um Sita, die Gattin von Rama, von den dunklen Kräften des Dämonen Ravenna zu retten. Er sagte: "Ihr Affen und Bären! Es genügt nicht, nur mit den Schwänzen zu wedeln! Ihr müsst etwas Praktisches, etwas Nützliches anfangen!"

UND DAS MÜSSEN WIR!

Anmerkungen

1 Gelesen von Josef Campbell. Siehe "The Power of Myth,", S. 45
2 Shri Nantin Baba hat ebenfalls seinen Körper verlassen
3 Shri Babaji kam nach Haidakhan nur mit einem Langoti, Lendenschurz, bekleidet, der traditionellen Kleidung der "unbekleideten" Fakire und Saddhus Indiens.
4 Aus einem Brief von Co. B. K. Sharma an Jo Ann Hongslo, 11. 3. 1984.
5 Aus Haidakhan News, März 1984, Neu Delhi
6-7 Aus "The Power of Myth", S. 214 und 107
8 entnommen aus "The Agony of Tibet" von Galen Rowell in März/April Ausgabe des Greenpeace Magazine, Vol. 15, No. 2
9 "The Power of Myth", S.126.

Wörterverzeichnis

Aarti	rituelle Andacht, Weihezermonie, in der Licht vor einem Abbild Gottes dargebracht wird.
Asan	Sitz, Yogaposition, in diesem Buch wird Asan für den Sitz, der einem Heiligen hergerichtet wird, gebraucht
Ashram	Herberge bei einem Tempel, Kloster. Sanskrit: Lebensabschnitt wie: Studienzeit, Eheperiode, Periode spirituellen Wachstums, Mönchsdasein
Avatar	göttliche Inkarnation, ein großer spiritueller Meister
Baba oder Babaji	verehrter Vater,respektvolle Anrede für Menschen des religiösen Lebens
Bhagwan	der Herr
Bhajan	Lobpreis-Lieder
Brahmachari	religiöser Adept, eine im Zölibat lebende Person, die die Heiligen Schriften studiert
Chakra	Energiezentren, die sich vom Rumpf bis zum Scheitel erstrecken. Es gibt sieben Chakren
Chandan	Paste aus gemahlenem Sandelholz, die von vielen Hindus als religiöses Symbol auf die Stirn aufgetragen wird
Darshan	"Einblick" in das Göttliche, Erlebnis durch die Schau
Dev oder Deva (mask.), Devi (fem.)	göttliche Wesenheit
Dharma	Gesetz, Ordnung, Pflicht, ewiges Gesetz, das die Schöpfung regiert, gerechte Art zu leben
Dhoti	Hüfttuch
Dhuni	Feuergrube, in der Feuer von einem Mönch unterhalten wird

Fakir	Asket
Gana	"himmlischer" Soldat, Diener Shivas
Ganga	Fluss, Göttin der Flüsse
Ghee	Butterfett, das den göttl. Wesenheiten geopfert wird
Guru	Meister, spiritueller Lehrer, der seine Schüler zur Gotteserfahrung führt
Hanuman	einer der Unsterblichen; Affenkönig, Held des Epos Ramayana, Hanuman ist beliebt wegen seiner Stärke und Hingabe an den Gott Rama.
Havan	auch Yagna, rituelle Feuerzeremonie, in der die Teilnehmer einen Teil der fünf Elemente, die in der Schöpfung enthalten sind, dem Schöpfer zurückgeben
Hindi	eine der Hauptsprachen Indiens, stammt vom Sanskrit ab
Hindu	die Griechen unter Alexander dem Großen gaben diesen Namen den Menschen, die östlich des Indus lebten. Der Name ist denen geblieben, die der Vedischen und später der spirituellen Tradition folgten. Viele "Hindus" ziehen es vor, "Anhänger des Sanatana Dharma", desewigen Gesetzes, genannt zu werden
Ishwara	der Herr, die erste subtile Form des Göttlichen
Jai	Ehre, wie in "Jai Vishwa", Ehr und Preis dem Universum
Japa	Wiederholung v. Gottes Namen od. Wiederholung eines Mantras für längere Zeit, oftmals mit einer Holz-Perlenkette
Jhara	Methode der Geistheilung, bei der die Aura durch Pfauenfedern gereinigt wird. Hierbei wird ein besonderes Heilungsmantra rezitiert
-ji	Nachsilbe wie "chen", um Respekt, Liebe, Verehrung und Hingabe auszudrücken
Jyoti	Licht, Beleuchtung, ein unerklärliches heiliges Licht

Kailash	heiliger Berg im Kumaongebirge und in Tibet. Es wird gesagt, dass Shiva auf dem Berg Millionen von Jahren in tiefer Mediation verharrte und sich für die Menschheit Bußen auferlegte. Babaji sagte, dass sich der ursprüngl. Kailash gegenüber vom Haidakhan Ashram befindet.
Kali Yuga	dunkles Zeitalter, eines der vier Zeitalter in der "Hindu" Tradition, bei dem jedes folgende Zeitalter materieller wird. Nach dem Kali Yuga ist der Kreislauf geschlossen und beginnt wieder mit dem Satya Yuga, dem Zeitalter der Wahrheit
Khumba Mela	eine Mela ist eine religiöse Zusammenkunft, die alle 12 Jahre in vier indischen Städten stattfindet, wobei eine Mela alle drei Jahre in einer anderen Stadt gefeiert wird. Suchende verbringen dann einige Tage mit Heiligen oder spirituellen Lehrern
Kirtan	das Singen religiöser Lieder, in denen die Namen Gottes wiederholt werden
Krishna	göttliche Manifestation Vishnus, Zentralfigur im Mahabharata Epos. Krishnas Unterhaltung mit seinem Schüler Arjuna vor dem großen Mahabharatakrieg ist in der Bhagavad Gita enthalten
Kumaon	Teil des nordwestlichen Staates Uttar Pradesh, der die drei Gemeinden Almora, Nainital und Pithoragarh ein-schließt. Bergregion am Fuße des Himalayas
Kundalini	Schlangenkraft, göttliche Energie, auch personifiziert durch die große Göttin, göttl. Energie in jedem Individuum, symbolisiert durch eine zusammengeringelte schlafende Schlange am unteren Ende der Wirbelsäule. Im Selbstfindungsprozess, auf dem Wege zu Erkenntnis, steigt die Kundulini auf
Lahiri	eingeweihter Schüler Babajis im 19. Jahrhundert,
Mahsaya	Lehrer des Kriya Yoga und Heiliger
Lakulin od. Lakulish	ein großer, lehrender Heiliger im alten Indien

Leela	göttliches Spiel, Drama, auch Wunder oder Lila
Lingam	phallisches Kultsymbol, stellt die kreative göttliche Schöpferkraft dar
Lotus	Der Lotus wird als Symbol benutzt, er steht für Rein heit, der dem materiellen Sumpf und der Ignoranz erwächst. Er wächst im still stehenden Wasser, seine Wurzeln reichen tief in den Morast hinein, während seine Blätter auf dem Wasser schwimmen. Die Blüte überragt in Reinheit alles.
Maha	groß
Mahaprabhuji	der große Herr, wörtlich. großer König, Maharadscha,
Maharaj	respektvolle Anrede für Heilige
Mahasamadhi	der bewusst herbeigeführte Austritt der Seele aus dem Körper
Mahavatar	großer Avatar, Manifestation des Göttlichen in einem menschlichen Körper
Mala	Gebetskette, oftmals aus 108 Perlen bestehend
Mantra	Gebetsformel, selbstwirkende Tonschwingung, die durch Wiederholung den Geist ruhig stellt und eine Hilfe zur Gott-Verwirklichung ist
Maya	Illusion, illusorische Macht des Göttlichen
Mount Kailash	siehe Kailash
Mundan	Tonsur
Murti	Form, Statue
Om namah	Mantra: „Ich ergebe mich Shiva",oder „Herr, Dein Wille
Shivay	geschehe", wörtlich: „Ich verbeuge mich vor Shiva"
Prabhu	Gott

Pranam	Verehrungsbezeugung - Knie- oder Fußfall. Ein "voller Pranam" vor einer heiligen Person erfolgt auf dem Boden liegend, wobei die Hände die Füße des Heiligen berühren
Prasad	Reinheit, Helligkeit, gesegnete Speise, sie wird unter den Anwesenden verteilt, oder manchmal einer bestimmten Person überbracht
Puja	religiöse Andacht, verbunden mit besonderem Ritual
Pujari	Priester, der die Andacht vollzieht
Raja	ein unabhängiger Hindu Fürst, König
Rama	erste menschliche Manifestation von Vishnu. Held des Ramayana Epos
Rishi	Weiser, Seher, Urheber der alten religiösen Schriften und Konzepte
Sadashiva	erste sichtbare Form Gottes in shivaitischer Kosmologie
Sadhu	ein herumziehnder Mönch, Entsagender
Sadguru	höchster Lehrer
Sadhana	spirituelle Übungen oder Disziplinen wie Fasten, meditieren, Ausübung von Karma Yoga
Sambasadashiva	ewiger Gott Shiva, eins mit seiner Gemahlin Amba
Sanatana Dharma	ewig gültiges Gesetz, das Gesetz des Universums oder der Religion
Sanyasin	einer, der die gesellschaftlichen Fesseln abgeworfen hat, um ein spirituelles Leben in Meditation und Aktivität zu führen
Satsang	Austausch oder Diskussion über spirituelle Wahrheiten
Shakti	weibliche schöpferische Energie personifiziert als Große Göttin, ausgewogene männl. weibl. Energie

Shiva	der Glücksbringer, hinduist. Gottheit, einer der Trinität: Shiva, Vishnu, Brahma - Shiva bringt Zerstörung und dadurch Reinigung und Neuaufbau in der Schöpfung
Siddhi	durch Meditation und Buße erworbene übernatürliche Kräfte
Sita	Gemahlin von Rama, Ideal für indische Frauen
Tapas	Askese, Selbstverneinung, religiöse Disziplin
Vibhuti	Asche von heiligen Feuern, enthält Heilkräfte,. auch eine besondere menschliche Manifestation Gottes, um eine besondere Aufgabe auszuführen
Yagna oder Yagya	siehe Havan
Yoga	wörtl. "Vereinigung" mit dem Göttlichen
Yogananda, Paramahansa	Indischer Yogi, der von Mahavatar Babaji und Shri Yukteswar nach Amerika gesandt wurde, um Kriya Yoga zu lehren. Autor der "Autobiographie" eines Yogi, machte den Namen "Babaji" im Westen bekannt
Yogi	der den Yogaweg, den Weg der Vereinigung Gehende, einer der übernatürliche Kräfte durch Yoga erworben hat.
Yogini,	weibl. Yogi
Yukteswar	Paramahansa Yoganandas Meister, Schüler von Lahiri Mahasaya

Bibliographie

Weitere empfehlenswerte Lektüre

Abott, Justin E - THE LIFE OF TUKARAM, Motilal Barnasidas, Indien

Anzar, Naosherwan - THE ANCIENT ONE, A DISCIPLE'S MEMOIRS OF MEHER BABA, Beloved Books, Englishtown, New Jersey, USA

Bentov, Itzhak - STALKING THE WILD PENDULUM, Destiny Books, One Park Street, Rochester, VT 05767, 1877, Destiny Books edition, 1988

Berry, David - HAVE GURU DARSHAN: HAIRAKHAN BABAJI, Video von D. Berry, Musik von Turkantam, erhältlich bei Jai Vishwa Distribution, Route 1, Box 60, Malmo, Nebraska 68040

BHAGAVAD GITA
Übersetzung von Juan Mascaro, Penguin Classics 1962

BHAGAVAD GITA (The Song of God) Übersetzt von Swami Prabhavananda und Christopher Isherwood, Mentor Book, 1944

Bharitiya Vidya Bhavan - THE AGE OF IMPERIAL UNITY, Vol. II der The History and Culture of the Indain People, Bombay, 1954

Goodman, Shedema Shivani - AM QUELL DER WAHRHEIT, G.Reichel Verlag, Reifenberg 36, D-91365 Weilersbach , (Übersetzung aus dem Amerikanischen)

Gupta, Shakti M. - LEGENDS AROUND SHIVA , Somaiya Publications Pvt. Ltd. Bombay 1979

Haengdi, M. U. - NITYANANDA, THE DIVINE PRESENCE, Rudra Press, Cambridge, Massachusetts

Isherwood, Christopher, RAMAKRISHNA AND HIS DISCIPLES, Vedanta Press, Hollywood, California

Jand, K. L. BABAJI, selbst-veröffentl. in Ludhiana, India, Erweiterung des Buches von Dr. Rao

Joshi, Hem Chand, HAIDAKHANDI LEELAS, veröffentlicht in 1970 auf Hindi

Mahadevan, T.M. P. RAMAMA MAHARSHI, THE SAGE OF ARUNACALA, Mandala Books Unwin Paperbacks, London

Mahendra Baba, ANUPAM KRIPA, 1957, auf Hindi

Mahendra Baba, BLESSINGS AND PRECEPTS, übersetzt von Prof. D.C. Das, veröffentl. 1963 v. Shri Bankelal Pathak, Samba Sadashiv Kunj, Gopinath Bazar, Brahmakund, Vrindaban, U. P. Indien auf Hindi

Matthiesen, Peter, IN THE SPIRIT OF CRAZY HORSE, Viking Press, vergriffen

THE MEANING OF THE GLORIOUS KORAN, übersetzt von M. Marmaduke Pickthall, Mentor Book

Minett, Gunnel, BABAJI - SHRI HAIDAKHAN WALE BABA, selbst verlegt in Stockholm, Schweden 1986

Mishra, Vishnu Datt, SHRISADASHIV CHARITAMRIT in Hindi, 1959 und 1983

Muktananda Swami, THE PLAY OF CONSCIOUSNESS, Harper & Row, New York, N. Y.

Murphet, Howard, SAI BABA AVATAR, Birthday Publishing Co., San Diego, California

Ram Dass (Richard Alpert), MIRACLE OF LOVE, STORIES ABOUT NEEM KAROLI BABA, E. P. Dutton, New York. N. Y. 1979

Rao, Dr V.V.S, New Delhi, Indien, vergriffen

Gertraud Reichel, BABAJI - UNERGRÜNDLICH TIEF WIE DAS MEER, 108 Begegnungen, G. Reichel Verlag

Reichel, Gertraud, BABAJI - PFORTE ZUM LICHT, G. Reichel Verlag

RIG VEDA, übersetzt von W. Doniger O'Flaherty, Penguin Classic, 1981

Satprem - SHRI AUROBINDO, or the Adventure of Consciousness, Institute for Evolutionary Research, 200 park Avenue, Suite 303 East, New York, N. Y. 10166

Satyeswarananda, Swami, BABAJI, THE DIVINE HIMALAYAN YOGI, The Sanskrit Classics, San Diego, Californi 92104, 1984, zweite überarbeitete Auflage 1985

Sivananda, Swami, LORD SHIVA AND HIS WORSHIP, The Divine Life Society, P.O. Shivanandanagar, Dist. Tehrigarhwal, U. P. Indien, 3. Auflage 1978

SHANKARA'S CREST-JEWEL OF DISCRIMINATION, übersetzt von Swami Prabhavananda und Christopher Isherwook, Vedanta Press, Hollywood, California, dritte Auflage 1978

SIVA PURANA, vier Bände des "Ancient Indian Tradition & Mythology Series", veröffentl. von Motilal Barnarsidass, Bungalow Road, Delhi 110007, neue Auflage 1978

Szekely, Edmond Bordeaux,CREATIVE WORK, Karma Yoga, 1973, International Biogenic Society. Frei Abgabe samt anderer Schriften von Szekely zu erhalten durch: International Biogenic Society, I:B:S: Internacional, Apartado 372, Carto, Costa Rica, Mittel-Amerika.

BABAJI SPRICHT: PROPHEZEIUNGEN UND LEHREN, G. Reichel Verlag, Reifenberg 36, D-91365 Weilersbach, auch in Englisch erschienen

THE UPANISHADS, BREATH OF THE ETERNAL, veröffentl. und herausgegeben von Swami Prabhavananda und Frederick Manchester, a Mentor Book, 1948

Wosien, Maria-Gabriele, BABADSCHI, Botschaft vom Himalaya, G.Reichel Verlag, Reifenberg 36, 91365 Weilersbach, auch auf italiensch, englisch, Bulgarisch und Tschechisch erschienen

Wosien, Maria Gabriele, BABAJI - ICH BIN DU, G. Reichel Verlag

Yogananda, Paramahansa AUTOBIOGRAPHIE EINES YOGI, Self Realization Fellowship of Los Angeles, California 90065, USA, 1946

Yukteswar, THE HOLY SCIENCE, veröffentl. von Self Realisation Fellowship of Los Angeles, in Indien durch die Yogoda Satsang Society, Ranch, Bihar.